Am- SE- Ⅳ-21

ISSN 0584-603-X

Sozialwissenschaftliche Studien
zu internationalen Problemen

Social Science Studies
on International Problems

Herausgegeben von / Edited by
Prof. Dr. Diether Breitenbach

Rüdiger Mittendorff

Das Zentrum von Bogotá:

Kennzeichen, Wandlungen und Verlagerungstendenzen des tertiären Sektors

Band 89

Sozialwissenschaftliche Studien zu internationalen Problemen / Social Science Studies on International Problems

Herausgegeben von / Edited by
Prof. Dr. Diether Breitenbach

Verlag **breitenbach** Publishers
Saarbrücken · Fort Lauderdale 1984

CIP-Kurztitelaufnahme der Deutschen Bibliothek

Mittendorff, Rüdiger:

Das Zentrum von Bogotá: Kennzeichen, Wandlungen u. Verlagerungstendenzen d. tertiären Sektors / Rüdiger Mittendorff. – Saarbrücken; Fort Lauderdale: Breitenbach, 1984.

(Sozialwissenschaftliche Studien zu internationalen Problemen; Bd. 89)
ISBN 3-88156-261-3
NE: GT

ISBN 3-88156-261-3

© 1984 by Verlag **breitenbach** Publishers
Saarbrücken, Germany · Fort Lauderdale, USA
Printed by aku-Fotodruck GmbH, Bamberg

VORWORT

Die vorliegende Arbeit basiert auf einem zehnmonatigen Forschungsaufenthalt in Bogotá/Kolumbien (Februar bis Dezember 1981). Der zentralen Kommission für die Förderung des wissenschaftlichen Nachwuchses möchte ich an dieser Stelle meinen Dank für die Gewährung eines dreijährigen Stipendiums sowie eines Reisekostenzuschusses auf der Grundlage des Graduiertenförderungsgesetzes aussprechen.

Großen Dank schulde ich Herrn Prof. Dr. W. Brücher, der die Anregung zu dieser Arbeit gab und mich bei allen auftretenden Fragen und Problemen weit über das übliche Maß hinaus unterstützte. Danken möchte ich auch Herrn Prof. Dr. D. Fliedner, der sich stets für mich einsetzte.

Mein besonderer Dank gilt ebenso Herrn Dr. R. Spang und Herrn R. Willig für zahlreiche nützliche Hinweise, Fräulein S. Dittel, Herrn W. Paulus sowie Herrn R. Preuß für ihre wertvolle Mitarbeit an der kartographischen Gestaltung. Darüber hinaus bin ich Frau G. Wirth (Nixdorf Computer AG) für Einweisung und Benutzung eines Textverarbeitungssystems, mit dessen Hilfe diese Arbeit entstand, Herrn W. Heinrich für die Durchführung einer computergestützten Magnetbandauswertung zwecks ergänzender Analyse der Mobilität des tertiären Sektors sowie Mitarbeitern des Geographischen Institutes, der Universitätsbibliothek und der Wirtschaftswissenschaftlichen Seminarbibliothek zu Dank verpflichtet.

Während meines Kolumbien-Aufenthaltes wurde ich in vielfältiger Weise unterstützt. In meinen besonderen Dank schließe ich die Familien Gompf, Dr.Steinert und Werle mit ein, die mir nicht nur ihre großzügige Gastfreundschaft gewährten, sondern auch im Rahmen meiner wissenschaftlichen Arbeit jede gewünschte Hilfe zukommen ließen.

Aus der Vielzahl von öffentlichen und privaten Institutionen, von denen ich wichtige Informationen erhielt und denen mein Dank gilt, seien das Statistische Amt DANE, die Institute CCRP und DAPD, die Deutsch-Kolumbianische Handelskammer sowie der Banco de Colombia und der Banco de Bogotá gesondert erwähnt.
Allen Freunden, Bekannten und Institutionen, die mir darüber hinaus in Kolumbien und in Deutschland mit Rat und Tat zur Seite standen, hier aber ungenannt bleiben müssen, sei ebenfalls an dieser Stelle herzlich gedankt. Ohne ihre durchweg große

Hilfsbereitschaft wäre ein erheblicher Teil der Untersuchungen erschwert, wenn nicht gar unmöglich gemacht worden.

Danken möchte ich auch Herausgeber und Verlag für die Aufnahme dieser Arbeit in die Reihe "Sozialwissenschaftliche Studien zu internationalen Problemer".

Saarbrücken, im Januar 1984   Rüdiger Mittendorff

Ich widme diese Arbeit in großer Dankbarkeit meinen Eltern.

Inhaltsverzeichnis

Abbildungsverzeichnis

ABKÜRZUNGSVERZEICHNIS

ANDI	Asociación Nacional de Industriales
AUTB	Autoridad Unica de Transporte de Bogotá
AG	Aktiengesellschaft
Av	Avenida
BCH	Banco Central Hipotecario
BID	Banco Interamericano de Desarrollo
BIP	Bruttoinlandsprodukt
BM	Bundesministerium
BRD	Bundesrepublik Deutschland
CAN	Centro Administrativo Nacional
CAR	Corporación Autónoma Regional de la Sabana de Bogotá
CCRP	Corporación Centro Regional de Población
CEDE	Centro de Estudios sobre Desarrollo Económico, Universidad de los Andes, Bogotá
CENAC	Centro Nacional de Estudios de la Construcción
C.F.T.	Corporación Financiera del Transporte
CIE	Centro de Investigaciones Económicas, Universidad de Antioquia, Medellín
Cl	Calle
COLPUERTOS	Puertos de Colombia, Ministerio de Obras Públicas
COMONOR	Comboios de Onibus Ordenados (portug.)
CONFECAMARAS	Confederación Colombiana de Cámaras de Comercio
Cra	Carrera
DANE	Departamento Administrativo Nacional de Estadística
DAPD	Departamento Administrativo de Planeación Distrital
DAS	Departamento Administrativo de Seguridad
DATT	Departamento Administrativo de Tránsito y Transporte
D.E.	Distrito Especial
Dg	Diagonal
DIPEC	División de Información Policía Judicial y Estadística Criminal
DSB	Deutsch-Südamerikanische Bank AG
EDTU	Empresa Distrital de Transportes Urbanos
ETB	Empresa de Teléfonos de Bogotá
FEDESARROLLO	Fundación para la Educación Superior y el Desarrollo
FENALCO	Federación Nacional de Comerciantes
FTN	Frente de Transformación Nacional
HIMAT	Instituto Colombiano de Hidrología, Meteorología y Adecuación de Tierras
ICSS	Instituto Colombiano de Seguros Sociales
IDU	Instituto de Desarrollo Urbano
IGAC	Instituto Geográfico "Agustín Codazzi"
IMF	International Monetary Fund (s.a. IWF)
INCOMEX	Instituto Colombiano de Comercio Exterior
INDERENA	Instituto de Desarrollo de los Recursos Naturales Renovables y del Ambiente
INFAS	Institut für Angewandte Sozialwissenschaft
INTRA	Instituto Nacional de Transporte
IWF	Internationaler Währungsfonds (s.a. IMF)

p.a.	pro anno
PAM	Programa de Ayuda Militar
PIB	Producto Interno Bruto (=BIP)
PIDUZOB	Programa Integrado de Desarrollo Urbano de la Zona Oriental de Bogotá
PROEXPO	Fondo de Promoción de Exportaciones
S.A.	Sociedad Anónima (s.a. AG)
SCA	Sociedad Colombiana de Arquitectos
SENA	Servicio Nacional de Aprendizaje
TELECOM	Empresa Nacional de Telecomunicaciones
TIAR	Tratado Interamericano de Asistencia Recíproca
Tr	Transversal

Tabelle 1: Entwicklung der Paritäten[1] (per Jahresultimo

Jahr	col. Pesos/US-Dollar	col.Pesos/DM
1951	2,58 Pesos = 1 US-$	0,61 Pesos = 1 DM
1952	2,51	0,60
1953	2,51	0,60
1954	2,51	0,60
1955	2,51	0,60
1956	2,51	0,60
1957	5,97	1,42
1958	7,22	1,73
1959	6,40	1,53
1960	6,70	1,61
1961	6,70	1,68
1962	9,00	2,25
1963	9,00	2,26
1964	9,00	2,26
1965	13,51	3,38
1966	13,50	3,39
1967	15,82	3,96
1968	16,95	4,24
1969	17,93	4,86
1970	19,17	5,25
1971	21,00	6,42
1972	22,88	7,15
1973	24,89	9,22
1974	28,69	9,73
1975	32,96	10,74
1976	36,32	15,48
1977	37,96	17,61
1978	41,00	21,85
1979	44,00	25,61
1980	50,92	26,38
1981	59,07	26,14
1982	70,29	29,80

1) Bis 1976 wurde die DM in Kolumbien nicht notiert. Die sich auf die vorangegangenen Jahre beziehenden Angaben der Wertentwicklung des col. Pesos erfolgten durch Umrechnung der DM/US-Dollar-Parität.

Quellen: IMF 1982
         DSB, Devisenkurstabellen, verschiedene Jahrgänge

Tabelle 2: Indexentwicklung der Verbraucherpreise (Beschäftigte)
für Bogotá

1955	=	100.0
1956		106.7
1957		120.7
1958		137.6
1959		147.9
1960		155.3
1961		167.4
1962		176.4
1963		221.9
1964		252.6
1965		269.1
1966		318.3
1967		348.9
1968		372.3
1969		402.4
1970		429.2
1971		470.3
1972		528.3
1973		630.5
1974		765.8
1975		940.2
1976		1.113.0
1977		1.396.0
1978		1.666.8

Quelle: Banco de la República, Boletín Mensual 1975 - 1979

Tabelle 3: Zahl der Beschäftigten ausgewählter Berufsgruppen in Bogotá in Abhängigkeit vom monatlichen Gesamteinkommen[1] im November/Dezember 1979

Monatseinkommen in col. Pesos	Summe	Angestellte und abhängig beschäftigte Arbeiter	Haushalts-angestellte	Arbeitgeber oder Selbständige	Unabhängige Arbeiter	ohne Angaben
bis 500	10.656	2.612	1.221	-	6.823	-
501 - 1.000	52.272	9.086	28.787	167	14.232	-
1.001 - 1.500	47.890	6.809	29.842	-	11.239	-
1.501 - 2.000	61.188	19.588	22.155	181	19.264	-
2.001 - 2.500	29.366	12.718	10.627	-	6.021	-
2.501 - 3.000	69.033	35.053	6.286	2.522	25.184	-
3.001 - 4.000	304.549	260.610	2.337	1.365	40.237	-
4.001 - 5.000	133.072	103.910	-	2.648	26.514	-
5.001 - 6.000	107.866	86.569	-	2.401	18.896	-
6.001 - 7.000	56.239	49.107	195	374	6.563	-
7.001 - 8.500	55.167	43.684	-	1.250	10.233	-
8.501 - 10.000	81.842	55.174	-	6.681	19.987	-
10.001 - 12.000	39.314	33.133	-	1.778	4.403	-
12.001 - 15.000	49.772	33.800	-	4.885	11.087	-
15.001 - 20.000	48.561	33.065	-	6.002	9.494	-
mehr als 20.000	91.213	54.235	-	15.621	21.357	-
ohne Angaben	253.069	146.712	5.194	16.066	84.026	1.071
Insgesamt	1.491.081	985.865	106.644	61.941	335.560	1.071

1) Erläuterung: Die Angaben beziehen sich nur auf Geldeinkommen, nicht auf geldwerte Nebeneinnahmen (z.B. Unterkunft und Verpflegung von Hausangestellten). Daß zahlreiche Personen monatliche Einkommen erzielten, die weit unter dem gesetzlichen Mindestlohn von 1979 lagen, ist u.a. auf Teilzeitbeschäftigung zurückzuführen. Der monatliche Mindestlohn wurde von der Regierung inzwischen für 1983 auf 9.261 col. Pesos (Städter) bzw. 8.775 col. Pesos (Landarbeiter) festgesetzt (DSB Kurzbericht 1/83, S.83).

Quelle: DANE 1979

Ware bzw. Dienstleistung	Ergänzende Erläuterung	Mengen-einheit	Preis (Pesos)
I. LEBENS- UND GENUSS-MITTEL			
Rindfleisch	Rumpsteak	1 kg	380
Schweinefleisch	Kotelett	1 kg	260
Kalbfleisch	Schnitzel	1 kg	350
Geflügel	Frischhähnchen	1 kg	090
Frischwurst	Leberkäse	1 kg	420
Schinken	Roher Rollschinken	1 kg	840
Fischfilet	Gefrorener Robalo (Rotbarsch)	1 kg	390
Ölsardinen	Dose, ohne Gräten (aus Ecuador)	1 Dose	70
Hühnereier	Je Stück 55-60 g	300 g	74
Vollmilch	frisch	10 St.	45
Schweizer Käse	Emmenthaler, 20% Fettgehalt	1 Pckg.	580
Markenbutter	gesalzen, 500 g	1 Pckg.	208
Mischbrot	Roggen/Weizen	1 kg	70
Weizenmehl	Paket	1 kg	36
Frischkartoffeln	Neue Ernte	1 kg	56
Salat	Kopfsalat	1 kg	89
Tomaten	Schnittfest	1 kg	98
Erbsen	klein, Jung (450 g)	1 Dose	87
Tafeläpfel	Chile-Apfel.l.Qual.	1 kg	126
Apfelsinen	Sorte "Navel"	1 kg	27
Konfitüre	450 g	1 Dose	254
Haushaltszucker	Raffinade,verpackt	1 kg	23
Milchschokolade	Marke "Suchard"100g	1 Tafel	170
Kakao	Marke "Nestle"	400 g	95
Coca Cola	285 cm3	1 Fl.	17
Bohnenkaffee	gängige Sorte	1 kg	145
Tee	Schwarzer Tee,226g	1 Pckg.	282
Bier	Inländisch, 355 cm3	1 Dose	20
Bier	Importware, 330 cm3	1 Dose	63
Weinbrand	"Hennessy" V.S.O.P. 700 cm3	1 Fl.	1.808
Tafelwein	aus Chile, 700 cm3	1 Fl.	322
Zigaretten	"Marlboro"	1 Pckg.	50
II. BEKLEIDUNG			
Straßenanzug	zweiteiliger Einreiher, reine Schurwolle, Größe 50	1 St.	11.750
Herrenpullover	"Rodier", Synthetik- für Kinder, Gr.152,	1 St.	2.950
Jeans	Baumwolle, gewaschen	1 St.	1.199
Kostüm	zweiteilig, klass. Form, reine Schurwolle Größe 40, nat.Stoffe	1 St.	12.000
Bluse	kurze Ärmel,nat.Ware Polyester-Seide	1 St.	2.800
Damenstrickjacke	lange Ärmel, Schurwolle, Größe 40	1 St.	3.000

Ware bzw. Dienstleistung	Ergänzende Erläuterung	Mengen-einheit	Preis (Pesos)
Kleiderstoffe	Baumwolle, nat.Ware, Breite 140 cm	1 m	900
	Wolle, engl. Ware, Breite 140 cm	1 m	-1.400
Herrenoberhemd	Baumwolle/Synthetik einfarbig, Gr.39	1 St.	1.850
Kinderhigestrümpfe	Polyacryl Gr.A	1 Paar	120
III. MÖBEL			
Küchenstuhl	aus Metallrohr	1 St.	10.800
Nachtschränkchen	mit Schublade und Tür Mahagoni, ausziehbar	1 St.	18.500
EBtisch	(in Kol. üblich.Holz)	1 St.	95.000
Sideboard	Mahagoni, mit Aufsatz	1 St.	172.000
Wohnzimmersessel	Mahagoni, dicke Polsterung, Kastenform	1 St.	75.300
IV. VERKEHR			
Superbenzin	Oktanzahl 98	1 l	15
Scheinwerfer	"Bosch" (f. Mercedes)	1 St.	12.500
Aus- und Einbau	Scheinwerfer f. Mercedes	1 mal	400
Aus- und Einbau	Auspuffanlage	1 mal	18.962
Stahlgürtelreifen	"Michelin" 175 SR 14	1 mal	8.000
Haftpflichtversich.	für alle Pkw	1 St. jhrl.	4.500
Taxifahrt	Gesamtpreis, am Tag 3 km	3 km	110
V. FREIZEIT			
Kino	bester Platz abends	1 mal	50
Theater	bester Platz, Schauspiel	1 mal	950
Sportveranstaltung	Internat. Fußballsp.	1 mal	550
VI. VERSORGUNG			
Elektrischer Strom	Abnahme v. 325 kWh	1 kWh/Monat	1,20
	Abnahme v. 650 kWh	1 kWh/Monat	1,62
Wasser	Abnahme v. 169 m3	1 m3/Monat	14,35
VII. KOMMUNIKATION			
Fernsprechgebühr	Ortsgespräch, 3 Min. einschl.82 Gespräche	1 Gespr.	0,57
Fernsprechgrundgebühr		1 Monat	553
Ferngespräch	Bogota-Bonn, 10 Min.	1 Gespr.	1.553
Briefporto	Luftpost BRD, 10 g	1 Brief	30

Quelle: Botschaft der BRD in Kolumbien 1981 (unveröffentlicht)

Luftbild I: Blick von S auf das Zentrum Bogotás (einschließlich Altstadt und Centro
Internacional)

Quelle: Instituto Geográfico "Agustín Codazzi", Departamento Cartográfico, Sección Aero-
fotografía; Luftbild No. 0052/C1991 IGAC.

Luftbild II: Blick auf den N Bogotas mit Av 116, dem Einkaufszentrum "Unicentro" und dem
         Country Club

Quelle: Instituto Geográfico "Agustín Codazzi", Departamento Cartográfico, Sección Aero-
        fotografía; Luftbild No. 0131/C1991 IGAC.

1. EINLEITUNG

Im Zeitraum von 1920 bis 1980 stieg der Anteil der in städtischen Gebieten lebenden Weltbevö kerung von 19% auf 37% an; Schätzungen der Weltbank gehen davon aus,
daß gegen Ende dieses Jahrhunderts mehr als die Hälfte der Weltbevölkerung in
Städten leben wird.
Bewohnten 1950 ca. 240 Millionen Menschen die Städte der Entwicklungsländer, waren es 1975 bereits etwa 650 Millionen.
Im Jahr 2000 werden vermutlich mehr als 1,6 Milliarden Stadtbewohner in der angesprochenen Ländergruppe existieren (Weltbank 1979, S.83).
Zwar wird erwartet, daß sich das Wachstum der Stadtbevölkerung in den verbleiben-
den Jahren dieses Jahrhunderts verlangsamen wird, es wird jedoch voraussichtlich
drei- bis viermal über der entsprechenden Wachstumsrate in den Industrieländern
liegen.
Der Verstädterungsprozeß läßt sich ebenso eindrucksvoll beschreiben, wenn man
sich die vergangene und zukünftige Entwicklung der Einwohnerzahlen großer Städte
vergegenwärtigt.
Überstiegen 1950 lediglich sechs Städte, nämlich Groß-Buenos Aires sowie fünf
weitere, in Industrieländern gelegene Städte die Einwohnerzahl von fünf Millionen
Menschen, geht man zur Zeit davon aus, daß es im Jahr 2000 etwa 40 Städte dieser
Größenordnung (davon 18 mit über 10 Millionen Einwohnern) in der sich entwickeln-
den Welt, aber nur 12 Städte in der Gruppe der Industrieländer geben wird.
Für Ciudad de México wird sogar ein Bevölkerungsstand von über 30 Millionen Bewohnern prognostiziert; das entspricht annähernd der Hälfte der Einwohnerzahl der
Bundesrepublik Deutschland im Jahr 1982.
Innerhalb der Entwicklungsländer sind unterschiedliche Ausprägungen des Verstäd-
terungsprozesses erkennbar. So ist Lateinamerika, geprägt durch Entwicklungsländer mittleren Einkommens, bereits stark verstädtert: im Jahre 1975 lebte mehr als
die Hälfte der Bevölkerung in Städten, bis zum Jahr 2000 wird sich dieser Anteil
auf voraussichtlich 75 % erhöhen (Weltbank 1979, S.82f.).
Auch in Kolumbien ist die Verstädterung stark ausgeprägt: Nach Uruguay, Venezuela, Argentinien und Chile nahm Kolumbien im Jahr 1980 mit einem Stadtbevölke-
rungsanteil von 70% (1960: 48%) den fünften Platz in der Gruppe lateinamerikanischer Staaten ein.
In dem zwei Jahrzehnte umfassenden Vergleichszeitraum ließ sich im Zuge der Verstädterung eine deutliche Tendenz zur Großstadtbildung erkennen; so bewohnte im
Jahr 1960 lediglich ein knappes Drittel der kolumbianischen Stadtbevölkerung
Großstädte mit über 500.000 Einwohnern, während der betreffende Anteil 1980

bereits etwas mehr als die Hälfte betrug. Die Zahl der Städte mit meh~ als einer halben Million Einwohnern stieg im gleichen Zeitraum von drei auf vier (Bogotá, Medellín, Cali, und, hinzugekommen, Barranquilla); gleichzeitig steigerte die Landeshauptstadt ihren Anteil an der gesamten kolumbianischen Stadtbevölkerung von 17% auf 26% (Weltbank 1982, S.156).

Zwei Faktoren gelten als Hauptursachen der Verstädterung in Entwicklungsländern, zu denen auch Kolumbien zu zählen ist: das natürliche Bevölkerungswachstum (das in Kolumbien im Zeitabschnitt von 1960 bis 1970 durchschnittlich 3,0% betrug, von 1970 bis 1978 aber auf 2,3% zurückging; Weltbank 1982, S.150), und die Landflucht.

Die Landflucht wird ihrerseits sowohl von Bedingungen in der Landwirtschaft wie z.B. dem Klima, Grundbesitzstrukturen, Anbaumethoden, dem Mechanisierungsgrad etc. geprägt, als auch von der Entwicklung und dem Charakter der Industrialisierung, von Standortpräferenzen des sekundären und nicht zuletzt auch des tertiären Sektors sowie den damit verbundenen Beschäftigungs- und Einkommensmöglichkeiten für die Bevölkerung beeinflußt.

Dabei ist zu berücksichtigen, daß Hauptstädte in Entwicklungsländern eine zusätzliche Attraktion auf die Standortwahl von Unternehmen des sekundären und tertiären Sektors ausüben, da in ihnen zentrale private und öffentliche Institutionen konzentriert sind, ausreichende nationale und internationale Transport- und Nachrichtenverbindungen bestehen, Absatzmärkte für Waren und Dienstleistungen auf engem Raum vorhanden sind und zudem häufig wirtschaftliche Anreize in Form von ermäßigten Energiepreisen, niedrigen Steuersätzen und Frachttarifen etc. die betriebliche Standortwahl zugunsten der Hauptstadt beeinflussen.

Die Folgen der Verstädterung sind mannigfaltig und bezüglich der Auswirkungen auf die nationale Effizienz der Güter- und Dienstleistungserstellung erst unzureichend erforscht.

Unbestritten ist jedoch, daß die städtische Entwicklung vielerorts unkontrolliert verläuft und die rapide zunehmende Konzentration von Menschen und Wirtschaftsbetrieben auf vergleichsweise kleiner Fläche ein harmonisches Städtewachstum verhindert.

Dies führt dazu, daß "die städtische Politik häufig darauf ab(zielt), den Vorstellungen der besser gestellten Einwohner noch weiter entgegenzukommen, die dazu neigen, die wachsenden Elendsviertel als Beeinträchtigung der Schönheit ihrer Stadt zu sehen, die Straßenverkäufer, Fußgänger und überfüllte Busse als Belästigungen empfinden, durch die die Mobilität ihrer Privatwagen eingeschränkt wird, und die den Bedarf an Ausbildung und Gesundheitsfürsorge im Sinne von ungedeckten Anforderungen an Hochschulausbildung und Krankenpflege begreifen. Diese Diagnose

des Problems der Städte führt zu Empfehlungen wie Abreißen der Elendsviertel, Bau
von teuren öffentlichen Wohnungen sowie von Schnellstraßen und Untergrundbahnen
mit begrenzten Zugangsmöglichkeiten, Verbot des Straßenverkaufs sowie herkömmli-
cher Beförderungsformen auf öffentlichen Plätzen und größeren Straßen und
schließlich Erweiterung subventionierter Hochschulen und moderner Stadtkranken-
häuser" (Weltbank 1979, S.89f.).

Im Gegensatz zu Industriezonen, die häufig von vornherein in der Stadtperipherie
angelegt wurden und von daher flächenhaften Expansionsbestrebungen eher zugänglich waren, vollzieht sich die Ausdehnung von Stadtzentren nur langsam und unter
erschwerten Bedingungen, da ein Funktionswandel umliegender traditioneller Wohn-
und Gewerbegebiete Voraussetzung ist.

Hinzu tritt das häufig zentripetal ausgerichtete Standortverhalten einer wachsenden Zahl von Dienstleistungsbetrieben, aber auch bestimmter Unternehmen des sekundären Sektors, wie z.B. das Druck- und Verlagswesen oder auch mittelständisch
strukturierte spezialisierte Betriebe der Textilindustrie. Im Zusammenwirken mit
anderen Faktoren hat es zu einer stetigen Verdichtung des Baubestandes, des
Transportaufkommens, der Arbeitsplatzdichte etc. mit den bekannten Folgewirkungen
wie Überlastung des Verkehrsnetzes in der Rush-hour, Bodenspekulation und Anwachsen der Kriminalität geführt.

Auch auf Bogotá treffen diese Überlegungen in starkem Maße zu. Es erschien daher
notwendig und nützlich, sein Zentrum hinsichtlich ausgewählter Kennzeichen sowie
der sich dort und in weiteren betroffenen Stadtgebieten vollziehenden Wandlungen
zu untersuchen. Dies gilt umso mehr, als der Untersuchung von Zentren im Rahmen
der Stadtgeographie eigenständiger Forschungscharakter zukommt.

Über die ausführliche Behandlung des zentrumprägenden Dienstleistungssektors hinaus, seiner Standortverteilung und -mobilität sowie ihrer Ursachen erfahren Aktivitäten der öffentlichen Hand (Stadtplanung) und von Privatpersonen (Einkaufsverhalten) unter besonderer Berücksichtigung der zwischen ihnen und dem Zentrum bestehenden Wechselwirkungen hinlängliche Beachtung.

2. BEGRIFFSKLÄRUNGEN - FORSCHUNGSSTAND - ZIELE, METHODEN UND AUFBAU DER ARBEIT

2.1. Begriffsklärungen

2.1.1. Die Begriffe "City", "Zentrum" und artverwandte Bezeichnungen

Stadtzentren bilden seit mehr als zwei Jahrzehnten einen herausragenden Forschungsschwerpunkt in der Stadtgeographie. Einen ausführlichen Überblick über quantitativ bzw. qualitativ orientierte Ansätze gibt HEINEBERG in seiner Arbeit über West- und Ost-Berlin (1977, S.17ff.).
Trotz der kaum noch überschaubaren Literatur hat sich kein eindeutig definierter Begriff für das Untersuchungsobjekt, nämlich den zentralen Bereich der Stadt schlechthin, durchgesetzt (vgl. z.B. PFEIL 1972, S.353ff.). Jedoch lassen sich die vorhandenen Begriffe in zwei Gruppen einteilen, nämlich einerseits diejenigen Bezeichnungen, die sich auf den gesamten zentralen Bereich einer Stadt beziehen (z.B. "Zentrum", "Innenstadt", "Stadtmitte" etc.), andererseits diejenigen, die lediglich einen Ausschnitt des zentralen Bereiches, nämlich seinen Kern, ansprechen ("City", "Central Business District (CBD)" etc.). Daneben existieren Begriffe wie z.B. "Cityrand", "Citykern" und "City-Wachstumssaum", die jedoch ebenfalls einer der beiden genannten Gruppen zugeordnet werden können.[1] Im Rahmen dieser Arbeit soll unter "City" bzw. dem hier synonym verwendeten Begriff "Stadtkern" nach KLÖPPER (1961, S.537) dasjenige Gebiet verstanden werden, "in dem die Häufung von solchen Elementen gefügebestimmend ist, die

a) für die gesamte Stadtbevölkerung allgemein wichtig sind, aber doch nicht häufig vorkommen,

b) über die Stadtbewohnerschaft hinaus auch der Umlandsbevölkerung dienen,

c) sich aus der breiteren Schicht sachlich verwandter Einrichtungen am gleichen Ort entweder durch betonte Spezialisierung oder umgekehrt durch ein auffallend breites Angebot von Waren und Diensten herausheben."

Diese Definition umschließt, so wie sie hier verstanden werden soll, außer Funktionen, die für den Hauptgeschäftsbereich einer Stadt (CBD) charakteristisch sind, auch kulturelle und administrative Einrichtungen.
Eine Abgrenzung der "City" bzw. des "Stadtkerns" vom "Zentrum" (oder auch von der Stadtmitte bzw. der Innenstadt, wie der zentrale Bereich Bogotás im folgenden

genannt werden soll), wird wegen des unzureichenden Datenmaterials nicht vorgenommen. Auf eine räumliche Abgrenzung des Zentrums vom übrigen Stadtgebiet kann jedoch nicht verzichtet werden; die besondere Problematik, die die gewählte Methode kennze chnet, wird eingehend in Kapitel 6.1. diskutiert.
Bisweilen ergab sich die Notwendigkeit, charakterisierende Aussagen über den Bereich des Zentrums zu treffen, der zwischen dem erst in den 60er Jahren zu nennenswerter Bedeutung gelangten Centro Internacional und der Altstadt gelegen ist. Dieser Raum wird im folgenden als "traditionelles Zentrum" bezeichnet (vgl. hierzu FONSECA u SALDARRIAGA 1980 sowie Abb.1).

2.1.2. Sekundärzentren

Daneben gibt es Stadtgebiete mit citytypischen Einrichtungen, die partiell sogar auf einer höheren Funktionsstufe stehen als in der eigentlichen City ansässige Betriebe. Aber weder von der Zahl der dort vertretenen Branchen noch von der Gesamtzahl der vorhandenen Unternehmungen und Beschäftigten können sie mit dem Zentrum Bogotás konkurrieren. Sie werden hier - Überschreitung einer bestimmten Mindestgröße vorausgesetzt - nach AUST als "Sekundärzentren" bezeichnet, der diesen Begriff folgendermaßen definiert:
"Ein Sekundärzentrum ist ein städtisches Zentrum, in dem eine oder wenige Funktionsgruppen dominant sind und dessen Hinterland nur Teile des Hinterlandes des größten Zentrums der Stadt umfaßt." (1970, S.14).

2.1.3. Abgrenzung des Untersuchungsgebietes und Einteilung der Stadt in Teil- und Komplementärräume

Im Mittelpunkt dieser Arbeit stehen Kennzeichen und Wandlungen des Zentrums der kolumbianischen Hauptstadt. Ohne dem Kapitel über die Methode und dem Ergebnis der Zentrumsabgrenzung (Kap.6.1.) vorgreifen zu wollen, sei bereits an dieser Stelle bemerkt, daß sich die Ausführungen insbesondere auf den Raum zwischen Calle 10, Avenida Caracas, Calle 29 und Carrera 5 konzentrieren werden, in dem der bei weitem größte und bedeutendste Teil aller Unternehmen des tertiären Sektors in der Innenstadt Bogotás lokalisiert ist.

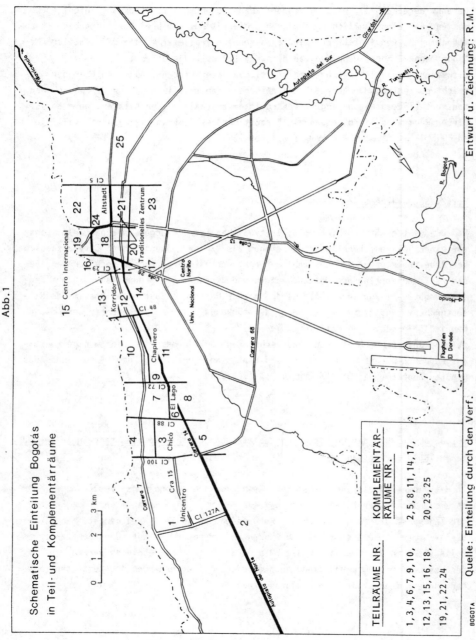

Abb. 1

Schematische Einteilung Bogotás
in Teil- und Komplementärräume

Entwurf u. Zeichnung: R.M.

Quelle: Einteilung durch den Verf.

TEILRÄUME NR.	KOMPLEMENTÄR-RÄUME NR.
1,3,4,6,7,9,10,	2,5,8,11,14,17,
12,13,15,16,18,	20,23,25
19,21,22,24	

Darüber hinaus erzwang die offensichtliche Präferenz, die die Verantwortlichen zahlreicher Wirtschaftsunternehmen nördlichen Stadtteilen einräumen und die sich in einer hohen Mobilität des Dienstleistungssektors niederschlägt, eine Beschäftigung auch mit eben diesem Stadtbereich. Denn diese Verlagerungsaktivität wurde oft durch spezifische Kennzeichen des Zentrums ausgelöst und hat folglich zu entsprechenden Wandlungen des Stadtbildes beigetragen.

Wie noch zu zeigen sein wird, übt insbesondere das Gebiet in den Grenzen Carrera 7, Calle 127A und Avenida Caracas (bzw. Autopista Paseo de Los Libertadores) in nördlicher Fortsetzung des Zentrums herausragende Anziehungskraft auf Betriebe des tertiären Sektors aus, was als Anlaß genommen wurde, diese Abgrenzung für die folgende Untersuchung festzulegen.

Da es nicht möglich war, alle Teilräume der Stadt, wie z.B. das "traditionelle Zentrum" namentlich kenntlich zu machen (manche Teilräume bestanden z.B. aus mehreren Barrios, d.h. Stadtvierteln, sodaß die Heranziehung nur eines Barrio-Namens keine eindeutige Identifizierung des angesprochenen Gebietes zugelassen hätte), wurde das Stadtgebiet in 25 Teilräume unterteilt, die unterschiedliche Größen aufweisen und deren Grenzen unter Beachtung physiognomischer und funktionaler Charakteristika stadtgeographischer Relevanz festgelegt wurden (vgl. Abb.1).

So fungierte z.B. die breit angelegte Cl 72 (Av de Chile) als Grenze zwischen Chapinero und El Lago; dem aus funktionaler Sicht auf hohem Niveau stehendem Centro Internacional wurde zur besseren Unterscheidung vom traditionellen Zentrum der Stadt eine eigene Gebietsnummer zugewiesen. Das großräumige Zentrum seinerseits wurde in Höhe der Avenida Jiménez (Cl 15), die als Grenze fungiert, in einen nördlichen und einen südlichen Abschnitt unterteilt, um bei der Analyse von Branchenkonzentrationen funktionale Schwerpunkte besser heraustreten zu lassen.

Da sich der Schwerpunkt der vorliegenden Untersuchung auf das Zentrum Bogotás und nördliche Gebiete im E der Avenida Caracas konzentrierte, wurden diejenigen Teilräume, die gewissermaßen den komplementären Stadtraum zum Untersuchungsgebiet darstellen, als "Komplementärräume" bezeichnet; auf eine exakte Festlegung der Grenzen wurde verzichtet, nicht aber auf die Einbeziehung der fraglichen Gebiete in das aufgestellte Numerierungsschema.

Die Unterteilung des gesamten Stadtgebietes in Teil- und Komplementärräume erwies sich insbesondere im Hinblick auf die durchgeführte Mobilitätsanalyse des tertiären Sektors als notwendig und nützlich; sowohl bei der manuellen Telefonbuch- als auch bei der computergestützten Magnetbandauswertung wurde das gewählte Numerierungsschema beibehalten, was die Vergleichbarkeit beider im übrigen unabhängig voneinander durchgeführten Studien erhöht.

2.2. Forschungsstand

Stadtgeographisch orientierte Arbeiten über lateinamerikanische, insbesondere kolumbianische Städte sind zwar in beeindruckender Zahl vorhanden, aber gerade den sich im Zusammenhang mit der Existenz von Stadtkernen anbietenden Untersuchungskomplexen wurde bislang so gut wie keine Beachtung geschenkt, obwohl sich das Problem der innerstädtischen Zentren (z.B. die Entwicklung, Gliederung und Abgrenzung der City) seit Mitte der 50er Jahre besonderer Aufmerksamkeit erfreut (vgl. HOFMEISTER 1976, S.11). Das Fehlen derartiger Untersuchungen beschränkt sich jedoch nicht nur auf kolumbianische Städte, sondern kennzeichnet generell die Literatur über die Zentren von Großstädten in Entwicklungsländern.

Mit Ausnahme der ausführlichen Arbeit von AMATO (1968) über die sich im Laufe der Jahrzehnte verändernden Lagen von Wohnvierteln der Oberschicht in Bogotá und der Untersuchung von BRÜCHER und MERTINS über ausgewählte, im Zusammenhang mit unteren sozialen Schichten stehende Probleme (1978) existiert nach Kenntnis des Verf. keine neuere umfassende, sich ausschließlich auf stadtgeographische Fragestellungen beschränkende Untersuchung europäischer oder nordamerikanischer Autoren über die kolumbianische Hauptstadt.

Bereits Ende des 19. Jahrhunderts beschrieb HETTNER auf seinen Reisen durch die kolumbianischen Anden das damals noch kleinstädtische Bogotá (1888). Erst Anfang der 50er Jahre widmete dann WILHELMY (1952) ein Kapitel seines Werkes über südamerikanische Städte der Beschreibung der kolumbianischen Metropole, deren Einwohnerzahl damals bereits auf die Millionengrenze zuging. Schließlich gab BRÜCHER (1969) in knapper Form einen aktualisierten Überblick über Geschichte, Wohngebiete der Unter- und Oberschicht, funktionale und physiognomische Besonderheiten des Zentrums und den Verkehr. Im Rahmen weiterer Studien geht derselbe Autor an Themenkreise heran, die randlich die Stadtgeographie Bogotás berühren. Zu nennen sind hier z.B. industriegeographische Vergleiche von Bogotá und Medellín (1975, 1976) und die Analyse der Mobilität von Industriearbeitern in der kolumbianischen Landeshauptstadt.

Dagegen ist die Bibliographie kolumbianischer Quellen nahezu unüberschaubar. Es fällt jedoch auf, daß auch hier eine zusammenhängende Stadtgeographie Bogotás fehlt. Vielmehr wenden sich die vorhandenen Untersuchungen meist Einzelproblemen zu.

Die wichtigsten der auch in dieser Arbeit verwendeten Publikationen sollen im folgenden kurz erwähnt werden. Die Corporación Centro Regional de Población (CCRP) veröffentlicht laufend Untersuchungsergebnisse über ausgewählte Probleme der Stadt, die von der Arbeitsmarktlage, dem Verkehrssektor bis hin zur Analyse des Bodenpreisgefüges und der Mobilität des sekundären und tertiären Sektors reichen, in Zusammenarbeit mit der Weltbank durchgeführt werden und in der Reihe "La Ciudad" erscheinen. Unterstützt werden diese beiden Institutionen durch die Cámara de Comercio de Bogotá (Handelskammer), die dieselben Publikationen einem größeren Leserkreis zugänglich macht, Diskussionsforen veranstaltet und darüber hinaus neben wirtschaftlichen auch geographische Arbeiten veröffentlicht.

MARTINEZ hat neben zahlreichen Aufsätzen, die in der Architektur-Zeitschrift "Proa" erschienen, auch das Buch "Bogotá-Sinopsis sobre su evolución urbana" (o. J.) verfaßt.

Umfangreiche Studien zu Zwecken der langfristigen Stadtplanung wurden vom Departamento Administrativo de Planeación Distrital (DAPD) unter der politischen Verantwortung der Alcaldía Mayor de Bogotá (Oberbürgermeisteramt) erstellt, von denen nur die beiden bekanntesten PIDUZOB und FASE II erwähnt werden sollen.

Ebenfalls vor der städtischen Planungsbehörde stammt eine kürzlich erschienene Arbeit über Möglichkeiten der Stadterneuerung im Zentrum Bogotás (DAPD 1981).

Eine ausführliche literarische Behandlung erfährt der Bodenpreismarkt in Bogotá durch eine Veröffentlichung des Institutes CENAC (BORRERO u. DURAN 1980) und Untersuchungen von VILLAMIZAR (1981(a), 1981(b)) und WIESNER (1978).

Im Zusammenhang mit dem geplanten Bau einer Untergrundbahn erschien die von einer französischen, spanischen und kolumbianischen Beratungsgesellschaft gemeinsam erstellte Publikation "Estudio de Factibilidad del Metro" (Alcaldía Mayor u. Secretaría de Obras Públicas 1981) und eine Darstellung möglicher Verbesserungen im derzeit bestehenden Verkehrssystem durch FEDESARROLLO (URRUTIA et al. 1981).

Unter der Bezeichnung "Programa Renovación Urbana" wurden zahlreiche soziologische, wirtschaftliche und architektonische Analysen für einen an das Zentrum anschließenden Altstadtbereich durchgeführt (OBREGON, VALENZUELA Y CIA. LTDA. 1977).

Der Einzelhandel in Bogotá wurde in einer allgemein gehaltenen Darstellung von CASTRO et al. (1979) beschrieben; die Compañía Colombiana de Datos erstellte vor Bau des Einkaufszentrums "Unicentro" eine Marktforschungsstudie über Verteilung von Einzelhandelsgeschäften, Einkaufsverhalten der Kundschaft etc. (1973), deren Ergebnisse zum Teil für diese Arbeit herangezogen werden konnten.

Bis auf die nicht ins Detail gehende, lediglich auf statistischen Angaben basierende Analyse von SIK LEE über die räumliche Verteilung von Beschäftigten des sekundären und tertiären Sektors in Bogotá und Cali und deren Veränderung im Zeitablauf (1982) fehlt bislang eine wissenschaftliche Untersuchung des Zentrums und speziell der Frage, weshalb und in welchem Ausmaß noch näher zu bestimmende Faktoren der Bereitschaft zur Standortverlagerung tertiärer Betriebe Vorschub

leisten und auf diese Art raumwirksam in den Wandel der Stadtstruktur eingrei-
fen.[2] Der Klärung dieser und damit zusammenhängender Fragen dient die vorliegende Arbeit.

Ohne die vorherige Beschäftigung des Autors mit der europäischen und nordamerikanischen Literatur zur Stadtgeographie wäre die Erstellung der vorliegenden Arbeit
in weiten Teilen erschwert, wenn nicht gar unmöglich gemacht worden. Auf eine
Aufführung der herangezogenen Publikationen soll jedoch, mit Hinweis auf ausführliche Bibliographien, die sich z.B. bei HOFMEISTER (1976), HEINEBERG (1979) und
zahlreichen anderen Autoren finden, verzichtet werden.
Stadtpläne, Luftbilder, Karten und das "Diccionario de Colombia", herausgegeben
vom Instituto Geográfico "A. Codazzi" (IGAC), erwiesen sich als unverzichtbare
Hilfen.

2.3. Ziele, Methoden und Aufbau der Arbeit

Die geringe Beachtung der Stadtzentren in der wissenschaftlichen Literatur hat
ihre Parallele in der Vernachlässigung des tertiären Sektors überhaupt. Dies
fällt besonders auf, wenn man sich die bislang noch unbefriedigende Behandlung
von Büros in stadtgeographisch orientierten Untersuchungen vor Augen hält, die im
wesentlichen auf drei Faktoren beruht:

1. Büros prägten später noch als handwerkliche und industrielle Betriebe das
Stadtbild, da der Dienstleistungssektor erst infolge der industriellen Revolution
und dem damit verbundenem Kaufkraftzuwachs der Bevölkerung expandierte.

2. Eine erkennbare Spezialisierung des tertiären Sektors auf Dienstleistungen,
die wenig geographisches Interesse wecken (z.B. Marketing, Steuerberatung etc.),
lenkte das Augenmerk auf andere mit der City verbundene Fragestellungen, die zumindest äußerlich eine höhere Raumrelevanz haben.

3. Das über Bürobetriebe vorhandene Datenmaterial ist im Vergleich zum Einzelhandel, Handwerk, Transportwesen und anderen die Stadtgeographie beschäftigende
Wirtschaftszweige unzureichend, auch schwer zugänglich und nicht "griffig", weil
nichts Materielles produziert wird. Eine der wenigen Ausnahmen in der deutsch —

sprachigen Literatur stellt die Arbeit von GAD dar, der sich mit der Standort-,
Funktions- und Interaktionsproblematik von Büros im Stadtzentrum von Nürnberg
auseinandersetzt (1968).

Es überrascht daher nicht, daß auch der tertiäre Sektor in der Literatur über
Kolumbien stark vernachlässigt wurde, obwohl der prozentuale Anteil dieses Wirt-
schaftsbereiches im Lande in bezug auf die Gesamtverteilung des Bruttoinlandsproduktes (BIP) nach unterschiedlichen Angaben bei 46% im Jahre 1975 (NARANJO u.
FERNANDEZ 1977, S.10) bzw. bei 42% im Jahre 1980 (Weltbank 1982, S.122) lag. Vermutlich geht dies nicht auf eine rückläufige Tendenz zurück, sondern vielmehr auf
voneinander abweichende Berechnungsgrundlagen, was sich u.a. aus Mängeln in der
statistischer Erhebung und aus dem hohen Anteil unkontrollierbarer Wirtschaftsbereiche erklärt. Die relativ große Bedeutung, die diesem Sektor zukommt, darf allerdings nicht als Zeichen eines hohen Entwicklungsstandes Kolumbiens fehlinter-
pretiert werden, da diese Kennzahl auch diejenigen Einkommensbezieher miteinin-
schließt, die Berufen nachgehen, welche der "versteckten" Arbeitslosigkeit zuge-
rechnet werden müssen, z.B. die Tätigkeit als Losverkäufer, Schuhputzer oder
Liftboy.
Eine wissenschaftliche Untersuchung über das Zentrum von Bogotá beinhaltet somit
nicht nur die Möglichkeit, eine Lücke zu schließen, sondern es ergeben sich hieraus interessante Vergleichsmöglichkeiten zu den bislang im Mittelpunkt des
stadtgeographischen Forschungsinteresses stehenden Zentren europäischer und nordamerikanischer Städte, die Herausarbeitung autochthoner Charakteristika wie auch
die Aufzeigung ausländischer Einflüsse.
Inwieweit die angesprochenen Charakteristika nicht nur auf Bogotá, sondern auch
auf andere kolumbianische Städte zutreffen, war Gegenstand eines zeitlich eng
begrenzten Forschungsaufenthaltes des Verf. in Medellín und Cali, den beiden nach
Bogotá einwohnerstärksten Städten Kolumbiens (vgl. Kap.8).
Weiterhin soll die hier vorliegende Untersuchung dazu beitragen, zukünftige Pla-
nungsfehler verantwortlicher Instanzen in Bogotá auf der Basis einer Situations-
analyse zu vermeiden.
Die sich an dieses Kapitel anschließenden Ausführungen dienen zunächst dazu, neben einem klimatischen und geschichtlichen Überblick durch die funktionale und
physiognomische Beschreibung von Teilräumen Bogotás zum besseren Verständnis von
Stadtstruktur und -entwicklung zu führen.
Eines der größten, aber unerforschten stadtgeographischen Phänomene der Stadtentwicklung in Bogotá ist der Exodus eines bedeutenden Teils ehemals im Zentrum an-

sässiger Unternehmungen des tertiären Sektors, die sich größtenteils im N der Stadt erneut angesiedelt haben.

Grundlage der Analyse dieses noch in vollem Gange befindlichen Verlagerungsprozesses war die Auswahl von 30 "Büro"- und Einzelhandelsbranchen, die anhand von Telefonbuchauswertungen der Jahrgänge 1961, 1966, 1971, 1976 und 1981 hinsichtlich Richtung und Ausmaß der Verlagerungstätigkeit untersucht wurden. Eine nach Beendigung des Forschungsaufenthaltes in Deutschland durchgeführte Computerauswertung von magnetbandgespeicherten Daten der kolumbianischen Sozialversicherung ICSS (Instituto de Seguros Sociales) verifizierte die zuvor manuell gewonnenen Ergebnisse und stellte darüber hinaus weitere wertvolle Informationen über Charakteristika der Mobilität des Dienstleistungssektors zur Verfügung.

Der in Kolumbien durchgeführten Auswertung von Branchenfernsprechbüchern schloß sich eine Interviewphase an, die die Motive für diese Umzugswelle erschließen sollte. Es wurden 53 Betriebe verschiedener Branchen aufgesucht und leitende Personen interviewt, die maßgeblich an der Umzugsentscheidung beteiligt waren und Auskünfte über die Hintergründe geben konnten. Der genaue Wortlaut des Fragebogens, der u.a. auch Fragen zur Betriebsgröße, Zahl der Filialen, Zufriedenheit mit dem neuen Standort etc. enthält, findet sich im Anhang dieser Arbeit.

Es muß jedoch von vornherein darauf hingewiesen werden, daß die Ergebnisse der durchgeführten Interviewserien keinen allgemeinen Anspruch auf statistische Repräsentativität erheben können, da die Stichprobenauswahl zum Teil zu klein, die Charakteristika der statistischen Einheiten (Personen bzw. Betriebe) nicht immer zufriedenstellend nach sachlichen, zeitlichen und räumlichen Merkmalen abgegrenzt werden konnten und schließlich ungenaue oder falsche Antworten in Kauf genommen werden mußten.

Insofern muß BOESCH zugestimmt werden, wenn er schreibt:

"Im tertiären Beschäftigungssektor spielen Interviews, die Verwendung statistischer Angaben, soziologische Untersuchungen usw. eine zunehmende und entscheidende Rolle. Ein milieutheoretischer geographischer Determinismus ist hier im Gegensatz zur Landwirtschaft nicht mehr angebracht. Da der Mensch einen eigenen freien Willen hat und eigene Entscheide treffen kann, ist eine strenge Kausalbetrachtung wie bei den Naturwissenschaften nicht mehr möglich und muß durch eine Betrachtungsweise, die auch schon als Possibilismus bezeichnet worden ist, ersetzt werden"(1969, S.261).

Wenn auch keine strenge Kausalbetrachtung im Sinne einer gesetzmäßigen Rückführung bestimmter Wirkungen (z.B. Verlagerungen von Dienstleistungsbetrieben) auf gegebene Ursachen (z.B. Kriminalität und andere negative Charakteristika der Bo-

gotaner City) möglich war, so ließen sich doch generelle Tendenzen anhand übereinstimmender Befragungsergebnisse erkennen.
Durch Gewichtung vorgegebener, potentieller Umzugsmotive mittels einer fünfstufigen Rating-Skala (vgl. Kap.5) gelang es, die Hauptbestimmungsfaktoren der Mobilität des tertiären Sektors herauszuarbeiten, um diese im sechsten Kapitel einer eingehenden Betrachtung zu unterziehen.
Diese Vorgehensweise ermöglichte es, einerseits ein drängendes Problem der Bogotaner Stadtplanung einer wissenschaftlichen Klärung näherzubringen, andererseits die City Bogotás, angrenzende Gebiete und ausgewählte Wachstumszonen im N der Stadt unter bestimmten, durch die Befragungsergebnisse determinierten Gesichtspunkten näher zu beschreiben, ohne der Gefahr der ziellosen Deskription ausgesetzt zu sein.
Hierauf fußt nämlich ein berechtigter Vorwurf ORGEIGS, der die ungenügende Beachtung vieler wirtschaftsgeographischer City-Untersuchungen darauf zurückführt, daß diese weder Entwicklungstendenzen kritisch betrachten noch eigene Lösungsvorschläge anbieten (1972, S.4).
Besonderes Augenmerk wurde ergänzend La Candelaria zuteil, einem bedeutendem Teilgebiet der Bogotaner Altstadt, das partiell zur City zu rechnen ist, und dessen architektonischen, wirtschaftlich-funktionalen und bevölkerungsmäßigen Eigenarten exemplarisch Rechnung getragen werden sollte.
Ausführlich behandelt wurde auch der in Bogotá lokalisierte Einzelhandel; Befragungen und Kartierungen zeigten, daß diejenigen Geschäfte, die auf die kaufkräftige Kundschaft abzielen, zu einem Großteil im N der Stadt angesiedelt sind, was die City als ehemals alleiniger Ort für Funktionsstufen höchster Bedienung in ihrer Bedeutung entscheidend geschwächt hat und Anlaß für eine nähere Betrachtung gab.
Um die Zukunftsperspektiven der Stadt zu beschreiben, wurden schließlich exemplarisch die städtische Planung und die vorgesehene Verbesserung des Transportsystems durch den Bau einer Untergrundbahn herausgegriffen und skizziert.

3. DIE HAUPTSTADT KOLUMBIENS - EIN ALLGEMEINER ÜBERBLICK

3.1. Lage

Bogotá, Hauptstadt der Republik Kolumbiens und zugleich des Departamentos Cundinamarca, liegt in 2650 Meter über N.N. auf $4^{o}35'56''$.6 nördlicher Breite und
$74^{o}04'51''$.3 westlicher Länge. Die räumliche Ausdehnung des Stadtgebietes wird
lediglich durch Geländeerhebungen im S, vor allem aber nach E hin von den Bergen
("Cerros") Guadalupe (3317 m) und Monserrate (3190 m) sowie den ödlandartigen
Hochflächen ("Páramos") von Cruz Verde und Choachí begrenzt. Die Stadt erstreckt
sich innerhalb der Ostkordillere am Rande der sogenannten Sabana, dem höchsten
Hochbecken der kolumbianischen Anden überhaupt.
Die völlige Ebenheit der Sabana erklärt sich aus der Tatsache, daß es sich bei
ihr um einen verlandeten See - auch "Lago Humboldt" genannt - handelt. Ihre Ausdehnung, die 80 km in der Länge und 40-50 km in der Breite mißt, erlaubte die
Ansiedlung von zahlreichen land- und viehwirtschaftlichen Betrieben, die von dem
fruchtbaren Boden, den günstigen klimatischen Bedingungen und der Nähe des Absatzmarktes Bogotá profitieren.
Als vorteilhaft ist auch die leichte verkehrsmäßige Erschließung der Sabana herauszustellen, die in scharfem Kontrast zu der aus verkehrstechnischer Sicht
schlechten großräumlichen Lage Bogotás steht. So ist die Stadt von E, S und W aus
nur durch Überwindung von Gebirgsketten bzw. Steilabfällen zu erreichen.
Im Vergleich zum gesamten Staatsgebiet Kolumbiens, welches 1.141.748 km^2 umfaßt
und damit etwa viereinhalbmal so groß ist wie die Bundesrepublik Deutschland,
nimmt diese Hochebene mit rund 4650 km^2 ca. vier Promille und damit einen vergleichsweise bescheidenen Platz ein, berücksichtigt man, daß dort mehr als 15%
der kolumbianischen Bevölkerung angesiedelt sind.
Die Gefahr der Zersiedelung der Sabana erscheint bislang gering. Nur 7% der in
Bogotá und in der Sabana wohnenden Gesamtbevölkerung sind nicht der Landeshauptstadt zuzurechnen; das Bevölkerungswachstum konzentriert sich überdies im wesentlichen auf die städtischen Siedlungen, sodaß der fruchtbare Boden der Landwirtschaft weitgehend erhalten bleibt (Alcaldía Mayor, Secretaría de Obras Públicas
1981, S.44).
Ausschlaggebend für die Wahl des Gründungsstandortes im Jahre 1538 in unmittelbarer Nähe der sich steil erhebenden Cerros waren vermutlich der im Gegensatz zu
sumpfigen Gebieten leichter bebaubare Boden, der Schutz der Berge vor klimatischen Unbilden und die gute Erreichbarkeit des Baumbestandes der Cerros, dessen
Holz sich bestens für Bauvorhaben, Kochen etc. eignete.

Bogotá wird von einigen kleineren Flüßchen in Ost-West-Richtung durchquert, so z.B. vom Tunjuelito, San Cristóbal, Arzobispo, San Francisco und Negro; sie beeinflussen das Stadtbild jedoch nicht nachhaltig, zumal sie häufig kanalisiert sind.

BRÜCHER (1976, S.123) ist zuzustimmen, daß die Lage Bogotás auf die Gesamtfläche des Landes bezogen zentral sei; halte man sich jedoch die Bevölkerungsschwerpunkte Medellín, Cali und die Karibikküste vor Augen, so liege Bogotá eindeutig an der Peripher e, was durch die schlechte Verkehrsanbindung, bedingt durch Gebirgsketten und Steilabfälle, die es nach E, S und W hin zu überwinden gilt, noch verschärft werde. Das noch verbesserungsfähige Straßenverkehrsnetz - es gibt erst wenige Kilometer Autobahnen - wird zum Teil durch ein Luftverkehrssystem kompensiert, welches allerdings in anderen Entwicklungsländern seinesgleichen sucht.

3.2. Klima

Das Klima der Sabana von Bogotá ist eindeutig den feuchten Tropenklimaten zuzuordnen. Zwar wird nach trockenen Monaten, d.h. "Sommerzeiten" als auch nach niederschlagsreicheren Zeiten, den "Wintermonaten", unterschieden, dieser Wechsel hat jedoch keinen Einfluß auf die vegetative Periode, die das ganze Jahr über anhält.

Die jährliche Durchschnittstemperatur in Bogotá beträgt 13,8 ^{0}C, wobei die durchschnittlichen Monatstemperaturen um weniger als ein Grad um diesen Wert schwanken (vgl. Tab.1). Starke Schwankungen im Temperaturbereich treten vielmehr im Tagesablauf auf. So schwankt die durchschnittliche Tageshöchsttemperatur (auf Monatsbasis) zwischen mindestens 18,6 ^{0}C (Juli) und 20,4 ^{0}C (Februar und März), die durchschnittliche Niedrigsttemperatur zwischen nur 6,6 ^{0}C im Januar und 9,3 ^{0}C im Mai (MONTEALEGRE 1979, S.10). Während der niederschlagsärmeren, also der "Sommerzeit" wurden bereits Temperaturoszillationen von 30 ^{0}C innerhalb von 24 Stunden, nämlich Tageshöchsttemperaturen bis 25 ^{0}C bei nächtlichen Temperaturen von bis zu -5 ^{0}C registriert (GUHL 1979, S.72).

Bogotá ist von zwei Regenzeiten betroffen, welche gewöhnlich Ende März bzw. Ende September einsetzen und ihr Niederschlagsmaximum in den beiden jeweils folgenden Monaten mit über 100 mm finden. Hingegen sind die Monate Januar und Februar bzw. Juni bis September mit durchschnittlich unter 60 mm Niederschlagsmenge als die Monate der niederschlagsärmsten Zeit anzusehen; die übrigen Monate können der Übergangszeit zugeordnet werden. Messungen haben ergeben, daß die

Tabelle 5: Das Klima Bogotás in Zahlen

Monat	Durchschnittl. Niederschlag in mm/Monat	Zahl der Tage mit Niederschlag	Durchschnittl. Temperatur in Grad Celsius	Relative Luftfeuchte in %
Januar	53,0	9	13,5	71
Februar	57,2	10	13,8	71
März	86,1	12	14,3	58
April	125,4	19	14,2	74
Mai	108,1	20	14,3	74
Juni	59,9	18	13,4	71
Juli	47,3	17	13,6	70
August	49,5	16	13,6	69
September	57,6	14	13,6	71
Oktober	153,2	20	13,7	74
November	128,8	19	13,8	77
Dezember	76,2	13	13,6	74
Summe/ Mittelwert	1002,3	187	13,8	72

Quelle: MONTEALEGRE 1979

Niederschlagsmenge von W her zu den Cerros hin stark zunimmt und im Zentrum folglich hoch ist.

Von November bis Mai herrschen Nord- und West-Winde vor, von Juni bis Oktober Süd- und Süd-Ost-Winde. Diese Dominanz ist i.a. jedoch nur sehr schwach ausgeprägt, lediglich im Februar wurden bei über 20% aller Beobachtungen Westwinde notiert, ansonsten ist in Bogotá von häufig wechselnden Windrichtungen auszugehen.

Hinzu tritt eine generell niedrige Windgeschwindigkeit, die zwischen 1 m/s und 4 m/s liegt, was jedoch gelegentliche Windhöchstgeschwindigkeiten von über 10 m/s nicht ausschließt (MONTEALEGRE 1979, S.16ff.).

Abschließend bleibt festzuhalten, daß das Klima Bogotás für den an jahreszeitliche Klimaschwankungen gewöhnten Mitteleuropäer als durchaus angenehm eingestuft werden kann; weder belasten tropische Schwüle noch zu starke Extreme des Temperaturverhaltens den Organismus. Lediglich die häufige Bewölkung mit der besonders in den regenreichen Monaten bevorzugten nachmittäglichen Niederschlagsneigung (bei Niederschlagsmengen, die die Zugehörigkeit Bogotás zum Tropenklima unterstreichen) vermögen das wolkenlose Bild, das mancher beim Gedanken an diesen Subkontinent hegt, zu relativieren.

3.3. Die Entwicklung Bogotás von der Gründung bis zur Neuzeit

Die Analyse der Wandlungen einer lateinamerikanischen Hauptstadt in der Neuzeit
wird vor dem Hintergrund ihrer Geschichte besser verständlich. Es sollen hier
jedoch nur d e wesentlichen geschichtlichen Entwicklungen aufgezeigt werden; eine
weit ausführlichere Darstellung der Begebenheiten findet sich bei WILHELMY
(1952).

3.3.1. Der landeshistorische Hintergrund

Die Gründung der kolumbianischen Hauptstadt im Jahre 1538 wird auf den spanischen
Conquistadoren Gonzalo Jiménez de Quesada zurückgeführt. Die Spanier gaben ihr
zunächst den Namen Santa Fé; zur besseren Unterscheidung von anderen gleichnamigen Städten wurde daraus Ende des 18. Jahrhunderts Santa Fé de Bogotá. Erst 1819,
zur Zeit der Befreiung vom spanischen Mutterland durch Simón Bolívar, entfiel das
an die Kolonialherrn erinnernde Namensrelikt Santa Fé.
Obwohl Bogotá nicht als die erste Stadtgründung spanischer Eroberer gilt (Santa
Marta, 1525 gegründet, ist die älteste Stadt Kolumbiens), wuchsen ihr schnell
hauptstädtische Funktionen zu.
Im Laufe ihrer Geschichte war sie Hauptstadt des spanischen Generalkapitanats
(1547-1718), das später zum Vizekönigreich Neu-Granada umgewandelt wurde
(1718-1813), des befreiten Groß-Kolumbien (1819-1831), dem auch Ecuador und Venezuela angehörten, der Republik Neu-Granada (1831-1858), der Granadinischen Föde-
ration (1858-1863), der Vereinigten Staaten von Kolumbien (1863-1886) und
schließlich der heutigen Republik Kolumbien (vgl. Wilhelmy 1952, S.164).
Bereits Mitte des 19. Jahrhunderts entstanden die beiden das politische Geschehen
in Kolumbien nach wie vor beherrschenden Parteien der zentralistisch orientierten
und die Verbindung von Kirche und Staat betonenden Konservativen sowie die föde-
ralistisch und antiklerikal eingestellten Liberalen.
Während das Land fast im gesamten 19. Jahrhundert (1819-1903) verheerende Bürger-
kriege erlebte, deren Ursachen auf Parteienstreitigkeiten basierten und sich auf
die Bevölkerung übertrugen, steht das 20. Jahrhundert - von relativer politischer
Stabilität geprägt -, in scharfem Kontrast zu den Verhältnissen in den meisten
anderen lateinamerikanischen Staaten. Eine Ausnahme stellt jedoch der Ausbruch
eines brutalen Bürgerkrieges, der sogenannten "Violencia", dar, die weit über
200.000 Todesopfer forderte und sich über den Zeitraum von 1948 bis Anfang der
60er Jahre erstreckte.

Die Ursachen dieser sich ausschließlich auf dem Land zutragenden Wirren sind teils politischer, teils ökonomischer Natur. Nach einem halben Jahrhundert der Opposition gelangte die liberale Partei unter López in den 30er Jahren an die Macht. Die von ihm angestrebte Agrarreform, Einführung einer progressiven Einkommensteuer und Nationalisierung privater Unternehmen wurde von der Oberschicht, zum Teil auch von gemäßigten Kräften der eigenen Partei, heftig bekämpft, da man die beabsichtigten Reformen als Angriff auf die bestehende Wirtschafts- und Gesellschaftsordnung ansah.

Als 1946 erneut die Konservativen mit Ospina Pérez als Präsident die Macht übernahmen und damit parteiinterne Streitigkeiten der Liberalen auszunutzen verstanden, war es bereits mehrfach zu Aufständen von Bauern und Landarbeitern gekommen, die stets blutig niedergeschlagen wurden (vgl. SCHÜTT et al. 1976, S.286). Der wahre Führer der Conservadores schon unter Ospina war der reaktionäre Laureano Gómez, 1950-1953 auch Präsident des Landes. Streikaufrufe der den Liberalen nahestehenden Gewerkschaften heizten die politische Stimmung weiter an. Die Unruhe der Bevölkerung nutzte Gaitán, ein populärer linksliberaler Führer, zur Bildung einer von ihm geführten Oppositionsbewegung, die von Bauern, Arbeitern und Teilen der Mittelschicht unterstützt wurde.

Als weitere Ursache der Violencia werden existentielle Schwierigkeiten vieler Kleinbauern angeführt. Aus der Tatsache, daß die Violencia am heftigsten in den Kaffeeanbauregionen des Landes wütete, wird ersichtlich, daß sich gerade dort ein gewaltiges Konfliktpotential aufgestaut hatte. Anfang der 30er Jahre gab es in Kolumbien ca. 150.000 Kaffeefarmen, von denen die meisten unter 10 ha umfaßten (SCHÜTT et al. 1976, S.272). Die für den Lebensunterhalt der Kleinbauern und ihre Familien ohnehin unzureichenden Ernteerträge unterlagen zudem den nicht vorhersehbaren Schwankungen der Weltmarktpreise. Viele Großgrundbesitzer nutzten die Violencia damals zur Vergrößerung ihrer Latifundien. Hohe Bevölkerungszuwachsraten verschärften die Situation zusätzlich (DIX 1967, S.360ff.).

Als Gaitán am 9. April 1948 auf offener Straße im Zentrum Bogotás (Cra 7) erschossen wurde, kam es zu einer spontanen Eskalation der Gewalt. In den folgenden Tagen starben Tausende von Menschen in der Hauptstadt durch Rache nehmende Aufständische. Geschäfte wurden geplündert, Straßenzüge niedergebrannt, selbst Straßenbahnen und Kraftfahrzeuge fielen der Revolte, die auch "Bogotazo" genannt wird, zum Opfer. Welche Auswirkungen der Brand auf die Entwicklung des Baubestandes im Zentrum hatte, wird noch an anderer Stelle Gegenstand des Interesses sein (vgl. Kap.7.3. und Abb.23).

Der Bogotazo wird als zündender Funke der schon lange schwelenden Violencia angesehen. Während in früheren Zeiten Rebellionen von Landarbeitern auf einzelne

Regionen des Landes beschränkt blieben, herrschten in weiten Teilen Kolumbiens von 1948 bis 1963 bürgerkriegähnliche Zustände, die eine zunehmende Verelendung ländlicher Gebiete zur Folge hatten, von denen die Städte aber verschont blieben. Durch die Flucht Tausender verängstigter Landbewohner konnte ein sprunghaftes Bevölkerungswachstum urbaner Siedlungen verzeichnet werden. Von dieser Entwicklung war Bogotá in besonderem Maße betroffen: Zwischen 1951 und 1966 verdreifachte sich die Einwohnerzahl des Distrikts Bogotá beinahe von rund 715.000 auf schätzungsweise 2 Millionen Menschen, was zu einem erheblichen Teil auf die Zuwanderung zurückgeführt wird. Aus jener Zeit stammen die Beinamen "Ciudad Refugio" oder "Ciudad Asilo", die man der kolumbianischen Metropole gab (BRÜCHER 1969, S.182).

Der Versuch des konservativen Präsidenten Laureano Gómez (1949-1953), aus den politischen Wirren Nutzen zu ziehen und Liberale und Gewerkschaften endgültig auszuschalten, führte 1953 zu einem von General Rojas Pinilla initiierten Militärputsch. Trotz anfänglicher wirtschaftlicher und sozialer Erfolge, die zeitweise eine Abschwächung der Violencia bewirkten, verlor er nach und nach die Unterstützung der Oberschicht und der mächtigen katholischen Kirche, bis er 1957 von der Militärführung abgesetzt wurde (DIX 1967, S.120). Fortan kamen Liberale und Konservative überein, die Regierungsverantwortung alternierend für jeweils vier Jahre zu übernehmen. Diesem auch "Frente Nacional" genannten Bündnis lag das Prinzip zugrunde, Exekutivposten auf allen administrativen Ebenen ("Alternación") abwechselnd einzunehmen, Legislative und alle öffentlichen Organe hingegen unabhängig von den jeweiligen Wahlergebnissen zu besetzen ("Paridad") (SCHOTT et al. 1976, S.286).

1974 wurde diese alternierende Form der Regierung abgeschafft; seitdem entscheiden die Wähler im Vierjahresturnus, welche Partei die Regierungsverantwortung übernimmt.

3.3.2. Determinanten und Charakteristika des Wachstums

Zwei Indikatoren können zuverlässig Aufschluß über das zunächst langsame, sich später in bemerkenswerter Weise dynamisierende Wachstum Bogotás geben: die räumliche Ausdehnung des Stadtgebietes im Zeitablauf und die Entwicklung der Einwohnerzahl.

Das vorhandene Kartenmaterial (vgl. Abb.2) macht deutlich, daß die Stadtfläche Bogotás in den ersten vier Jahrhunderten seit der Gründung im Jahre 1538 stetig

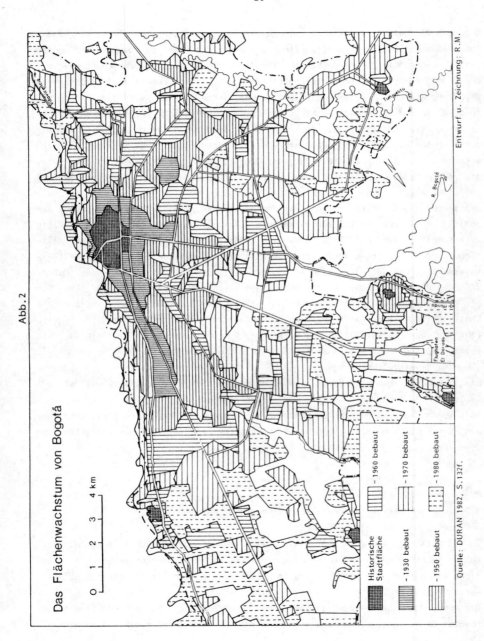

Abb. 2

Das Flächenwachstum von Bogotá

0 1 2 3 4 km

Historische Stadtfläche

– 1930 bebaut

– 1950 bebaut

– 1960 bebaut

– 1970 bebaut

– 1980 bebaut

Quelle: DURAN 1982, S. 132 f.

Entwurf u. Zeichnung: R.M.

wuchs, jedoch mit sehr geringen Zuwachsraten. Erst in diesem Jahrhundert begann sich die Entwicklung sprunghaft zu beschleunigen.

Bereits 1890 setzte die Herausbildung einer durchgehenden, von Süd nach Nord verlaufenden Achse ein, die den alten Stadtkern mit der früher nicht zum Stadtgebiet gehörenden Häuseransammlung, dem heutigen Chapinero, verband.

Ab 1910 orientierten sich die Ausdehnungsbestrebungen nicht mehr nur in Süd-Nord-Richtung, sondern schlossen nunmehr auch westlich gelegenes Gebiet mit ein.

Zwischen 1930 und 1960 ist erstmalig ein explosionsartiges Anwachsen des bebauten Stadtgebietes zu verzeichnen, welches sich bis heute, der Bevölkerungsentwicklung angepaßt, mit zwar wieder verlangsamenden, so doch positiven Zuwachsraten fortgesetzt hat.

Die Bevölkerung, die in den ersten 367 Jahren (1538-1905) lediglich auf 100.000 Einwohner - was einer größeren Kreisstadt in der Bundesrepublik entspricht - angewachsen war, hatte sich etwa zwanzig Jahre später bereits verdoppelt, nach weiteren zehn Jahren mehr als verdreifacht. Von 1938 bis 1951, also in nur wenig mehr als einem Jahrzehnt, vollzog sich eine erneute Verdoppelung, im anschließenden Zeitraum bis 1964 sogar eine nur knapp verfehlte Verdreifachung.

Im Intervall von 1955 bis 1968, welches auch als Phase des explosiven Bevölkerungswachstums in Kolumbien betrachtet wird, sind hohe Fruchtbarkeits- und Geburtenziffern bei gleichzeitig hoher, jedoch abnehmender Mortalität und vernachlässigbar niedriger Emigrationsrate der Bevölkerung die Hauptursachen dieser beschleunigten Entwicklung.

Ab 1966 und bis in die heutige Zeit andauernd konnte ein eher gemäßigtes Bevölkerungswachstum beobachtet werden, welches durch anhaltend abnehmende Mortalität, jedoch ebenfalls abnehmende Fruchtbarkeits- und Geburtenziffern bedingt war. Dem Weltentwicklungsbericht der Weltbank von 1982 zufolge sank die durchschnittliche jährliche Zuwachsrate der Stadtbevölkerung in Kolumbien von 5,2% (1960-1970) auf 3,9% (1970-1980) (Weltbank 1982, S.156), was auch auf die abnehmende Migrationsbereitschaft der Landbevölkerung zurückzuführen ist. Diese Angaben werden insofern bestätigt, als 1964 54,2% der Bevölkerung Bogotás Zuwanderer waren, dieser Anteil sich bis 1973 allerdings auf knapp 50% reduzierte (DANE 1975, S.28 nach BRÜCHER u. MERTINS 1978, S.14).

YEPES und AFIAS (1976, S.213) schätzen, daß zwischen 1970 und 1975 ca. 385.000 Personen nach Bogotá zuwanderten, von denen 44% männlichen Geschlechts waren.

Abb.3 veranschaulicht den zahlenmäßigen Anstieg der Einwohnerzahlen.[3]

Die Gründung der Stadt im Jahre 1538 erfolgte an der heutigen Kreuzung der Carrera 2 mit Calle 13. Während der Kolonialzeit und in der Frühzeit der republikanischen Epoche war die Plaza de Bolívar der herausragende Mittelpunkt des

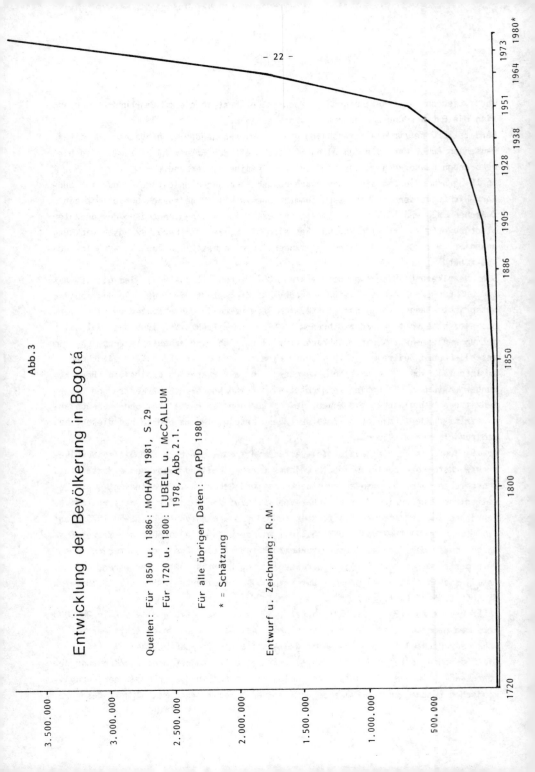

Abb. 3

Entwicklung der Bevölkerung in Bogotá

Quellen: Für 1850 u. 1886: MOHAN 1981, S. 29
Für 1720 u. 1800: LUBELL u. McCALLUM
1978, Abb. 2.1.

Für alle übrigen Daten: DAPD 1980

* = Schätzung

Entwurf u. Zeichnung: R.M.

städtischen Lebens. Der ursprüngliche Name dieses Platzes lautet "Plaza de la Constitución"; dieser wurde jedoch in den jetzigen Namen umgewandelt, nachdem im Jahre 1846 eine Statue zu Ehren des namengebenden Befreiers an zentraler Stelle errichtet wurde. Der Platz diente als öffentliche Marktstätte. Hier wurden Todesurteile an Kriminellen vollstreckt, Stierkämpfe veranstaltet, Volksfeste abgehalten, politische Kundgebungen und militärische Paraden durchgeführt. In der Kolonialzeit wurde er sogar als Massengrab für Tausende von Toten zweckentfremdet (ORDOÑEZ 1948, S.25).

Die exponierte Stellung verdankte die Plaza Bogotás und anderer lateinamerikanischer Städte dem Schachbrettgrundriß spanischer Konquistadoren, den diese der Anlage neuer Städte im Zuge der Kolonisation zugrunde legten. Sie stützten sich dabei auf Schriften des römischen Stadtbaumeisters Vitruvius, der den von Hippodamos von Milet entwickelten Schachbrettplan ausführlich beschrieb. Mittelpunkt der sich im Abstand von ca. 100 Metern rechtwinklig schneidenden Straßen war ein unbebautes Quadrat, die sogenannte Plaza; die umliegenden Baublöcke nennt man "Manzanas" oder "Cuadras". Um die Plaza herum gruppierten sich mit kirchlicher bzw. weltlicher Macht ausgestattete Funktionen (SANDNER u. STEGER 1973, S.72).

Zu Beginn des 17. Jahrhunderts begann sich die Stadtfläche erstmalig entlang der Hauptstraße, der heutigen Cra 7, auszudehnen. In die damalige Zeit fällt auch der Bau zahlreicher Klöster, Kirchen und Kapellen, die bis zur Mitte des vergangenen Jahrhunderts die einzigen größeren Gebäude in der Stadt darstellten.

Bereits zur damaligen Zeit ließ sich eine räumliche Trennung der Gesellschaftsklassen beobachten: Während reiche Adels- und Bürgerfamilien repräsentative Wohngebäude in der näheren Umgebung der Plaza bevorzugten, bewohnten weniger gut gestellte Bevölkerungsschichten wie z.B. Angestellte, Händler und Handwerker weiter außen gelegene Stadtviertel. Je weiter man sich vom Stadtmittelpunkt entfernte, umso mehr nahmen dabei Größe und Ausstattung der einstöckigen Patiohäuser ab, bis man schließlich die Behausungen der Ärmsten erreichte (BÄHR 1976, S.126).

Im 18. Jahrhundert dehnte sich Bogotá nur allmählich in nördlicher, südlicher und ansatzweise in westlicher Richtung aus, doch von einer tiefgreifenden Veränderung des Stadtbildes konnte, trotz der Errichtung bedeutender Bauwerke wie der Casa de la Moneda, der Kirche La Tercera und der Casa del Marqués de San Jorge, nicht gesprochen werden (ORDOÑEZ 1948, S.26).

Erst die Gründung Chapineros im Jahre 1885 bewirkte in der Folgezeit die Auflösung der bis dahin konzentrisch um die Plaza angelegten Stadtstruktur zugunsten einer achsenorientierten Stadtflächenausdehnung, wie bereits angesprochen.

Früher Teil eines Dominikanern gehörenden Latifundiums war dieses bedeutende Barrio Bogotás jahrzehntelang Zielort erholungssuchender Stadtbewohner aller sozialer Schichten, die die ländliche Atmosphäre dieser leicht erreichbaren Region schätzten (MARTINEZ 1972, S.20). Der spätere Aufschwung Chapineros, der als der erste Vorort Bogotás überhaupt anzusehen ist, wurde durch die Inbetriebnahme einer maultiergezogenen Straßenbahn im Jahre 1884 begünstigt.

Etwa ab 1930 ließ sich eine Verlagerungstendenz von ehemals in der Bogotaner Altstadt lebenden Angehörigen der Oberschicht erkennen, die zunächst zentrumsnahe Wohngegenden wie z.B. die Barrios Magdalena und Teusaquillo auswählten.

Erst nach den politischen Unruhen im Zentrum der Stadt (1948) begann eine zunächst provisorische, später jedoch meist endgültige Verlagerung vor Dienstleistungsbetrieben vieler Branchen nach Chapinero, das dadurch einen grundlegenden Funktionswandel erfuhr und heute als bedeutendstes Sekundärzentrum ces Stadtgebietes gilt.

Diese Verlagerungswelle, von der erstmals in der Geschichte Bogotás Betriebe des tertiären Sektors in größerem Umfang erfaßt wurden, muß als mitursächlich für die erneute Mobilität oberer Gesellschaftsschichten angesehen werden, welche 1950 einsetzte und die Barrios El Chicó, Santa Bárbara und Umgebung zum Ziel hatte (vgl. Abb.4).

Unterdessen hatten sich die ersten Arbeiterviertel der Stadt im S und SW gebildet und damit die soziale Segregation der Bevölkerung fortgesetzt, da gleichzeitig die Ober- und Mittelschicht, die sogenannte "Clase alta" und "Clase media", bestärkt durch die Ereignisse des Jahres 1948, traditionelle Wohngebiete im Zentrum der Stadt oder in der Nähe desselben aufgaben, um Wohnorten im N Bogotás den Vorzug zu geben.

Bereits in den 50er Jahren führte die intraurbane Mobilität eines Teiles der kaufkraftstarken Bevölkerung zur Entwicklung der Cra 15, insbesondere im Bereich der Cl 85, später auch in Chicó und El Lago durch Eröffnung von modernen Geschäftszentren, was einen dynamisierenden Effekt auf die Bodenpreise des Abschnittes von Cl 72 bis Cl 100 ausübte.

Mit Eröffnung wichtiger Verkehrsstraßen, dem Bau des Flughafens El Dorado und des Centro Administrativo Nacional (CAN) gelingt es nur teilweise, neue Wachstumspole im W, SW und S der Stadt zu erschließen und den Verlagerungstrend nach N abzubremsen.

Zu Beginn der 70er Jahre erleben das Centro Internacional und das nördlich anschließende Barrio Sagrado Corazón die Phase ihrer größten Attraktivität; zahlreiche finanzwirtschaftliche Institutionen verlagern ihre Hauptsitze vom traditionellen Zentrum in diese Region und bedienen den ehemaligen Hauptwirkungskreis mit Filialen. Der Bedeutungsverlust des Stadtkerns wird durch gleichzeitige Verlagerung öffentlich-administrativer Institutionen in das CAN erhöht. Allerdings

VERLAGERUNG UND AUSWEITUNG DER OBERSCHICHTVIERTEL IN BOGOTA/KOLUMBIEN

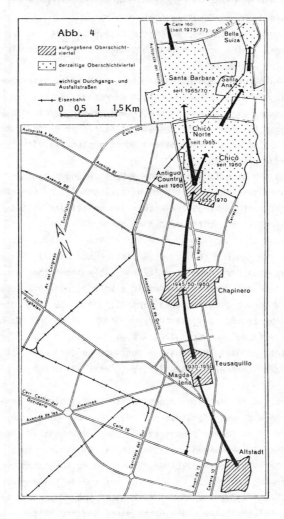

Quelle: Mit frdl. Genehmigung von G.Mertins entnommen aus BÄHR/MERTINS 1981, S.11.

Entwurf: G. Mertins (nach verschiedenen Quellen und eigenen Erhebungen)

verbleiben wichtige Funktionen in einer durch Erhaltungsmaßnahmen nicht von dem allgemeinen Verfall des Baukörperbestandes im Zentrum betroffenen Region (Alcaldía Mayor, Secretaría de Obras Públicas 1981, S.44).

Insbesondere einer verbesserten Verkehrserschließung ist es zu verdanken, daß, wenn auch nur punktuell, eine erneute Investitionstätigkeit im Bereich der Av 19 zwischen Cra 3 und Cra 5 einsetzt.

Der N der Stadt erhält durch den Bau des Einkaufszentrums Unicentro bedeutende Entwicklungsimpulse, die sich in einem explosionsartigen Anstieg der Bodenpreise und einsetzender Kommerzialisierung in der Cra 15 (zwischen Cl 100 und Cl 127A) artikulieren. Hingegen führt die anhaltende Mobilität oberer Bevölkerungsschichten zu Qualitätsverlusten von zentrumsnahen Wohngegenden, so wie etwa in Teusaquillo oder La Soledad geschehen.[4]

Damit wird klar, daß der bereits angesprochene Verlagerungsprozeß der Oberschicht in Bogotá kein einmaliger, auf einen kurzen Zeitabschnitt beschränkter Vorgang ist, sondern vielmehr seit Jahrzehnten - zwar in wechselnder Intensität, jedoch stets nach N orientiert - beobachtet werden kann.

Während die reiche Bevölkerung im N neue Stadtflächen okkupiert, erfahren die aufgegebenen, näher zum Zentrum gelegenen Gebiete einen Wandel: Sie dienen nunmehr weniger wohlhabenden Bevölkerungsschichten als Wohnort oder werden kommerziell genutzt. Wie sich die derzeitige räumliche Verteilung von Wohngebieten der Ober-, Mittel- und Unterschicht in Bogotá darstellt, ist Abb.5 zu entnehmen.

Heute gilt Bogotá unbestritten als die führende Stadt Kolumbiens. Nachdem sie in den 50er Jahren Medellín auf industriellem Gebiet dank ihrer Hauptstadtfunktionen und des bei weitem größten Regionalmarktes überrundet hatte (BRÜCHER 1977, S.131), ist sie nunmehr unangefochtenes Zentrum wirtschaftlicher, politischer und kirchlicher Macht.

Seit 1954 administrativ in der Form eines "Distrito Especials" (D.E.) geführt, der unabhängig vom Departamento Cundinamarca, dem er geographisch zuzuordnen wäre, durch einen vom Präsidenten eingesetzten Oberbürgermeister ("Alcalde") regiert wird, sind ihm die Gemeinden Bosa, Engativá, Fortibón, Suba, Usaquén und Usme sowie drei weitere Polizeiinspektionen angegliedert. Die Stadt, die in N-S-Richtung eine Ausdehnung von ca. 25 km erreicht hat und in E-W-Richtung an ihrer breitesten Stelle 13 km mißt, ist Sitz der Landes- und Departamento-Regierung, zahlreicher Museen, Universitäten, Bibliotheken und anderer kultureller Institutionen.

Nach BRÜCHER treffen Vergleiche mit Hauptstädten föderalistischer Staaten wie Washington D.C., Bonn oder Canberra nicht zu, "allein schon wegen deren geringer

Abb. 5

WOHNVIERTEL SOZIALER SCHICHTEN IN BOGOTÁ

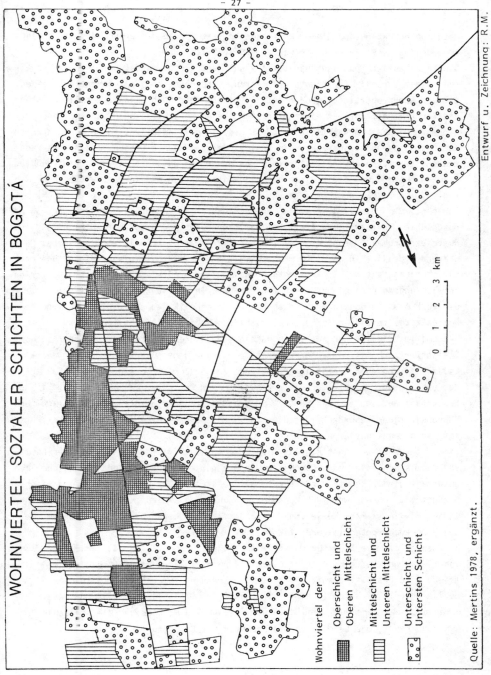

Wohnviertel der

Oberschicht und
Oberen Mittelschicht

Mittelschicht und
Unteren Mittelschicht

Unterschicht und
Untersten Schicht

0 1 2 3 km

Quelle: Mertins 1978, ergänzt.

Entwurf u. Zeichnung: R.M.

Machtkonzentration und Größe, eher dagegen mit Ciudad de México, das allerdings rund dreimal soviel Einwohner zählt" (1979, S.127).

Die enge Verflechtung von Hauptstadt- und Zentralregierungsfunktionen ist zweifellos als Vorteil für Bogotá zu werten. Einerseits konnte konstatiert werden, daß ein überproportional großer Anteil öffentlicher Gelder in die Millionenstadt und ihr Umland floß, was einer offensichtlichen Benachteiligung anderer Landesregionen gleichkam. Andererseits begünstigte die Ballung öffentlicher Einrichtungen der Distrito- und Landesebene die Ansiedlung zahlreicher Unternehmen des sekundären und tertiären Sektors aufgrund vorhandener Fühlungsvorteile, was ein erhöhtes Steueraufkommen und damit einen beschleunigten Ausbau der Infrastruktur nach sich zog.

Verfolgt man die industrielle Entwicklung, die Bogotá in den letzten Jahren durchlebte, so stellt man fest, daß der Führungsanspruch, größtes nationales Industriezentrum zu sein, erst Mitte der 50er Jahre erfüllt werden konnte. Denn während Medellín, in ca. 1500 m über N.N. in der Tierra templada gelegen und zugleich Hauptstadt des Departamentos Antioquia, bereits vor dem Ersten Weltkrieg Entwicklungsansätze einer rasch zunehmenden Industrialisierung aufwies, setzte dieser Prozeß in Bogotá erst nach dem Zweiten Weltkrieg ein. Die unangefochtene Dominanz des tertiären Sektors hat sich jedoch bis heute gehalten.

Während in Medellín der Textilindustrie ein andere Industriezweige überragender Stellenwert zukommt, ist Bogotá von einer ausgewogenen Branchenstruktur geprägt. Es lassen sich aber Spezialisierungstendenzen erkennen: So sind z.B. im Fahrzeugbau und in der Elektrotechnik erheblich mehr Personen beschäftigt als in der Hauptstadt Antioquias, was BRÜCHER neben den Standortfaktoren "Absatzmarkt" und "Nähe wichtiger Behörden" auf die hohe Zahl von Zulieferbetrieben zurückführt, auf die die genannten Branchen besonders angewiesen sind (1975, S.145).

Ein weiterer Schwerpunkt Bogotás liegt - verglichen mit Medellín - auf der Gummi- und chemischen Industrie. Obwohl in Bogotá nur kleine Eisen- und Stahlschmelzen ansässig sind, kommt auch der Metallindustrie hohes beschäftigungspolitisches Gewicht zu, ebenso wie den Konsumgüterindustrien Nahrungsmittel, Getränke und Tabak, die in starker Weise von dem großen, in der Landeshauptstadt konzentrierten Verbraucherpotential profitieren.

Betrachtet man die Struktur der Betriebsgrößen in Bogotá, so fällt die hohe Zahl von Klein- und Mittelbetrieben sofort ins Auge. 1972 überschritten erst zwei Betriebe eine Beschäftigtenzahl von 1000, während es zum gleichen Zeitpunkt in Medellín bereits 14 waren (BRÜCHER 1975, S.142). Ursächlich für die Dominanz kleinerer Betriebe waren und sind die Größe des lokalen Marktes und die schlechte Verkehrsanbindung, die bereits vor Jahrzehnten zur Gründung eines stark diversifizierten Handwerks führten. Es hat sich bis heute zum Großteil erhalten. Die historische Entwicklung spiegelt sich auch in der Standortwahl des sekundären Sektors wider Während Handwerksbetriebe seit jeher in der Altstadt und in anderen Zentrumslagen präsent sind, haben sich erst später, nämlich in den 50er Jahren erfolgte industrielle Neugründungen größerer Betriebe bevorzugt in südwestlicher Richtung und in einiger Entfernung vom Zentrum vollzogen.

Bogotá ist wohl nach Quito diejenige südamerikanische Hauptstadt, die die schlechtesten Landverkehrsverbindungen aufweist. Bis in die jüngste Zeit hinein waren die Hauptverkehrswege nicht durchgängig asphaltiert, seit langem geplante Autobahnen enden kurz hinter dem Stadtgebiet. Zudem verhindert die reliefbedingt kurvenreiche Anlage der Landstraßen und der häufig durch Lastwagen gebremste Verkehrsfluß ein zügiges Weiterkommen, sei es auf der Strecke über Tunja und Bucaramanga nach Santa Marta (Karibikküste), über Honda (Magdalenatal) nach Manizales bzw. Medellín, über Ibagué und Cali nach Buenaventura oder nach Villavicencio, dem "Tor" der Llanos Orientales. Darüber hinaus führen Erdrutsche immer wieder zu schweren Verkehrsunfällen und stundenlangen Sperrungen der betroffenen Streckenabschnitte.

Demgegenüber garantiert der Flughafen El Dorado eine optimale Anbindung Bogotás an das internationale Luftverkehrssystem und trägt damit zur Bedeutung des in der Landeshauptstadt konzentrierten tertiären Sektors bei. Vom Zentrum der Stadt ist er in ca. 15 Minuten über einen nahezu kreuzungsfreien und mehrspurig ausgebauten Verkehrsschnellweg zu erreichen.

Der nationale Luftverkehr spielt bereits seit langem eine nicht wegzudenkende Rolle bei der Bewältigung des gesamten Personen- und Frachtaufkommens. Düsenflugzeuge erreichen alle wichtigen Städte Kolumbiens mehrmals täglich in maximal 75 Minuten, kleinere Städte sind mit Propellerflugzeugen leicht zu erreichen, sodaß die nachteilige Landverkehrsanbindung der Hauptstadt zumindest teilweise kompensiert wird.

3.3.3. Das System der Straßenbenennung

Bis 1849 wurden die Straßennamen beibehalten, die die Spanier dem alten Santa Fé gegeben hatten. Calle de la Catedral, Calle del Chorro ("Chorro" nannte man damals Naturquellen), Calle del Refugio hießen einige dieser Verkehrswege im alten Bogotá (MARTINEZ 1969, S.26).
Zu jener Zeit erwies sich das bisherige System als den Erfordernissen der

expandierenden Stadt nicht mehr gewachsen. Es wurde 1876 durch ein System ersetzt, das dem heutigen bereits sehr nahe kam. Grundlage war und ist die Benennung aller in Nord-Süd-Richtung verlaufenden Straßen in "Carreras" (abgekürzt "Cra" bzw. "K"), der in Ost-West-Richtung verlaufenden Straßen in "Calles" ("Cl").

Im Unterschied zur heutigen Zeit wurde damals jedoch, vergleichbar mit einem Koordinatenkreuz, ein "Nullpunkt" festgesetzt, von dem ab die Calles und Carreras in fortschreitender Entfernung aufsteigend durchnumeriert wurden, wobei hinter der Bezeichnung der Straßenart und ihrer Rangfolge auch noch die Himmelsrichtung angegeben werden mußte, um Verwechslungen vorzubeugen. Diese unnötige Erschwerung entfiel 1886 mit dem Ergebnis, daß die Carreras von E nach W, mit "1" beginnend, fortlaufend durchnumeriert wurden, desgleichen die Calles von S nach N. Nur aus der Tatsache heraus, daß sich die Stadt in den folgenden Jahren sowohl nach E zu den Cerros hin als auch nach S ausdehnte, ist es zu erklären, daß der Zusatz "Este" (Osten) bzw. "Sur" (Süden) bei Carreras bzw. Calles zur zweifelsfreien Identifizierung erforderlich geworden ist.

Die systematische Bezeichnung der Straßen konnte auch auf die Numerierung von Gebäuden übertragen werden. Die sich darauf beziehenden Nummern beginnen hinter jeder Straßenkreuzung aufs neue und steigen bei den Carreras in S-N-Richtung, bei den Calles in E-W-Richtung an. Dabei weisen gerade Hausnummern auf die rechte, ungerade auf die linke Straßenseite und auf die jeweilige metrische Entfernung zur zurückliegenden Kreuzung hin.

Erst 1934 wurde es aufgrund des Baus neuer Siedlungen nötig, die Begriffe "Diagonal(es)" und "Transversal(es)" (abgekürzt "Dg" bzw. "Tr") einzuführen, die sich nicht in die auf der Rechtwinkligkeit der Straßen aufbauende Nomenklatur einfügen ließen, sondern vielmehr in stumpfen bzw. spitzen Winkeln zu den Calles bzw. Carreras verlaufen (MARTINEZ 1969, S.28). Als Orientierungshilfe reicht es jedoch aus, in einer Adresse, in der eine Diagonale erwähnt wird, diese gegen eine Calle zu "tauschen", eine Transversale gegen eine Carrera, um ohne Schwierigkeiten den gesuchten Ort zu finden. Einige Hauptstraßen werden in Bogotá nicht mit Ordnungszahl, sondern mit "Avenida" in Verbindung mit einem Namen bezeichnet. So spricht man von der Avenida de Chile (im gängigen System Calle 72), Avenida Caracas (Cra 14), Avenida de las Américas oder Avenida Ciudad de Quito (Av 30).

4. STADTZONEN

Aufgabe einer stadtgeographischen Arbeit wie der hier vorliegenden kann und darf
es nicht sein, sich außer einer Beschreibung allgemeiner Charakteristika allein
auf die Behandlung eines ausgewählten Problemkreises, in diesem Fall den tertiären Sektor, zu beschränken. Vielmehr ist es notwendig, auch und gerade zum besseren Verständnis der nachfolgenden Kapitel, Bogotá und das im Rahmen dieser Arbeit
im Vordergrund stehende Stadtgebiet beschreibend vorzustellen. Die Ausführungen
werden sich dabei besonders auf den Raum östlich der Cra 14 zwischen der südlichen Grenze des Zentrums und Unicentro, dem Einkaufszentrum nordamerikanischen
Stils im N der Stadt konzentrieren. In diesem Bereich befindet sich die weitaus
überwiegende Teil des Dienstleistungssektors. Auch auf Luftbildern (im Anhang
dieser Arbeit) ist deutlich zu erkennen, daß Cra 14 als eindeutige Grenze zwischen intensiver und extensiver Flächennutzung, gekennzeichnet durch dichten Baubestand und überdurchschnittliche Gebäudehöhen im Ostteil der Stadt einerseits
und lockerer, niedriggeschossiger Bebauungsweise im W fungiert.
Die Abgrenzung des Zentrums, die in Kapitel 6.1. erfolgt, zeigt, daß sich der
zentrale Stadtbereich Bogotás südlich der Cl 13 über Cra 14 hinaus nach W erstreckt. Da in dieser Zone jedoch überwiegend kleinere Handels- und Dienstleistungsbetriebe ansässig sind, die einen einfachen Ausstattungsgrad aufweisen,
hochkarätige Wirtschaftsunternehmen dagegen fehlen, wurde Cra 14 auch in diesem
Stadtbereich als Untersuchungsgrenze angesehen.
Die Lage der einzelnen, noch näher zu beschreibenden Zonen im Stadtgebiet ist
Abb.1 und Abb.6 zu entnehmen.

4.1. Das Zentrum

Das Zentrum Bogotás befindet sich zwischen der 6. und 29. Calle und der 3. und
24. Carrera (vgl. Abb.6 und 7). Es umfaßt damit ca. 290 ha. Es erschien unmöglich, die Komplexität des Zentrums als Gesamtheit, gewissermaßen aus der Vogel-
perspektive, beschreiben zu wollen. Diese Methode wäre der Vielfalt des Baubestandes und des Straßenbildes, welche sich häufig von einem Straßenzug zum anderen radikal unterscheiden, nicht gerecht geworden. Zweckmäßiger ist es, Teilbe-
reiche des Zentrums gesondert herauszustellen, um damit dem wechselnden Charakter
des Stadtbildes Rechnung zu tragen.

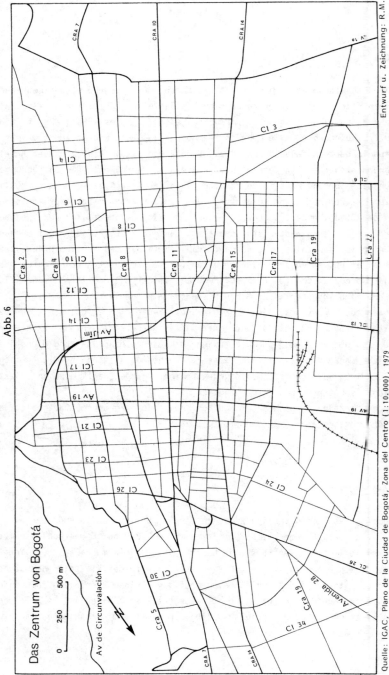

Abb.6

Das Zentrum von Bogotá

0 250 500 m

Av de Circunvalación

Entwurf u. Zeichnung: R.M.

Quelle: IGAC, Plano de la Ciudad de Bogotá, Zona del Centro (1:10.000), 1979

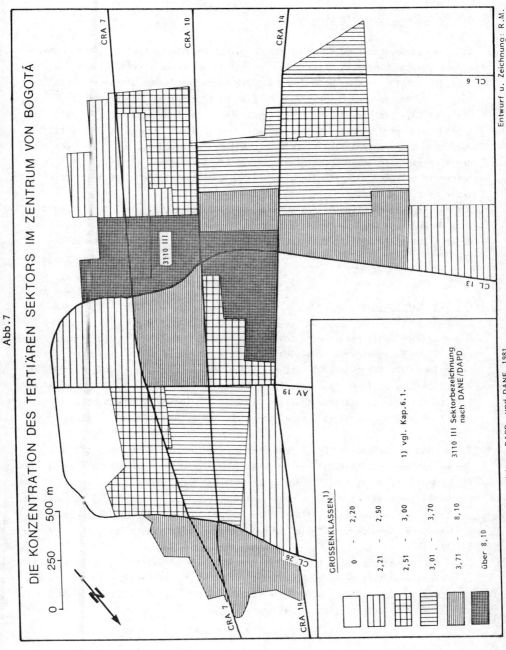

Abb.7

DIE KONZENTRATION DES TERTIÄREN SEKTORS IM ZENTRUM VON BOGOTÁ

Entwurf u. Zeichnung: R.M.

GRÖSSENKLASSEN[1])

0	-	2,20
2,21	-	2,50
2,51	-	3,00
3,01	-	3,70
3,71	-	8,10
über 8,10		

1) vgl. Kap.6.1.

3110 III   Sektorbezeichnung
nach DANE/DAPD

Quelle: Unveröffentlichtes Datenmaterial von DAPD und DANE, 1981

4.1.1. Die Hauptgeschäftsstraßen

Das Zentrum Bogotás wird deutlich von der gitterförmigen Struktur seiner Hauptgeschäftsstraßen beherrscht, sieht man einmal von dem nicht geradlinigen E-W-Ver-
lauf der Avenida Jiménez de Quesada ab, die einem inzwischen überbauten Flußlauf
folgt. Bei den anderen Hauptstraßen handelt es sich vornehmlich um die Cra 7 und
die Cra 10, die in N-S-Richtung verlaufen, in E-W-Richtung ist neben der
Avenida Jiménez die Avenida 19 zu nennen. Da alle diese Straßen im Geschäftsleben
der Stadt eine zentrale Rolle spielen, sollen sie gesondert, d.h. losgelöst von
der sich anschließenden Beschreibung des Zentrums behandelt werden. Diese Vorgehensweise soll dem eigenständigen Charakter der Hauptstraßen innerhalb des Zentrums gerecht werden.
Auf die Einbeziehung von Cra 14 wurde bewußt verzichtet, da diese Straße von Avenida Jiménez bis über Cl 26 hinaus als Zentrumsgrenze fungiert (vgl. Abb.7) und
daher nicht als dominante Hauptgeschäftsstraße klassifiziert werden konnte.

4.1.1.1. Carrera 7

Die ehemalige Calle Real, heute schlicht "Séptima" genannte Cra 7 gilt nach wie
vor als bedeutendste und zugleich als architektonisch kontrastreichste Straße
Kolumbiens. Ihr Ausgangspunkt ist die Plaza des Barrios "20 de Julio", in Höhe
der Cl 26 Sur. In ihrem mehr als 15 km langen Verlauf durchquert sie zahlreiche
Barrios des Südens, das traditionelle Zentrum und Centro Internacional, um im N
der Stadt in die Carretera Central del Norte zu münden, die in Richtung Cúcuta
führt.
Von S kommend, führt die Cra 7 zunächst an aus verschiedenen architektonischen
Epochen stammenden, gepflegt wirkenden Gebäuden vorbei, in denen sich öffentliche
Regierungs- und Verwaltungseinrichtungen befinden (vgl. Abb.8).
Gegenüber der Basílica Primada, einer von 22 Kirchen, die zu beiden Straßenseiten
der Cra 7 erbaut wurden, befindet sich der Plaza de Bolívar, über dessen geschichtliche Entwicklung CASTRO einen ausführlichen Überblick gibt (o.J.,
S.1324-1327).
Folgt man der Straße nach N, setzt auf der E-Seite allmählich Einzelhandelsnutzung ein; eine durchgehende Schaufensterfront wird jedoch nicht erreicht. Ein
besonders auf der W-Seite, wo das Ministerio de Justicia und der Palacio de Comu-
nicaciones lokalisiert sind, schwacher Passantenstrom[5], leerstehende Gebäude und

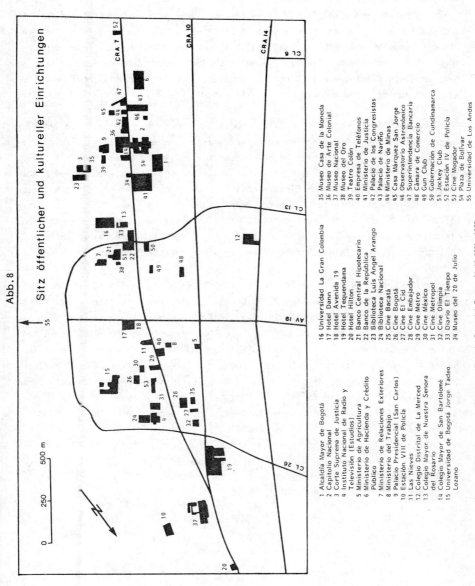

Abb. 8

Sitz öffentlicher und kultureller Einrichtungen

1 Alcaldía Mayor de Bogotá
2 Capitolio Nacional
3 Corte Suprema de Justicia
4 Instituto Nacional de Radio y Televisión (Estudios)
5 Ministerio de Agricultura
6 Ministerio de Hacienda y Crédito Público
7 Ministerio de Relaciones Exteriores
8 Ministerio del Trabajo
9 Palacio Presidencial (San Carlos)
10 Estación VIII de Policía
11 Las Nieves
12 Colegio Distrital de La Merced
13 Colegio Mayor de Nuestra Señora del Rosario
14 Colegio Mayor de San Bartolomé
15 Universidad de Bogotá Jorge Tadeo Lozano

16 Universidad La Gran Colombia
17 Hotel Dann
18 Hotel Avenida 19
19 Hotel Tequendama
20 Hotel Hilton
21 Banco Central Hipotecario
22 Banco de la República
23 Biblioteca Luis Ángel Arango
24 Biblioteca Nacional
25 Cine Bacatá
26 Cine Bogotá
27 Cine El Cid
28 Cine Embajador
29 Cine Metro
30 Cine México
31 Cine Metropol
32 Cine Olimpia
33 Diario El Tiempo
34 Museo del 20 de Julio

35 Museo Casa de la Moneda
36 Museo de Arte Colonial
37 Museo Nacional
38 Museo del Oro
39 Teatro Colón
40 Empresa de Teléfonos
41 Ministerio de Justicia
42 Palacio de los Congresistas
43 Palacio de Nariño
44 Ministerio de Minas
45 Casa Márquez San Jorge
46 Observatorio Astronómico
47 Superintendencia Bancaria
48 Cámara de Comercio
49 Gun Club
50 Gobernación de Cundinamarca
51 Jockey Club
52 Estación IV de Policía
53 Cine Mogador
54 Plaza de Bolívar
55 Universidad de Los Andes

Quelle: IGAC, Plano de la Ciudad de Bogotá, Zona del Centro (1:10.000), 1979.

Entwurf u. Zeichnung: R.M.

ein Parkplatz sind als Indizien einer nicht besonders intensiven Nutzungsintensität zu werten.

In einer als Sackgasse angelegten Querstraße, der Cl 12 "Bis" konzentrieren sich zahlreiche Fotogeschäfte. Der durch Cl 13 und die Av Jiménez begrenzte Abschnitt der Cra 7 muß als der am intensivsten genutzte Bereich Bogotás angesehen werden. Die durchschnittliche Gebäudehöhe liegt bei ca. zehn Stockwerken. Außer den ansprechenden Einzelhandelslokalen bieten sich dem Kunden mehrere Geschäftspassagen, an deren Eingängen sich bevorzugt ambulante Händler niederlassen. Leuchtreklame reicht bis in die oberen Stockwerke hinauf, die überwiegend der Büronutzung dienen.

Passiert man die Kreuzung Cra 7/Av Jiménez, in deren Bereich noch in den 70er Jahren die höchsten Bodenpreise registriert wurden, deren Verfall inzwischen jedoch durch inflationäre Tendenzen beschleunigt wird (vgl. BORRERO u. DURAN 1980, S.91f.), setzt hinter dem Banco de la República und dem Avianca-Hochhaus die Nutzung des Erdgeschosses durch Einzelhandelsbetriebe erneut unvermindert ein. Hier finden sich spezialisierte Geschäfte, deren Sortiment sogar menschliche Skelette (!) umfaßt. Neben Kaufhäusern der Ketten "Tía", "Ley" und anderer Unternehmen, die über den gesamten Zentrumsabschnitt der Cra 7 verteilt sind, haben sich auffällig viele Herrenbekleidungsgeschäfte in dieser Hauptverkehrsstraße niedergelassen.

Die Kreuzung der Cra 7 mit Av 19 bietet ein belebtes Straßenbild. Obwohl der Fußgänger- und Kfz-Verkehr auch nördlich davon in unverminderter Stärke pulsiert, weisen mehrere Anzeichen darauf hin, daß die Zone der höchsten Aktivität bereits passiert wurde. Der Baubestand umfaßt, sieht man einmal von dem größten Wolkenkratzer Bogotás, dem "Torre Colpatria" im Bereich der Cl 26 ab, halbverfallene Bauten der republikanischen Architekturepoche (vgl. Kap.7.2.2.). Daneben existieren Gebäude mittleren Alters, d.h. ältere Bauten moderner Architektur, deren Stockwerkhöhen i.a. ebenfalls ein geringeres Nutzungsniveau erkennen lassen. Großflächige Parkplätze und Trümmergrundstücke sind bereits nördlich der Cl 22 zu erkennen. Neben mehreren Kinos, der Empresa de Teléfonos de Bogotá, Diskotheken, dem Einzelhandel und "Casetas" (Verkaufsbuden) ambulanter Händler findet sich in Höhe der Cl 22 die größte Marihuana-Verteilerstelle des Landes. Für 100 Pesos erhält man dort eine "Schachtel Streichhölzer", die mit Kräutern dieses Rauschgiftes gefüllt ist (EL TIEMPO, 28.2.1982).

4.1.1.2. Carrera 10

Parallel zu Cra 7 verläuft im Abstand weniger Baublocks Cra 10, Bogotás bedeutendste Verkehrsstraße für Massentransportmittel (Busse und Busetas, aber auch Taxis). Sie beginnt im S Bogotás (Cl 34 Sur) und endet nach ca. 6 km im Centro Internacional, wo sie in Cra 7 übergeht[6] (vgl. Abb.6).
Auffälligstes Charakteristikum der Cra 10 ist der bis in die späten Abendstunden anhaltende, ohrenbetäubende Verkehrslärm, der durch Tausende von Bussen (in Spitzenzeiten mehr als 1200 Fahrzeuge stündlich; vgl. Kap.6.2.5.), die täglich diese Straße benutzen, verursacht wird. Die Bedeutung dieser Verkehrsader wird ebenfalls durch ein sehr hohes Fußgängeraufkommen unterstrichen. Verglichen mit Cra 7 wirkt das Erscheinungsbild von Cra 10 deutlich ungepflegter. Insbesondere im südlichen Bereich des Zentrums wird der Gebäudebestand von abrißreifen Altbauten aus der Kolonialzeit beherrscht. Bürohäuser mit mehr als zehn Stockwerken bilden die Ausnahme (z.E. der Banco de Bogotá, Colseguros); ihre Standorte liegen ausnahmslos nördlich der Av Jiménez. Die Fassaden werden meist vernachlässigt, fehlende Neubauten tragen zusätzlich zum negativen Gesamteindruck der Straße bei. Das qualitativ überwiegend niedrige Niveau des Einzelhandels zeigt sich sowohl in der Geschäftsaufmachung, dem Warenangebot, der nicht aufwendig gestalteten Reklame - Pappschilder statt Neonröhren - als auch in der Aufmachung der Schaufensterauslagen, die nahezu ausschließlich auf das Erdgeschoß beschränkt sind. Diese Charakteristika treffen besonders auf den Bereich der Cra 10 zwischen Av Jiménez und Cl 10 zu, der als "Zona Popular" in erster Linie von einkommensschwachen Schichten besucht wird. Hier konzentrieren sich auch die auf den Bürgersteigen der Cra 10 ihre Warensortimente anbietenden Straßenhändler am stärksten.
Schwerpunkte des Einzelhandelangebotes in der Cra 10 sind Schuhe, Bekleidungsartikel, Koffer und Taschen.
Auffällig ist das weitgehende Fehlen von Kinos, Theatern, Clubs und Restaurants. Auch öffentliche Einrichtungen sind nur vereinzelt anzutreffen (HIMAT, Ministerio de Agricultura).
Die Obergeschosse werden zu Lagerzwecken, als Büros und als Wohnungen genutzt, stehen zum Teil aber auch leer.
Nördlich von Cl 24 nimmt der Passantenstrom deutlich ab, die Bebauungshöhe hingegen zu: Zwischen dieser Querstraße und Cl 26 stehen sich zwei Hochhäuser gegenüber, in deren Stadtbüros von Fluggesellschaften, Bankfilialen, eine Bücherei des Instituto Colombiano de Cultura, das Bogotá-Büro der Weltbank und andere citytypische Funktionen untergebracht sind. Mit Sicherheit ist die Standortwahl dieser

Betriebe durch die unmittelbare Nähe des Centro Internacional (im N der Cl 26) entscheidend beeinflußt worden.

4.1.1.3. Avenida 19

Avenida 19, zusammen mit der Av Jiménez die herausragende Hauptgeschäftsstraße des Zentrums, die in NW-SE-Richtung verläuft, zeichnet sich durch zunehmende Nutzungsintensität aus, folgt man ihr von der Kreuzung mit Av Caracas in Richtung Cra 3. Zwischen Av Caracas und Cra 10 wurden bislang keine Hochhäuser errichtet. Vielmehr wird der Baubestand von nicht überhöhten Bauten mittleren Alters und flachen, kolonialen Altbauten geprägt; Baulücken werden durch Parkplätze genutzt. Bis auf Optiker, die Standorte östlich der Cra 13 bevorzugen, Bankfilialen und einige wenige andere citytypische Betriebe sprechen weder funktionale Charakteristika noch die Stärke des Passantenstromes für eine Zentrumszugehörigkeit. Im Abschnitt Cra 10/Cra 7 ist eine eindeutige Konzentration von Optiker-Betrieben feststellbar. In diesem Bereich befindet sich auch der Covinoc-Wolkenkratzer (zur Nutzung der Geschosse vgl. Kap. 9.1.12.) und der Eingang zur Geschäftspassage "Centro Comercial Av 19".

Unbebaute, durch Parkplätze genutzte Grundstücke, eine durchschnittlich niedrige Gebäudehöhe und zum Teil zweireihig auf den Bürgersteigen aufgestellte Casetas, in denen Bücher, Zeitungen etc. zum Verkauf angeboten werden, stehen hierzu in deutlichem Kontrast.

Im Kreuzungsbereich mit Cra 7 konnte die größte Fußgängerdichte in der Av 19 ermittelt werden. Sie ist u.a. auf das gehobene Niveau des Einzelhandels in den im SE anschließenden Geschäftsstraßenabschnitt zurückzuführen. Die sechsspurige Hauptstraße wurde durch einen baumbepflanzten Mittelstreifen attraktiver gestaltet. Auf der intensiver genutzten N-Seite der Avenida konzentrieren sich neben citytypischen Einzelhandelsgeschäften, deren Angebot höchsten Ansprüchen genügt und die häufig zweigeschossig, für Kunden leicht erreichbar, in Keller- und erhöhtem Erdgeschoß untergebracht sind, Hochhaus-Hotels der oberen Preisklassen (Hotel Avenida 19, Hotel Dann und Hotel Bacatá). Von ihrer Nähe profitiert das stilgerecht in einem kolonialen Altbau angesiedelte teure Touristen-Restaurant "El Zaguán de las Aguas".

Eine überdurchschnittliche Bebauungshöhe weisen auch sieben ca. 20geschossige Neubauten zwischen Cra 5 und Cra 3 auf, deren untere Etagen durch zahlreiche Re-

staurants, Einzelhandelsgeschäfte, die Obergeschosse hingegen durch Wohnungen
belegt sind.
Die östliche Verlängerung von Av 19 führt in ihrem weiteren Verlauf zur Kabinen-
drahtseilbahn und zur Zahnradbahn auf den Aussichtsberg Monserrate. Physiognomische und funktionale Charakteristika als Ausdruck einer intensiven Flächennutzung
sind östlich der Cra 3 nicht zu erkennen.

4.1.1.4. Avenida Jiménez de Quesada

Wie bereits in Av 19 zu beobachten war, bevorzugen auch in Av Jiménez Hotels oberer Preisklassen (Hotel Continental und Hotel Cardenal) ausgesprochene Zentrums-
randlagen im E Bogotás. Der Baubestand zwischen Cra 3 und Cra 10 weist i.a. citytypische Stockwerkhöhen, jedoch keine Wolkenkratzer auf. Dies ist darauf zurückzuführen, daß die Konstruktionsprobleme beim Bau von Hochhäusern in Kolumbien
erst nach Errichtung einer großen Zahl der heute noch in der Av Jiménez vorhandenen Gebäude gemeistert werden konnten. Zudem fehlte es damals an der wirtschaftlichen Notwendigkeit, über eine gewisse Stockwerkzahl hinauszugehen.
Betrachtet man diejenigen Institutionen, die in dieser Avenida ansässig waren
bzw. es noch sind, wird deutlich, daß der Kreuzungsbereich mit Cra 7 jahrzehntelang Nabelpunkt politischer und wirtschaftlicher Aktivitäten in der Landeshauptstadt war. Die Verlagerung bedeutender Unternehmen wie z.B. der Hauptverwaltung
der Tageszeitungen "El Tiempo" und "El Espectador" in die Außenbezirke der Stadt,
des Banco Cafetero in das Centro Internacional, um nur einige Beispiele zu nennen, hat den Stellenwert dieser Verkehrsachse stark gemindert. Daran hat auch die
Umwandlung der ehemaligen Hauptverwaltungen in Filialstandorte nichts geändert.
Staatliche Stellen wie die Gobernación de Cundinamarca, der Banco de la República
und andere private Bankenhauptverwaltungen sichern jedoch nach wie vor einen Teil
der ehemals vorhandenen Bedeutung.
Zwar haben sich zwischen Cra 3 und Cra 10 auch einige Einzelhandelsgeschäfte mit
Citycharakter niedergelassen; sie erreichen jedoch weder die Konzentration noch
das qualitative Niveau der im südöstlichen Abschnitt der Av 19 lokalisierten La-
denlokale.
Nähert man sich von E der Cra 10, nimmt das Verkehrsaufkommen zu, das qualitative
Niveau des Einzelhandels dagegen ab. Bereits vor Cra 10 finden sich auf der N-
Seite der Avenida zahlreiche einfache Eisenwarenhandlungen und Schloßgeschäfte,
welche übrigens im gesamten Stadtgebiet in unverhältnismäßig hoher Anzahl

vorhanden sind - im Vergleich zu anderen Städten muß dies als Zeicher einer überdurchschnittlichen Kriminalitätsrate gewertet werden.
Im W der stark belebten, von ambulanten Händlern als bevorzugter Stardort gewählten Kreuzung der Av Jiménez mit Cra 10 setzt sich auf der N-Seite die Einzelhandelsnutzung fort, die Südseite wird von dem Marktplatz "San Victorino" beherrscht.
Mit zunehmender Nähe zu Avenida Caracas nimmt die Bebauungshöhe und damit die
Nutzungsintensität ab. Das Warenangebot des Einzelhandels umfaßt u.a. auch citytypische Artikel; die Geschäftsreihe setzt sich im W der Av Caracas weiter fort.
Wie bereits bei Av 19 zu erkennen war, so bestätigt sich auch hier, daß der Charakter der Bogotaner Hauptgeschäftsstraßen von E nach W zusehends an Attraktion
verliert. Dies äußert sich in Gestalt ungepflegter Häuserfassaden, fehlender Grünanlagen, schmutziger Straßen- und Bürgersteigflächen (letztere sind häufig durch
Gruppierungen ambulanter Händler nahezu unpassierbar), Überfüllung der Verkehrswege durch Kraftfahrzeuge und Passanten, dadurch bedingter Verkehrslärm, der
durch lautsprecherunterstützte Werbung von Einzelhandelsgeschäften teilweise noch
übertönt wird.

4.1.2. Das traditionelle Zentrum

Neben der gitterförmigen Struktur seiner Hauptgeschäftsstraßen ist das Zentrum
Bogotás durch eine auffällige Heterogenität sowohl seines Baubestandes als auch
der in ihm lokalisierten Funktionen charakterisiert. Dabei fällt auf, daß sich
die ergebende Kontrastwirkung häufig auf engem Raum darstellt: Neben erst in
jüngster Zeit errichteten, 30 Stockwerke überschreitenden Wolkenkratzern stehen
ein- oder zweigeschossige Altbauten, die dringend einer umfassenden Sanierung
bedürfen oder gar schon für den Abriß bestimmt sind; nur wenige Schritte von
stark befahrenen, vierspurigen Hauptverkehrswegen finden sich ruhige, überwiegend
von Wohnnutzung geprägte Nebenstraßen, die vielen Besuchern des Zentrums weithin
unbekannt bleiben.
Diese dem Betrachter überall ins Auge fallende Gegensätzlichkeit beeinflußt die
Beschreibung des traditionellen Zentrums, jenem zwischen dem Centro Internacional
und der Altstadt gelegenen Stadtgebietes, erheblich.
Mit Ausnahme der gesonderten Betrachtung weniger Zentrumsgebiete erwies es sich
nämlich als unzweckmäßig, großflächige Areale zum Gegenstand einer verallgemeinernden Deskription zu machen, da der Komplexität des jeweiligen

Untersuchungsraumes zwangsläufig durch die gebotene Kürze der Darstellung nicht entsprochen werden kann. Näher wird dagegen auf den Kreuzungsbereich von Cra 7 und Av Jiménez und den umliegenden Raum, die Umgebung von San Victorino oder auch La Candelaria und das Centro Internacional eingegangen.

In diesem und in den folgenden Kapiteln soll jedoch versucht werden, auffällige Besonderheiten von Physiognomie und Funktion des Bogotaner Zentrums herauszustellen, ohne den räumlichen Bezug völlig zu vernachlässigen.

Als eindeutiger Schwerpunkt der Bogotaner City, sowohl im Hinblick auf die Gebäudehöhe als auch auf die anzutreffende Konzentration hochkarätiger Cityfunktionen, ist der zwischen Cra 5 und Cra 10 in Höhe der Av Jiménez gelegene Raum anzusehen (vgl. Abb.6), dessen Dominanz auf nahegelegene und von citytypischen Geschäften gesäumte Straßen wie z.B. Cl 17 ausstrahlt, was sich in einem zu Geschäftszeiten für Querstraßen überdurchschnittlichem Passantenstrom ausdrückt.

Zwischen Cl 13 und der Av Jiménez liegt ein zu Cra 7 hin offen gehaltener Platz. Er wurde durch Grünanlagen und einen Springbrunnen seiner vornehmen Umgebung angepaßt und ist ständig von Schuhputzern, Fotografen, Touristen und anderen Passanten belebt. Auf seiner Nordseite steht das Avianca-Hochhaus, das Anfang der 70er Jahre durch einen Großbrand in die Schlagzeilen geriet und nach der Eigentümerin, der gleichnamigen kolumbianischen Fluggesellschaft, die hier einige Büros unterhält, benannt wurde. Auf der Südseite des Platzes residiert die Hauptverwaltung der kolumbianischen Zentralbank, der "Banco de la República", die Ostseite wird vom weltberühmten "Museo del Oro" und dem "Banco Central Hipotecario"(BCH), einer bedeutenden Hypothekenbank Kolumbiens, eingenommen. Dahinter, nur durch die Cra 5 getrennt, liegt das Hochhaus des Banco Ganadero, in dem auch Büros des Außenministeriums (Ministerio de Relaciones Exteriores) untergebracht sind.[7]

Die parallel zu Cra 7 verlaufende Cra 8 gewinnt im Bereich der Kreuzung mit der Av Jiménez einen sehr gepflegten Charakter, hervorgerufen durch zahlreiche mehr als zehngeschossige Bürobauten. Im Abschnitt zwischen Cl 16 und der angesprochenen Avenida haben sich zahlreiche Bankfilialen, aber auch einige City-Geschäfte niedergelassen. Auf der E-Seite dieser Manzana steht das repräsentative Gebäude "Sudameris", in dem der Banco Francés e Italiano residiert; das gegenüberliegende, ebenfalls mehr als zehnstöckige Gebäude gehört zur Caja de Crédito Agrario.

Folgt man der Straße in Richtung N, reduziert sich der optische Eindruck allerdings auf das durchschnittliche Geschäftsbild einer typischen Nebenstraße des Bogotaner Zentrums. In der recht belebten, zwar nicht ausschließlich, so doch recht häufig von Geschäften höherer Bedarfsstufen als Standort gewählten Cra 9 bietet die Handelskammer "Cámara de Comercio de Bogotá" an der Ecke zur Cl 16 ihren vielgefragten Service an.[8]

Der imposante Architekturstil einer Reihe von Gebäuden in dieser und in den benachbarten Straßen weist auf eine frühere Vormachtstellung des umgebenden Raumes hin, welche insbesondere durch eine - inzwischen allerdings abgeschwächte - Konzentration der Finanzwelt bedingt war.

In unmittelbarer Nähe befindet sich, neben zahlreichen anderen finanzwirtschaftlichen Instituten, das in seiner Bauausführung sehr auf Repräsentation bedachte, dennoch moderne Gebäude der 1928 gegründeten Börse (Bolsa de Bogotá).

Nur wenige Schritte von der um Av Jiménez gescharten Agglomeration citytypischer Dienstleistungsfunktionen entfernt liegt der Brennpunkt des untere Bevölkerungsschichten ansprechenden Einzelhandels im Bogotaner Zentrum. In Cl 12, neben und gegenüber der Kirche San Juan de Dios haben sich zahlreiche auf den Verkauf von qualitativ minderwertiger Bekleidung und Stoffen spezialisierte eingeschossige Kaufhäuser etabliert, welche mit niedrigen Preisen die über geringes Einkommen verfügenden Bevölkerungskreise anzulocken verstehen.

Davor bieten ambulante Händler ebenfalls ihre Waren an; durch die in unmittelbarer Nähe an diesem orientalisch anmutenden Basar-Szenarium vorbeiführende Cra 10, auf der sich täglich Tausende von Bussen und Busetas mit knatternden Motoren und quietschenden Bremsen vorbeischieben, entsteht ein Gedränge aus Kaufwilligen, Schaulustigen, wartenden und aussteigenden Passagieren, das durch den Lärm aufgestellter Lautsprecher ergänzt wird, durch die gleichzeitig kaufstimulierende Musik und warenanpreisendes Gebrüll engagierter Verkäufer dröhnen.

Der Kraftfahrzeugverkehr ist in dieser wie auch in anderen Nebenstraßen, die an der Cra 10 enden, vernachlässigbar schwach, da diese dem öffentlichen Transport vorbehaltene Hauptverkehrsachse aufgrund amtlicher Anordnung für den Individualverkehr nur zu verkehrsarmen Zeiten (nachts und sonntags) zugelassen ist. Zwischen Cra 10 und Cra 11 drängen sich tagtäglich ambulante Straßenhändler, die ihren Verkaufsstand selbst auf der für Fußgänger nur noch schwer passierbaren Fahrbahn eingenommen haben. Sie handeln überwiegend mit Bekleidungsartikeln, ebenso wie zahlreiche benachbarte, das Angebot ergänzende Textilgeschäfte und kleinere Kaufhäuser. Sicherlich bedingt die Lage des Marktes San Victorino (begrenzt durch die Straßen Av Jiménez/Cra 11/Cl 12/Cra 13) eine zusätzliche Attrahierung von Käufern, sodaß es zu einer wechselseitigen Geschäftsbelebung mit dem in Cl 12 ansässigen Handel kommt.

San Victorino besteht aus einer Ansammlung unzähliger, stationär montierter Blechbuden, die ein kaum überschaubares Gewirr von engen Gängen bilden, in denen Waren aller Art, Diebesgut miteingeschlossen, feilgeboten werden. Überfälle auf Passanten sind an der Tagesordnung, die Polizei steht dem weitgehend machtlos gegenüber.

Der Baubestand in diesem auch als "Zona popular" bezeichneten Zentrumsgebiet dokumentiert deutlich ein gegenüber dem Citykern abfallendes Nutzungsniveau. Während in dem am intensivsten genutzten Abschnitt der Av Jiménez und in den benachbarten Straßenzügen zahlreiche Gebäude mehr als zehn Stockwerke aufweisen und die Obergeschosse fast ausschließlich durch Büros genutzt werden, dienen in der Zona popular die Obergeschosse der durchweg niedrigeren Gebäude auch dem Einzelhandel für Lagerzwecke (insbesondere der erste Stock bzw. die Zwischenetage, das "Mezzanine") oder Wohnzwecken.[9] Die Hausfassaden wirken meist weitaus weniger gepflegt; zudem ist der Baubestand von zahlreichen sanierungsbedürftigen Altbauten durchsetzt.

Immer wieder fällt bei der Betrachtung des Bogotaner Baubestandes auf, daß Gebäudeüberhöhungen insbesondere bei denjenigen Bürohäusern auftreten, die mit Front zu den Hauptverkehrsstraßen des Zentrums (Cra 7, Cra 10, Av Jiménez und Cl 19) stehen. Höhere Quadratmeterpreise werden in diesen Fällen offensichtlich unter den Gesichtspunkten einer verbesserten Zugänglichkeit und einer gesteigerten Repräsentationsfähigkeit akzeptiert.

Folgt man der Avenida Jiménez nach W, stößt man im weiteren Verlauf auf den Hauptbahnhof Bogotás ("Estación de los Ferrocarriles"), dessen Bedeutung dem hoffnungslos unterentwickelten Schienenverkehr Kolumbiens entspricht. Das Angebot des Einzelhandels ist stark auf industriellen und handwerklichen Bedarf ausgerichtet (elektrische Artikel, Kugellager, Polyäthylen, Metallwaren, Zubehör für Jeeps und Raupenfahrzeuge, industrielle Maschinen etc.). Dazwischen haben sich einige Bankfilialen angesiedelt, die nachgefragte kreditwirtschaftliche Dienstleistungen der umliegenden Industriebetriebe sowie des Groß- und Einzelhandels erbringen. In dieser Zone "Los Mártires" kommt es mit über hundert Busgesellschaften und den dazugehörigen Busbahnhöfen ("Terminales") zur stärksten Konzentration dieser Art in Bogotá. Außerdem wurden in diesem Gebiet mehr als 1.300 Kraftfahrzeugwerkstätten registriert, deren Standortpräferenz durch jene starke Konzentration von Transportgesellschaften des städtischen und nationalen Personen- sowie Frachtverkehrs erklärt wird (IDU 1977/78, S.2). Sie bilden zusammen mit den zwischen Cl 11 und Cl 17 bzw. Cra 15 und Cra 19 lokalisierten Metallwarengeschäften weitere Konzentrationsschwerpunkte der in Bogotá vorhandenen Wirtschaftszweige.

Im Sog dieser gewerblichen Ballung entstand zugleich eine Vielzahl von Bars, Nachtclubs, Bordellen etc., die mit dafür verantwortlich sind, daß dieses Stadtviertel aufgrund der hohen Kriminalitätsrate als "Zona negra" (Schwarze Zone) bezeichnet wird. Sowohl in der Zona negra als auch in der Zona popular fehlen citytypische Einzelhandelsgeschäfte und sonstige hochwertige

Dienstleistungsfunktionen fast völlig. Eine Zentrumszugehörigkeit muß für beide Zonen jedoch ausdrücklich bejaht werden, da die Vielzahl kommerzieller, wenn auch auf niederem Niveau stehenden Aktivitäten und die dadurch bedingte geschäftige Betriebsamkeit allerorts ins Auge fällt.

Neben den ausgesprochen belebten, von Einzelhandels- und anderen Dienstleistungsbetrieben beherrschten Stadtzonen, die sich im traditionellen Zentrum auf die Hauptgeschäftsstraßen sowie die eben beschriebenen Stadtteile konzentrieren, existieren ausgesprochene Zentrumsrandlagen. Dazu gehört z.B. der von E an die Av Caracas angrenzende Raum, insbesondere zwischen Av Jiménez und Cl 26. Die dort befindlichen Nebenstraßen bilden eine gleichermaßen häßliche wie homogene Zone. Funktional betrachtet dominieren Reparaturwerkstätten, Cafeterias, Residencias und Parkplätze, aus physiognomischer Sicht niedrige Altbauten und Bauten mittleren Alters mit meist verkommenen Fassaden.

Als negatives Beispiel sei Cra 13A erwähnt, die in südlicher Richtung im Schnittpunkt mit Cl 18 endet und schon deshalb vom motorisierten, aber auch vom Fußgängerverkehr gemieden wird. Der dortige Altbaubestand beherbergt zahlreiche einfache Pensionen. Auch Prostitution ist hier stark verbreitet. Elegante Clubs sucht man allerdings vergebens - sie befinden sich in ansprechenderen Gebieten des Zentrums und besonders im N der Stadt, d.h. nahe den Wohngebieten der zahlungskräftigen Kundschaft. Vereinzelt wird die dort herrschende Hinterhofatmosphäre durch Bürobauten aufgelockert, die die Standortnähe zu den Hauptverkehrsstraßen Av 19, Cl 26 oder Cra 13 gesucht haben. Ähnliches gilt für das zwischen Cra 5 und Cra 7 gelegene Gebiet, in welchem - besonders zu Cl 26 tendierend - zahlreiche große Flächen einnehmende Institutionen (Fernsehanstalt, Bibliotheken, Kinos etc.) ihren Sitz haben. Im Bereich der Cra 5 ist von der Hektik zentraler Stadtzonen, die sich in lebhaftem Kraftfahrzeug- und insbesondere Fußgängerverkehr artikuliert, nichts mehr zu spüren.

So wie sich die Nutzungsintensität zwischen Zentrumsrand- und -kernlagen stark unterscheiden, so differiert auch das Nutzungsniveau im Citybereich von einer Straße zur anderen. Cl 17 gehört beispielsweise neben den vier wichtigsten Hauptgeschäftsstraßen, die das Rückgrat der Bogotaner Innenstadt darstellen, zu den am stärksten genutzten Nebenstraßen des Zentrums. Die Höhe zahlreicher Bauten überschreitet zehn Stockwerke. In den Obergeschossen befinden sich fast ausschließlich Büros. Diese Gebäudeüberhöhung, die sich im weiteren Verlauf der Cl 17 nach E zu den Cerros hin über die Cra 7 hinaus fortsetzt, konnte in keiner der anderen Nebenstraßen des Zentrums beobachtet werden.

Der Fußgängerverkehr ist sehr lebhaft, zahlreiche Citygeschäfte stellen aus Werbegründen ihre Auslagen auch im ersten Stock aus. Einige Hotels ergänzen das

Bild. An der Ecke zu Cra 7 bietet sich dem Passanten die Möglichkeit, im Gebäude
der Compañía Colombiana de Seguros durch eine Wandelhalle miteinander verbundene
Geschäfte aufzusuchen, denen die unteren beiden Stockwerke vorbehalten sind.
Eine ähnliche kombinierte Einrichtung von Geschäften mit im Gebäudeinneren liegenden Eingängen in den unteren und Büros in den oberen Stockwerken ist das "Ex-
po-Centro" und der Colseguros-Komplex. Durch diese architektonische Lösung wird
eine weit bessere kommerzielle Ausnutzung des vorhandenen Raumes als bei der herkömmlichen, straßenfrontorientierten Geschäftsanordnung erzielt.

In den erwähnten Geschäftszentren, und das gilt auch für die in diesem Bereich
angesiedelten Geschäfte mit direktem Zugang zu Cl 17, sucht der Käufer Waren des
täglichen Bedarfs meist vergeblich. Der Einzelhandel ist überwiegend als citytypisch einzustufen und befriedigt die auf den periodischen und episodischen Bedarf
gerichtete Nachfrage.

Die von Altbauten beherrschte Cl 16 steht zu dem Gesamteindruck der Cl 17 in
scharfem Kontrast. Zahlreiche kleine Geschäfte, in der äußeren Aufmachung und
ihrem Warenangebot von niedriger Qualität, wie z.B. in der als Sackgasse angelegten, zwischen Cra 10 und Cra 9 lokalisierten Geschäftspassage zu beobachten, bestimmen das Bild. Mehrere, wiederum auf unbebauten Grundstücken angelegte Parkplätze und sehr schmale, für den regen Fußgängerverkehr nicht geeignete Gehwege
verstärken den negativen Gesamteindruck.

Diese beispielhafte Beschreibung zeigt, daß der Einzelhandel zu einem wesentlichen Teil den Charakter einzelner Straßenzüge bestimmt. Die ansprechendsten Ladenlokale mit hochwertigem, auf den periodischen und episodischen Bedarf ausgerichteten Warenangebot sind zahlenmäßig besonders ausgeprägt in den Hauptgeschäftsstraßen Cra 7 und Av 19, aber auch in Cra 10 und Av Jiménez lokalisiert.
Daneben erfreuen sich nur wenige Nebenstraßen eines intensiven Besatzes hochwertiger Einzelhandelsgeschäfte, so Cl 17, Cl 18 oder Cl 14. Einschränkend muß jedoch darauf hingewiesen werden, daß die Typisierung einzelner Straßen häufig
durch einen von Kreuzung zu Kreuzung wechselnden Charakter erschwert wird. Viele
Nebenstraßen bieten besonders im Kreuzungsbereich mit Hauptverkehrswegen ein belebtes und durch überwiegend kommerzielle Nutzung moderner zehn- und mehrgeschossiger Gebäude geprägtes Bild, während nur wenige Meter weiter teilweise unbewohn-
te, niedriggeschossige Altbauten dominieren.

Ein weiteres auffälliges Charakteristikum des Bogotaner Zentrums sind meist auf
bestimmte Straßenabschnitte beschränkte, seltener auf ganze Innenstadtviertel
ausgedehnte Branchenkonzentrationen des Handelssektors (vgl. Kap.9.3.2.). Beispielhaft seien hier die Ansammlungen von Optikern in Av 19, Autozubehörgeschäf-

ten in Av Caracas oder auch Eisenwarenläden im W des Zentrums erwähnt (vgl. Abb.28).

An dieser Stelle sei darauf hingewiesen, daß offensichtlich innerhalb bestimmter Branchen eine vom Standort abhängige Trennung der zum Verkaufssortiment gehörenden Artikel erfolgt; so sind z.B. für den Einsatz von HiFi-Geräten rötige Zubehörkabel nur in den nördlich der Av 19 gelegenen Ladenlokalen der Elektrobranche des Zentrums erhältlich.

Das Angebot des Einzelhandels wird durch Hunderte von Straßenhändlern ergänzt. Der Konzentrationsgrad ihres Auftretens kann als zuverlässiger Pegel des durchschnittlichen Fußgängerverkehrs aufgefaßt werden, sofern nicht restringierende Ordnungsmaßnahmen der zuständigen Behörden wirksam werden. Ihr jeweiliger Standort entscheidet häufig über die Artikelführung: Während z.B. die im Kreuzungsbereich von Cra 13 und Cl 10 anzutreffenden Straßenverkäufer gebrauchte Werkzeuge, Wasserhähne und andere Metallwaren feilbieten und ihren Nachschub zum Großteil durch Diebesgut decken[10]), werden in Cl 11 Obst, Ölbilder (!), aber auch lebende Enten angeboten ...

Der vom Einkaufen ermüdete Besucher des Bogotaner Zentrums sucht Straßencafés vergeblich. Die Häufigkeit der oft sintflutartigen nachmittäglichen Regengüsse dürfte als Erklärung mit ausschlaggebend sein. Als weiterer Grund ist die geringe Zahl von Fußgängerpassagen anzusehen, die ohnehin häufig von Straßenverkäufern in Beschlag genommen werden. Größere Bedeutung kommt dagegen den über das Zentrum verstreuten, meist kleineren Plätzen zu, die das Stadtbild auflockern und auf denen fliegende Straßenhändler mit schaustellerischen Tricks die Neugier der Passanten erregen. Daneben betätigen sich zahlreiche Schuhputzer - ein Beispiel der hohen versteckten Arbeitslosigkeit, die in Bogotá große Bevölkerungskreise zu kaum für das Existenzminimum ausreichenden Tätigkeiten zwingt. So wird allein die Zahl der ambulanten Händler in Bogotá ("Vendedores ambulantes") auf bis zu 150.000 geschätzt (vgl. Kap.6.5.).

Nur wenige Flecken des Zentrums zieren gepflegte Grünanlagen, großzügig dimensionierte Grünflächen sind südlich der Cl 26 im gesamten Zentrumsbereich nicht zu finden - ein vom ökologischen Gesichtspunkt bedenklicher, aus optischer Sicht trostloser Zustand. Unter diesem Blickwinkel gewinnt die hohe Verkehrsdichte zusätzliche Bedeutung als einer der gravierendsten Umweltbelastungsfaktoren.

Trotz der für private Kraftfahrzeuge gesperrten Cra 10 sind es gerade die öffentlichen Transportmittel, also Busse und Busetas, die den Verkehrsfluß stark beeinträchtigen. Daran ändert auch das konsequent durchgeführte Einbahnstraßensystem nichts. Nur die Hauptverkehrsstraßen sind mehrspurig und in beiden Richtungen befahrbar (bis auf Cra 7). Dem ruhenden Verkehr stehen unzählige, dennoch die

Nachfrage nicht völlig befriedigende, auf unbebauten Grundstücken angelegte Parkplätze zur Verfügung. Sie sind fast ausnahmslos bewacht und von hohen Mauern umgeben.[11] Tiefgaragen und Parkhäuser trifft man dagegen nur selten an. Aus Si-
cherheitsgründen ist es nicht ratsam, sein Fahrzeug unbewacht am Straßenrand ab-
zustellen.

4.1.3. Die Altstadt

Die Grenzen des auch als "Zona histórica" bezeichneten Raumes innerhalb des Verwaltungsbezirkes "La Candelaria" werden durch die Av Jiménez, Cl 3, Cra 10 und
die Avenida de los Cerros bestimmt (Alcaldía Mayor u. DAPD 1973, S.171). Diese
Zone soll nur kurz beschrieben werden, um dem ihr eigens gewidmeten Kapitel nicht
vorzugreifen. Bis auf den in den Grenzen Cra 7/ Cra 5/ Av Jiménez/ Cl 11 vorhandenen Baubestand, dessen Alter und Höhe in auffälliger Weise entsprechend dem
dort ausgeprägter vorhandenem wirtschaftlichen Nutzungsinteresse, insbesondere
seitens der am Citystandort interessierten Betriebe, deutlich gemischt ist, wirkt
das übrige Altstadtgebiet in sich homogen. Zurückzuführen ist dies vor allem auf
die maximal um eine oder zwei Etagen ("Pisos") differierenden Stockwerkhöhen und
die sich wiederholende architektonische Gestaltung der Häuser, die größtenteils
der kolonialen bzw. republikanischen Epoche zuzurechnen sind.
Auffällig ist die hohe Zahl kultureller Institutionen - Bibliotheken, Museen,
Schulen etc. -, die in der Altstadt konzentriert sind. Sie tragen damit in positiver Weise zur Belebung des Straßenbildes bei; überdies passen sich die sie beherbergenden Gebäude, welche zum Teil erst vor wenigen Jahren errichtet wurden,
an den umliegenden Altbaubestand in harmonischer Weise an. Das überwiegend ju-
gendliche Publikum der Bildungseinrichtungen ist wohl für die überraschend große
Zahl von Cafeterias in diesem Stadtgebiet verantwortlich.
Neben zahlreichen Einzelhandels- und sonstigen Dienstleistungsbranchen, die besonders den zwischen Cra 5 und Cra 7 gelegenen Altstadtbereich als Standort bevorzugen, soll auf die wohl auffälligste Konzentration von Juwelier- und Schmuckwarengeschäften im Stadtgebiet hingewiesen werden. So gehören mehr als 90% aller
in Cra 6 zwischen Cl 12 und Cl 13 angesiedelten Ladenlokale dieser Branche an,
die damit zu einem wichtigen Charakteristikum der Altstadt geworden ist, obwohl
es sich dabei nicht um die exklusivsten Geschäfte der Stadt handelt. Diese sind
vielmehr im Centro Internacional und im N der Stadt ansässig.
Als weiterer Schwerpunkt ist die Ballung öffentlich-administrativer Einrichtungen

in der Altstadt anzusehen. Der hintereinandergereihte Standort (entlang der Cra 7 zwischen Cl 12 und Cl 6) von Justizministerium, Plaza de Bolívar mit der Alcaldía Mayor, dem Capitolio Nacional, dem Palacio de Nariño und dem Ministerio de Hacienda erlauben es, von einer "Funktionsachse der öffentlichen Hand" zu sprechen; zudem befinden sich in unmittelbarer Nähe - auf der E-Seite der Cra 7 - weitere öffentliche Einrichtungen, so z.B. das Ministerio de Minas, der Palacio de los Congresistas und die Superintendencia Bancaria (vgl. Abb.8).

Die weitgehend überalterte Baustruktur der Altstadt, die in vielen Fällen eine Sanierung ratsam oder gar als nicht mehr möglich erscheinen läßt, verbietet die Ansiedlung raumextensiver Betriebe wie etwa Autohandelsgeschäfte, Tankstellen oder große Möbelläden, die überdies dem historischen Charakter La Candelarias abträglich wären. Ohnehin wirken die engen, einspurigen Straßen und schmalen Bürgersteige auf standortsuchende Unternehmen restriktiv. Demzufolge überrascht es nicht, daß es sich bei den in der Altstadt ansässigen Handwerksbetrieben, in erster Linie Druckereien, um Kleinbetriebe mit geringem Flächenanspruch handelt.

4.1.4. Das Centro Internacional

Mehrere Gründe, von denen die vier wichtigsten erwähnt werden sollen, führten in den 60er Jahren zur Grundsteinlegung des Centro Internacional, dessen Grenzen nicht einheitlich festgelegt sind. Der Kern des Centro Internacional liegt zwischen Cra 10 und Cra 13 und wird durch die Cl 26 und Cl 29 inselartig begrenzt. Entsprechend einer weitergefaßten Auslegung erstreckt sich das Centro Internacional von der Avenida Jorge Eliecer Gaitán (Cl 26) bis zur Plazuela de San Martín in Höhe der Cl 32 und wird von der Cra 7 im E und der Av Caracas im W begrenzt.

Erstens konnte das Zentrum, jahrzehntelang nicht über die Cl 26 hinausreichend, den erhöhten Flächenbedarf des expandierenden tertiären Sektors weder quantitativ noch qualitativ befriedigen, was auf einen teilweise überalterten Bautestand zurückzuführen war.

Zweitens hätte selbst der kostenintensive Abriß von alten Gebäuden der bereits im Anfangsstadium begriffenen Verfall umliegender Stadtviertel und die damit zwangsläufig einhergehende geminderte Repräsentationsfähigkeit der Neubauten nicht verhindern können.

Drittens empfahl sich bei der damals herrschenden Bodenpreissituation der Erwerb von Baugelände außerhalb des das höchste Niveau aufweisenden Stadtkerns, weil dort das Potential zukünftiger Wertsteigerungen bereits als nahezu erschöpft angesehen wurde, und viertens schließlich garantierte ein nördlich des Zentrums gelegener Standort gleichzeitig eine Befreiung von den Belastungsfaktoren des Zentrums (insbesondere Verkehrsdichte, Kriminalität und Umweltbedingungen).

Die privaten Initiatoren des Projektes "Centro Internacional" konnten dabei mit der tatkräftigen Unterstützung der für die Stadtplanung zuständigen Behörde DAPD rechnen, die den Erlaß notwendiger Gesetze ("Leyes") und Verordnungen ("Acuerdos") befürwortete.

Als positiv ist die damalige Entscheidung zu werten, in den Sektor auch Wohnungen zu integrieren, deren Bewohner einer totalen Entvölkerung des Zentrums entgegenwirken, wie sie z.B. in der Londoner City seit langem in den Nachtstunden zu beobachten ist und mit großem finanziellen Aufwand wieder rückgängig zu machen versucht wird.

Das Kernstück des Centro Internacional ist die im Einflußbereich der Cra 7, Cra 10 und Cra 13 liegende Gebäudeagglomeration zwischen Cl 26 und Cl 29. Auf mehreren, miteinander durch überdachte Gänge und Treppen verbundenen Ebenen sind hier Dutzende von meist exklusiven Einzelhandelsgeschäften, Restaurants, Bankfilialen, Büros von Fluggesellschaften und Autovermietungen sowie weitere Unternehmen konzentriert.

Ihr Kundenkreis rekrutiert sich überwiegend aus den im Nobel-Hotel Tequendama residierenden Gästen sowie aus den in den umliegenden Büros beschäftigten Angestellten.

Der motorisierte Verkehr wird um diese von keiner durchkreuzenden Straße unterbrochenen, fußgängerfreundlichen Inseleinheit herumgeführt; für Parkraum steht eine Tiefgarage zur Verfügung.

Neben dem Hotel dienen die mit zehn oder mehr Geschossen errichteten Gebäude alternativ der Büro- oder Wohnnutzung. Die hohen Mietpreise der "Apartamentos" wirken selektiv und haben dazu geführt, daß die am Zentrumsstandort interessierte Oberschicht unter sich bleibt. (Auch das Tequendama vermietet Wohnungen, die "Residencias Tequendama".)

Als letztes Gebäude wurde 1982 das im Eigentum der Caja de Retiro de las Fuerzas Militares stehende 30geschossige "Centro Internacional Tequendama" fertiggestellt, in dem allein 90 Geschäftslokale und 304 Luxusappartements untergebracht sind.

Zu Recht wird das Centro Internacional derzeit als die bedeutendste Agglomeration des Dienstleistungssektors in Bogota bezeichnet.

Bereits eine Betrachtung des Baubestandes unterstreicht den Wahrheitsgehalt dieser Aussage. Bezieht man die streng genommen außerhalb des Centro Internacional erbauten Wolkenkratzer (worunter Bauten mit mehr als 25 Stockwerken verstanden werden sollen) südlich der Cl 26 (Colpatria-Hochhaus und der Wolkenkratzer an der Kreuzung mit Cra 13) und nördlich der Cl 32 (Hotel Hilton und Seguros Fénix) mit ein, so befindet sich die deutliche Mehrzahl aller im Stadtgebiet vorhandenen Wolkenkratzer im Centro Internacional, unter Einschluß der Gebäude vom Banco Cafetero und Seguros Tequendama.

Im Kontrast dazu stehen einige niedriggeschossige, meist Wohnzwecken dienenden Häuser, in ihrer Mehrheit zwischen Cl 26 und dem Nationalmuseum auf der E-Seite der Cra 7 lokalisiert; da die Bereitschaft zum Neubau im Centro Internacional noch nicht stagniert, muß mit einem Abriß dieser Bauten in der Zukunft gerechnet werden. Bauarbeiten waren u.a. Ende 1981 nahe der Büropaläste des Barco de Colombia und der Davivienda-Gruppe im Gange, ebenso westlich der Cra 13, gegenüber der "Insel" des Centro Internacional, zwecks Fertigstellung des neuen Verwaltungssitzes des Banco de Occidente und der Corporación Las Villas.

Durch das insgesamt niedrige Durchschnittsalter des durchweg gepflegten Baukörpers entsteht ein positiver optischer Gesamteindruck; auf die eigene Repräsentation, aber auch das Gemeinwohl bedacht, verschönert eine kleine, vom Banco de Colombia unterhaltene und dem Bürogebäude gegenüberliegende Rasenfläche den Raum zwischen Cra 7 und Cra 13. Erfreulich ist auch, daß die räumlich großzügig verteilten höheren Bürobauten keinen aus New York bekannten Straßenschluchten-Effekt hervorrufen. Lediglich die im Kern des Centro Internacional, mit dem Hotel Tequendama eine Einheit bildenden Bauten wirken architektonisch wenig elegant.

Das alte, inzwischen aufgegebene Betriebsgelände der Bavaria-Brauerei fällt durch seine Lage zweifelsfrei in die eingangs erwähnte, weiter gefaßte Abgrenzung des Centro Internacional, (die ehemalige Betriebsfläche befindet sich zwischen der Cl 28 und Cl 32 sowie Cra 13 und Cra 14). Die Behörden der Stadt planen, das zur Zeit ungenutzte Fabrikgelände in einen Park zu verwandeln und den unterirdischen Raum durch den Bau von Parkplätzen, Geschäften, Kinos, einem Stadtterminal für Fluggäste und die eventuelle Konstruktion einer Metro-Station zu nutzen. Der Ankauf und die Bebauung des knapp sieben Hektar umfassenden Areals durch die Stadt soll einerseits durch den Verkauf der Rechte für die unterirdische kommerzielle Nutzung, andererseits durch eine steuerliche Mehrbelastung der durch das Projekt in ihrem Standort begünstigten umliegenden Banken, Versicherungen und anderen Einrichtungen finanziert werden (El Tiempo, 25.2.1981).

4.2. Der Korridor - der Raum zwischen dem Zentrum und Chapinero

Begrenzt wird dieser Raum im N durch Chapinero (Grenze ist Cl 48), im S durch das bereits angesprochene Centro Internacional, im W, als gleichzeitige Begrenzung des Untersuchungsraumes, durch Av Caracas und im E durch Cra 3.

Als ein physicgnomisches Merkmal dieses Gebietes fungieren die in relativ engem Abstand (bedirgt durch das Fehlen von Cra 11 und Cra 12) und parallel verlaufenden Cra 7, Cra 13 und Cra 14 (Av Caracas), die als Hauptverkehrsadern die Verbindung zwischen dem Zentrum, den südlichen und nördlichen Stadtteilen gewährleisten; darüber hinaus geben sie dem Raum einen korridorähnlichen Charakter, da die E-W-Ausdehnung zwischen den Cerros und der Avenida Caracas hier ihr absolutes Minimum im gesamten Stadtgebiet erfährt (vgl. z.B. Abb.1).

Einen eindeutigen Schwerpunkt des Baukörperbestandes stellt die Agglomeration von vielstöckigen Büro- und Wohnkomplexen zwischen Cl 34 und Cl 39 dar. Neben Verwaltungen von Industriegesellschaften domizilieren dort auch zahlreiche Bankfilialen; der Bancc de Bogotá, eine der kolumbianischen Großbanken, errichtet in diesem Stadtteil sein neues Hauptverwaltungsgebäude.

Das durchschnittliche Gebäudealter der Bürobauten und Appartementhochhäuser ist als niedrig, die Architektur als modern einzustufen; in dieser Zone existieren aber durchaus auch ältere Wohnhäuser, die z.B. im englischen Stil erbaut, häufig modernisiert und für Bürozwecke umgebaut wurden.

Der streng bewachten amerikanischen Botschaft (Baublock Cl 39/Cra 13/Cl 37/Cra 8) ist es zu verdanken, daß die umliegenden Manzanas von den der Oberschicht angehörenden Bewohnern, die in Luxus-Appartement-Häusern residieren, als eine der vor Kriminalität am bestgeschützten Zonen Bogotás angesehen werden.

Neben der dominierenden Büro- und Wohnnutzung sind auch Reisebüros, Restaurants, Kinos etc. vorhanden, die aber zusammen mit der Einzelhandelsnutzung (vgl. Tab.36 u. Abb.33) keine manchen Stadtteilen anhaftende Einkaufsatmosphäre aufkommen lassen. Vielmehr spielt sich derartiges Leben nur abschnittsweise in den Carreras, insbesondere in der Cra 13, ab, nicht aber in den meist ruhigen Nebenstraßen.

Auffällig ist die Zahl der zwischen Chapinero und dem Centro Internacional ansässigen Neu- und Gebrauchtwagenhändler, die das einst deutlich höhere Quadratmeter-Preisniveau des Zentrums meiden, aber dennoch eine relativ zentrale, vom Kfz-Verkehr stark frequentierte Lage bevorzugen.

Zu erwähnen ist auch die Universidad Javeriana, eine der besten Universitäten des Landes, die neben zahlreichen anderen Bildungseinrichtungen wie z.B. Abendschulen an der Cra 7 ihren Sitz hat.

Im E dieser Hauptverkehrsstraße überwiegen die Grünflächen des Parque Nacional, Sportanlagen und die schwach ausgeprägte Wohnnutzung durch Unter- und Mittelschicht.

4.3. Chapinero

Chapinero, früher abseits der Stadt gelegenes Dorf, dann durchgehend bis heute bedeutendstes Sekundärzentrum der Stadt, wird beherrscht von den beiden im Abstand einer Manzana verlaufenden Cra 13 und Cra 14. In und zwischen diesen beiden Straßen liegt der geschäftliche Mittelpunkt des Stadtteils Chapinero, mit dessen Namen man in Bogotá unwillkürlich das hier zu beobachtende bunte Treiben (im wesentlichen auf den Abschnitt Cl 56 bis Cl 63 konzentriert) verbindet.
Wenngleich die E-Seite der Cra 14 durch den dort angesiedelten Einzelhandel charakterlich mit Cra 13 vergleichbar ist, zeichnet sich die W-Seite durch die Spezialisierung ihrer vorzugsweise auf den gewerblichen Sektor gerichteten Geschäfte aus. Das schließt das Kaufinteresse des breiten Publikums aus und führt zusammen mit der alleeartigen, sechsspurigen und in beiden Richtungen befahrbaren Anlage der Av Caracas, deren Straßenbreite ein schnelles Wechseln von einer zur anderen mit Geschäften besetzten Straßenseite erschwert, zu einer engen funktionalen Einheit der E-Seite der Av Caracas über die kleinen Querstraßen (Calles) mit Cra 13. Av Caracas endet, von S kommend, mit Cl 69 und geht dann gemeinsam mit Cra 13 in die Avenida Paseo de Los Libertadores über, bei der es sich in ihrer Fortsetzung um die Ausfallstraße nach Tunja handelt.
Im Umfeld, in dem diese beiden Straßen zusammenlaufen (vgl. z.B. Abb.14), ist Cra 13 durch einen noch nicht sehr ausgeprägten Nutzungsgrad des Einzelhandels gekennzeichnet. Dies ändert sich jedoch, folgt man der Straße in südlicher Richtung. In Höhe der Cl 63 beginnt die durchgehende, beiderseitige Nutzung der Straßenseiten durch den Einzelhandel, der in starker Konkurrenz mit den ambulanten Händlern steht, die in bisweilen lückenloser "Caseta"-Reihe die Bürgersteige vor den Geschäften bevölkern und dem Passantenstrom, der häufig auf die sehr stark von Bussen, Busetas, Pkws und Zweirädern befahrene Straße ausweicht, nur noch eine schmale Durchgangsmöglichkeit läßt.
Dieses Problem stellt sich nicht bei den meist ein-, in Einzelfällen auch mehrstöckigen Geschäftspassagen, die die Hauptverkehrs- bzw. Nebenstraßen miteinander verbinden.
Das "Chapicentro", mehr Einkaufszentrum als Geschäftspassage, ist mit seinen

ausnahmslos exklusiven, auf zwei Stockwerke verteilten Ladenlokalen das derzeit
repräsentativste und baujüngste Beispiel in Chapinero.
Ab Cl 56 reduziert sich die bis dahin fast lückenlose Nutzung durch Geschäftslokale in Cra 13; auch die Bedeutung der Querstraßen als Standort für den Einzelhandel geht zurück. Erste flächenextensive Einrichtungen wie z.B. Parkplätze, ein
größeres Anwesen der Kirche und die Ballung von Möbelgeschäften sind zu erwähnen;
die Bebauungsdichte nimmt ab und Altbauten, die in der Hauptgeschäftszone völlig
fehlten, treten hinzu.
Überhaupt ist der Baubestand Chapineros als sehr gemischt zu bezeichnen. Meist
sanierungsbedürftige Altbauten, die dessen ungeachtet weiterhin kommerziell genutzt werden, sind sowohl in Cra 13 als auch in den benachbarten Straßen zu erkennen; es überwiegt jedoch eindeutig die Zahl der Bauten mittleren Alters, deren
Geschoßhöhe sechs bis sieben Stockwerke selten übersteigt; einige höhere, bis zu
20 Etagen umfassende Bauten in der Nähe der Cra 7, überwiegend der Mittelschicht
als Wohnraum dienend, stellen die Ausnahme dar.
Neben dem SENA, dem staatlichen Lehrlingsausbildungsdienst, der ebenfalls in einem Hochhaus in Cra 13 residiert, ist Chapinero Standort für zahlreiche andere
Institutionen, wie z.B. das Ministerio de Salud mit wichtigen Dependancen, die
Marly-Klinik, Botschaften und andere Institutionen.
Die Calles östlich der Cra 13 sind bezüglich des in ihnen vertretenen Einzelhandels von untergeordneter Bedeutung. Der ohnehin niedrige Konzentrationsgrad nimmt
zu Cra 7 hin ab, kleine Läden und Handwerksbetriebe decken den täglichen Bedarf
der dort ansässigen Bevölkerung, die in ihrer großen Mehrheit der Mittelschicht
angehört.
Lediglich in Cl 60 hat sich ein Aktivitätspol gebildet, der sich in einer Konzentration von (Damen-)Schuhgeschäften zwischen Cra 7 und Cra 13, aufgelockert durch
die Existenz einiger Bekleidungsgeschäfte, äußert. Diese Ballung strahlt auch auf
Cra 9 in Richtung Cl 59 aus; letztere Straße wird ihrerseits auf der Ebene des
Erdgeschosses nahezu ausnahmslos geschäftlich genutzt.
Mögen auch die zwischen Cra 13 und Cra 7 liegenden Straßen vom Verkehrslärm, Waren anpreisenden Straßenverkäufern und sonstiger die Hektik einer belebten Geschäftszone ausmachenden Faktoren weitgehend verschont bleiben, ist diesem Teil
Chapineros weder als Wohn-, Geschäfts- oder Bürozone eine besondere Attraktivität
abzugewinnen. Es mangelt an Grünflächen, gepflegten Häuserfassaden, einem harmonischen Gefüge architektonischer Epochen, dem sauberen Straßenbild, um nur einige
Kritikpunkte aufzuzählen.
Den gleichen Bewertungsmaßstab unterstellt, muß die Kritik an den im E der Cra 7
liegenden Barrios, die vornehmlich durch niedriggeschossige Wohnbauten geprägt

sind und ebenfalls vorwiegend von der Mittelschicht bewohnt werden, deutlich positiver ausfallen. Auf sie kann hier jedoch nicht näher eingegangen werden.

4.4. Nördliche Stadtteile

Der N Bogotás, wie er im folgenden vereinfachend genannt werden soll, umfaßt ein
größeres Gebiet, als es die für diese Arbeit gewählten Grenzen der Cl 127A, Ave-
nida Paseo de Los Libertadores (Av 13), Chapinero (Cl 72) und die Cerros vermuten
lassen.
Hinter Cl 127A und dem sich direkt anschließenden Country Club befinden sich Vil-
lengegenden der Oberschicht, gefolgt von Elendsvierteln, die sich im weiteren
Verlauf der Cra 7 an den östlichen Berghängen gebildet haben.
Vielen Einrichtungen, die dieses Gebiet als Standort gewählt haben, ist der hohe
Flächenbedarf gemeinsam; so auch einer Autorennstrecke und der Pferderennbahn
("Hipódromo"), Clubs, Friedhöfen und Schulen (darunter auch die deutsche Schule,
das Colegio Andino).
Es erscheint überflüssig, den N der Stadt in Einzelheiten beschreiben zu wollen.
Anders als im Zentrum, in dem fast jeder Straßenzug spezifische Charakteristika
aufweist und eine übergeordnete, zusammenfassende Beschreibung der Heterogenität
des Raumes nicht gerecht werden kann, ist der N Bogotás gebietsweise durch homogene Strukturen geprägt, was sich vereinfachend auf die stadtgeographische Analyse auswirkt.
Luftbilder zeigen, daß in Wohngebieten zwei Gebäudetypen dominieren: zum einen in
ihrer modernen Architektur an nordamerikanische Vorstädte erinnernde ein- bis
zweigeschossige Villen, die von Gartenanlagen umgeben sind, Garagen besitzen und
in der Regel durch hohe Mauern oder Zäune vor den Blicken Neugieriger und den
Zugriffen Krimineller geschützt sind (vgl. Kap. 6.4.3.); zum anderen wohnt ein
relativ großer Teil der Bevölkerung in Appartementhäusern, deren Bauweise erst in
jüngster Zeit entwickelte Konstruktionsverfahren erkennen lassen.
Eine in der Bundesrepublik Deutschland bislang weitgehend unbekannte und in Bogotá noch nicht weit verbreitete architektonische Gestaltung verbindet den Vorteil
der höheren Sicherheit vor kriminellen Delikten in Appartements mit dem der größeren Individualität von Einzelhäusern: Es handelt sich dabei um "Conjuntos resi-
denciales", die über einen zentralen, bewachten Eingang verfügen, hinter dem sich
separate, im gleichen Typ erstellte kleine Häuser verbergen, deren Bewohner die

vorhandenen Gemeinschaftseinrichtungen, wie z.B. Innenhöfe, Gartenanlagen und Tiefgaragen nutzen können.

Neben diesen den N der Stadt in weiten Teilen beherrschenden Wohnformen haben sich folgende, vom tertiären Sektor beherrschte Schwerpunkte herausgebildet:

1. Avenida de Chile
2. Carrera 15
3. Unicentro (Einkaufszentrum)

Daneben sind Los Héroes (Av Caracas) und die Carrera 11 zu erwähnen, auf die jedoch wegen ihrer geringeren Bedeutung nicht näher eingegangen werden soll.

Als innovativer Standort für die das Zentrum verlassenden Betriebe des tertiären Sektors, vornehmlich des Versicherungswesens, gilt die Av de Chile. Die große Zahl von repräsentativen Neubauten, die Ende 1981 erst zum Teil bezogen waren, lassen darauf schließen, daß diese Zone, in der bereits Ende 1981 die höchsten Bodenpreise im gesamten Stadtgebiet erzielt wurden, in Zukunft weiter an Bedeutung gewinnen wird. Der räumlichen Kapazität dieser Straße sind, da sie lediglich im Abschnitt zwischen Cra 7 und Cra 14 für hochwertige kommerzielle Funktionen wie das Versicherungsgewerbe interessant ist, enge Grenzen gesetzt. Die Folge ist, und dies kann in Einzelfällen bereits beobachtet werden, daß die umliegenden Straßen, bisher nahezu ausschließlich im N der Av de Chile, später vermutlich auch im S, zunehmend kommerzialisiert werden; niedriggeschossige Wohnhäuser werden durch hochgeschossige Bürogebäude, kleine Geschäfte des täglichen von denen des periodischen oder episodischen Bedarfs verdrängt werden. Ein wesentlicher Grund ist in der ausgezeichneten Verkehrsanbindung an nördliche und zentrale Stadtteile durch Cra 7, Cra 11 und Cra 13 zu sehen.

Verglichen mit der Büronutzung ist der Einzelhandel, insbesondere zu Cra 7 hin, nur schwach vertreten. Die geplante Eröffnung eines Kaufhauses wird diese Aussage in absehbarer Zeit ungültig werden lassen, sofern andere Einzelhandelsunternehmen, wie zu erwarten ist, dem vorreiterartigen Beispiel folgen werden. Restaurants und kulturelle Einrichtungen sind nur vereinzelt vorhanden, dafür aber bereits eine Anzahl überdurchschnittlich exklusiv wirkender Bank- und Versicherungsfilialer.

Anders als in der Av de Chile wird das Straßenbild der Cra 15, die von Cl 72 bis zum Country Club führt, deutlich vom Einzelhandel beherrscht. Wichtigstes Teilstück ist dabei der Bereich Cl 72-Cl 100. Mit Ausnahme einiger weniger villenartiger Wohnhäuser dominieren funktionale, vier Etagen nur selten übersteigende Geschäftsbauten mit Ladenlokalen im Erdgeschoß sowie Büros und/oder Wohnungen in

den oberen Räumen. Die relative Geschlossenheit des insgesamt recht gut erhaltenen Baubestandes, die besonders im am stärksten bebauten und genutzten Abschnitt
der Cra 15 zwischen Cl 81 und Cl 86 ins Auge fällt, ist auf die einstmals strikte
Überwachung der Bautätigkeiten durch die zuständige, Normen festlegende Behörde
DAPD zurückzuführen.

Der Einzelhandel, der in der Qualität des Angebotes und in bezug auf das äußere
Erscheinungsbild deutlich über dem Bogotaner Durchschnittsniveau liegt, worauf in
Kap.9.3. noch näher einzugehen ist, bevorzugt die vom Kfz-Verkehr stark frequen-
tierte Cra 15, belebt aber auch die Seitenstraßen in den im E und W angrenzenden
Manzanas. Die Nutzungsintensität nimmt dabei mit zunehmender Entfernung von der
Hauptstraße ab.

Der überwiegende Teil der Kundschaft des Einzelhandels ist motorisiert, was zur
Folge hat, daß die Fußwege mit Autos zugeparkt werden und die Passanten auf die
Fahrbahn ausweichen müssen. Der Fußgängerverkehr ist, verglichen mit dem Passan-
tenstrom in Hauptgeschäftsstraßen des Zentrums, als sehr schwach einzustufen.
Zweiradverkehr ist so gut wie nicht zu beobachten.

Mit Ausnahme einiger mehrgeschossiger Appartement-Hochhäuser, die schwerpunktmäßig in unmittelbarer Nähe von Unicentro errichtet wurden und in den unteren Geschossen vom meist spezialisierten, qualitativ hochwertigen Einzelhandel besetzt
sind, ist der übrige Abschnitt der Cra 15 nördlich von Cl 100 nur extensiv genutzt.

Noch ist die Mehrzahl derjenigen Geschäfte, die sich auf die Versorgung der in
der Umgebung ansässigen Bevölkerung konzentrieren, innerhalb der angrenzenden
Wohngebiete lokalisiert, für die die Cra 15 bislang noch peripheren Charakter
aufweist. Der hierdurch bedingte Standortnachteil, den Geschäfte in dieser Hauptverkehrsstraße z.Zt. noch hinnehmen müssen, wird sich jedoch in absehbarer Zukunft in einen Vorteil verwandeln, sofern die Eröffnung neuer Läden keine vorübergehende Erscheinung bleibt. Die Umwandlung ehemaliger Villen in kommerziell
nutzbare Bauten leistet dieser Tendenz Vorschub.

Ob die Obergeschosse von Appartementhäusern, die derzeit von einkommensstarken
Bevölkerungsschichten bewohnt werden, in Büros umgewandelt werden, wie es bereits
im südlich der Cl 100 gelegenen Bereich der Cra 15 zu beobachten ist, bleibt
ebenfalls abzuwarten.

1973 wurde, nach mehrmonatiger Analyse potentieller Standorte, der Bau Unicentros
begonnen, einer nach Empfehlungen des "International Council of Shopping Centers"
ausgerichteten, nordamerikanischen und europäischen Einkaufszentren nachempfunde-
nen Anlage, die in zwei Stockwerken ca. 300 Läden und in einem weiteren

Obergeschoß Büros Platz bietet. Die gesamte überdachte und umbaute Fläche beträgt mehr als 60.000 m^2.

Das Interieur dieses aus dem Boden gestampften und 1976 fertiggestellten Einkaufszentrums ist aufwendig gestaltet. Neben überwiegend exklusiven Geschäften der gängigster Einzelhandelsbranchen (zur Nutzung im einzelnen vgl. Abb.9) bieten sich dem Besucher Springbrunnen, Pflanzen, Bänke, Rolltreppen und andere innenarchitektonische Zweckmäßigkeiten. Restaurants, Cafés, Kinos, Spielhallen und Bowling-Anlagen können auch außerhalb der regulären Öffnungszeiten (an Wochenenden bis 21^{00} Uhr, sonst bis 19^{30} Uhr) besucht werden.

Das gesamte Areal, das zu 2/3 seiner Fläche von ca. 2000 bewachten Parkplätzen eingenommen wird (ARANGO 1977, S.354), ist eingezäunt und kann nur an mit Schranken versehenen Eingängen betreten werden.

Als nachteilig muß die sterile Atmosphäre, hervorgerufen durch ungenügend einfallendes Tageslicht, das durch künstliche Beleuchtung ausgeglichen wird, gewertet werden. Trotz der angebrachten Hinweisschilder fällt die Orientierung in dem mehrarmigen Gebäudekomplex bisweilen schwer. Auch die durch die Sicherheitsmaßnahmen entstandene Ghettoisierung muß als negativ charakterisiert werden. Die Klärung der Frage, inwieweit sich diese und weitere Charakteristika Unicentros im Vergleich zu anderen bedeutenden Einkaufszonen des Stadtgebietes aus der Sicht eines ausgewählten Kundenkreises auswirken, bleibt Kapitel 9.3. vorbehalten, dem nicht vorgegriffen werden soll.

4.5. Das übrige Stadtgebiet

Der Raum west ich der Av 13 bzw. der Av Caracas (Cra 14) mußte im Rahmen dieser den tertiären Sektor Bogotás besonders berücksichtigenden Untersuchung ausgeschlossen werden. Natürlich sind auch in diesem Teil des Stadtgebietes eine Vielzahl von Dienstleistungseinrichtungen vorhanden, sie verteilen sich jedoch auf einen ungleich größeren Stadtraum und erreichen bei weitem nicht den östlich der genannten Hauptverkehrsstraßen registrierten durchschnittlichen Konzentrationsgrad. Auch in qualitativer Hinsicht der Dienstleistungsfunktionen unterliegt der westliche dem östlichen Raum mit Abstand. So konnte in ersterem nur eine einzige Hauptverwaltung eines Versicherungsinstitutes lokalisiert werden, wohl aber einige Filialen.

Der überwiegende Anteil der bebauten Fläche dient der Wohnnutzung aller, allerdings unterschiedlich stark repräsentierten sozialen Schichten (vgl. Abb.5).

- 58 -

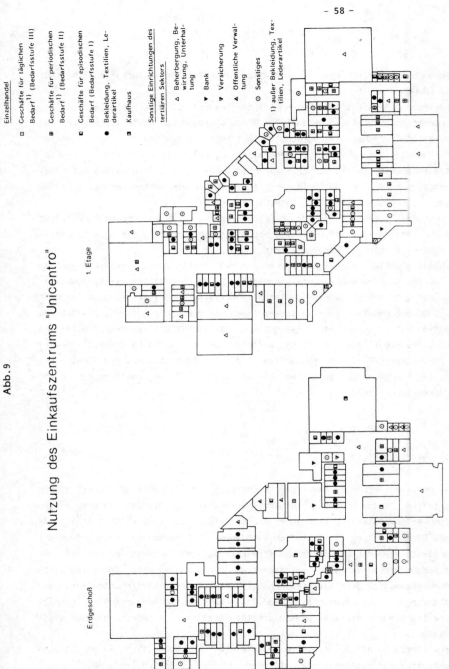

Abb. 9

Nutzung des Einkaufszentrums "Unicentro"

Einzelhandel

⊡ Geschäfte für täglichen Bedarf[1] (Bedarfsstufe III)

⊞ Geschäfte für periodischen Bedarf[1] (Bedarfsstufe II)

⊡ Geschäfte für episodischen Bedarf (Bedarfsstufe I)

● Bekleidung, Textilien, Lederartikel

■ Kaufhaus

Sonstige Einrichtungen des tertiären Sektors

△ Beherbergung, Bewirtung, Unterhaltung

▶ Bank

▷ Versicherung

◁ Öffentliche Verwaltung

⊙ Sonstiges

1) außer Bekleidung, Textilien, Lederartikel

1. Etage

Erdgeschoß

Quelle: Wegweiser Unicentro
Entwurf u. Zeichnung: R.M.

Weiterhin ist eine Vielzahl von Einrichtungen mit hohem Flächenbedarf vorhanden. Nur das campusartige Universitätsgelände "Ciudad Universitaria" (Universidad Nacional), das eigens für die öffentliche Verwaltung geschaffene Centro Administrativo Nacional (CAN) und der internationale Flughafen "El Dorado" sollen hier neben zahlreichen Parkanlagen, Sportclubs und militärischen Einrichtungen erwähnt werden.

Neben Industrieansiedlungen nehmen auch unbebaute Flächen einen großen Raum ein (vgl. Abb.10); dieser dürfte jedoch in den nächsten Jahren weiter zurückgehen. Dies gilt insbesondere für Areale, bei denen der Ausbau infrastruktureller Einrichtungen vergleichsweise geringe Investitionen erfordern wird, was umso eher der Fall ist, je fortgeschrittener der Entwicklungsstand benachbarter Zonen ist. Die bezüglich des tertiären Sektors gemachten Aussagen treffen auch auf den südlichen und südwestlichen Raum zu; dort existieren ebenfalls zahlreiche flächenextensive Institutionen, z.B. die Polizeikadettenschule, ein Hippodrom, Hospitäler, Parkanlagen und Schulen. Der Oberschicht vorbehaltene Sport- und Gesellschaftsclubs fehlen, was zweifellos auf die räumliche Entfernung zu den vornehmeren, ausschließlich im N der Stadt anzutreffenden Wohngegenden zurückzuführen ist. Statt dessen haben sich in einigen Stadtteilen Industriegebiete herausgebildet, die die im NW befindlichen Konzentrationen des sekundären Sektors in ihrer Bedeutung deutlich übertreffen (vgl. Abb.10).

Die Wohngebiete, unter denen sich auch zahlreiche randstädtische Elendsviertel ("Barrios Clandestinos") befinden, werden primär durch die Unterschicht ("Clase baja") bewohnt.

Abb.5 verdeutlicht, daß die Ärmsten Bogotás bevorzugt periphere Stadtlagen bewohnen. Südlich der Av de las Américas sind ausschließlich Wohngebiete der Mittel- und Unterschicht vorhanden; hieraus ist zum einen die fortgeschrittene Separation wohlhabender von wirtschaftlich schwachen Bevölkerungskreisen abzulesen, zum anderen läßt sich erkennen, daß die Expansion der Wohnviertel von Unter- und Mittelschicht im S und SW der Stadt weiter fortgeschritten als im N und NW ist.

Zum Abschluß sei noch kurz auf die Berge ("Cerros") eingegangen, die das Wachstum der Millionenstadt in östlicher Richtung einschränken. Die beiden auf den bekanntesten Bergen Guadalupe und Monserrate stehenden, im 17. Jahrhundert erbauten Kirchen überragen die Plaza de Bolívar um 670 bzw. 520 m, die dahinter liegenden Cerros Cruz Verde und La Viga sogar um 1000 m. Der Aussichtsberg Monserrate ist für viele Bogotaner eines der beliebtesten Ausflugsziele in der näheren Umgebung und wird auch von der Mehrzahl der Touristen in Bogotá (1982: ca. 400.000) besucht.[12]

Zahlreiche Flußläufe haben sich in die Cerros eingeschnitten, unter ihnen die

Abb.10

Derzeitige und geplante Flächennutzung in Bogotá D.E.

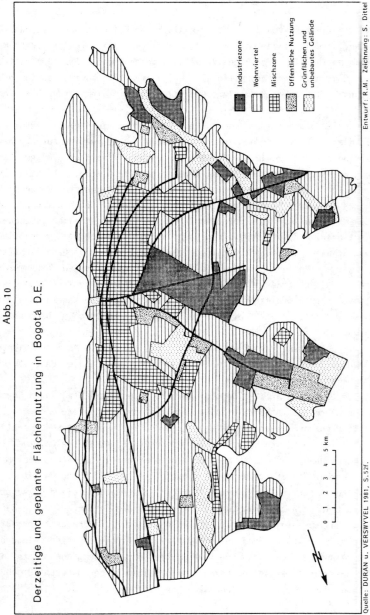

Industriezone

Wohnviertel

Mischzone

Öffentliche Nutzung

Grünflächen und
unbebautes Gelände

0 1 2 3 4 5 km

Quelle: DURAN u. VERSWYVEL 1981, S.52f.

Entwurf: R.M.   Zeichnung: S. Dittel

beiden wichtigsten, nämlich der Río Fucha (auch San Cristóbal genannt) und der Río San Francisco (bzw. Vicacha).
Von ihrer Gründung bis zum Jahre 1938 bezog die Stadt ihren Wasserbedarf ausschließlich aus Flüssen, deren Quellen in den östlichen Cerros entsprangen. Dann erst wurde auch das Wasser des Río Tunjuelito im S der Stadt für die Versorgung herangezogen.
Ende des vergangenen Jahrhunderts bewirkte die Nutzung der Hangwälder für Hausbau, Möbelanfertigung, Holzkohlenherstellung, Heizzwecke etc. einen völligen Kahlschlag der Cerros. Später wurde mit Eukalyptus aufgeforstet.
Die Steilheit der Berge steht jedem Besiedlungsversuch entgegen, sieht man einmal von den Elendsvierteln auf den unteren Hangpartien im N Bogotás oder den erst in jüngster Zeit entstandenen Appartement-Komplexen ab. Nachteilig wirken sich die hohen, durch das Gebirge erklärbaren Niederschläge aus, die häufig zu Erdrutschen führen. Auch die kurvenreichen Paßstraßen, so z.B. die Strecke von Bogotá nach La Calera, verhindern eine größere Expansion der Stadtfläche in östlicher Richtung.

5. DER MOBILITÄTSPROZESS DES TERTIÄREN SEKTORS

Bereits vor Beginn des Forschungsaufenthaltes in Kolumbien hatten Kontakte zur in Bogotá ansässigen Deutsch-Kolumbianischen Handelskammer den Eindruck vermittelt, daß in den letzten Jahren ein allgemeines Umdenken in der Standortbewertung zur Verlagerung zahlreicher Betriebe des tertiären Sektors geführt hatte. Daß diese auffällige Mobilitätsbereitschaft nicht nur eine vorübergehende Randerscheinung in der allgemeinen Standortdynamik, sondern vielmehr eine ausgeprägte und relativ konstante Bewegung vom Zentrum nach N war, dokumentiert u.a. überzeugend die Verlagerung des Sitzes eben dieser Handelskammer von Cl 16/Cra 9 in die Cl 84/Cra 9. Gespräche mit Personen, die mit der Problematik der Standortverteilung des tertiären Sektors in Bogotá vertraut waren, bestätigten diese Auffassung; gleichzeitig wurde deutlich, daß dieser Verlagerungsprozeß bislang von keiner Seite weder befriedigend quantifiziert noch im Hinblick auf auslösende Faktoren analysiert worden war. Mutmaßungen über die möglichen Gründe dieses Prozesses umfaßten die gesamte Bandbreite angeblich vorhandener Mißstände im Zentrum, verglichen mit den relativen Vorzügen des Nordens.

Stand bereits von vornherein fest, daß das Zentrum Bogotás im Mittelpunkt der Untersuchungen stehen sollte, so bot sich durch die Beschäftigung mit dem Verhalten des tertiären Sektors die Möglichkeit, die Ursachen der Verlagerungsaktivitäten herauszuarbeiten und zu bewerten. Durch dieses Vorgehen wurde der Explikation von Ursache (nämlich relevanter Charakteristika des Zentrums) und Wirkung (hierauf zurückzuführende Reaktionen des Dienstleistungssektors) gegenüber der rein deskriptiven Betrachtungsweise der Vorzug gegeben.

5.1. Die Datengrundlage

Um die Verlagerungstätigkeit des tertiären Sektors zu quantifizieren, galt es zunächst, alle verfügbaren Informationsträger zu ermitteln. Durch Adressenvergleich in hinreichend großen Zeitraumabständen sollte die Standortänderung von Unternehmungen verschiedenster Branchen festgestellt werden. Weiterhin sollte versucht werden, mindestens zwei der informations-, kosten- und arbeitseffizientesten Dateien einander gegenüberzustellen, um durch den Ergebnisvergleich zu einer möglichst objektiven Gesamtaussage zu gelangen und einseitige Resultate zu vermeiden.

Die wohl umfangreichste, auf Magnetbändern gespeicherte Datei sämtlicher steuermäßig erfaßter Betriebe Bogotás, nach ihrer Zugehörigkeit zum primären, sekundären oder tertiären Sektor branchenmäßig klassifiziert, befindet sich bei der "Industria y Comercio Tesorería Distrital", dem städtischen Finanzamt. Rechtliche, finanzielle und technische Probleme verhinderten jedoch den Zugang zu dieser mit über 100.000 Eintragungen weitaus ergiebigsten Datenquelle, sodaß andere Informationsträger ausgewählt werden mußten. Eine Aufstellung überhaupt in Frage kommender Datenquellen für die Standortlokalisierung von Wirtschaftszweigen verschafft eine Studie, die sich mit dem tertiären Sektor in der Stadtmitte befaßt (INFAS 1974).

5.1.1. Die Auswertung von Telefonbüchern

Die Beschaffung von amtlichen Branchenfernsprechbüchern verschiedener Jahrgänge erwies sich als relativ problemlos, die Auswertung hingegen - eine im Rahmen der Stadtgeographie durchaus gebräuchliche Methode - als sehr zeitaufwendig.
Um auch über einen längeren Zeitraum hinweg die Verlagerungstätigkeit des tertiären Sektors (bei gleichzeitiger Ermittlung von temporär bedingten Schwankungen der Umzugsquote "Umzüge/Gesamtzahl aller erfaßter Betriebe einer Branche") quantifizieren zu können, wurden die nach Branchen differenzierenden Fernsprechbücher der Jahre 1961, 1966, 1971, 1976 und 1981 zum Vergleich herangezogen, die Telefonanschlüsse im gesamten Stadtgebiet verzeichnen. Der dadurch abgedeckte Zeitraum von zwanzig Jahren erschien als ausreichend und der jeweils fünfjährige Abstand zwischen den Vergleichszeitpunkten bewirkte die Glättung eines von eventuellen "Ausreißern" in einzelnen Jahre verzerrten Datenentwicklung, ohne die Aussagefähigkeit dieser auf Durchschnittswerten basierenden Rechnung zu stark einzuschränken. Eine Vergleichbarkeit der einzelnen Intervalle blieb damit erhalten.
Nachteilig wirkten sich bei der soeben geschilderten Untersuchungsmethode folgende Tatbestände aus:

1. Zahlreiche Unternehmungen aus den der Untersuchung zugrunde gelegten Branchen sind in den Branchenfernsprechbüchern der angegebenen Ausgaben nur einmalig oder überhaupt nicht aufgeführt, was den Nachweis eines vollzogenen Umzuges verhindert. Dies kann z.B. folgende Ursachen haben:
    a) Der betreffende Betrieb verzichtete auf eine Eintragung.
    b) Die Änderung des Firmennamens verhindert eine Identifizierung.

c) Die Gründung des Betriebes erfolgte zeitlich zwischen zwei Vergleichszeitpunkten

2. Insbesondere südliche und westliche Stadtgebiete zeichnen sich durch einen
Nachfrageüberhang in bezug auf Telefonanschlüsse aus, während die Zahl der noch
nicht über einen Anschluß verfügenden Büros, Einzelhandelsgeschäfte, Haushalte
und anderer Teilnehmer im zentralen und nördlichen Stadtbereich nach Angaben der
ETB vergleichsweise niedriger ist. Damit ist aber der im S und W Bogotás lokalisierte tertiäre Sektor sowohl in bezug auf seine Gesamtzahl als auch auf die Zahl
durchgeführter Verlagerungen unterrepräsentiert.

3. Mangels vorhandener Gewichtungs- und Unterscheidungskriterien kommt in den
Resultaten weder das quantitative Moment einer Verlagerung (denkbare Gewichtungs-
größen sind z.B. der Jahresumsatz, die Beschäftigtenzahl etc.) noch die innerhalb
einiger Branchen beobachtbare Hierarchie ihr zugeordneter Funktionen, also das
qualitative Moment, zum Tragen (z.B. ist eine Bankrepräsentanz funktional der
Hauptverwaltung eines Kreditinstitutes unterlegen).

Als vorteilhaft ist die Verwendung von Branchenfernsprechbüchern insofern anzusehen, als sie

- abgesehen von der aufzuwendenden Arbeitszeit keine Kosten verursacht,
- einen (nur von dem jährlichen Erscheinungstermin abhängigen) Vergleich über
  eine lange Periode hinweg ermöglicht und
- eine weitgehende Branchenauffächerung gewährleistet.

Von über 2000 Branchen, die in den "Gelben Seiten" ("Páginas Amarillas") Bogotás
1981 verzeichnet waren, wurden 30 Branchen, bis auf eine dem tertiären Sektor
angehörig, ausgewählt, die zahlenmäßig ausreichend besetzt waren, einen repräsentativen Querschnitt aus Büro-, Einzelhandels- und sonstigen Dienstleistungsbetrieben bildeten und allgemein bekannte, übliche Waren bzw. Dienstleistungen anboten.
Von diesen 30 Branchen konnten dreizehn als zur "Büroklasse" zugehörig eingestuft
werden (dazu wurden auch Branchen gezählt, die mit entsprechenden baulichen Einrichtungen starkem Kundenverkehr begegnen, z.B. Banken, Reisebüros etc.), elf
Branchen sind dem Einzelhandel zuzurechnen, zwei weitere dem auf den Gesundheits-
dienst spezialisierten Dienstleistungssektor (wovon eine Branche in sich weiter
aufgeteilt wurde, nämlich "Fachärzte"), darüber hinaus ist der Hotel-,

Gaststätten- und Transportsektor vertreten. Lediglich eine Branche des sekundären Sektors wurde beispielhaft in die Auswertung miteinbezogen, nämlich das Verlagswesen, bekanntlich ein die Citylage schätzender Produktionszweig. Welche Branchen im einzelnen unter dem Gesichtspunkt der Mobilität betrachtet wurden, ist Tab.6 zu entnehmen, in der auch weitere Untersuchungsergebnisse enthalten sind. So verschafft sie z.B. ergänzend einen generellen Überblick über die Standortpräferenzen dieser Wirtschaftszweige im Jahre 1981.

Nach Auswahl der Branchen wurden mittels einer Total- bzw. Stichprobenerhebung mehr als 15.000 Adressen miteinander verglichen. Um zu verhindern, daß ein zu langer Vergleichszeitraum entstand (hätte man z.B. die im Jahre 1981 ausgewiesenen Adressen mit denen der Jahre 1966 und 1961 verglichen), wurden die Jahre 1966 bzw. 1976 als "Basisjahre" ausgewählt und mit den Jahren 1961 bzw. 1971 und 1981 verglichen, sodaß ein maximaler, beabsichtigter zeitlicher Abstand von nur fünf Jahren erzielt wurde.

Vollerhebungen wurden grundsätzlich bei allen Branchen durchgeführt, deren Grundgesamtheit (Gesamtzahl der Eintragungen im Branchenfernsprechbuch 1976) die Zahl 200 nicht überstieg. Wegen der besonderen Bedeutung, die der Versicherungsbranche als einer der führenden, standortbezogen zentrifugal orientierten Dienstleistungszweige zukam (was vor Untersuchungsbeginn bekannt war), wurde sie trotz Überschreitens dieser Grenze vollständig erhoben.

Für die Erhebungen mit Basisjahr 1966 galt der gewählte Grenzwert aus Arbeitsvereinfachungsgründen nicht; Vollerhebungen wurden jedoch auch dort vereinzelt durchgeführt (vgl. Tab.6).

Unter Anwendung der Formel für die Vertrauensgrenzen einer prozentualen Häufigkeit mit vereinfachter Endlichkeitskorrektur

$$\hat{p} \pm z \sqrt{\hat{p}(1-\hat{p})} \; \sqrt{\frac{N-n}{N}} \quad ,$$

wobei p = Relative Häufigkeit in der Stichprobe

z = Standardnormalvariable (Prüfgröße des z-Testes, welcher der Anwendung der standardisierten Normalverteilung zur Prüfung von Hypothesen an umfangreichen Stichproben entspricht),

wurde eine statistische Sicherheit von 95% gefordert, um von der Stichprobe auf die Grundgesamtheit schließen zu können. Für die Schätzung des Mindestumfanges

Tabelle 6: Daten zur Mobilität des tertiären (und sekundären) Sektors im Zeitraum von 1961-1981

Teil I

	GESAMTZAHL TELEFONBUCH-EINTRAGUNGEN					ZAHL DER UNTERSUCHTEN FÄLLE IM BASISJAHR[1]		GESAMTMOBILITÄT IM 5-JAHRES-ZEITRAUM IN PROZENT				BEVORZUGTE ZIELTEILRÄUME[2]			BEVORZUGTE ABWANDERUNGS-TEILRÄUME[2]		
I. BÜROBETRIEBE (ohne Filialen)	1981	1976	1971	1966	1961	1976	1966	76/81	71/76	66/71	61/66	1976/81	1971/76	1966/71	1976/81	1971/76	1966/71
Banken	70	58	39	31	10	58	31	34.5	18.0	16.1	30.0	12	12	18	18	21	21
Versicherungen	257	204	187	132	77	204	132	20.6	18.7	18.2	22.1	7	12	12,15,24	21	18,21	21
Immobilienbüros	410	273	268	269	70	126	43	15.1	13.7	4.7	8.9	9	12,7	21	18	18,21	18
Landtransp.-res.	248	192	173	176	.[3]	192		21.4	11.6	..	..	20	23		21	21	
Rechtsanwälte	1980	1875	1446	1322	231	153	44	13.1	13.6	22.7	25.0	dispers	18	7,24	18	21	18
Werbeagenturen	230	136	114	189	0	136	89	8.8	13.2	10.1	..	12	12	15	18	21	21
Steuerber.-res.	140	76	32	0	0	76		6.6	6.3	..	..	12,24	24		9,21	21	
Ingenieurbüros	455	502	294	262	33	175	54	14.3	22.4	25.9	12.1	7	12,17	7	18	18,24	9
Reisebüros	137	106	92	89	38	106	44	14.2	16.3	9.1	5.3	12	12	18	21	18,24	24
Außenhand.-res. (nur Export)	125	62	35	19	0	62	14	11.3	14.3	14.3	..	12,14,15	14	18	21		21
Allg. Beratungs-gesellschaften	160	334	432	330	1	155	50	7.1	7.0	8.0	0.0	7	12	21	21	21	24
Wirtschaftsbera-tungsbüros	126	167	112	176	12	167	78	10.8	10.7	14.1	8.3	18	2,10	2,8,14,21	14	18,21	18
Architekturbüros	540	687	375	270	91	160	48	20.0	26.4	16.7	6.2	2	7	dispers	6,10,12	10,15	
Botschaften	52	49	38	..	..	49		55.1	57.9	dispers	..	3,1,7	3,6,7				
II. EINZELHANDEL (ohne Filialen)																	
Lampengeschäfte	81	67	57	45	18	67	-	6.0	7.0	-	-	17,21	3		11,24	20	20
Schuhgeschäfte	423	345	376	288	42	165	-	2.4	3.9	-	-	1,10,22	8		9,21	9	9
Damenbekleidungsg.	268	200	188	128	12	200	-	2.9	5.9	-	-	1,3,7	3,15,18		9	21	21
Herrenbekl.läden	182	179	157	47	14	179	-	4.5	3.8	-	-	7,9,12	dispers		21	21	21
Schallplattenläden	53	29	36		14	29	-	7.4	2.2	-	-	20	9,23,24		10,23,21	dispers	dispers
Eisenwarenläden	616	576	403	396	99	162	-	7.1	10.6	-	-	20,23			11,18,25	11,18,21	11,18,21
Schmuckwarenläden	237	194	115	206	37	194	-	9.7	4.3	-	-	1,3,21			24	18	18
Optiker	140	93	137	139	18	93	-	9.2	8.1	-	-	12			12		
Fleischereien	91	71	49	3	3	71	-	4.2	5.1	-	-	21,24	2,10,23		11,15	21,22,25	21,22,25
Möbelgeschäfte	488	244	.96	139	.9	165	-	7.2	7.3	-	-	7,23	7,23		25	9	9
Autohandlungen	97	76	77	77		76	-	9.2	11.5	-	-	7,12,17	2,14,23		20	12	12
III. SONSTIGE EINRICHTUNGEN																	
Praxen für -Allg. Medizin	175	207	197	234	28	111	-	11.7	13.3	nicht untersucht	-	6	10	nicht untersucht	12	dispers	nicht untersucht
-Fachmedizin	164	146	140	125	43	146	-	19.9	20.0		-	2,5,6,7	6,7		9,13,15	18	
Hotels	56	22			26	33	-	3.0	-		-						
Restaurants	1284	805	639	420	57	136	-	5.1	8.3		-	14,21	2,10,11		6,23	18	
Druck./Verlage	200	151	153	149	26	151	-	11.9	12.4		-	20	14		18	12,18	

1) vgl. Kap. 5.1.1.
2) vgl. Abb. 1
3) nicht verfügbar

Quelle: Auswertungen der Branchenfernsprechbücher "Páginas Amarillas" (ETB) Jg. 1961, 1966, 1971, 1976 und 1981 durch den Verf.

Tabelle 6: Daten zur räumlichen Verteilung des tertiären (und sekundären) Sektors im Jahre 1981

Teil II

(in Prozent)

	Insg. (abs.)	15	18	21	24	Zentrum insges.	3/4	6	7	9	10	12	16	Übriges Stadtgebiet
I. BÜROBETRIEBE (mit Filialen)														
Banken	507	4.1	15.8	11.6	1.2	32.7	3.4	1.8	2.2	6.1	0.8	9.1	0.4	43.5
Versicherungen	294	4.4	38.1	4.8	1.7	49.0	2.3	2.7	7.5	9.2	5.4	10.9	1.0	12.0
Immobilienbüros	410	1.5	15.2	15.7	3.4	35.8	5.6	4.4	15.2	11.5	5.4	6.9	0.2	15.0
Landtransp.ges.	248	-	13.3	14.3	1.7	28.6	-	-	-	-	-	-	-	71.4
Rechtsanwälte	173[1]	0.9	34.1	31.8	9.8	75.7	0.6	0.6	3.3	1.2	1.2	5.2	0.6	11.6
Werbeagenturen	230	-	24.7	2.3	1.4	29.3	0.7	0.7	6.8	5.0	9.6	8.7	0.9	36.5
Steuerber.ges.	140	1.2	32.4	17.3	7.9	57.6	0.7	0.7	3.6	8.0	2.9	6.0	0.4	22.3
Ingenieurbüros	170[1]	-	7.1	3.2	2.1	12.4	5.3	2.6	11.8	17.1	10.1	5.3	0.6	34.5
Reisebüros und Fil. v. Flugges.	189	9.5	37.0	3.2	2.1	51.8	-	-	4.8	4.8	2.6	10.1	2.1	15.4
Außenhandelsges. (Im- und Export)	210	4.3	27.6	14.8	2.9	49.6	2.4	3.3	4.3	1.9	2.4	11.4	1.0	23.7
Allg. Beratungsg.	160	0.6	33.1	21.9	8.1	63.7	0.6	1.6	3.8	2.5	4.4	8.1	-	16.9
Wirtsch.ber.büros	126	3.2	16.8	8.8	1.6	30.4	4.0	5.6	5.6	2.4	4.0	10.4	2.0	39.6
Architekturbüros	179[1]	1.7	8.4	-	-	10.1	5.6	6.1	20.7	11.2	8.4	6.1	1.1	30.7
Botschaften	52	-	1.9	-	-	1.9	17.3	3.8	32.7	7.7	-	23.1	-	13.5
II. EINZELHANDEL (mit Filialen)														
Lampengeschäfte	89	-	6.7	5.6	-	12.3	9.0	2.2	4.5	14.6	1.1	1.1	-	55.2
Schuhgeschäfte	173[1]	-	10.4	17.3	-	27.7	8.4	5.2	0.6	12.1	7.5	0.6	-	43.4
Damenbekleidungsg.	285	0.4	16.8	11.6	-	28.4	8.4	4.2	2.5	16.1	7.0	1.1	-	32.3
Herrenbekl.läden	236	-	36.0	19.9	1.1	56.3	6.4	4.7	1.3	11.0	7.0	0.4	-	18.6
Schallplattenläden	95	1.1	29.5	20.0	-	50.6	5.3	3.2	1.1	8.4	1.3	0.4	-	28.2
Eisenwarenläden	176[1]	1.1	10.2	29.0	-	40.3	3.8	0.6	0.4	1.7	1.1	1.1	-	56.3
Schmuckwarenläden	237	5.6	22.2	12.4	34.6	74.8	3.6	1.7	1.2	7.3	1.9	0.5	-	10.3
Optiker	161	-	46.0	5.0	1.9	52.9	3.6	2.4	2.4	9.9	2.0	0.7	-	19.7
Fleischereien	91	-	8.4	-	1.2	9.6	5.4	2.4	2.4	6.0	2.0	0.7	1.2	71.2
Möbelgeschäfte	148[1]	-	10.8	3.4	-	14.2	5.4	1.4	2.4	12.8	2.8	0.7	0.7	59.4
Autohandlungen	105	1.0	8.6	3.8	-	13.4	4.8	2.9	4.8	1.0	4.8	13.3	-	55.0
III. SONSTIGE EINRICHTUNGEN														
Praxen für														
-Allg. Medizin	175	-	8.5	0.6	-	9.1	5.7	5.1	5.6	13.1	14.2	6.3	-	41.4
-Fachmedizin	164	-	2.9	-	-	2.9	5.4	12.5	6.6	17.6	19.1	14.9	0.7	18.5
Restaurants	123[1]	2.4	26.8	3.3	0.8	33.3	4.9	7.3	6.5	5.7	4.9	8.9	-	28.5
Druck./Verlage	200	0.5	25.9	6.6	3.6	36.6	0.5	1.0	0.5	6.1	3.0	4.1	-	48.2

1) Stichprobe

Quelle: Auswertungen des Branchenfernsprechbuches "Páginas Amarillas" (ETB), Jg. 1981 durch den Verf.

der durchzuführenden Stichproben erwies es sich darüber hinaus als notwendig und zweckmäßig, den Term

$$z \sqrt{\frac{\hat{p}\ (1-\hat{p})}{n}}\ \sqrt{\frac{N-n}{N}}\ ,$$

der der Abweichung "a" gleichgesetzt wurde, auf max. 8% zu begrenzen. Der Mindestumfang n der Stichproben errechnet sich dann wie folgt:

$$n = \frac{N}{1 + a^2 N}\ ,$$

wobei N den Umfang der Grundgesamtheit angibt (SACHS 1974, S.265). Der exakte Stichprobenumfang (Zahl der untersuchten Fälle im jeweiligen Basisjahr), der die genannten Bedingungen in jeder Branche erfüllt, ist ebenfalls Tabelle 6 zu entnehmen.
Es würde zu weit führen, bereits an dieser Stelle auf die einzelnen Branchen gesondert eingehen zu wollen - dies ist dem Abschnitt, der sich mit dem branchenspezifischen Standortverhalten auseinandersetzt, vorbehalten (Kap. 9).
Die wichtigsten Ergebnisse seien hier jedoch vorweggenommen:

1. Von einzelnen Ausnahmen abgesehen, weisen die der "Bürobranche" angehörenden Unternehmungen eine wesentlich stärkere Mobilität als die dem Einzelhandel zuzurechnenden Branchen auf. Die Mobilität der übrigen Branchen differiert stark.

2. Während bei den Bürobranchen ein deutlicher Schwerpunkt der Verlagerungsrichtung - vom Zentrum nach N orientiert - ermittelt werden konnte, stellt sich der Verlagerungsprozeß der übrigen Branchen weniger homogen dar, und zwar sowohl in bezug auf die von Abgängen als auch auf die von Zugängen dislozierter Unternehmungen betroffenen Stadtbereiche.

3. Der Prozentsatz der umgezogenen Betriebe schwankt über alle Branchen hinweg relativ unregelmäßig; von einer Verstärkung oder Abschwächung der Mobilitätsbereitschaft im Zeitablauf kann nur in Einzelfällen, nicht aber in der aggregierten Betrachtung des Dienstleistungssektors gesprochen werden.

4. Die Zahl aller im Branchenfernsprechbuch zu den fünf Betrachtungszeitpunkten vertretenen Betriebe der verschiedenen Branchen nimmt fast ausnahmslos im

Zeitablauf zu, was jedoch nicht ohne weitere Prüfung als Zeichen für einen stark expandierenden Dienstleistungssektor gewertet werden darf, da die Zahl der Telefonanschlüsse ebenfalls positive Zuwachsraten aufwies. Hieraus erklärt sich auch, daß die absolute Zahl von Verlagerungen in vielen Branchen ebenfalls zunimmt, der prozentuale Anteil wegen des sich vergrößernden Basiswertes aber, wie unter 3. angegeben, in manchen Branchen schwankt, ohne eine aufwärts gerichtete Tendenz erkennen zu lassen.

5. Die Zahl der Fälle, in denen es unmöglich war, einen Adressenvergleich wegen einer erfolgten Namensänderung (z.B. bei Fusion), eines Konkurses, der Änderung des Geschäftszweckes oder anderer Gründe nach Ablauf von fünf Jahren durchzuführen, ist, mit Ausnahme weniger Branchen, als ausgesprochen hoch zu betrachten, ohne daß sich eine überzeugende Erklärung gefunden hätte.

6. Die Datenquelle "Branchenfernsprechbuch 1961" erwies sich als für Vergleichszwecke nur begrenzt geeignet, da zahlreiche Wirtschaftszweige nur durch eine geringe Zahl von Eintragungen vertreten waren. Aus diesem Grunde wurden lediglich die ausgewählten Bürobranchen in bezug auf ihre Mobilität im Zeitraum 1961-1981 untersucht.
Da bei Einzelhandelsbetrieben nur eine relativ schwach entwickelte Verlagerungstätigkeit im Zeitraum 1971-1981 konstatiert werden konnte, überdies Stichproben für den Zeitraum 1961-1971 ein ähnliches Ergebnis erbrachten, wurde der Untersuchungszeitraum auf die letzten zehn zurückliegenden Jahre beschränkt.
Diese Einschränkung bewirkt, daß die Mobilität des tertiären Sektors im Zeitraum 1971-1981 einer eingehenden Analyse unterzogen wird, hingegen auf Ausführungen zur Verlagerungstätigkeit von Bürobetrieben v o r diesem Zeitraum weitgehend verzichtet wird. Statt dessen wird erneut auf Tab.6 verwiesen, in der alle relevanten Untersuchungsergebnisse enthalten sind.

5.1.2. Computergestützte Auswertung aggregierter Daten der kolumbianischen Sozialversicherung (ICSS)

Um Interpretationsvorbehalten, die sich aus der Verwendung von Branchenfernsprechbüchern als Datengrundlage ergeben, entgegenzuwirken, wurde ergänzend auf magnetbandgespeicherte Informationen der kolumbianischen Sozialversicherung zurückgegriffen.

Prinzipiell sind alle Arbeitgeber in Kolumbien verpflichtet, für ihre Angestellten Sozialversicherungsbeiträge an das ICSS abzuführen. In der Praxis geschieht das jedoch nicht; insbesondere kleinere Firmen kommen dieser gesetzlichen Pflicht wegen der damit verbundenen finanziellen Belastung nicht nach. Hinzu kommt, daß diesbezügliche Kontrollen durch die Behörden lückenhaft sind, mithin das Risiko einer Strafverfolgung von den Betroffenen als gering erachtet wird.

Die von dieser Institution zur Verfügung gestellten Daten umfassen den Zeitraum von 1978 bis 1981. Informationen aus früheren Jahrgängen konnten nicht bereitgestellt werden. Hier offenbart sich ein gravierender Nachteil, den die Verwendung der ICSS-Daten mit sich bringt: Der Abstand von nur drei Jahren ist - im Vergleich zu der zwei Jahrzehnte umfassenden Telefonbuchauswertung - zu kurz, um langfristige Tendenzen sichtbar werden zu lassen. Da andere Datenquellen jedoch nicht verfügbar waren, erschien es gerechtfertigt, die Daten des ICSS zwecks Kontrolle der Branchenfernsprechbuchanalyse heranzuziehen. Die computergestützte Datei-Auswertung erfolgte im Rechenzentrum der Universität des Saarlandes.[13] Die computerlesbaren Magnetbänder enthielten Angaben über Namen, Branchenzugehörigkeit, Adressen, Angestelltenzahlen aller der ICSS angeschlossenen Betriebe sowie versicherungsinterne Angaben.

Die Zahl der in den ICSS-Dateien enthaltenen Dienstleistungsunternehmen und die Gesamtzahl ihrer Angestellten variiert zwischen 1978 und 1981. Zahlreiche Branchen wurden von der weiteren Betrachtung ausgeschlossen, da sie zu schwach und damit nicht repräsentativ besetzt waren.

Für die im Vordergrund stehende Mobilitätsanalyse kamen zudem nur solche Betriebe in Frage, die bereits 1978 als Mitglied erfaßt waren, da die aus diesem Jahre stammende Datei mit der Datei 1981 verglichen werden sollte, um der Analyse einen möglichst langen Betrachtungszeitraum zugrunde zu legen.

Somit verblieben 20.921 Firmen der insgesamt 32.316 Firmen, die 29 verschiedenen Branchen angehörten und 1978 zusammen 301.472 Angestellte beschäftigten, d.h., statistisch gemittelt waren rund vierzehn Personen in jedem Unternehmen beschäftigt.

Die Gesamtmobilität der Betriebe im gesamten Stadtgebiet betrug im Betrachtungszeitraum 11,1% (3,7% p.a.). Zum Vergleich sei erwähnt, daß die Mobilität der Betriebe, die anhand des Branchenfernsprechbuches untersucht wurden, von 1976 bis 1981 11,6% (2,3% p.a.) betrug.

Von Verlagerungen waren knapp 40.000 der mehr als 300.000 Angestellten betroffen (13,1%), was darauf schließen läßt, daß die Angestelltenzahl einen nur unwesentlichen Einfluß auf die Mobilitätsbereitschaft der untersuchten Unternehmen ausübte. Tendenziell neigen jedoch diesem Ergebnis zufolge eher größere als kleinere

Betriebe zu Standortveränderungen, was sich aus der durchschnittlich 17 Personen umfassenden Beschäftigtenzahl verlagerter Betriebe erkennen läßt.

Die unter der Gefahr grober Verallgemeinerung getroffene Aussage von v.ROHR, nach der "die räumliche Standortflexibilität, insbesondere in bezug auf die Citygebundenheit, (...) mit abnehmendem innerbetrieblichen Gewicht kontaktabhängiger und/oder kundenorientierter Dienstleistungsfunktionen und abnehmender Zahl der Beschäftigten (steigt)", soweit Arbeitsstätten mit industrieller Produktion, Lagerfunktionen oder Büros betroffen sind (1972, S.39), trifft also nach den vorliegenden Ergebnissen, zumindest was die Beschäftigtenzahl angeht, für Bogotá nicht zu; eher das Gegenteil ist der Fall. Eine verallgemeinernde Aussage treffen zu wollen, wäre jedoch angesichts des teilweise erheblich voneinander abweichenden Verhaltens von Betrieben unterschiedlicher Branchenzugehörigkeit, auf das noch zurückzukommen ist, zu spekulativ.

Die mittels der computergestützten Auswertung registrierte Mobilität des tertiären Sektors betraf in erster Linie das Zentrum (Teilräume 15,18,21,24).[14]

Etwa die Hälfte aller Standortverlagerungen führte zu Firmen- bzw. Angestellten-Ab- bzw. Zuwanderungen im zentralen Stadtbereich.

Zunächst soll gezeigt werden, welche Brutto-Verluste (d.h. Abgänge von Unternehmungen ohne Berücksichtigung von Zuwanderungen) das Zentrum Bogotás zwischen 1978 und 1981 erfuhr. Abb.11 verdeutlicht, welche Teil- und Komplementärräume die in diesem Zeitraum abgewanderten Unternehmen (insgesamt 751) aufsuchten. Dabei tritt deutlich hervor, daß das nördlich des Zentrums gelegene Stadtgebiet (insbesondere die Räume 9,10,12,13 und 16) die mit Abstand meisten Zuwanderungen auf sich vereinigten. Noch deutlicher wird die Präferenz für nördliche Stadtgebiete (bis Cl 100), wenn man die Zahl der zugewanderten Unternehmen ins Verhältnis zur jeweiligen Stadtfläche setzt. Dann ergeben sich folgende Relationen:

Stadtfläche bestehend aus Teil- bzw. Komplementär- raum (vgl. Abb.11)	Zahl der zugewanderten Unternehmen pro km^2 [1]	Anteil am gesamten Stadtgebiet in %
1,2	0,27	26,2
5,8,11,14,17	2,76	24,5
20,23,25	0,97	42,8
19,22	1,15	0,8
3,4,6,7,9,10,12,13,16	26,83	4,3
15,18,21,24 (Zentrum)	-	1,4
		100,0

1) Teil- und Komplementärräume ausplanimetriert durch Verf.

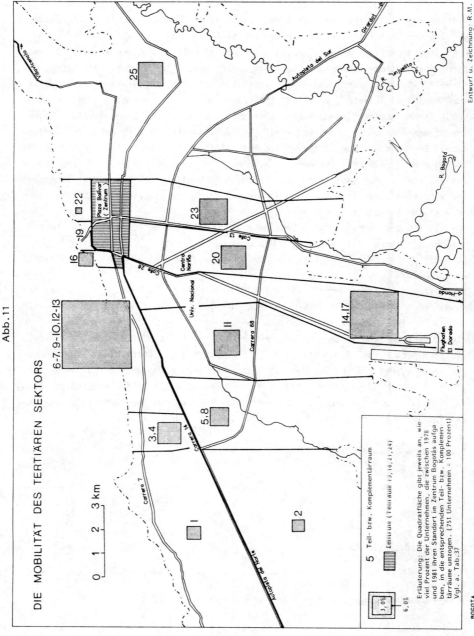

Abb.11

DIE MOBILITÄT DES TERTIÄREN SEKTORS

BOGOTA

Entwurf u. Zeichnung: R.M.

5 Teil- bzw. Komplementärraum

Zentrum (Teilräum 13, 18, 21, 24)

Erläuterung: Die Quadratfläche gibt jeweils an, wieviel Prozent der Unternehmen, die zwischen 1978 und 1981 ihren Standort im Zentrum Bogotás aufgaben, in die entsprechenden Teil- bzw. Komplementärräume umzogen. (751 Unternehmen = 100 Prozent)
Vgl. a. Tab.37

3,0%

6,0%

Während sich also zwischen Cl 26 und Cl 100 im E der Av Caracas fast 27 Unternehmen pro km^2 niedergelassen haben, die ihren Zentrumsstandort in der Periode 1978-1981 aufgaben, waren es im übrigen Stadtgebiet lediglich 0,27 bis maximal 2,76 Betriebe, bezogen auf das gleiche Flächenmaß. Die hohen Zuwanderungen in die Komplementärräume 14 und 17 erklären sich u.a. aus der Verlagerung von 40 öffentlichen Lehranstalten ("Instrucción Pública") aus Teilraum 21, deren Ursache nicht geklärt werden konnte. Angesichts der großen Fläche der beiden angesprochenen Räume kann jedoch nicht von einem generellen Trend des tertiären Sektors nach W gesprochen werden, da andere Branchen (außer manchen Einzelhandelsgeschäften) dieses Gebiet weitgehend meiden.

Aus Tabelle 7 ist ferner zu erkennen, welche Netto-Verluste (d.h. Saldierung aller festgestellten Ab- und Zugänge) die einzelnen Zentrumsbereiche von 1978 bis 1981 (ohne Berücksichtigung intrazentraler Mobilität) erfuhren.

Tabelle 7: Netto - Verluste (Unternehmen und Beschäftigte) von Teilräumen des Zentrums im Zeitraum 1978 - 1981

Zentrums-bereich	Teil-raum	Zahl der abgewan-derten Unternehmen	Zahl der in den abgewanderten Unternehmen beschäftigten Personen
Centro Internacional	15	40	461
Nördliches traditionelles Zentrum	18	268	4.618
Südliches traditionelles Zentrum	21	261	4.962
Altstadt	24	12	2.009
Insgesamt		581	12.050

Quelle: Computergestützte Auswertung von Daten der kolumbianischen Sozialversicherung ICSS, Bogotá 1978 und 1981.

Die Aufstellung gibt zu erkennen, daß das traditionelle Zentrum der Stadt erwartungsgemäß die stärksten Netto-Abgänge zu verzeichnen hatte; auffällig ist die geringe Zahl der aus der Altstadt abgewanderten Firmen, was jedoch mit einem hohen Angestelltenverlust einherging. Ergänzend sei darauf hingewiesen, daß die Attraktivität des traditionellen Zentrums im N (Teilraum 18) ungleich höher als im S (Teilraum 21) bewertet wird, was durch die aus den saldierten Zahlenwerten nicht erkennbaren Zuwanderungen zum Ausdruck kommt. Von 1978 bis 1981 verlagerten nämlich 105 Unternehmen mit knapp 1700 Angestellten ihren Standort in den nördlichen Zentrumsbereich (ohne Centro Internacional), während nur 39 Betriebe mit 370 Angestellten Teilraum 21 aufsuchten.

Noch deutlicher wird die abweichende Standortbewertung dieser beiden Zentrumszonen durch Entscheidungsträger in Betrieben des tertiären Sektors, wenn man die intrazentrale Mobilität näher untersucht.

Tab.8 zeigt, wieviele Unternehmen bzw. Angestellte im drei Jahre umfassenden Betrachtungszeitraum innerhalb der vier Teilräume des Zentrums umzogen. Die untersten Tabellenzeilen geben an, wieviele Unternehmen und Beschäftigte von 1978 bis 1981 im jeweiligen Teilraum verblieben, d.h. keine Adressenänderung erfuhren. Aus dem saldierten Ergebnis der Zeilen- und Spaltensummen ist zu erkennen, daß Teilraum 18 einen deutlichen Zuwachs an Firmen und Angestellten aus intrazentraler Mobilität verzeichnen konnte, der insbesondere zu Lasten des Teilraumes 21 ging.

Im N des Zentrums lokalisierte Stadtbereiche (insbesondere die Teilräume 1,3,4,6,7,9,10 und 12) vereinigten einen Anteil von knapp einem Drittel aller Verlagerungen auf sich, was bereits darauf hindeutet, daß nur bestimmte Branchen, die das Zentrum verlassen, diese Stadtteile aufsuchen.

Wie im einzelnen Tabelle 9 zu entnehmen ist, wurden Netto-Zugänge (Unternehmen bzw. Angestellte) in Zonen registriert, die vom tertiären Sektor bei der Standortwahl favorisiert werden.

So läßt sich z.B. ersehen, daß neben dem Korridor (Teilraum 12), der wegen seiner Mittelpunktlage zwischen dem N und zentralen Stadtbereichen Bogotás als Standort geschätzt wird, Teilraum 7 (die nördlich der Av de Chile lokalisierte Zone) den stärksten Netto-Zuwachs zu verzeichnen hatte; damit hat diese Zone, und dies muß besonders betont werden, die Anziehungskraft des Sekundärzentrums Chapinero (Teilräume 9 und 10) übertroffen.

Es läßt sich nur sehr schwer abschätzen, mit welcher Prozeßgeschwindigkeit die Entleerung zentraler Stadtbereiche und die Auffüllung nördlicher Regionen hinsichtlich des Bestandes an Dienstleistungsunternehmen und ihrer Beschäftigten voranschreitet. Eine hinreichend exakte Prognose müßte auf der Basis aller Branchen des tertiären Sektors, in Kenntnis ihrer spezifischen Mobilitäts- und Wachstumsraten, der in dieser Untersuchung wegen fehlender Daten völlig vernachlässigten Zahl zu erwartender Unternehmensneugründungen und -schließungen sowie unter Berücksichtigung externer Einflüsse (z.B. prognostizierte Entwicklung von Bodenpreisen, Kriminalität, Änderung relevanter Rahmenbedingungen durch Ein-

Tabelle 8: Intrazentrale Mobilität (Unternehmen/Beschäftigte) im Zeitraum 1973 - 1981

VON		NACH		
Teilraum	Centro Inter- nacional	Traditio- nelles Zentrum (N)	Traditio- nelles Zentrum (S)	Altstadt
	15	18	21	24
15	--	5/114	0/0	0/0
18	14/307	--	19/155	8/188
21	5/186	77/2794	--	7/46
24	0/0	6/50	4/20	--

Saldo aus Zu- und Abgängen:

Unternehmen	+14	+47	-66	+5
Beschäftigte	+379	+2308	-2851	+164

Zahl der zwischen 1978 und 1981 an ihrem Standort verbliebenen

Unternehmen	312	3111	2425	283
Beschäftigte	12.759	56.153	32.914	3.195

Quelle: Eigene Berechnungen auf der Basis von Daten des ICSS

flußnahme staatlicher Organe etc.) erfolgen. Der Unsicherheitsgrad einer derartigen Prognose wäre jedoch trotzdem groß, da von verschiedenen Szenarien mit unterschiedlichen Eintrittswahrscheinlichkeiten ausgegangen werden müßte, die durch das Problem der Unvollkommenheit verfügbarer Informationen noch verschärft wird. Es soll trotz der Kritik, die grundsätzlich bei jeder langfristigen, auf begrenztem Datenmaterial beruhenden Prognose berechtigt ist, auf der Grundlage der von der ICSS bereitgestellten Datei unter Fortschreibung der im Betrachtungszeitraum von 1978 bis 1981 festgestellten Entwicklungen eine Aussage über zukünftige Tendenzen getroffen werden.

Tabelle 9: Standortdislozierungen (Unternehmen und Beschäftigte) zwischen dem Zentrum und ausgewählten, im Norden anschließenden Teilräumen im Zeitraum 1978 - 1981

TEILRÄUME

	1	3	4	6	7	9	10	12
Zugänge von Teilräumen des Zentrums:								
Unternehmen	13	25	9	20	79	60	58	107
Beschäftigte	50	241	35	80	1576	600	947	2440
Abgänge nach Teilräumen des Zentrums:								
Unternehmen	0	3	0	2	3	19	8	27
Beschäftigte	0	4	0	17	14	226	435	207
Saldo aus Zu- und Abgängen:								
Unternehmen	13	22	9	18	76	41	50	80
Beschäftigte	50	237	35	63	1562	374	512	2233

Quelle: Eigene Berechnungen auf der Basis von Daten des ICSS

Innerhalb dieser dreijährigen Periode verließen 581 von ursprünglich 6712 Firmen das Zentrum Bogotás (8,66%). In diesen Firmen waren ursprünglich mehr als 117.000 Personen beschäftigt, von denen 12.050 Personen im Zuge der Firmenverlagerungen einen Arbeitsplatz außerhalb des Zentrums erhielten (10,29%).
Setzt sich dieser Prozeß unverändert fort und lassen sich keine neuen Unternehmen im Zentrum nieder, so ist in der relativ kurzen Zeit von ca. 35 Jahren kein einziges Unternehmen, das Sozialversicherungsbeiträge abführt, im Zentrum Bogotás mehr vorhanden. Diese - zugegebenermaßen theoretische - Berechnung wird voraussichtlich der tatsächlichen Entwicklung nicht gerecht. Sie macht jedoch überzeugend deutlich, welche Geschwindigkeit der Entleerungsprozeß in den drei zurückliegenden Jahren im Zentrum Bogotás entfaltete.

Die im N des Zentrums (östlich von Cra 14) lokalisierten Stadtteile profitierten
am stärksten von diesem Entleerungsprozeß. Die Zahl dort ansässiger Firmen stieg
von 4.677 im Jahre 1978 auf 4.986 Unternehmen im Jahre 1981 (+ 6,6%), die der
dort arbeitenden Beschäftigten von knapp 58.000 auf mehr als 62.000 Personen
(+ 8,8%).

Geht man davor aus, daß die Beitragspflicht in der Sozialversicherung dergestalt
zu einem natürlichen Ausleseprozeß geführt hat, daß überwiegend wirtschaftlich
potente und damit qualitativ hochwertige Unternehmen die Mitgliedschaft zum Wohle
ihrer Angestellten anstreben, muß allgemein gefolgert werden, daß Stadtteile, in
denen eine Netto-Abwanderung oder umgekehrt eine Netto-Zuwanderung von Mitglieds-
firmen konstatiert wurde, gleichzeitig eine Degeneration bzw. Aufwertung ihrer
funktionalen Bedeutung erfahren. Dies trifft nach den vorliegenden Ergebnissen
auf das Zentrum bzw. umgekehrt auf den Norden zu.
Betont werden muß weiterhin, daß der in Bogotá zu beobachtende, von der Innenstadt nach N und in andere periphere Stadtgebiete gerichtete Mobilitätsprozeß des
tertiären Sektors zwar von den verantwortlichen Stellen erkannt, gleichwohl bisher nicht energisch bekämpft worden ist. Kenntnisse über die starke intrazentrale
Verlagerungswelle zu Lasten des südlichen Zentrumsbereiches fehlen dagegen völlig.[15)]

5.2. Die Auswahl der zu befragenden Unternehmen

Nachdem die Auswertung der Telefonbücher eine insgesamt ausgeprägte, wenn auch
branchenmäßig stark differierende Mobilität des tertiären Sektors ergeben hatte,
sollten die Ursachen der Verlagerungsaktivitäten zunächst ermittelt und dann eingehender analysiert, d.h. auf mögliche Abweichungen zwischen subjektiver Wahrneh-
mung durch die für die Verlagerungen verantwortlichen Entscheidungsträger und
der, soweit möglich, objektiv nachvollziehbaren Realität überprüft werden.
Bei der Durchführung eines sogenannten Pretests[16)] zur Erprobung der Interviewfragen stellte sich u.a. heraus, daß im Bereich des Einzelhandels die für eine
durchgeführte Standortverlagerung Verantwortlichen (in der Regel die Eigentümer)
selten persönlich im Ladenlokal anzutreffen waren und eine Gesprächsterminverein-
barung sich häufig als schwierig erwies, da die Angestellten sich als die vermit-
telnden Personen meist ablehnend verhielten. Angesichts der durchschnittlich geringeren Mobilität des Einzelhandels wurde daher beschlossen, mündliche Interviews nur in Betrieben anderer Branchen durchzuführen, die Motive des

Einzelhandels dagegen mit weniger arbeitsintensiven, die Privatsphäre des interviewten Personenkreises schützenden, postalisch zugestellten Interviewfragen zu
erkunden. Im weiteren Verlauf der mündlich durchgeführten Interviews ergab sich
dann, daß auch Ärzte häufig wegen zu hoher Arbeitsbelastung nicht bereit waren,
die erforderliche Zeit für ein persönliches Interview aufzubringen. Sie wurden
ebenso wie die im Einzelhandel Beschäftigten nur schriftlich um Auskunft gebeten.
Alle Branchen wurden einzeln daraufhin untersucht, welches das Hauptab- bzw. zuwanderungsgebiet in bezug auf die errechnete Gesamtmobilität war. Um zu einer
notwendigen Systematik zu gelangen, wurde das in Kap. 2.1.3. erläuterte Teilraum-
konzept angewandt.

Von vornherein wurden alle Betriebe von den durchzuführenden Interviews ausgeschlossen, die ihre Verlagerung vor 1976 durchgeführt hatten. Diese Ausschließung
verhinderte ungenaue oder falsche Antworten aufgrund eines mangelhaften Erinne-
rungsvermögens von Betriebsangehörigen, die fünf oder mehr Jahre nach der Durchführung einer Standortverlagerung zu den ausschlaggebenden Motiven befragt worden
wären.

Unter dieser Einschränkung wurde der Interviewtext (s. Anhang) an zunächst
20 Betriebe des Einzelhandels und Arztpraxen gesandt, unter Beilegung eines fran-
kierten und adressierten Rückumschlages. Die unzureichende Antwortquote ließ das
Unternehmen scheitern.

Von allen übrigen Branchen, deren Betriebe aufgesucht und leitende Mitarbeiter
nach den Gründen und Rahmenbedingungen ihres Umzugs persönlich befragt werden
sollten, wurden insgesamt 86 Unternehmungen nach dem Zufallsprinzip ausgewählt;
Voraussetzung war jedoch, daß sowohl der verlassene als auch der aufgesuchte
Teilraum, mithin die Umzugsrichtung, repräsentativ für die gesamte Branche war,
eine Bedingung, die auch die verlagerten Unternehmungen der postalisch befragten
Geschäftsinhaber bzw. Ärzte zu erfüllen hatten.

Der Pretest hatte bereits gezeigt, daß ein relativ hoher Anteil der für die Interviews ausgewählten Betriebe aus sehr unterschiedlichen Gründen für eine Befragung ausfiel. Diese reichten vom Konkurs über längere Abwesenheit der oder des
für die Umzugsentscheidung Verantwortlichen bis zur (seltenen) Verweigerung eines
Gesprächstermins. So überraschte es nicht, daß es nur bei 51 der 86 aufgesuchten
Firmenadressen (das entspricht einer Erfolgsquote von 59,3%) zu einem Interview
mit einer Person kam, die über die Hintergründe der Standortveränderung infor-
miert war oder diese (mit)veranlaßt hatte. Die Gesamtzahl der durchgeführten Befragungen erhöhte sich damit, zusammen mit den schriftlichen Interviews, auf 53,
was als ausreichend gewertet werden muß.[17]

5.3. Die Auswertung der Interviewergebnisse

Bevor in Kap. 5 auf das durch die geführten Interviews erkennbare, branchenspezifische Verhalten im Zusammenhang mit Standortverlagerungen eingegangen wird, sollen zunächst die mittels der Interviews gewonnenen Informationen für alle Branchen aggregiert dargestellt werden. Zu Beginn dieser Vorgehensweise empfiehlt es
sich jedoch, betriebsspezifische Charakteristika der interviewten Unternehmungen
aufzuführen, um einen Überblick über die Zusammensetzung des Interviewkreises zu
erhalten.

5.3.1. Betriebsspezifische Charakteristika der aufgesuchten Unternehmungen

Tabelle 10 enthält Angaben über die Art der ausgeübten Funktionen aller interviewten Betriebe (die beiden postalisch befragten Unternehmungen sind hierin
ebenso enthalten wie in allen folgenden Angaben).
Es fällt auf daß Banken und Versicherungen am häufigsten befragt wurden, was
darauf zurückzuführen ist, daß diesen beiden Dienstleistungsbranchen eine führende Rolle im Mobilitätsprozeß des tertiären Sektors zuerkannt werden mußte, was
Anlaß zu einer überproportionalen Beteiligung beider Gruppen, gemessen an der
Gesamtzahl aller aufgesuchten Unternehmungen, gab. Beabsichtigt war zwar, daß
prinzipiell die branchenmäßig diversifizierte vor einer auf wenige Branchen konzentrierten Befragung Vorrang haben sollte. Dabei wurde bewußt der Nachteil in
Kauf genommen keine statistisch repräsentativen Antworten zu erhalten, ein Anspruch, der bei der begrenzten Zahl der Interviews (es standen außer dem Verf.
mangels ausreichender finanzieller Mittel keine weiteren Interviewpersonen zur
Verfügung) ohnehin nur für sehr wenige, ausgesuchte Branchen zu erfüllen gewesen
wäre. Lediglich im Fall der Banken und Versicherungen wurde versucht, beispielhaft die Frage zu klären, inwieweit innerhalb zweier funktionsähnlicher Branchen
gleiche oder unterschiedliche Faktoren wirksam wurden, die zu einer Verlagerung
führten. Auf die Beantwortung dieser Frage wird später noch einzugehen sein.
In der Mehrzahl der Fälle wurden Unternehmungen aufgesucht, die keine eigene(n)
Filiale(n) unterhielten. Dies traf auf 30 Betriebe zu (56,6%). 22 der Betriebe
(41,5%) verfügten über eine oder mehrere Filialen entweder in Bogotá oder in anderen Landesteilen. Nur in einem einzigen Fall wurde eine Filiale aufgesucht.
(Ausländischen Hauptverwaltungen untergeordnete Bank-Repräsentanzen wurden als
eigenständig angesehen).

Tabelle 10: Branchengliederung der für Interviewzwecke aufgesuchten Unternehmen

Wirtschaftszweig	Zahl der besuchten Unternehmen	in Prozent (%)
I. BÜROBETRIEBE		
Banken	10	18,8
Versicherungen	14	26,4
Immobilienbüros	4	7,5
Landtransportgesellschaften	3	5,7
Rechtsanwaltskanzleien	4	7,5
Werbeagenturen	3	5,7
Steuerberatungsgesellschaften	3	5,7
Ingenieurbüros	2	3,8
Reisebüros	1	1,9
II. EINZELHANDELSGESCHÄFTE	3	5,7
III. SONSTIGES		
Arztpraxen	2	3,8
Druckereien und Verlage	4	7,5
Insgesamt	53	100,0

Quelle: Erhebung des Verf. im Juli 1981, Bogotá

Die überwiegende Mehrheit der befragten Betriebe veränderte die Gesamtzahl ihrer Standorte in Bogotá durch den erfolgten Umzug nicht. Diese Antwort gaben 46 der 53 interviewten Personen. Eine Reduzierung der Standortzahl ergab sich lediglich in drei, eine Ausweitung in den restlichen vier Fällen.

5.3.2. Verlagerungsrichtungen im Stadtgebiet, Hauptmotive der Mobilität und Dauer der Verlagerungsphase

Der folgenden Tabelle 11 ist die Verlagerungsrichtung der befragten Betriebe zu entnehmen.

Tabelle 11: Verlagerungsrichtungen der 53 Unternehmen, die für Befragungszwecke aufgesucht wurden[1]

Z I E L O R T

AUSGANGSORT	Traditio- nelles Zentrum	Centro Inter- nacio- nal	Korri- dor	Chapi- nero	Nörd- liche Stadt- teile	West- liche Stadt- teile
Traditionel- les Zentrum	1	6	12	12	8	4
Centro Internacional					1	
Korridor					2	
Chapinero			1		5	1
Insgesamt	1	6	13	12	16	5

1) Im Rahmen der Interviewauswertung wurden drei "Betrachtungsebenen" unterschieden, auf die an dieser Stelle graphisch hingewiesen werden soll (vgl. a. die weiteren Ausführungen in Kapitel 5.3.2. und Abb.12):

―――― = Erste Betrachtungsebene (Aufgabe des Standortes "Zentrum")

――― = Zweite Betrachtungsebene (Aufgabe des Standortes "Chapinero")

Dritte Betrachtungsebene: Aggregierte Betrachtung aller Standortverlagerungen

Quelle: Erhebung des Verf. im Juli 1981, Bogotá.

Eine der ersten Interviewfragen hatte zum Ziel, das jeweilige Hauptmotiv der durchgeführten Verlagerungen zu erforschen.
In 13 von 44 Betrieben, die das Zentrum verließen, wurde die Verschlechterung des "Ambiente" in diesem Bereich der Stadt als hauptverantwortlich genannt. Zählt man

die bestehende Kriminalitätsangst (acht der befragten Personen nannten sie als Hauptursache), Parkplatzprobleme (2), schlechte Verkehrssituation (9) und generelle "Unbequemlichkeit" ("Incomodidad") des Standortes (4) hinzu, waren 36 (48,0%) der insgesamt 75 erhaltenen Antworten auf die Frage nach dem Hauptgrund der Standortverlagerungen (die Angabe mehrerer gleichgewichtiger Ursachen wurde zugelassen) betriebsextern bedingt, d.h. sie waren in erster Linie auf die negative Bewertung des Zentrums, aber auch des Raumes, der sich vom Centro Internacional bis Chapinero erstreckt - dies zeigte die Auswertung der Angaben von Betrieben, die nicht im Zentrum Bogotás gelegene Standorte aufgaben - , zurückzuführen. Indirekt lassen sich auch die folgenden drei Hauptmotive, die einen Umzug erforderlich machten, auf eine negative Haltung gegenüber den angesprochenen Stadtgebieten deuten; es handelt sich dabei um die Vorreiterfunktion anderer Betriebe, die bereits eine Verlagerung durchgeführt hatten, was zur Nachahmung anregte (4), die Aussicht auf größere Wertsteigerung von Grundstücks- und Gebäudeinvestitionen im N der Stadt (5) sowie der Wunsch nach einer Ausweitung des Geschäftsumsatzes (4).

Zusammen mit den Motiven, die unmittelbar eine Unzufriedenheit mit einer Zentrumslage ausdrückten, entfallen damit 65,3% aller Antworten nach der Frage der Hauptumzugsursache auf eine wie auch immer geartete Höherbewertung insbesondere nördlich der Av de Chile gelegener Stadtteile. Mit Recht kann behauptet werden, daß dieser Anteil außerordentlich hoch ist und zu einer kritischer Betrachtung der im Zentrum herrschenden Bedingungen zwingt.

Der 34,7%-Anteil der übrigen von den interviewten Personen genannten Hauptursachen setzt sich folgendermaßen zusammen: Am häufigsten wurde der Wunsch nach einer Ausdehnung der Betriebsfläche genannt (10), gefolgt von einer Standortpolitik, die die Nähe zum Kundenkreis stärker berücksichtigt (5). Die Nähe zum Wohnsitz des Betriebseigentümers war nur von untergeordneter Bedeutung (1), ebenso eine Betriebsflächenverkleinerung (1), die räumliche Trennung von anderen Gesellschaftern (1), Verringerung der Zahl der im Stadtgebiet verstreuten Einzelstandorte (2), Umzug in ein moderneres Gebäude (1) und die Vermeidung einer Mieterhöhung (1). Häufiger wurde dagegen der Raumanspruch des Eigentümers der gemieteten Betriebsflächen erwähnt (4), der einen Umzug notwendig machte.

Eine weitere Frage des Interviews bezog sich auf die Dauer des Verlagerungsprozesses, welcher mit der aufkommenden Absicht einsetzte, eine Verlagerung durchzuführen und mit deren Verwirklichung als beendet angesehen wurde. Erwartungsgemäß fielen sowohl Planung als auch Abschluß der Verlagerung in den meisten Fällen in den Zeitraum 1976-1981, dem Untersuchungsintervall. Dennoch setzten bei einigen Unternehmungen Planungen vor 1976 ein, bei anderen war die Verlagerung zum

Zeitpunkt des Interviews noch nicht völlig abgeschlossen. Am häufigsten wurde
eine Zeitdauer von vier bis sechs bzw. zehn bis zwölf Monaten registriert, gemessen vom Zeitpunkt der einsetzenden Verlagerungsplanung bis zum Abschluß der Verlagerung; allerdings haben auch Betriebe mit die Planung einschließende Verlage-
rungszeiten von unter drei Monaten bis zu über vier Jahren Einfluß auf den errechneten Durchschnittswert. Die durchschnittliche Verlagerungszeit vom Stadium
der ersten Planungen bis zur abgeschlossenen Etablierung am neuen Standort betrug
insgesamt knapp 12 Monate, was, verglichen mit Planungs- und Vollzugszeiten von
durchschnittlich 5,3 Jahren für Verlagerungen von (privaten) Dienstleistungsbetrieben, die in der Bundesrepublik Deutschland durchgeführt wurden, auf ein hohes
Maß an Flexibilität schließen läßt (Quelle dieser Vergleichszahl ist eine Untersuchung über die Verlagerung von 27 Dienstleistungsbetrieben, die städtische
Randzonen zur Entlastung der Innenstädte aufsuchten; vgl. BM für Raumordnung,
Bauwesen und Städtebau 1977, S.39).

5.3.3. Auswertung der gewichteten Umzugsmotive

Die während des Pretests gewonnenen Erfahrungen sowie zahlreiche Gespräche mit
Personen, die mit der untersuchten Problematik vertraut waren, ermöglichten es,
einen vollständigen Katalog von Faktoren zu entwickeln, denen ein differierender
Einfluß auf die getroffene Verlagerungsentscheidung zukam. Als Beispiel für die
Vollständigkeit der im Interviewtext aufgeführten in Frage kommenden Ursachen ist
die Tatsache zu werten, daß bei keiner der 53 durchgeführten Befragungen andere
als die angesprochenen Motive erwähnt wurden, obwohl ausdrücklich danach gefragt
wurde.
In den Interviews wurde anhand dieser Aufstellung potentieller Umzugsmotive nach
dem Gewicht jedes einzelnen Motivs für die eigene betriebliche Verlagerungsentscheidung gefragt. Um hierbei möglichst spezifizierte Antworten zu erhalten, wurde auf dichotome Fragen verzichtet, die nur mit "Ja" oder "Nein" zu beantworten
gewesen wären. Statt dessen wurde der Interviewperson bei jedem der 24 aufgeführten Motive ein Bewertungsspielraum angeboten, der fünf Bedeutungsgrade umfaßte;
von "1" (ohne Bedeutung) bis "5" (von großer Bedeutung) konnte jedem Motiv sein
entsprechendes Gewicht beigemessen werden.
Dieser Bewertungsspielraum wurde im Interviewbogen mittels einer einpoligen Rating-Skala graphisch veranschaulicht. Meßwerte, die anhand von Rating-Skalen ermittelt wurden, bieten nach herrschender Meinung die Möglichkeit, miteinander

durch sinnvolle Rechenoperationen (in diesem Falle durch Addition) verknüpft zu werden (KROEBER-RIEL 1980, S.187ff.; KERLINGER 1979, S.798ff.). Diese mathematisch vielseitige Verwendbarkeit wird durch annähernd gleiche Aussageunterschiede erreicht, die die einzelnen Skalenwerte voneinander trennen. Aufgrund der Zuordnung von Zahlen zu Sachverhalten werden somit empirische Befunde meßbar gemacht. Einpolige Skalen bieten gegenüber zweipoligen Skalen (Skalen, an derem Polen Begriffe gegensätzlichen Inhalts stehen, z.B. "sehr gut - sehr schlecht") den Vorteil, daß Interpretationsfehler bei Wahl des Skalenmittelpunktes durch die zu befragende Person vermieden werden. Es ist nämlich möglich, daß dieser Skalenwert entweder als Ausdruck einer indifferenten oder aber einer ambivalenten Einstellung aufgefaßt werden muß. Einpolige Skalen sind dagegen durch identische Begriffe an beiden Enden gekennzeichnet, die sich lediglich durch verschiedene Intensitätsausprägungen unterscheiden (TROMMSDORFF 1975, S.86ff.).

Abb.12 zeigt auf drei verschiedenen Betrachtungsebenen die durchschnittliche Gewichtung der im Interview vorgegebenen potentiellen Umzugsmotive. Grundlage dafür ist die Multiplikation der fünf Skalenwerte mit der Zahl ihrer Nennungen. Die anschließende Addition der errechneten Produkte war Ausgangswert für den rechnerischen Anteil des jeweiligen Motivs an der Gesamtheit der für die Verlagerungsentscheidung ursächlichen Faktoren auf Mittelwertbasis. Fragebögen von Betrieben, die ihren Standort im Zentrum (44 Betriebe) bzw. Chapinero (7 Betriebe) aufgaben (vgl. Tab.11) wurden gesondert ausgewertet, um eventuell vorhandene Unterschiede des Standortverhaltens, bedingt durch abweichende Charakteristika zentraler Stadträume Bogotás, herausarbeiten zu können. Anschließend erfolgte eine aggregierte Auswertung, die alle befragten Unternehmen einschloß (dritte Betrachtungsebene); da die Werte dieser Ebene sich nur graduell von den Werten der ersten Betrachtungsebene unterscheiden (erklärbar durch die Dominanz der "Zentrumsunternehmen"), soll sich die Interpretation der Rangfolge in der "Motivhierarchie" daher auf die erste (Zentrum) und zweite Betrachtungsebene (Chapinero) beschränken.

In der graphischen Veranschaulichung wird sichtbar, daß es kein Motiv gibt, welches mit deutlichem Abstand den größten Anteil an der konstatierten Mobilität des tertiären Sektors hat. Vielmehr kommt mehreren Ursachen eine nur graduell abweichende Erklärungskraft eben dieses Verhaltens zu.

Das Risiko, das Angestellte und Kunden eingehen, Opfer eines Diebstahls oder Überfalls zu werden (Umzugsmotiv 10), wird eindeutig im Zentrum wesentlich höher eingeschätzt als in den im Zuge der Mobilität bevorzugten, relativ sichereren nördlichen Stadtteilen. Diese Ansicht wird durch die relativ schwache Gewichtung der Kriminalitätsgefahr durch Befragungen bei Unternehmen, die Chapinero verließen, gestützt.

Quantitative Bewertung von Umzugsmotiven anhand von Rating-Skalen aus Unternehmenssicht

Abb. 12

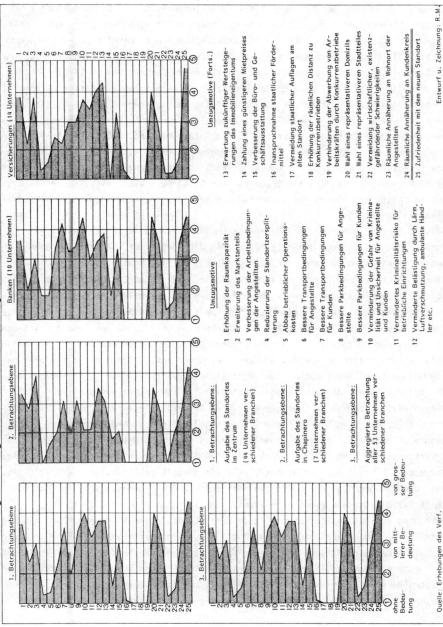

1. Betrachtungsebene:

Aufgabe des Standortes im Zentrum

(44 Unternehmen verschiedener Branchen)

2. Betrachtungsebene:

Aufgabe des Standortes in Chapinero

(7 Unternehmen verschiedener Branchen)

3. Betrachtungsebene:

Aggregierte Betrachtung aller 53 Unternehmen verschiedener Branchen

Umzugsmotive

1 Erhöhung der Raumkapazität
2 Erweiterung des Marktanteils
3 Verbesserung der Arbeitsbedingungen der Angestellten
4 Reduzierung der Standortzersplitterung
5 Abbau betrieblicher Operationskosten
6 Bessere Transportbedingungen für Angestellte
7 Bessere Transportbedingungen für Kunden
8 Bessere Parkbedingungen für Angestellte
9 Bessere Parkbedingungen für Kunden
10 Verminderung der Gefahr von Kriminalität und Unsicherheit für Angestellte und Kunden
11 Vermindertes Kriminalitätsrisiko für betriebliche Einrichtungen
12 Verminderte Belästigung durch Lärm, Luftverschmutzung, ambulante Händler etc.

Umzugsmotive (Forts.)

13 Erwartung zukünftiger Wertsteigerungen des Immobilieneigentums
14 Zahlung eines günstigeren Mietpreises
15 Verbesserung der Büro- und Geschäftsausstattung
16 Inanspruchnahme staatlicher Fördermittel
17 Vermeidung staatlicher Auflagen am alten Standort
18 Erhöhung der räumlichen Distanz zu Konkurrenzbetrieben
19 Verhinderung der Abwerbung von Arbeitskräften durch Konkurrenzbetriebe
20 Wahl eines repräsentativeren Domizils
21 Wahl eines repräsentativeren Stadtteiles
22 Vermeidung wirtschaftlicher, existenzgefährdender Schwierigkeiten
23 Räumliche Annäherung an Wohnort der Angestellten
24 Räumliche Annäherung an Kundenkreis
25 Zufriedenheit mit dem neuen Standort

Quelle: Erhebungen des Verf.

Entwurf u. Zeichnung: R.M.

Dagegen wird der Gefahr für die Einrichtungen der Büros, Ladenlokale etc.
(Motiv 11) erstaunlicherweise nur ein geringer Stellenwert zuerkannt. Auch Belästigungen durch Lärm, Luftverschmutzung, ambulante Händler, Bettler etc.
(Motiv 12), kurz gesagt, die Häufung als störend empfundener Unannehmlichkeiten
bestimmen wesentlich die anhaltende Mobilitätsbereitschaft des tertiären Sektors.
An führender Stelle wird auch der Wunsch nach einem repräsentativeren Domizil
(Motiv 20) genannt, was darauf schließen läßt, daß es sowohl im Zentrum als auch
in Chapinero an Gebäuden mangelt, die gehobenen Repräsentationsansprüchen in aus-
reichendem Maße entsprechen können. Da die Gefahr bestand, daß Interviewpersonen
ein "repräsentatives Gebäude" bewußt oder unbewußt mit einem ansprechenderen
Stadtviertel gleichsetzen würden, wurde auch die Frage nach der Bedeutung eines
repräsentativeren Barrios als Grund für den Standortwechsel gestellt (Motiv 21).
Abb.12 zeigt, daß dieses Motiv ebenfalls eine wichtige, wenn auch nicht herausragende Rolle spielte.

Bedingt durch die Anfang der 80er Jahre um 30% schwankende Inflationsrate in Kolumbien und die dadurch genährte "Flucht in die Sachwerte" wurde das Streben nach
Immobilieneigentum zu einer der Hauptursachen, die den Mobilitätsprozeß des tertiären Sektors zu erklären vermögen. Wie später noch zu zeigen sein wird
(Kap.6.3.), erfreut sich die in Bogotá vorhandene Immobiliensubstanz, standort-
und periodenabhängig, teilweise starker Preissteigerungen, was zu Spekulations-
käufen anregt. Etwa die Hälfte der aufgesuchten Unternehmungen befand sich zum
Zeitpunkt der Befragung in betriebseigenen Gebäuden. Über 40% der interviewten
Entscheidungsträger erklärten, daß der Erwerb von Immobilieneigentum und die darin beinhaltete Chance zukünftiger Wertsteigerungen für den Umzug in herausragender Weise (Stufe 5 der verwendeten Rating-Skala) verantwortlich war (Motiv 13).
Die Interviewpersonen der übrigen befragten Betriebe wiesen auf den Abschluß eines Mietvertrages am neuen Standort hin, sodaß lediglich danach geforscht werden
konnte, inwieweit ein günstiger Mietpreis die Umzugsentscheidung beeinflußte.
Erwartungsgemäß fand dieser Aspekt bei 3/4 aller Unternehmensumzüge keinerlei
Beachtung (Stufe 1 der Skala; Motiv 14), ein plausibles Ergebnis, berücksichtigt
man, daß der Großteil der befragten Betriebe in den N Bogotás zog, wo das Mietpreisniveau allgemein recht hoch liegt.

Sehr unterschiedliche Bedeutung wurde dem umzugauslösenden Moment "Zusätzlicher
Betriebsflächenbedarf" beigemessen (Motiv 1). Bei dieser Frage entschied sich die
überwiegende Mehrheit der Interviewpersonen für eine der beiden Extremwerte; auf
die erste Betrachtungsebene bezogen ergab sich z.B., daß 20 der insgesamt 44 befragten Personen diesem Motiv überragende Bedeutung zuwiesen, während 13 Personen
angaben, daß der Raumbedarf auch am alten Standort vollauf befriedigt werden

konnte und demzufolge als Umzugsursache nicht im mindesten eine Rolle spielte. Häufig genannt wurde auch die Möglichkeit, durch einen Standortwechsel insbesondere dem bestehenden Kundenkreis einen verbesserten Verkehrsanschluß zu bieten, da das Zentrum allgemein als verkehrsmäßig überlastet angesehen wurde (Motiv 7). Eng damit verbunden ist auch das verbesserte Parkplatzangebot für Kunden, das i.a. nur durch Verlassen des Zentrums erzielt wurde (Motiv 9). Interessant ist die Feststellung, daß eine Verbesserung der Transport- und Parkplatzbedingungen im Hinblick auf die Angestellten der aufgesuchten Betriebe (Motive 6 und 8) nicht ausschlaggebend für die zugunsten eines Standortwechsels ausgefallene Entscheidung der Unternehmensführung war.

Ergänzend wurde die Frage gestellt, ob eine Verringerung der räumlichen Entfernung zum Kundenstamm (Motiv 24) oder Wohnorten des Mitarbeiterkreises (Motiv 23) in die Mobilitätsentscheidung miteinbezogen wurde. Entscheidend war dabei die Überlegung, daß ein unter Transportgesichtspunkten verbesserter Standort nicht unbedingt identisch mit einer räumlichen Annäherung an den in Rede stehenden Personenkreis sein muß. Die Antworten der interviewten Personen machten jedoch deutlich, daß diesem Faktor weitaus weniger Beachtung als der Transportsituation geschenkt wurde. Dabei ist jedoch festzuhalten, daß auch bei dieser Frage der höhere Stellenwert des Kundenstammes, verglichen mit den eigenen Betriebsangehörigen, zum Ausdruck kam.

Wie aus der Abb.12 zu entnehmen ist, kommt auch den Motiven "Verbesserung der Arbeitsbedingungen der Angestellten", "Verbesserung der Büro- und Geschäftsausstattung" und der Ausweitung des Absatzmarktes für Produkte oder Dienstleistungen ("Erweiterung des Marktanteils") ein mittlerer Bedeutungswert als Erklärung des Umzugsverhaltens bei.

Keine bzw. nur geringe Bedeutung wurde den übrigen potentiellen Umzugsmotiven zuteil. So spielte die Reduzierung von betrieblichen Operationskosten durch Rationalisierung (z.B. effizientere Anordnung von Arbeitsplätzen in einem Großraumbüro, die am alten Standort in verschiedenen Stockwerken untergebracht waren o. ä.) bei 80% aller Betriebe überhaupt keine Rolle, und nur in zwei Fällen war dieser Faktor eines der Hauptmotive des vollzogenen Umzugs.

Die Aufhebung von "Splitterstandorten" durch Zusammenführung an einen neuen Standort war lediglich bei drei Unternehmungen (mit-)ausschlaggebend für die Umzugsentscheidung, alle anderen befragten Personen verneinten eine Einflußnahme dieses Motives. Diese Haltung ist einerseits darauf zurückzuführen, daß sich für Unternehmen ohne Filialen dieses Problem meist nicht stellte, andererseits Betriebe mit Filialen diese deshalb unterhalten, um an verschiedenen Standorten im Stadtgebiet präsent zu sein, mit dem Ziel, lokale Marktchancen besser ausnutzen zu können.

Demzufolge kamen nur Betriebe in Betracht, bei denen aus einer Situation der Raumverknappung am alten Standort Betriebsteile an andere Orte im Stadtgebiet ausgelagert wurden, bis die Nachteile der zersplitterten Standorte einen Umzug erzwangen. Hieraus erklärt sich die festgestellte hohe inhaltliche Korrelation zwischen dem zusätzlich benötigten Raumbedarf und der Standortzersplitterung mancher Betriebe vor Durchführung der Dislozierung.

Die Frage nach der Absicht, mit einem Umzug die räumliche Entfernung zu Konkurrenzbetrieben zu vergrößern, wurde von allen Interviewpersonen abschlägig beantwortet, ebenso die Vermutung, bei Nichtdurchführung eines Umzugs könnten Arbeitskräfte durch Konkurrenzbetriebe abgeworben werden.

Das gleiche Ergebnis erzielten die Fragen nach staatlichen Einflüssen. Nur in einem Fall ermöglichten öffentliche Mittel einen Umzug einer in Staatseigentum stehenden Versicherung (La Previsora S.A.), in allen anderen Fällen blieb den (privatwirtschaftlichen) Unternehmungen die Inanspruchnahme öffentlicher Subventionen verwehrt. Daraus ist abzuleiten, daß die zuständigen Behörden der Stadt den Umzugsprozeß in keiner Weise fördern, auch nicht durch Aufstellung und Überwachung von wirtschaftliche Aktivitäten einschränkenden Normen, die ein Abwandern von Dienstleistungsbetrieben aus Zentrumslagen zur Folge hätten. Ein gegenteiliges Ergebnis hätte bei den "umweltfreundlichen" Betrieben des tertiären Sektors überrascht.

Auch wirtschaftliche Schwierigkeiten am alten Standort, die langfristig betrachtet existentielle Folgen gehabt hätten, trugen nicht zur Erklärung der Mobilität bei.

Ein Vergleich der gewichteten Motive, die die verantwortlichen Personen in Betrieben des Zentrums einerseits und Unternehmen in Chapinero andererseits zur Aufgabe des Standortes veranlaßten, macht deutlich, daß außer der bereits angesprochenen, weitaus höher einzuschätzenden Kriminalitätsgefahr im Zentrum nur wenige Ursachen stark voneinander abweichende Rangpositionen einnahmen (darunter wurde eine durchschnittliche Abweichung von einem Skalenwert und mehr für die beiden untersuchten Stadtgebiete verstanden). So kommt lediglich dem Wunsch nach einer besseren Betriebsausstattung bei Zentrumsbetrieben weitaus höhere, die Mobilität fördernde Bedeutung zu, hingegen ist für Unternehmen, die das Sekundärzentrum Chapinero verließen, die Verbesserung der Arbeitsbedingungen von primärem Interesse.

Unter der Einschränkung, daß die erhaltenen Interviewantworten nicht als repräsentativ angesehen werden dürfen (dies gilt insbesondere für Chapinero, wo zu

Vergleichszwecken nur sieben Interviews durchgeführt wurden), läßt sich aus den gewonnenen Ergebnissen folgendes resümieren: Chapinero weist zwar ebenso wie das Zentrum Degenerationserscheinungen auf, die die Mobilität des tertiären Sektors erhöhen (geringes Angebot repräsentativer Gebäude, Belästigungen durch Lärm, Luftverschmutzung, Straßenhändler etc.), auf der anderen Seite werden dagegen die Bodenpreisentwicklung und Kriminalitätsbelastung als nicht so negativ wie im Zentrum empfunden, was Raum für Ansprüche läßt, die in der Innenstadt als sekundär betrachtet werden (wie z.B. die Arbeitsbedingungen der Angestellten).

Inwieweit Dienstleistungsbetriebe in Chapinero von einer ähnlichen Verlagerungswelle erfaßt werden, wie sie bereits für den im Zentrum lokalisierten tertiären Sektor zu konstatieren ist, bleibt abzuwarten. Es ist jedoch damit zu rechnen, daß sich mobilitätsauslösende Faktoren in Chapinero im Zeitablauf eher verstärken als abschwächen (bedingt durch die Zunahme kommerzieller Aktivitäten in diesem Stadtteil), bis diese Zone als Zuwanderungsgebiet endgültig an Attraktion verliert und hochkarätige Wirtschaftsbetriebe andere Standorte bevorzugen.

Die Interviewergebnisse deuten - bei allen Vorbehalten, die sich aus der fehlenden Repräsentativität ergeben - darauf hin, daß, falls geeignete Gegenmaßnahmen ausbleiben, eine Wiederholung des Degenerationsprozesses, den das Zentrum Bogotás momentan durchlebt, für Chapinero abzusehen ist.

5.3.4. Die Bewertung der neuen Standorte aus der Sicht der verantwortlichen Entscheidungsträger

Um zunächst ein allgemeines Bild von der Einschätzung des neuen Standortes zu erhalten, wurden die für die Dislozierungsentscheidung Verantwortlichen befragt, wie groß die Zufriedenheit unter Berücksichtigung aller Umstände nach dem Umzug sei. Das Ergebnis, dessen Mittelwert allgemein über 4.2 auf der gleichfalls verwendeten Rating-Skala beträgt, verdeutlicht die hochgradig positive Bewertung; lediglich in Ausnahmefällen zeigte man sich von dem neuen Standort nur mittelmäßig zufrieden, und nur ein einziges Mal wurde völlige Unzufriedenheit konstatiert. Um dieses Ergebnis zu relativieren, wurden weitere Fragen zum Problemkreis "Bewertung des neuen Standortes" gestellt. So erklärten 42 (79,2%) der befragten Personen, sie würden unter der Annahme, erneut vom alten Standort aus eine Umzugsentscheidung unter gleichzeitiger Kenntnis der Bedingungen am neuen Standort treffen zu müssen, letzteren ohne Vorbehalt präferieren.

Es überrascht daher nicht, wenn 36 (67,9%) der befragten Personen bestätigen, daß sich alle Erwartungen, die vor dem Umzug an den neuen Standort geknüpft wurden, erfüllt hätten, die restlichen 17 Personen (32,1%) dagegen nur einem Teil ihrer Erwartungen erfüllt sahen. Dabei zeigte sich, daß in Unternehmen, die erst kürzlich verlagert worden waren, die Zufriedenheit mit dem neuen Standort, durchschnittlich betrachtet, höher war als in solchen, die bereits längere Zeit unter der neuen Adresse firmierten und in denen man mit vorhandenen Nachteilen der Standortgegebenheiten offensichtlich besser vertraut war.

30 von 53 Interviewpartnern (56,6%) gaben an, daß sich, bedingt durch den Standortwechsel, der Geschäftsumsatz erhöht hätte; hier ist allerdings zu berücksichtigen, daß es dem Verf. aus verständlichen Gründen nicht möglich war, Einblick in das betriebliche Rechnungswesen zu nehmen, um zu überprüfen, ob ein lediglich inflationsbedingter Umsatzanstieg zu verzeichnen war und im Rahmen branchenüblicher Steigerungsraten lag, oder aber tatsächlich auf dem durchgeführten Standortwechsel beruhte.

In den übrigen Betrieben verneinte man einen Umsatzanstieg (wobei häufig erwähnt wurde, daß dies auch nicht das Ziel der Verlagerung gewesen sei), oder man wollte oder konnte hierzu keine Angaben machen.

In einer sich anschließenden Frage wurde unterstellt, daß eine weitere zweite - hypothetische - Verlagerung keine Zusatzkosten, verglichen mit der finanziellen Belastung durch Mieten, Anliegergebühren etc. am derzeitigen Standort mit sich bringen würde. 26 der 53 interviewten Personen (49,1%) entschieden sich erneut für denselben Standort, die übrigen bevorzugten unter den gemachten Annahmen ausnahmslos aus ihrer individuellen Sicht weiter nördlich gelegenene Stadtteile. Keiner der Befragten ließ jedoch eine Bereitschaft erkennen, ins Zentrum zurückziehen zu wollen. Dies erlaubt den Schluß, daß selbst innerhalb der Standortbewertung nördlicher Stadtviertel differenziert wird, obgleich es vielen der für die Dislozierung Verantwortlichen ratsam erschien, nicht den subjektiv besten, sondern auf der Basis einer (wie auch immer gearteten) Kosten-Nutzen-Analyse ermittelten optimalen Standort zu wählen, bei dem z.B. Miet- oder Erwerbskosten von Immobilien in angemessenem Verhältnis zum Betriebsertrag stehen müssen.

Es konnte nicht erforscht werden, inwieweit die positiven Erfahrungen, die bei der Verlagerung von Unternehmen des tertiären Sektors gewonnen wurden, auf noch im Zentrum befindliche Betriebe durchschlagen. Mit Sicherheit darf die Vorreiterfunktion und die daraus resultierende Meinungsbildung bezüglich des Standortes in nördlichen Stadtgebieten im gesamten Dienstleistungsbereich nicht unterschätzt werden. Selektiv wirken jedoch das durchschnittlich höhere Boden- und Mietpreisniveau im N der Stadt, Umzugskosten, die erforderliche unternehmerische Flexibilität seitens der Betriebsinhaber, eine Umzugsentscheidung zu treffen etc., sodaß ein nicht zu quantifizierender Teil tertiärer Einrichtungen trotz der Erkenntnis, welche Vorteile ein Standortwechsel mit sich brächte, am ursprünglichen (Zentrums-)Standort verweilt.

Nach dem Urteil der Interviewpersonen ist damit zu rechnen, daß sich der Verlagerungsprozeß des tertiären Sektors fortsetzen wird. Fast 70% (37 von 53) der Befragten gingen davon aus, daß zahlreiche Unternehmen der gleichen Branche, in der die einzelnen Interviewpartner tätig waren, ebenfalls in absehbarer Zeit das Zentrum bzw. Chapinero verlassen würden, um sich in nördlichen Stadtteilen anzusiedeln. Nur zehn Entscheidungsträger (18%) waren der Ansicht, daß die im Zentrum ansässigen Betriebe an ihrem Standort verharren würden, mithin der Verlagerungsprozeß ihrer Branche weitgehend abgeschlossen sei. Da die Antworten innerhalb der einzelnen Branchen jedoch differierten, ist die Folgerung, daß in bestimmten Wirtschaftszweigen der Verlagerungsprozeß zum Stillstand gekommen sei, nicht berechtigt.

8% äußerten sich nicht, 4% (zwei Mitarbeiter von Bustransportgesellschaften) wiesen auf den geplanten Bau eines Bus-Terminals hin (vgl. Kap.9.1.4.1.), welcher die Verlagerung zahlreicher Transportunternehmen aus westlichen Zentrumsbereichen in den W Bogotás (gemeint waren die Barrios La Esperanza und Modelia) zur Folge hätte.

5.3.5. Charakteristika nachrückender Betriebe

Zweifellos wäre die Einbeziehung derjenigen Betriebe in die Befragungsaktion, welche die aufgegebenen Standorte der nach N verzogenen Unternehmen okkupierten, von Vorteil gewesen. Dadurch wären Rückschlüsse auf Verlagerungsrichtungen, -gründe und andere Charakteristika einer Unternehmensgruppierung möglich gewesen, in der eine auf den ersten Blick völlig anders geartete Standortbewertungsmentalität vorherrscht; interessante Vergleiche mit der im Rahmen dieser Arbeit aufgesuchten Gruppe tertiärer Unternehmungen hätten sich überdies ergeben. Aus Zeitgründen mußte jedoch eine derartige Untersuchung unterbleiben; statt dessen wurden die Interviewpersonen derjenigen Betriebe, die eine Verlagerung erfuhren, nach der anschließenden Nutzung der aufgegebenen Räumlichkeiten befragt. Tab.12 verdeutlicht, welche Betriebe in die aufgegebenen Standorte nachrückten.

Aufgrund der Ungewißheit, welche unternehmerischen Funktionen sich hinter der allgemeinen Bezeichnung "Büros" verbergen, erscheint ein umfassender Vergleich mit den Vorgänger-Betrieben als zu spekulativ. Als gesichert gilt hingegen die

Tabelle 12: Art der Anschlußnutzung aufgegebener Standorte

	Zahl der beob- achteten Fälle	in Prozent
I. NACHRÜCKENDE BÜROBETRIEBE		
Öffentlicher Sektor allg.	6	11,3
Büros der Privatwirtschaft	20	37,8
Gerichtswesen	1	1,9
Banken	3	5,6
Versicherungen	1	1,9
Immobilienbüros	1	1,9
Rechtsanwaltskanzleien	3	5,6
Werbeagenturen	1	1,9
Steuerberatungsgesellschaften	1	1,9
Ingenieurbüros	1	1,9
II. EINZELHANDELSGESCHÄFTE	6	11,3
III. SONSTIGES		
Arztpraxen	2	3,8
Hotels	1	1,9
Diskotheken	1	1,9
Läger	1	1,9
Leerstehend	1	1,9
Ohne Angaben	3	5,6
Insgesamt	53	100,0

Quelle: Erhebung des Verf. im Juli 1981

Aussage, daß der öffentliche Sektor, auf der Grundlage der vorliegenden Befragungsergebnisse, starkes Interesse am Zentrumsstandort zeigt.

Darüber hinaus fällt auf, daß der Anteil der Einzelhandelsgeschäfte von 5.7% an der Gesamtzahl der interviewten Betriebe auf mehr als 11% anstieg, denn sechs der 53 in die freiwerdenden Standorte nachrückenden Betriebe gehörten Branchen des Einzelhandels an. Hieraus folgern zu wollen, das Niveau der im Zentrum bzw. Chapinero angebotenen Dienstleistungen sei im Rahmen der untersuchten Fälle in dem fünf Jahre umfassenden Untersuchungszeitraum zurückgegangen, ist sicherlich verfehlt, da sowohl der Einzelhandel als auch "Bürobetriebe" zum "typischen" Bild von (Sekundär-)Zentren gehören und eine Vergleichbarkeit des jeweiliger "Qualitätsbeitrages" in bezug auf die Prägung der Standortumgebung wegen ihrer funktionalen Verschiedenheit nicht gegeben ist.

Diese Einschränkung gilt nicht für die Umwandlung ehemaliger Büro- in Lagerflächen oder in Flächen, die längerfristig nicht genutzt werden (wie je einmal in den Interviews mit Beschäftigten von Zentrumsbetrieben angegeben wurde.) Derartige Nutzungsänderungen sind als eindeutige Beispiele des Abbaus von Cityfunktionen zu bewerten, sofern sie nicht nur vorübergehender Natur sind.

Es bleibt weiteren Untersuchungen vorbehalten, die in diesem Abschnitt angesprochene Problematik einer Klärung näherzubringen, ob durch das Abwandern von Betrieben mit typischen Cityfunktionen ein Niveauverlust zentraler Stadtteile in Bogotá bewirkt wird. Denn es ist die Möglichkeit gegeben, daß ein ursprünglich qualitativ hochwertiges Dienstleistungsangebot durch diejenigen Betriebe, welche den aufgegebenen Zentrumsstandort übernehmen, nicht in gleichem Maße erbracht werden kann.

Da bereits nachgewiesen werden konnte, daß bestimmte Dienstleistungsbranchen bevorzugt das Zentrum der Stadt verlassen und die Kosten eines Standortwechsels i.a. für eine natürliche Selektion innerhalb einer Branche zugunsten ihrer wirtschaftlich potentesten Mitglieder sorgen, ist ein Niveauverlust jedoch sehr wahrscheinlich. Er ist meßbar unter Heranziehung geeigneter Untersuchungsmethoden (z.B. Umsatzanalysen, Aufstellung von branchenspezifischen Hierarchiestufen etc.) durch den Vergleich abgewanderter und nachgerückter Betriebe.

5.4. Untersuchungen der Weltbank zur Mobilität von Wirtschaftsunternehmen

Bislang liegt lediglich eine weitere Studie vor, die sich mit der Mobilität des tertiären (und sekundären) Sektors in Bogotá und, darüber hinaus, in Cali befaßt. Es handelt sich um ein Arbeitspapier der Weltbank, das für die "Conference on Urbanization Process and Policies in Developing Countries at the University of Chicago" erstellt wurde (SIK LEE 1982).[18]

Zugrunde liegen statistische Erhebungen des DANE und diejenigen Daten des ICSS aus dem Jahre 1978, die auch für die eigene Computerauswertung herangezogen wurden (demzufolge mit denselben Einschränkungen wie in Kapitel 5.1.2.). Der Autor untersucht, welche Veränderungen sich zwischen 1972 und 1978 (Bogotá) bzw. 1976 und 1978 (Cali) in bezug auf die räumliche Verteilung von Arbeitsplätzen in den Wirtschaftsbereichen Industrie, Handel, Finanzwirtschaft und sonstigen Dienstlei-

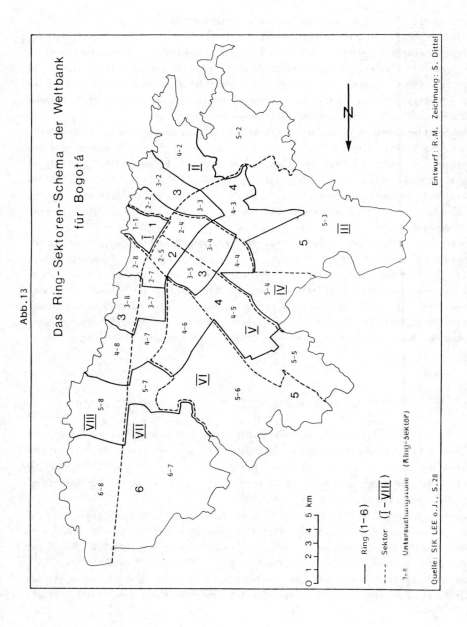

Abb.13

Das Ring-Sektoren-Schema der Weltbank für Bogotá

Ring (1–6)

Sektor ($\overline{\text{I}}$ – $\overline{\text{VIII}}$)

2-8 Untersuchungszone (Ring-Sektor)

Quelle: SIK LEE o.J., S.28

Entwurf: R.M. Zeichnung: S. Dittel

0 1 2 3 4 5 km

stungen vollzogen haben. Sie haben einen Anteil von ca. 85% an der Gesamtzahl der vorhandenen Arbeitsplätze in Bogotá bzw. Cali (S.4).

Zu diesem Zweck wurde das Stadtgebiet in sechs (Bogotá) bzw. fünf "Ringe" (Cali) eingeteilt; in beiden Fällen ist Ring 1 mit dem CBD identisch, dessen Grenzen durch statistsche Raumerhebungseinheiten ("Comunas") vorbestimmt war. Aus Tab.13 ist die Veränderung im Zeitablauf für alle "Ringe" zu entnehmen (vgl. a. Abb.13).

In Bogotá ist eine deutliche Dezentralisation von Arbeitsplätzen zu Lasten des CBD zu erkennen; es wird jedoch darauf hingewiesen, daß diese Tatsache zum Teil auf die abweichende Abgrenzung des CBD in den beiden Untersuchungsjahren zurückzuführen ist (S.10). Aus diesem Grunde wurde auf ein Schaubild, das zur besseren Verdeutlichung, als es eine Tabelle vermag, nur die Entwicklung im CBD Bogotás darstellen sollte, verzichtet.

Die aggregierte Betrachtung der Entwicklung in Ring 1 und 2 (letzterer schließt das Centro Internacional mit ein) ergibt jedoch, daß der prozentuale Anteil dieser Zone an der Gesamtzahl der untersuchten Arbeitsplätze von 36,6% auf 31,7%, also um ca. ein Siebtel, zurückging. Dies ist in erster Linie auf Dezentralisation in Industrie- und Dienstleistungssektor zurückzuführen.

Der hohe prozentuale Zuwachs im Finanzsektor erklärt sich dagegen aus der Standortbevorzugung des Centro Internacional durch derartige Unternehmen (S.12).

Da die Bedeutungsabnahme des CBD mehrere Erklärungsfaktoren zuläßt (z.B. Abwanderung oder Auflösung von Firmen), wurde die Zahl der aus dem CBD verlagerten Arbeitsplätze durch die Zahl der in dieser Region neu geschaffenen Plätze im Zeitraum von 1973 bis 1978 dividiert; je deutlicher diese Kennzahl die Zahl "1" übersteigt, desto mehr Arbeitsplätze gingen durch Firmenverlagerungen verloren. Nähert sie sich Null, übersteigt die Zahl neugeschaffener Arbeitsplätze die der verlagerten. Der Wegfall von Arbeitsplätzen durch Firmenauflösungen wurde ebensowenig beachtet wie die Zu- oder Abnahme des Arbeitsplatzpotentials von Unternehmen, die ihren Standort im CBD während des Betrachtungszeitraumes nicht veränderten.

Aus Tab.14 ist zu erkennen, daß der CBD[19] von 1973 bis 1978 mehr als doppelt so viele Arbeitsplätze durch Firmenabwanderungen verlor, als er durch entsprechende Zuwanderungen hinzugewinnen konnte. Von der Abwanderung waren alle vier untersuchten Wirtschaftssektoren betroffen, Handel und Finanzwirtschaft relativ am stärksten (absolute Zahlenangaben liegen nicht vor). Die peripheren Stadtregionen (Ringe 4, 5 und 6) weisen dagegen die relativ stärksten Zuwanderungsgewinne auf. Ring 2 ist ebenfalls durch Netto-Zuwanderungen von Arbeitsplätzen charakterisiert, was maßgeblich durch das Wachstum des Centro Internacional im betreffenden Zeitraum erklärt wird (SIK LEE 1982, S.16).

Tabelle 13: Regionale Veränderungen von Arbeitsplätzen in Bogotá und Cali (alle Angaben in Prozent)

	Insgesamt[1])		Industrie		Handel		Finanzwirtschaft		Dienstleistung	

I. BOGOTA[2])

Ring	1972	1978	1972	1978	1972	1978	1972	1978	1972	1978
1(CBD)	23.03	13.95	18.20	6.01	19.43	15.75	42.11	41.43	22.62	12.91
2	13.61	17.74	16.07	13.47	12.18	19.77	13.69	29.38	12.74	18.68
3	14.62	16.40	18.94	21.54	13.35	14.83	6.89	11.43	15.88	16.87
4	18.80	20.60	20.27	24.89	21.83	19.37	10.00	10.88	20.74	23.18
5	18.61	24.94	21.76	28.25	21.52	27.72	14.64	5.65	17.89	21.79
6	1.67	3.43	1.04	2.19	3.42	1.51	0.55	0.60	1.88	4.41
Sonst.	9.67	2.96	3.72	3.66	8.27	1.05	12.12	0.63	8.25	2.15
Insg.	100.0	100.0	100.0	100.0	100.0	100.0	100.0	100.0	100.0	100.0

II. CALI[3])[4])

Ring	1976	1978	1976	1978	1976	1978	1976	1978	1976[5])	1978
1(CBD)	31.51	26.19	20.19	14.94	48.38	54.97	45.68	84.90	29.15	25.34
2	37.12	27.61	32.28	27.02	34.50	24.40	16.67	15.10	55.47	32.19
3	28.40	31.33	41.40	46.27	11.09	15.65	37.55	-	14.79	16.45
4	2.95	13.82	4.09	11.03	6.03	4.97	0.11	-	0.54	24.37
5	0.03	1.05	0.05	0.70	-	-	-	-	0.06	1.65
Insg.	100.0	100.0	100.0	100.0	100.0	100.0	100.0	100.0	100.0	100.0

1) Einschließlich sonstiger Sektoren
2) Quelle: DANE Household Survey 1978; Phase II 1972. Zitiert nach SIK LEE 1982, Tab.3.
3) Die Angaben beziehen sich auf Firmen mit 10 oder mehr Beschäftigten.
4) Quelle: DANE Household Survey 1978; Social Security Data Files 1976. Zitiert nach SIK LEE 1982, Tab.4.
5) Ausgenommen Beschäftigte im öffentlichen Sektor.

Tabelle 14: Angaben zur Verlagerung und Neuschaffung von Arbeitsplätzen auf der Basis einer Ausgangs-/ Zielort-Kennzahl[1] für Ringe in Bogotá im Zeitraum von 1973 bis 1978

Ring	Ins-gesamt[2]	Industrie	Handel	Finanz-wirtschaft	Dienst-leistung
1(CBD)	2.37	2.51	3.15	3.32	1.45
2	0.66	1.54	0.45	0.33	0.87
3	1.33	1.58	1.32	1.04	1.36
4	0.55	0.76	0.51	0.06	0.58
5	0.44	0.32	0.20	2.70	0.35
6	0.59	_3)	_3)4)	_3)4)	0.29

1) Zahl der aus einer Zone ausgelagerten Arbeitsplätze dividiert durch die Zahl der in die Zone hineinverlagerten Arbeitsplätze
2) Einschließlich anderer Sektoren
3) Diese Zone wurde von keinem Unternehmen aufgesucht.
4) Diese Zone wurde von keinem Unternehmen verlassen.

Quelle: DANE Household Survey 1978. Zitiert nach SIK LEE 1982, Tab.5

Darüber hinaus wurden in der betreffenden Studie auch Arbeitsplätze, die durch Firmengründungen im Untersuchungszeitraum geschaffen wurden, betrachtet. Tab. 15 verdeutlicht, daß Arbeitsplätze in nahezu gesetzmäßiger Funktion umso eher ge- schaffen werden, je größer die Entfernung zum CBD war. Damit bestätigt sich, sieht man von der Finanzwirtschaft einmal ab, die ausgeprägte Dezentralisations- tendenz des tertiären (und sekundären) Sektors im Stadtbereich. Es fällt auf, daß im Finanzsektor, der traditionell auf den CBD konzentriert ist, nahezu die Hälfte aller im Betrachtungszeitraum neu geschaffenen Arbeitsplätze auf Ring 2 (insbe- sondere das Centro Internacional) entfällt, was ebenfalls - allerdings weniger stark ausgeprägte - zentrifugale Standortpräferenzen erkennen läßt.

Tabelle 15: Relative, regional aufgeschlüsselte Verteilung neu geschaffener
Arbeitsplätze in Bogotá im Zeitraum von 1973 bis 1978

Ring	Insgesamt[1]	Industrie	Handel	Finanzwirt- schaft	Dienstleistung
1(CBD)	13.78	7.55	14.09	29.20	13.61
2	17.80	13.47	20.31	43.04	11.05
3	14.42	19.98	8.15	13.86	17.38
4	20.87	24.66	23.00	9.43	17.55
5	27.67	30.62	31.97	4.47	26.78
6	2.64	2.82	1.72	-	2.32
Sonst.	2.82	0.90	0.75	-	3.32
Insg.	100.0	100.0	100.0	100.0	100.0

1) Einschließlich sonstiger Sektoren

Quelle: DANE Household Survey. Zitiert nach SIK LEE 1982, Tab.6.

Zur ergänzenden Information sei abschließend darauf hingewiesen, daß auf der
Grundlage der für die Weltbankstudie herangezogenen statistischen Quellen für
1972 und 1978 folgende, unter dem Vorbehalt unterschiedlicher CBD-Abgrenzung zu
wertende Arbeitsplatzzahlen ermittelt wurden:

Tabelle 16: Zahl aller Arbeitsplätze im CBD und im Centro Internacional 1972 und
1978

Bezirk ("Comuna")	1972	1978
31 (CBD)	201.975	166.878
81 (Centro Internacional)	24.787	62.565
Insgesamt	226.762	229.443

Quelle: SIK LEE 1982, S.10.

6. DAS ZENTRUM BOGOTAS - UNTERSUCHUNG DER FÜR DIE MOBILITÄT DES TERTIÄREN SEKTORS URSÄCHLICHEN FAKTOREN

6.1. Das Problem der Abgrenzung des Zentrums und der "City"

In der stadtgeographischen Literatur findet sich eine Reihe von Verfahren, die in erster Linie die Abgrenzung der City vom übrigen Stadtgebiet zum Ziel haben. Die bekanntesten Ansätze stammen von KANT, der die Tag- und Nachtgleichen-Linie entwickelte (1960) sowie MURPHY und VANCE (1955), die die City-Grenze anhand von Geschoßflächennutzungsindizes bestimmten. Letzterer Methode muß entgegengehalten werden, daß eine Einteilung in zentrale bzw. nicht zentrale Funktionen eine recht grobe Unterscheidung darstellt. Darüber hinaus wird bei der isolierten Betrachtung von Baublocks der Tatsache, daß Straßenzüge durch zwei Straßenseiten charakterisiert sind, unzureichend Rechnung getragen. Es muß jedoch zugegeben werden, daß das rechteckige Straßensystem Bogotás für die Anwendung dieser Methode zunächst als prädestiniert galt, zumal vergleichende Untersuchungen über Kapstadt (DAVIES 1959, 1960), Städte in Illinois (BOHNERT u. MATTINGLY, 1964) und Australien (SCOTT, 1959) vorliegen, für die ebenfalls eine rechteckige Baublock-Aufteilung des Stadtgebietes Ausgangspunkt der Analysen war.

Das in Bogotá verfügbare Datenmaterial ermöglichte es jedoch nicht, die von KANT oder MURPHY und VANCE entwickelten Verfahren anzuwenden, da weder regional differenzierte Argaben über die Tagesbevölkerung im Zentrum noch auf Geschoßflächenbasis beruhende Daten existierten bzw. zugänglich waren. Aus gleichem Grunde erwiesen sich auch andere Abgrenzungsverfahren, die z.B. in der vergleichenden City-Studie von INFAS (1966) skizziert werden[20]), als nicht anwendbar oder nicht geeignet.

Statt dessen ergab sich während des Forschungsaufenthaltes die Möglichkeit, die Ergebnisse einer 1981 durchgeführten Untersuchung zu erhalten, an der etwa 100 Beschäftigte der Planungsbehörde DAPD und des mit statistischen Aufgabenstellungen betrauten Amtes DANE beteiligt waren. In zweimonatiger Feldarbeit ermittelten diese Personen auf Gebäudebasis Stockwerkhöhe, Anzahl untergebrachter Handels-, Dierstleistungs-, Industrie-, Schul- und anderer Betriebe, den sozialen Status der Bewohner etc. für das gesamte Stadtgebiet, Informationen, die anschließend auf Manzanaebene aggregiert wurden. Benachbarte Manzanas wurden wiederum zu Sektoren zusammengefaßt; die damit verbundene Abgrenzung übernahm der Verf. für diese Arbeit aus Gründen einer vereinfachten Praktikabilität.

So nützlich das von DAPD und DANE erstellte Datenmaterial für stadtplanerische und statistische Aufgabenstellungen sein mag, so wenig kann es darüber hinweg-

täuschen, daß es für Zwecke der Zentrumsabgrenzung nur sehr bedingt tauglich ist,
wie aus den folgenden Ausführungen im einzelnen noch hervorgeht.
Da trotz intensiver Bemühung des Verf. kein geeigneteres Datenmaterial zu erhalten war, das einer in der Stadtgeographie anerkannten Methode der Zertrums- bzw.
Cityabgrenzung Genüge getan hätte, blieb nur der Rückgriff auf die Urterlagen der
beiden genannten Institutionen. Die damit verbundenen Vorbehalte führten dazu,
daß eine Abgrenzung der City vom Zentrum, wie sie eigentlich beabsichtigt war,
unterbleiben mußte. Aus der Lage der am intensivsten genutzten Zentrumsgebiete
(vgl. Abb.7) lassen sich jedoch vorsichtige Rückschlüsse auf die Lage der Bogotaner City ziehen. Weiter unten soll noch eine systematische Kritik dieser notge-
drungen angewandten Methode erfolgen.
Um die Daten für die beabsichtigte Zentrumsabgrenzung vergleichbar zu machen,
wurde vom Verf. zunächst eine Unterteilung in zentrumstypische und zentrumsatypische Funktionen vorgenommen. Anschließend wurde jeder Funktion vom Verf. ein
Punktwert zugeordnet. Ein starkes subjektives Element war dabei jedoch nicht aus-
zuschließen, obwohl sich die jeweils zu vergebende Punkthöhe nach allgemeinen
Erfahrungswerten richtete.
Zunächst wurden Handels- und sonstige Dienstleistungsbetriebe mit jeweils drei
Punkten bewertet, an der sich die Bewertung der folgenden Funktionen orientierte.
Industriebetriebe wurden mit sieben Punkten deutlich höher gewichtet, da sie in
der Regel größer als Einrichtungen des tertiären Sektors sind; die genannte
Punktzahl ist als Mittelwert zu verstehen, da spezifizierende Angaben über die
Art bzw. Größe der in die Abgrenzungsrechnung einzubeziehenden Betriebe (z.B.
Fabrik oder Handwerksbetrieb) fehlten. Demgegenüber rangierten unbebaute Grund-
stücke und Erziehungseinrichtungen punktzahlmäßig zwischen Handels- und sonstigen
Dienstleistungsbetrieben einerseits und Industriebetrieben andererseits.
Wohnungen wurden schließlich, da keine kommerzielle Nutzung vorlag, mit ver-
gleichsweise geringen Punktzahlen gewichtet. Dabei wurden in Bau befindliche,
d.h. der stadtzentrentypischen Nutzung widersprechende Wohnungen mit einer Punkt-
anhebung, leerstehende Wohnungen, die u.U. einen Nutzungswandel andeuteten, mit
einem Punktabschlag bedacht.
Für jeden der durch das Datenmaterial von vornherein abgegrenzten Untersuchungssektoren im Stadtgebiet wurde sodann die Häufigkeit der in ihm lokalisierten
Funktionen ermittelt und mit dem dazugehörigen Punktwert multipliziert. Durch die
Division "Summe aller Punkte von zentrumstypischen Funktionen" / "Summe aller
Punkte von zentrumsatypischen Funktionen" erhielt man schließlich für jeden Sektor einen charakteristischen Wert, der über eine eventuelle Zentrums-Zugehörig-
keit entschied. Aus der folgenden Aufstellung sind zunächst die herangezogenen

Funktionen nebst ihrer durch DAPD und DANE erfolgten Definition und der durch den Verf. bestimmten Punktbewertung zu entnehmen:

Zentrumstypische Funktionen	Definition durch DAPD und DANE	Punktbewertung durch Verf.
1. Handelsbetriebe	Alle Einzel- und Großhandelsbetriebe, ferner Restaurants, Cafés, Hotels etc.	3 P.
2. Sonstige Dienstleistungsbetriebe	Transportunternehmen aller Art, Banken, Versicherungen, öffentliche Verwaltungseinrichtungen, Ärzte, Kinos, Werkstätten, Wäschereien etc.	3 P.

Zentrumsatypische Funktionen		

1. Wohneinheiten
  - bewohnt
  -leerstehend
  - in Bau
	Unabhängige Räumlichkeiten, in denen ein oder mehrere Haushalte wohnen bzw. wohnen können (als Wohnungseinheit gelten auch ein Haus, eine Hütte o.ä.)	1 P.
		0.8 P.
		1.2 P.

2. Industriebetriebe	Alle Betriebe, die mittels mechanischer oder chemischer Mittel (an-)organische Stoffe umwandeln, und zwar durch Maschinen- oder Handarbeit, in Fabriken oder in Heimarbeit	7 P.
3. Grundstücke	Unbebautes Grundstück	5 P.
4. Erziehungseinrichtungen	Jede nach den Grundsätzen des Erziehungsministeriums anerkannte Bildungseinrichtung	4 P.

Quelle: Alcaldía Mayor et al. 1981

Schließlich wurde für jeden der Untersuchungssektoren die durchschnittliche Geschoßzahl der Gebäude ermittelt; wurden drei Geschosse über- bzw. unterschritten, erhöhte bzw. ermäßigte sich die Summe der zentrumstypischen bzw. zentrumsatypischen Funktionen um jeweils zehn Punkte pro Stockwerk. Hintergedanke der auf der durchschnittlichen Gebäudehöhe basierenden Punktbewertung war es, neben der Berücksichtigung von zentrumstypischen und -atypischen Funktionen auch die Physiognomie des Baubestandes bei der Zentrumsabgrenzung einzubeziehen, denn grundsätzlich gilt, daß in Stadtzentren eine Gebäudeüberhöhung festzustellen ist, die zum

Stadtrand hin abnimmt. Dabei wurde bewußt in Kauf genommen, daß Ergebnisverzer-
rungen nicht völlig ausgeschlossen werden konnten. So erhöhen z.B. Wohntürme die
Gesamtpunktzahl, obwohl die Nutzung als zentrumsatypisch angesehen wurde. Durch
die getrennte Bewertung von Funktion und Physiognomie kann es daher zu einer ge-
genseitigen Kompensation von Punkten kommen, die nicht zu vermeiden war.
Nach erfolgter Bewertung aller relevanten Sektoren wurde eine Gruppierung in der
Weise vorgenommen, daß sich durch Zusammenschluß dicht beieinanderliegender Werte
sechs Größenklassen bildeten (zur numerischen Definition der Größenklassen vgl.
Abb.7). Diese Einteilung erwies sich aus folgendem Grund als sinnvoller: Hätte
man sechs intervallgleiche Größenklassen gebildet, wären dicht beieinanderliegen-
de Werte verschiedenen Klassen zugeordnet worden. Statt dessen wurde einer Einteilung der Vorzug gegeben, die von der Größe der Werte selbst bestimmt wurde.
Aus genannter Abbildung ergibt sich die Zentrumsabgrenzung von Gebieten mit überwiegend zentrumsatypischem Funktionsanteil, in der Regel dominanter Wohnnutzung.
Während der Zentrumskern im Bereich von Cra 9 und Cl 13 lokalisiert ist, sind
zwei "Kernausläufergebiete" zu erkennen, nämlich zum einen der Bereich zwischen
Cra 7 und Cra 10 in Richtung N, zum anderen der Bereich zwischen Cl 11 und Cl 13
in westlicher Richtung. Inwieweit die Ausdehnung des zuletzt genannter Bereiches
auf die Existenz des in gleicher Richtung liegenden Bahnhofes zurückzuführen ist,
konnte nicht festgestellt werden. Sicherlich begünstigte die stark frequentierte,
mehrspurig angelegte Cl 13 die Ansiedlung kommerzieller Unternehmen; darüber hinaus wirkt auch der sich im W anschließende Industriekorridor standortaufwertend.
Die Lage des Stadtkerns in Bogotá bestätigt exemplarisch die Aussage von LICHTEN-
BERGER, nach der die Citybildung in Lateinamerika nicht an einem Marktplatz einsetzte, wie in den USA oder Europa zu beobachten war, sondern meist einer Hauptverkehrsstraße folgte, die von der Plaza ausging (1972(a), S.15) - hier die "Séptima" -, wobei zu betonen ist, daß die Plaza "Machtzentrum" etc., aber nie Markt
war!
Damit hat sich ein Wandel in der Stadtmitte Bogotás in den 70er Jahren vollzogen,
denn 1969 bemerkte BRÜCHER (S.185): "Zwar entvölkert sich die moderne Innenstadt
zusehends, angesichts der zahlreichen Wohn- und Appartementhäuser wäre es heute
aber noch verfehlt, von einer echten 'City' zu sprechen". Die in diesem Zitat
enthaltene Erwartung einer Citybildung hat sich bestätigt; so ist der Sektor
"3110 III", der den höchsten Gewichtungsfaktor überhaupt erzielte, auf einer Fläche von ca. 8 ha von mehr als 800 Handels- und Dienstleistungsbetrieben besetzt,
dem lediglich 34 Wohneinheiten gegenüberstehen. Industrielle Betriebe fehlen dagegen völlig. Die durchschnittliche Bebauungshöhe liegt bei 5.7 Stockwerken.
Wenngleich weitere Baublöcke in der City Bogotás einen ähnlich niedrigen

Wohnnutzungsanteil aufweisen, dürfte die Entvölkerung in der Bogotaner Innenstadt nach den vorliegenden, vom DAPD stammenden Daten nicht auch nur annähernd so weit fortgeschritten sein wie in den Cities vergleichbarer Größenordnung in Industrieländern. Insofern ist BÄHR zuzustimmen, als er auf der Grundlage von Forschungsergebnissen in Chile, Argentinien, Venezuela und Kolumbien darauf hinweist, daß die Entvölkerung der Innenstädte in Lateinamerika erst mit einer höheren Einwohnerzahl als in Europa einsetzt (1976, S.128).

Zweifellos ist Kritik an dem hier beschriebenen Verfahren der Zentrumsabgrenzung berechtigt. Sie richtet sich gegen die folgenden Mängel:

1. Die von DAPD und DANE vorgegebenen Definitionen der in die Abgrenzung eingehenden Funktionen und ihre Zusammenfassung in reichlich willkürlich erscheinenden Gruppen ist zu grob (z.B. sind Handwerks- und Industriebetriebe in der Gruppe "Industriebetriebe", Versicherungen und Werkstätten in der Gruppe "Sonstige Dienstleistungsbetriebe" zusammengefaßt etc.); zudem erfolgt weder eine qualitative noch eine quantitative Differenzierung: Eine kleine Wäscherei ist der Hauptverwaltung eines großen Kreditinstitutes erhebungsmäßig gleichgestellt.

2. Hieraus folgt, daß auch die Einteilung in zentrumstypische und -atypische Funktionen nur sehr vereinfachend vorgenommen werden konnte. Darüber hinaus war nicht zu vermeiden, daß zentrumsatypische Betriebe (z.B. Werkstätten) wegen ihrer Zugehörigkeit zur Gruppe "Sonstige Dienstleistungsbetriebe" zu einer Ergebnisverzerrung beitragen.

3. Die sich anschließende Punktbewertung und die darauf basierende Kategorisierung der Sektoren ist stark vom subjektiven Element geprägt; sie dient dazu, die verschiedenartigen Funktionen und Sektoren vergleichbar zu machen und orientiert sich dabei an Erfahrungswerten (ein Industriebetrieb ist wesentlich "zentrumsatypischer" als eine bewohnte Wohneinheit; eine in Bau befindliche Wohneinheit deutet eine dem Zentrumscharakter entgegenwirkende zukünftige Nutzung an - sie wurde demzufolge höher bewertet als z.B. eine bewohnte Wohneinheit und noch höher als eine leerstehende Wohneinheit, die, außer bei umzugsbedingten Leerzeiten, eine Degeneration der Grundfunktion "Wohnen" bzw. eine potentielle Nutzung durch tertiäre Funktionen anzeigt).

4. Die eingeschränkten Möglichkeiten der graphischen Darstellung zwangen dazu, Baublöcke zu Sektoren zusammenzufassen. Dabei erwies es sich als zweckmäßig, die von DAPD/DANE vorgegebenen Sektorengrenzen beizubehalten. Als nachteilig muß

jedoch empfunden werden, daß Intensitätsunterschiede in der Nutzung der Baublöcke innerhalb eines Sektors nicht mehr erkennbar sind und somit die dargestellten Abgrenzungslinien mit den Sektorengrenzen ausnahmslos zusammenfallen. So fällt auf, daß insbesondere Hauptverkehrsstraßen, bei denen i.a. von einer intensitätsmäßig ausgeglichenen, wenngleich funktional durchaus abweichenden Nutzung der Straßenseiten ausgegangen werden kann, häufig je zur Hälfte zu zwei unterschiedlich bewerteten Sektoren gerechnet werden. Da, wie bereits an anderer Stelle erwähnt, das Zentrum Bogotás in starker Weise von Cra 7, den Avenidas 10,14 und 19 sowie Av Jiménez de Quesada geprägt ist, sollen jeweils beide Straßenfronten demjenigen Sektor zugeordnet werden, der der höheren Punktbewertungskategorie angehört.

Wenngleich die in dieser Arbeit durchgeführte Methode subjektiven, allein auf bei Stadtbegehungen gewonnenen Beobachtungen und einer darauf basierenden Zentrumsabgrenzung vorzuziehen ist, darf nicht übersehen werden, daß die Resultate zwar eine mit der Realität übereinstimmende Grundtendenz wiedergeben, kleinräumlich betrachtet aber Verfälschungen beinhalten.

Auf eine detaillierte Delimitierung der eigentlichen "City" mußte hier verzichtet werden. Statt dessen wurde anhand der gegebenen - und mangels geeigneterer - Unterlagen der Versuch unternommen, das Zentrum von Bogotá abzugrenzen. Trotz der geäußerten Kritik muß betont werden, daß das angewandte Verfahren mit einer weitgehend akzeptablen Genauigkeit Zentrums- und andere Stadtbereiche Bogotás voneinander zu separieren vermochte, vergleicht man das Ergebnis mit den Eindrücken der intensiven Stadtbegehungen des Verf. (Kap.4).

Die Analyse der Mobilität des tertiären Sektors hat gezeigt, daß das Zentrum Bogotás die weitaus höchste Abwanderungs-, gleichzeitig die niedrigste Zuzugsquote aller untersuchten Teilräume aufwies. Die wesentlichen Ursachen, die die Innenstadt als Standort für den Dienstleistungssektor unattraktiv erscheinen lassen, wurden in stichprobenartig durchgeführten Interviews ermittelt und im Kap.5.3.3. bereits genannt. Im folgenden soll nun überprüft werden, inwieweit die genannten Kritikpunkte der Realität, d.h. den im Zentrum herrschenden negativer tatsächlichen Bedingungen (Verkehrssituation, Parkplatznot, Kriminalität etc.) entsprechen und inwiefern sich das Zentrum von anderen Stadtteilen unterscheidet.

6.2. Das Verkehrssystem Bogotás

Wie den durchgeführten Interviews zu entnehmen war, kommt der angespannten Ver-
kehrssituatior im Zentrum der Stadt, der schwierigen und zeitaufwendigen Erreichbarkeit und dem Parkplatzproblem ein erheblicher Stellenwert in dem Versuch zu,
die Abwanderungsbewegung des tertiären Sektors aus der Stadtmitte in den auch
unter Transportgesichtspunkten attraktiveren N der Stadt zu erklären.
Als erstes öffentliches Transportmittel, das in Bogotá eingeführt wurde, dienten
straßenbahnähnliche Wagen, die von Maultieren gezogen wurden und "die den Transport der Bevölkerung, von Osten nach Westen über die Calle 10 und über die
Calle 15, und von Norden nach Süden über die Carrera 7 angenehm und belustigend
machten" (SANZ 1980, S.297). Erst später wurden diese Fahrzeuge von elektrisch
betriebenen Straßenbahnen abgelöst. Diese verkehrten bis zum Zeitpunkt der politischen Unruhen im April 1948, in deren Verlauf sie zerstört wurden. Zur damaligen Zeit verkehrten bereits Busse und "Busetas" (kleinere Busse), mit denen heute
der größte Teil der Transportnachfrage befriedigt wird.
Die erste Straßenplanung datiert aus dem Jahre 1790 (Plan Vial "Solis Ezpeleta");
einer der bedeutendsten Pläne zum Ausbau des Straßensystems in diesem Jahrhundert
ist zunächst der "Plan Vial" von Brunner (1936), der eine Verlagerung des Eisen-
bahnkörpers bewirkte. An dessen Stelle trat der Ausbau der Av Caracas (Cra 14),
die nach Fertigstellung sowohl den Nord-Süd-Verkehr belebte als auch eine er-
leichterte Anschließung des westlichen Stadtraumes an das bis dahin existierende
Straßensystem ermöglichte (ACEVEDO u. AZUERO 1979, S.1). Ihm folgte 1945 eine von
der Sociedad Colombiana de Arquitectos entwickelte Planung (Plan Vial "S.C.A."),
die zum größten Teil in die Realität umgesetzt wurde und das Nord-Süd- bzw. Ost-
West-Achsenschema der Hauptstraßenanordnung unterstrich.
Das heutige Straßensystem weist eine Struktur unterbrochener konzentrischer Halb-
kreise auf, die durch vier das Zentrum in zunehmender Distanz einschließende
Straßengürtel gekennzeichnet ist. Im einzelnen handelt es sich um folgende Verkehrswege:

1. Gürtel: Av Jiménez - Av Caracas - Calle 26
2. Gürtel: Av 92 - Cra 30 - Av 1
3. Gürtel: Av 100 - Av 68 - Av 1^0 de Mayo
4. Gürtel: Av 127A - Av Boyacá (noch in Bau)

Das Straßensystem umfaßt 310 km Hauptverkehrsstraßen; der Kraftfahrzeugbestand
erreichte 1980 einschließlich der in benachbarten Gemeinden angemeldeten

Fahrzeuge die Grenze von 263.000 (Alcaldía Mayor, Secretaría de Obras Públicas 1981, S.14).

Der Anteil privater Kraftfahrzeuge pro 100 Haushalte stieg in Bogotá von 16,9 im Jahre 1972 auf 21,7 im Jahre 1978 (PACHON 1981(a), S.39).

Das gegenwärtige Transportsystem Bogotás beruht im wesentlichen auf den folgenden Verkehrsmitteln:

1. Busse, Busetas, Mikro-Busse
2. Taxis und "Taxis Colectivos" (Kollektiv-Taxis)
3. Individualverkehrsmittel (Pkw, Lkw, Zweiräder)

Die Eisenbahn, deren Gleiskörper teilweise in die Streckenplanung der Untergrundbahn einbezogen wurde, wird nur in Ausnahmefällen als urbanes Personentransportmittel genutzt, nämlich nur bei Streiks der Bus- und Buseta-Chauffeure. Auch dann bringt sie jedoch nur einen kleinen Teil der Bevölkerung in die nähere Umgebung ihrer Arbeitsplätze.

6.2.1. Busse und "Busetas"

Der weitaus größte Teil des Transportaufkommens, nämlich rund 80%, wird durch Busse und Busetas (kleinere Busse mit nur 25 Sitz- und, bei voller Auslastung, etwa ebenso vielen Stehplätzen) bewältigt. 1980 waren in Bogotá mehr als 7000 Busse und knapp 4000 Busetas registriert, die 35 privaten und einer einzigen öffentlichen Verkehrsgesellschaft gehörten. Das sich kontinuierlich ausweitende Busroutennetz bestand im gleichen Jahr aus 507 Linien, die ca. 300 Endstationen im Stadtgebiet anliefen. Das Transportleistungsangebot ist nahezu flächendeckend nachfrageorientiert: 96% der Bevölkerung wohnen in einer Entfernung von maximal 300 m zur nächstgelegenen Bus-Linie (Alcaldía Mayor, Secretaría de Obras Públicas 1981, S.14 u. 58ff.).

Daneben waren 1980 noch 66 Mikro-Busse vornehmlich auf der Strecke Flughafen El-dorado - Stadtzentrum eingesetzt. Da sie über eine unwirtschaftliche Transportkapazität von nur 11 bis 20 Personen verfügen, hat die zuständige Aufsichtsbehörde (INTRA) eine Eingliederung weiterer Mikro-Busse in das städtische Transportsystem abgelehnt. Ihre Gesamtzahl ist deshalb seit Jahren stark rückläufig (URRUTIA et al. 1981, S.88).

Eines der größten Probleme des Transportwesens in Bogotá ist, daß die Mehrheit der Busrouten durch das Zentrum führt, was eine Überlastung der Straßen und der Atmosphäre zur Folge hat (vgl. Kap.6.6.). Ursache ist u.a. das Gewinnstreben der Busunternehmer, die argumentieren, eine Strecke sei rentabler zu unterhalten, wenn sie das Zentrum oder Sekundärzentren wie z.B. Chapinero berühre. Das hat zur Folge, daß 50% aller Linien Cra 13 im Abschnitt von Cl 23 bis Cl 60 durchfahren, 70% sind es sogar in der für Busse, Busetas und Taxis vorbehaltenen Cra 10 zwischen Cl 1 und Cl 26 ((Alcaldía Mayor, Secretaría de Obras Públicas 1981, S.65). Linien, die nicht sternförmig auf das Zentrum zulaufen, sondern periphere Stadtgebiete direkt miteinander verbinden, existieren kaum. Dies zwingt wiederum einen Teil der Benutzer dieser Beförderungsart, zunächst das Zentrum anzufahren und die Reise mit einer anderen Linie fortzusetzen. Die geltenden Tarifbestimmungen schreiben einen Einheitstarif, unabhängig von der Fahrtdauer von drei Pesos (Busse) bzw. neun Pesos (Busetas) vor (Stand: August 1981), der bei einem Wechsel des Verkehrsmittels erneut fällig wird. Dieses Fehlen von Umsteigetarifen trägt zu einer Einnahmensteigerung der Busunternehmer wesentlich bei.

Eine Umfrage unter 102.000 Benutzern von Bussen und Busetas sowie 45.000 Benutzern von Personenkraftwagen und Taxis hat ergeben, daß an einem durchschnittlichen Werktag ca. 5,6 Millionen Fahrten innerhalb des Stadtgebietes unternommen werden. Bevorzugte Zielzonen sind das traditionelle Zentrum in Verbindung mit dem Centro Internacional (20% aller Fahrten), Chapinero, Siete de Agosto und Teusaquillo (begrenzt durch Cl 72, Cra 30, Cl 26 und das Centro del Sagrado Corazón), die zusammen ca. 15% aller Fahrten bewirken. "Start"-Zonen sind in erster Linie periphere Wohngebiete wie z.B. Tunjuelito, Kennedy, Las Ferias und Puente Aranda, die insgesamt für ca. 40% aller Fahrten den Ausgangsort markieren (Alcaldía Mayor, Secretaría de Obras Públicas 1981, S.58).

Derzeit konzentrieren sich Angebot und Nachfrage im öffentlichen Transportwesen auf zwei Stadtbereiche, nämlich auf das Zentrum (insbesondere in den Grenzen Cl 7/Cra 14/Cl 22/Cra 3) und auf Chapinero (Cl 56/Cra 13/Cl 63/Cra 14). Ein weiterer Pol, wenngleich geringerer Bedeutung, ist in der zentrumsnahen Industriezone (Cl 13 zwischen Cra 30 und Cra 50) lokalisiert (CIFUENTES o.J., S.28f.).

Die höchsten Busverkehrsdichten werden in Bogotá in folgenden Hauptverkehrsstraßenabschnitten erzielt (die Zahlen in Klammern geben die Summe der angebotenen Transportmittelplätze in der Rush-hour von 7^{00} Uhr bis 9^{00} Uhr pro Verkehrsrichtung an):

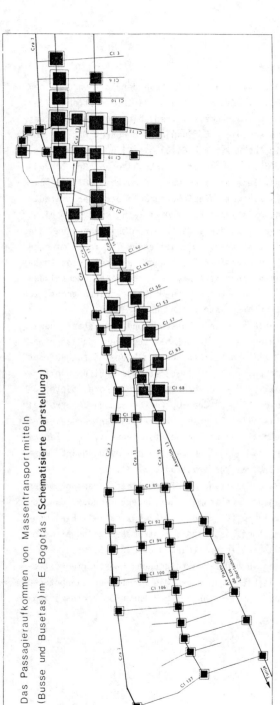

Abb.14

Das Passagieraufkommen von Massentransportmitteln
(Busse und Busetas) im E Bogotás (Schematisierte Darstellung)

Quelle: World Bank (Auswertung unveröffentlichter Daten durch den Verf.)

Entwurf u. Zeichnung: R.M.

Zahl der in Anspruch genommenen Sitz- und Stehplätze pro Verkehrsrichtung auf Stundenbasis
(Die Angaben für Straßenkreuzungen beziehen sich auf das jeweilige Gesamtpassagieraufkommen)

	RUSH-HOUR	ÜBRIGE VER-KEHRSZEITEN	RUSH-HOUR	ÜBRIGE VER-KEHRSZEITEN
— Nebenstraßen	0 – 10.000	0 – 5.000	30.001 – 40.000	15.001 – 20.000
═ Hauptverkehrsstraßen	10.001 – 20.000	5.001 – 10.000	40.001 – 50.000	20.001 – 25.000
→ Einbahnstraße	20.001 – 30.000	10.001 – 15.000		

1. Av Caracas - Carrera 13 im Abschnitt von Calle 45 bis Calle 53
   (je 90.000 Plätze)
2. Carrera 10 (70.000 Plätze)
3. Avenida Jiménez de Quesada (60.000 Plätze)
4. Avenida 68 im Abschnitt von Carrera 68 bis Carrera 13
   (50.000 Plätze)
5. Avenida de las Américas (45.000 Plätze)
6. Carrera 68 (25.000 Plätze)

Quelle: (Alcadía Mayor, Secretaría de Obras Públicas 1981, S.65)

Diese Angaben konnten durch die Auswertung einer Arbeitsunterlage der Weltbank durch den Verf. verifiziert werden, in der 308 Bus- und Buseta-Linienführungen 1978 erfaßt und mittels zahlenmäßiger Codierung von Straßenkreuzungen beschrieben wurden. Neben Angaben über die durchschnittliche Bedienungsfrequenz, Länge, Fahrzeit, mittlere Geschwindigkeit und Zahl der eingesetzten Fahrzeuge jeder Linie wurde angegeben, ob es sich um einen Bus-, Buseta- oder gemischten Fahrbetrieb handelte.

Unter der Annahme, daß in der "Hora pico" ca. 50 Personen von einem Bus, ca. 30 Personen von einer Buseta befördert werden, entstand Abb.14, aus der das aggregierte stündliche Transportplatzangebot für ausgewählte Hauptverkehrsstraßen Bogotás in der Rush-hour ersichtlich ist. Als "Hora pico" werden der Studie zufolge die Zeiten zwischen 5^{00} Uhr und 8^{30} Uhr, 11^{30} Uhr bis 14^{30} Uhr und 16^{00} Uhr bis 20^{00} Uhr angesehen (World Bank 1980, S.11). In den übrigen Zeiten geht neben der Transportnachfrage auch das Transportplatzangebot zurück, da die Frequenz der Verkehrsmitte von den Busgesellschaften um ca. fünf Minuten herabgesetzt wird.

Vergleicht man die Ergebnisse der Analyse, die auf den Daten der Weltbank von 1978 beruht (Abb.14), mit derjenigen Studie, die 1981 in Vorbereitung des Metro-Baus erstellt wurde mit Blick auf den Umfang der potentiellen Transportmittelkapazität auf bestimmten Hauptverkehrsstraßen in der Rush-hour, so stellt man fest, daß die Angaben für Av Caracas, Cra 13, Cra 10 und Av Jiménez nahezu übereinstimmen. Geringfügige Abweichungen erklären sich aus der unterschiedlichen Berechnungsweise und dem zeitlichen Abstand der beiden Untersuchungen. Die Auswertung des von der Weltbank zur Verfügung gestellten Materials ergab ferner, daß 1978 über 80% aller Linien eine oder mehrere der in die Betrachtung einbezogenen Straßen befuhren. Tab.17 zeigt des weiteren, von wievielen Linien die betreffenden Verkehrswege m angegebenen Untersuchungsabschnitt bedient werden:

Tabelle 17: Nutzung wichtiger Hauptverkehrsstraßenabschnitte durch Bus- und
Buseta-Linien

Hauptverkehrs-straße	Untersuchungs-abschnitt	Stadt-region	Zahl der verkehrenden Bus- und Buseta-Linien
Carrera 10	Cl 3 - Cl 16	Zentrum	90
Carrera 10	Cl 17 - Cl 26	Zentrum	65
Av Jiménez	Cra 3 - Tr 22	Zentrum	77
Av 19	Cra 3 - Cra 18	Zentrum	35
Carrera 14	Cl 6 - Cl 30	Zentrum	59
Carrera 14	Cl 31 - Cl 68	Chapinero	66
Carrera 13	Cl 31 - Cl 67	Chapinero	55
Carrera 15	Cl 100- Cl 127	Norden	12

Quelle: Auswertung des Verf. auf der Basis von Daten der Weltbank 1980

Cra 10 ist, in Relation zu der Zahl der zur Verfügung stehenden Fahrspuren, als
der größte Engpaß des Bustransportes im gegenwärtigen Straßensystem anzusehen.
Dies wird auch aus den an ausgewählten Stellen durchgeführten Verkehrszählungen
deutlich, die zu Zeiten "normalen" Verkehrsaufkommens stattfanden (vgl.
Kap.6.2.5.). Danach befahren - in beiden Fahrtrichtungen zusammen - stündlich
mehr als 1200 Busse und Busetas den Abschnitt in Höhe der Cl 10. Obwohl im Abstand von jeweils ca. 500 m Bus- bzw. Buseta-Haltestellen eingerichtet worden
sind (dies gilt auch für andere, stark befahrene Hauptverkehrsstraßen wie z.B.
Cra 7, Cra 13 und Av Caracas), werden von einem Großteil der Chauffeure und Passagiere die dafür vorgesehenen Haltepunkte mißachtet. Vielmehr führt der sogenannte "Guerra de Centavo" (1/100 des Wertes eines kolumbianischen Pesos) zu
rücksichtslosen Überholmanövern und Halten an nicht dafür vorgesehenen Stellen
(bisweilen sogar auf der Überholspur), um Passagiere ein- und aussteigen zu
lassen. Ursache des hohen Konkurrenzkampfes um jeden Passagier ist das
Entlohnungssystem: Busfahrer erhalten zwar den gesetzlich garantierten
Mindestlohn, sind darüber hinaus aber auch prozentual an den Einnahmen von jedem
beförderten Passagier beteiligt. Dadurch wird ein Anreiz geschaffen, eine
möglichst hohe Zahl von Fahrgästen mitzunehmen (URRUTIA et al. 1981, S.96).
Die Desorganisation des Verkehrsablaufes, bedingt durch die fehlende Disziplin
vieler Teilnehmer, weiterhin überfüllte Transportmittel in den Hauptverkehrszeiten, fehlender Überblick über das Transportangebot, erschwert durch die Vielzahl
der Buslinien, schlecht lesbare Linienbeschilderungen an den Fahrzeugen

insbesondere in den Nachtstunden etc., haben zu einer vermeidbaren durchschnittlichen Fahrzeitverlängerung insbesondere in den zentralen Stadtteilen geführt. So
liegt die durchschnittliche Geschwindigkeit z.B. in der Cra 10 zur abendlichen
"Hora pico" bei nur ca. 6 km/h (URRUTIA et al. 1981, S.68). Zum Vergleich: In
London fahren die Doppeldeckerbusse immerhin 17 km/h, während in Athen, einer
Stadt mit knapp vier Millionen Einwohnern und mehr als 500.000 Kraftfahrzeugen,
davon ca. 2000 Bussen, nur 7 km/h registriert wurden (Saarbrücker Zeitung,
29.1.1983).

Umfangreiche Analysen, die bereits Anfang der 70er Jahre im Rahmen des Programms
"Estudio de Desarrollo Urbano-Fase II" durchgeführt wurden, empfahlen, die Zahl
der durch das Zentrum führenden Linien zu reduzieren, das gesamte Liniensystem
neu zu strukturieren und die Zahl der Buslinien und Endstationen zu verringern,
um damit die Effizienz und Übersichtlichkeit des Transportwesens zu gewährleisten
(República de Colombia et al. 1974(b), S.179ff.). Keiner der erfolgversprechenden
Vorschläge, deren Anwendung angesichts der derzeitigen Situation des Transportsektors noch dringlicher als vor einigen Jahren erscheint, wurde jedoch in die
Tat umgesetzt. Als weitere Verbesserungsmaßnahmen bieten sich im übrigen die Einführung des Bus-Konvoi-Systems bzw. der Bau einer Untergrundbahn an, auf die im
Rahmen der Behandlung von Zukunftsperspektiven Bogotás noch zurückzukommen sein
wird (vgl. Kap.10.2.).

Drei Institutonen üben staatlichen Einfluß auf das Transportwesen aus: Das Instituto Nacional de Transporte (INTRA), dem die Kontrolle über alle Transportgesellschaften Columbiens und ihren Fuhrpark, die Festlegung von Routen, Abfahrts-
zeiten und Tarifen sowie die Überwachung des Kfz-Handels einschließlich des Im-
portes obliegt, ferner das Departamento Administrativo de Tránsito y Transporte
DATT (zuständig für die Verkehrs- und Buslinienüberwachung im Einflußgebiet des
Distrito Especial) und die Corporación Financiera del Transporte C.F.T. (zuständig für die Finanzierung anzuschaffender Transportmittel und Zahlung der staatlichen Subventionen). Die Funktion des Staates beschränkt sich weitestgehend auf
die Zahlung von Subventionen. Die Höhe der staatlichen Unterstützung schwankt, je
nach Alter des Fahrzeugs, zwischen 25.000 und 48.000 Pesos monatlich. Dabei wird
zur Bedingung gemacht, daß das subventionierte Fahrzeug ausschließlich im öffentlichen Transport einzusetzen ist, mindestens 21 Tage pro Monat bewegt wird und
eine bestimmte tägliche Fahrstrecke zurücklegen muß. Im Oktober 1980 erfüllten
über 6.000 Busse die gestellten Auflagen (Alcaldía Mayor, Secretaría de Obras
Públicas 1981, S.66). Durch die staatliche Unterstützungszahlung wird den Busun-
ternehmern die Deckung variabler und fixer Kosten sowie ein angemessener Gewinn
garantiert, ohne die die aus politischen und sozialen Gründen künstlich niedrig

gehaltenen Bus-Fahrpreise (Busetas werden nicht subventioniert) nicht durchsetz-
bar wären.[21] Kritisiert werden muß jedoch, daß das Instrument der Subventionsge-
währung in nur unzureichendem Maße dazu eingesetzt wird, auf unrentablen oder
noch nicht befahrenen Strecken Buslinien zu unterhalten, die von hohem Nutzen für
die betroffene Bevölkerung wären (z.B. Verbesserung des Verkehrsanschlußes peripherer Stadtteile). Die einzige staatliche Gesellschaft "Empresa Distrital de
Transportes Urbanos" (EDTU), die im Mai 1980 über 83 benzin- und elektrobetriebe-
ne Busse ("Trolleys") verfügte, ist "vielleicht eines der klarsten Beispiele für
die Ineffizienz staatlicher städtischer Transportgesellschaften" (URRUTIA et al.
1981, S.109), da die sogenannten "Buses municipales" pro Passagier doppelte Kosten im Vergleich zu privat betriebenen Bussen verursachen.

6.2.2. Taxis und "Taxis Colectivos"

Der Anteil von Taxis und "Taxis Colectivos" am gesamten motorisierten Verkehrsaufkommen beträgt lediglich 5,4% (Alcaldía Mayor, Secretaría de Obras Públicas
1981, S.58). Die Kollektiv-Taxis verkehren ausschließlich auf staatlich genehmigten Linien. Den größten Transportbeitrag liefern jedoch Individual-Taxis: 1980
existierten in Bogotá über 12.000 registrierte Fahrzeuge, während die Zahl der
"Taxis Colectivos" von 380 im Jahre 1977 auf unter 300 im Jahre 1980 kontinuierlich sank (URRUTIA et al. 1981, S.89).
Ihre Fahrpreise liegen zwischen denen für Busetas und für Individualtaxis. Da
"Taxis Colectivos", bedingt durch die geringe Zahl der eingesetzten Fahrzeuge,
nur auf wenigen Routen im Stadtgebiet verkehren und sich überdies ihre "Passier-
frequenz" häufig als zu niedrig erweist, ist ihre Bedeutung innerhalb des Bogotaner Transportwesens als sehr gering einzuschätzen.

6.2.3. Der private Individualverkehr

Der Anteil des privaten Individualverkehrs an allen werktäglich durchgeführten
innerstädtischen Fahrten (deren Gesamtzahl auf 5,6 Mio geschätzt wird; vgl.
Kap.6.2.1.) beträgt ca. ein Sechstel (Alcaldía Mayor, Secretaría de Obras Públicas 1981, S.58).
Ende Juni 1980 überschritt der private Kfz-Bestand in Bogotá 136.000 Fahrzeuge

(Pkw, Lkw, Jeeps u.a.) (Alcaldía Mayor, DATT 1980, S.55), was einer Verdoppelung
des Fuhrparks im Zeitraum von 1972 bis 1980 entspricht.
Die Charakter-stika in der Entwicklung des Individualverkehrs in Bogotá können
folgendermaßen skizziert werden:

1. Der Gebrauch von Privatfahrzeugen nimmt mit steigendem Einkommen zu. Auf die
wohlhabenden Bevölkerungsschichten, die fast ausschließlich im N des Stadtgebietes wohnen, entfallen etwa 3/4 aller Privatfahrzeuge, obwohl ihr Bevölkerungsan-
teil bei lediglich 11% liegt. Im ärmsten Sektor der Stadt (im S Bogotás) verfügen
dagegen die Einwohner, obwohl sie 20% der Gesamtbevölkerung Bogotás ausmachen,
nur über 4% des privaten Fahrzeugbestandes (PACHON 1981(a), S.32). Dagegen verfügt in Industrieländern die Mehrzahl aller Arbeiterhaushalte über einen eigenen
Pkw.

2. Der Anstieg des Fahrzeugbestandes ist nicht gleichmäßig auf die einzelnen
Stadtgebiete verteilt: Die Region "Zentrum" verzeichnete einen Rückgang des Ge-
brauchs von Privatfahrzeugen.
M.E. läßt auch diese Entwicklung auf eine zunehmende Degeneration des Zentrums
schließen. 1972 waren 1.64% aller Bogotaner Haushalte in der Innenstadt angesiedelt. Sie verfügten über 1.79% des ermittelten Gesamteinkommens. 1978 registrierte man bereits 3.0% aller Haushalte im Zentrum, die jedoch nur über einen Anteil
am Gesamteinkommen in Höhe von 1.85% verfügten, was die rückläufige Entwicklung
des Fahrzeugbestandes erklärt (PACHON 1981(a), S.35f.).

Der relativ niedrige Motorisierungsgrad, der in Bogotá bis 1980 im Vergleich zu
vielen anderen Städten erreicht wurde, kann dennoch die Überlastung des Straßensystems in den Hauptverkehrszeiten nicht verhindern. Aus Tab.18 sind für ausgewählte Städte in Industrie- und Entwicklungsländern die jeweiligen Einwohnerzahlen sowie die Zahl der Kraftfahrzeuge und Busse pro tausend Einwohner für das
Jahr 1970 (Bogotá: 1970 und 1980) zu entnehmen.
Die Verkehrsprobleme in Bogotá werden durch die auf Überalterung des Fahrzeugbestandes , unzureichende Verkehrseinrichtungen, Disziplinlosigkeit der Verkehrsteilnehmer und andere Negativfaktoren basierende hohe Unfallhäufigkeit, die 1979
zu 98 Unfällen pro 1000 registrierte Fahrzeuge (!) führte, verschlimmert (Alcaldía Mayor DATT 1980, S.14).
Bis zum Jahr 2000 wird mit einem Anstieg des Motorisierungsgrades in Kolumbien
auf nahezu 1/3 des Wertes der Vereinigten Staaten gerechnet, was ohne

Tabelle 18: Der Motorisierungsgrad in verschiedenen Städten der Welt

Stadt	Zahl der Kfz/ Tsd. Einwohner	Zahl der Busse/ Tsd. Einwohner	Bevölkerung (in Tsd. Ew.)
Bogotá 1970	22.0	1.4	2.551
Bogotá 1980[1])	38.7	2.9	3.800
Bombay	13.5	0.3	5.792
Buenos Aires	73.9	1.6	8.400
Caracas	91.0	0.6	2.277
Ciudad de México	78.3	1.3	8.600
Hong Kong	26.2	2.1	3.350
Istanbul	21.0	0.2	2.800
Karachi	10.4	0.3	3.460
Lagos	22.8	1.0	1.448
London	222.0	0.6	10.547
Nairobi	52.7	1.5	567
Paris	248.0	0.4	8.448
São Paulo	62.3	1.3	8.400
Seoul	6.3	0.9	5.535
Singapur	73.0	1.3	2.110
Teheran	44.4	1.0	3.600
Tokio	83.3	1.3	14.900
Washington D.C.	316.0	2.9	757

1) Quelle: Alcaldía Mayor, DATT 1980, S.55; Alcaldía Mayor, Secretaría de Obras Públicas 1981
Quelle der übrigen Angaben: URRUTIA et al. 1981, S.21f.

Verbesserungen des gegenwärtigen Verkehrssystems zu einer erheblichen Verschärfung der aufgezeigten Probleme führen wird (PACHON 1981(a), S.32ff.).

6.2.4. Der Fußgängerverkehr

Über den Fußgängerverkehr in Bogotá, insbesondere die Analyse des Fußgängerver-
haltens hinsichtlich Ziel- und Ausgangsorte, Bewegungsrichtungen, Bewegungsdauer
und Bewegungsmotive liegen bislang keine wissenschaftlichen Erkenntnisse vor. Die
zuständigen Behörden tragen nur wenig zu verbesserten Straßenverkehrsbedingungen
bei, die diese Verkehrsteilnehmer betreffen; ein Projekt, ausgewählte Seitenstraßen des Zentrums für den motorisierten Verkehr zu sperren, wurde bislang nicht
verwirklicht. Eine attraktive, großräumige Fußgängerzone existiert nicht, und die
Zahl der ausschließlich Fußgängern vorbehaltenen Verkehrsflächen, sieht man einmal von den häufig zu eng angelegten, zugeparkten oder reparaturbedürftigen Bürgersteigen ab, ist bei weitem nicht bedarfsgerecht.
Im Rahmen dieser Arbeit konnte lediglich die Stärke des Fußgängeraufkommens an
ausgewählter Punkten im Stadtgebiet ermittelt werden, die einen Anhaltspunkt für
die funktionale Bedeutung der jeweiligen Straße bzw. Stadtregion zu liefern vermögen. Um die Information zu komplettieren, wurden auch Fahrzeugzählungen durchgeführt, deren Ergebnisse ebenfalls, wie auch die der Fußgängerzählungen, in den
Tabellen 19 und 20 dargestellt und im folgenden Kapitel interpretiert werden.

6.2.5. Verkehrszählungen

Aus Rationalisierungsgründen wurden neben eigenen Zähldaten auch Untersuchungsergebnisse verwendet, die aus anderen Studien stammen. Die jeweiligen Quellenanga-
ben sind den betreffenden Tabellen zu entnehmen. Allen Angaben liegt zwar ein
Zählintervall von einer Stunde zugrunde, aber schon wegen des Rückgriffs auf extern erstellte Daten war es nicht möglich, sämtliche Zählungen am gleichen Wo-
chentag und zur gleichen Uhrzeit durchzuführen. Die Interpretation der gewonnenen
Ergebnisse muß daher unter entsprechenden Einschränkungen erfolgen.
Die Fußgängerzählungen (vgl. Tab.20) zeigen, daß der am stärksten durch Passanten
frequentierte Bereich der Innenstadt durch die Grenzen Cra 7/C1 21/Cra 9/C1 12
markiert wird. Nur innerhalb dieser Zone wurden Passantenströme registriert, die
auf einer Straßenseite 3000 Fußgänger/h zum Teil deutlich überschritten. Die hohe
Passantenfrequenz in Cra 10 ist auf die Funktion dieser Hauptstraße als
bedeutendste Verkehrsverbindung des öffentlichen Transportsystems in Bogotá und
dem dadurch bedingten Auftreten von ein- und aussteigenden Passagieren
zurückzuführen.

Tabelle 19: Verkehrszählungen von Kraftfahrzeugen auf Stundenbasis

ZÄHLORT	IN HÖHE VON	FAHRZEUGE N-S- bzw. W-E-Richtung			S-N- bzw. E-W-Richtung		
		Pkw und Lkw	Busse u. Busetas	Insg.	Pkw und Lkw	Busse u. Busetas	Insg.
Cra 5	Cl 48[1]	1.860	0[4]	1.860	_[5]	-	-
Cra 7	Cl 13[2]	0	0	0	1.655	40	1.695
Cra 7	Cl 13/14[1]	0	0	0	1.500	60	1.560
Cra 7	Cl 30[2]	3.603	534	4.137	2.806	492	3.298
Cra 10	Cl 2[3]	-	-	-	1.380 insgesamt		
Cra 10	Cl 10[2]	862	649	1.511	689	642	1.331
Cra 10	Cl 20/21[1]	0	0	0	180	720	900
Cra 13	Cl 28[1]	1.620	60	1.680	0	0	0
Cra 13	Cl 61[2]	1.647	368	2.015	0	0	0
Cra 13	Cl 72[3]	-	-	-	1.820 insgesamt		
Cra 14	Cl 53/54[1]	-	-	-	1.140	540	1.680
Cra 14	Cl 14[2]	1.189	252	1.441	1.164	299	1.463
Cra 14	Cl 67[2]	921	347	1.268	1.092	555	1.647
Cra 15	Cl 93[2]	-	-	-	1.005	103	1.108
Cra 15	Cl 125[2]	-	-	-	1.061	110	1.161
Av Jim	Cra 7[2]	714	133	847	978	61	1.039
Av 19	Cra 10[2]	1.321	126	1.447	1.163	83	1.246

Quellen: 1) OLAYA 1981
2) Erhebungen des Verf., 1981
3) DATT, unveröffentlichte Zählungsdaten des städtischen Verkehrsrechenzentrums

4) Keine Fahrzeuge (z.B. bei Einbahnstraßen)
5) Keine Zählung

Die herausragende Bedeutung der Cra 7 als City-Hauptgeschäftsstraße wird durch die vorliegenden Ergebnisse eindrucksvoll bestätigt. In bezug auf das Fußgängeraufkommen dominiert diese Straße auch über Daten, die in Cra 13, der Hauptgeschäftsstraße Chapineros, ermittelt wurden und die ebenfalls citytypische Größenordnungen erreichen, obwohl dieser Stadtteil als Sekundärzentrum einzustufen ist. Bei der Interpretation der durchgeführten Fahrzeugzählungen (vgl. Tab.19) muß zwischen dem Bus- (und Buseta-) sowie dem übrigen Verkehr differenziert werden. Der am stärksten von Bussen frequentierte Straßenabschnitt ist Cra 10 im City-Bereich, sowohl in N-S- als auch in umgekehrter Richtung. Da die öffentlichen Verkehrsmittel, die diese Straße in nördlicher Richtung über Cl 26 hinaus frequentieren, zunächst im Bereich des Centro Internacional Cra 7 und im weiteren Verlauf in ihrer Mehrzahl Av Caracas befahren, erklärt sich hieraus der Zuwachs, der

- 117 -

Tabelle 20: Verkehrszählungen von Fußgängern auf Stundenbasis

ZÄHLORT	IN HÖHE VON	FUSSGÄNGER N- bzw. W-Seite des Bürgersteiges (beide Richtungen)	S- bzw. E-Seite des Bürgersteiges (beide Richtungen)	Insg.
Cra 6	Cl 9/10[1]	303	438	741
Cra 7	Cl 12/13[1]	1.310	1.368	2.678
Cra 7	Cl 13/14[2]	4.936	5.127	10.063
Cra 7	Cl 20/21[1]	4.115	3.838	7.953
Cra 8	Cl 9/10[1]	1.346	967	2.313
Cra 8	Cl 13/14[1]	3.636	2.717	6.353
Cra 9	Cl 12/13[1]	407	308	715
Cra 10	Cl 15/16[2]	2.448	2.906	5.354
Cra 13	Cl 59/60[1]	3.452	1.932	5.384
Cra 13	Cl 60/61[2]	2.089	2.635	4.724
Cra 13	Cl 62/63[1]	1.216	2.082	3.298
Cl 11	Cra 5/6[1]	503	504	1.007
Cl 12	Cra 5/6[1]	1.982	2.587	4.569
Cl 12	Cra 7/8[1]	3.238	2.140	5.378
Cl 12	Cra 8/9[1]	3.387	4.347	7.734
Cl 13	Cra 6/7[1]	1.960	2.448	4.408
Cl 13	Cra 8/9[1]	3.003	3.162	6.165
Cl 14	Cra 5/6[1]	397	459	856
Av Jim	Cra 7[2]	3.300	2.607	5.907
Av Jim	Cra 8/9[1]	2.176	2.164	4.340
Cl 16	Cra 5/6[1]	1.692	1.729	3.421
Cl 16	Cra 7/8[1]	2.528	2.331	4.859
Av 19	Cra 6/7[2]	2.693	1.482	4.175

Quellen: 1) OLAYA 1981
2) Erhebungen des Verf., 1981

zwischen Cl 14 und Cl 67 in dieser alleeartigen Avenida registriert wurde.
Vergleichbare Bedeutung kommt der parallel verlaufenden, nur in N-S-Richtung befahrbaren Cra 13 zu.
Auffällig ist die untergeordnete Funktion von in E-W-Richtung verlaufenden Straßen: Der Anteil von Bussen am Gesamtverkehr ist sowohl in Av 19 als auch in Av Jiménez relativ gering.
Die wichtigste N-S- bzw. S-N-Verbindung Bogotás ist die vom übrigen Verkehr (Pkw, Lkw, Taxis etc.) stark frequentierte, in den Abendstunden nur in nördlicher Richtung (bis Cl 72) befahrbare sechsspurige Cra 7. Im Gegensatz zu den ebenfalls stark befahrenen, parallel verlaufenden Cra 13 und Cra 14 garantiert hier die weitgehende Befreiung von öffentlichen Transportmitteln einen schnelleren Verkehrsfluß (dies gilt nur für den nördlich von Cl 31 gelegenen Abschnitt).
Cra 5, ebenfalls ohne Bedeutung für den öffentlichen Verkehr, fungiert in den

Morgenstunden auch als wichtiger nördlicher Zubringer für ins Stadtzentrum fahrende Kraftfahrzeuge, da in dieser Zeit der von S nach N fließende Verkehr umgeleitet wird, was einer Verdoppelung der Straßenaufnahmekapazität gleichkommt und den hohen Zählwert im Bereich des Hospital Militar erklärt.

6.2.6. Die Parkplatzsituation im Zentrum

Prinzipiell ist zwischen Parkmöglichkeiten in öffentlichen Straßen, auf provisorischen Parkplätzen (unbebaute Grundstücke) und in Gebäuden (Tiefgaragen, Parkhäuser) zu unterscheiden. Letztere lassen sich in Immobilien öffentlichen, privaten und gemischt-wirtschaftlichen Eigentums einteilen. Bei provisorisch angelegten Parkplätzen muß i.a. damit gerechnet werden, daß, da es sich nur um eine Übergangsnutzung handelt, die Parkflächen später eine andere Verwendung finden, ohne daß Ersatz geschaffen wird. Dies ist z.B. bei Abriß von Altbauten und nicht unmittelbar anschliessendem Beginn von Neubauarbeiten der Fall. Dennoch sind auch diese Parkplätze meist, anders als in Deutschland, von meterhohen Mauern umgeben und permanent bewacht.

Für die verschärfte Überwachung und Einhaltung von Parkverboten wurden 1981 sechs (!) Abschleppwagen in Dienst gestellt, die kontinuierlich im Einsatz sind (El Tiempo, 25.5.1981).

Parksysteme, die eine bessere Auslastung vorhandener Parkplätze durch Kurzparker und die Verdrängung von Langzeitparkern garantieren (Parkscheiben, Parkuhren etc.), haben bislang in der kolumbianischen Hauptstadt keine Nachahmung gefunden. Wie den durchgeführten Interviews zu entnehmen war und durch eigene Erfahrungen bestätigt wird, ist der Mangel an Parkplätzen im Zentrum am gravierendsten, was sich in einer überdurchschnittlich langen Parkplatzsuche während der Ladenöffnungszeiten äußert. Eine objektive Darstellung von Angebot und Nachfrage wird jedoch durch fehlendes oder unzureichendes Datenmaterial erschwert.

Nach einer 1972 durchgeführten Umfrage benutzten zur damaligen Zeit mehr als 18.000 Beschäftigte ihr eigenes Fahrzeug, um zu ihrer im Zentrum gelegenen Arbeitsstätte zu gelangen. Diese Zahl sank auf unter 16.000 Beschäftigte im Jahre 1978 (PACHON 1981(b), S.35), was Anlaß zu der Frage gibt, ob die differierenden Rahmenbedingungen der Umfragen, ein Abbau von Arbeitsplätzen im Zentrum oder eine sinkende Bereitschaft von Arbeitnehmern, mit dem eigenen Pkw ins Zentrum zu fahren, als ursächlich für den Zahlenrückgang angesehen werden muß. Auch durchschnittlich niedrigere Gehälter, die die Angestellten von in aufgegebene

Zentrumsstandorte nachrückenden Betriebe beziehen, sind durchaus denkbar. Unberücksichtigt blieb zudem die zusätzlich von motorisierten Besuchern des Zentrums induzierte Parkplatznachfrage, die aus anderen als Beschäftigungsgründen die Innenstadt aufsuchten (z.B. für Einkäufe, Besuche öffentlicher und privater Institutionen wie Behörden, Museen, Kammern, Firmen etc.).

Zahlen, die eine aktuelle Schätzung der Gesamtnachfrage auf wissenschaftlicher Basis ermöglichen, waren nicht verfügbar. Nach Auskunft des DATT und unter Berücksichtigung des seit 1978 weiter angewachsenen Kfz-Bestandes in Bogotá muß jedoch davon ausgegangen werden, daß die maximale Nachfrage nach Parkplätzen an Werktagen im Bereich des Zentrums und Centro Internacional zwischen 20.000 und 25.000 schwankt.[22]

Eine detaillierte Aufstellung aller im traditionellen Zentrum, der Altstadt sowie südlich und westlich angrenzender Gebiete und im Centro Internacional verfügbaren Parkplätze wurde von DAPD im Jahre 1977 angefertigt, deren Ergebnis Abb.15 zeigt; aus ihr ist zu entnehmen, wieviele Parkplatzmöglichkeiten in den einzelnen Teilzonen auf unbebauten Grundstücken und in Tiefgaragen bzw. Parkhäusern zur Verfügung stehen.

In einer weiteren Untersuchung, die sich auf das Centro Internacional beschränkt, werden außer Abstellmöglichkeiten im öffentlichen Straßennetz ca. 950 Parkplätze öffentlichen und privaten Charakters ausgewiesen (IDU 1978(b), S.8), was, berücksichtigt man die unterschiedlichen Zeitpunkte, zu der die beiden Studien durchgeführt wurden, angesichts der herrschenden Übereinstimmung auf tendenziell richtige Angaben in Abb.15 schließen läßt. Demnach steht einer geschätzten Nachfrage von ca. 20.000-25.000 Plätzen im Bereich des traditionellen Zentrums ein Angebot von knapp 7.000 Parkplätzen gegenüber, das überdies zu etwa zwei Dritteln von provisorischem Charakter geprägt ist.

Selbst wenn in dieses Modell bislang nicht miteinbezogene Parkmöglichkeiten an den Straßenrändern Eingang finden, die mangels statistischer Angaben nur grob geschätzt werden können, ist mit einem Nachfrageüberschuß nach Abstellplätzen in der Größenordnung von mindestens 12.000 Einheiten zu rechnen. Dieser Überhang reguliert sich durch folgende, gleichzeitig beobachtbare Anpassungsmaßnahmen der Bevölkerung:

1. Ein Teil der Fahrzeuge wird in benachbarten Zonen des Zentrums abgestellt, die verbleibende Wegstrecke zu Fuß zurückgelegt.

2. Manche Personen, die das Zentrum aufsuchen müssen, weichen wegen der zeitaufwendigen Parkplatzsuche auf langsamere öffentliche Verkehrsmittel aus. Die

Das Parkplatzangebot im Zentrum Bogotás   Abb.15

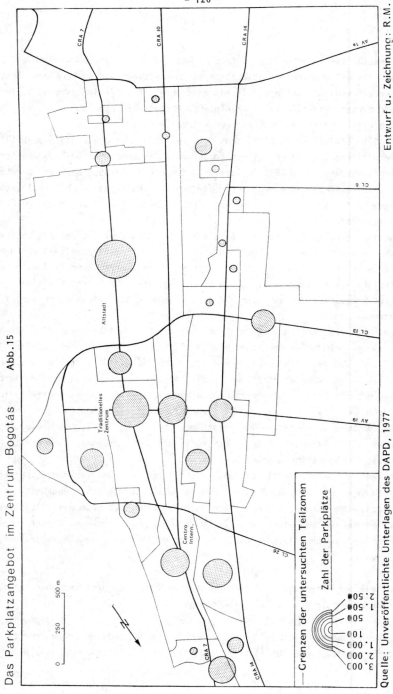

Entwurf u. Zeichnung: R.M.

Quelle: Unveröffentlichte Unterlagen des DAPD, 1977

— Grenzen der untersuchten Teilzonen

Zahl der Parkplätze

Bereitschaft hierzu wird umso größer, je besser der Wohnort unter Transportgesichtspunkten an die Innenstadt angeschlossen ist. Das "Park-and-Ride"-System ist
in Bogotá nicht verbreitet. Dies ist zum Teil auf die geschilderten Unzulänglichkeiten des öffentlichen Transportwesens und fehlende großräumige, bewachte (!)
Parkplätze in der Stadtperipherie zurückzuführen.

3. Ein weiterer Personenkreis sucht, sofern möglich, alternative Institutionen
(Geschäfte, Dienstleistungsbetriebe etc.) z.B. in Sekundärzentren auf und verzichtet auf einen Zentrumsbesuch weitestgehend.

4. Nur ein sehr geringer Prozentsatz der Bevölkerung besucht das Zentrum in Be-
gleitung eines Fahrers (Taxifahrer, Privatchauffeur) wegen der damit verbundenen
Kosten.

In absehbarer Zukunft ist mit einer Verbesserung der Parkplatzsituation in der
Innenstadt Bogotás nicht zu rechnen: Die zuständige Behörde DAPD verweigert die
Genehmigung zum Bau neuer Privatparkplätze und plant auch keine Änderung dieser
Politik mit der Begründung, das Angebot sei ausreichend. Restriktiven Einfluß auf
die privatwirtschaftliche Initiative üben auch die von der Stadtverwaltung dekre-
tierten niedrigen Parkgebühren aus.[23]
Da in Parkplatzflächen umwandelbare Grundstücke nur begrenzt zur Verfügung ste-
hen, wurde bereits wiederholt vorgeschlagen, den Bau von Tiefgaragen zu fördern.
Die Investition einer in öffentlichem Eigentum stehenden Tiefgarage in der
Av Jiménez/Cra 6 amortisierte sich inzwischen, was die Durchführbarkeit dieser
Empfehlung beweist. Bestrebungen, das bestehende Angebotsdefizit zu verringern,
sind jedoch nicht zu erkennen.
Die derzeitigen Schwerpunkte der nationalen und städtischen Verwaltung, die auf-
tretenden Verkehrsprobleme in Bogotá zu lösen, betreffen den geplanten Bau der
Metro (vgl. Kap.10.2.) und den Busbahnhof (vgl. Kap.9.1.4.1.), die Verbesserung
des Hauptverkehrsstraßensystems durch Erweiterungs- und Neubaumaßnahmen (u.a. den
Weiterbau der Avenida de Circunvalación, einer im E der Stadt, zum Teil in den
Cerros verlaufenden Umgehungsstraße), die Fortsetzung des Brückenerstellungspro-
gramms (vorgesehen ist die Überbrückung von dreizehn Kreuzungen im W der Stadt)
und schließlich die Einführung der "Grünen Welle" ("Ola verde"), in deren System
nach Fertigstellung 424 Kreuzungen integriert sein werden (Secretaría de Obras
Públicas 1980, o.S.).[24]

6.3. Die Boden- und Mietpreisentwicklung

Wie den Interviewergebnissen zu entnehmen war, spielt die Erwartung zukünftiger Wertsteigerungen von Immobilien eine ausschlaggebende Rolle im Entscheidungsprozeß zugunsten eines Standortwechsels. Die folgende Untersuchung des Bogotaner Bodenpreismarktes soll nun klären, inwieweit derartige Erwartungen durch den Vergleich von Preisentwicklungen der Vergangenheit bestätigt werden können; ferner sind Unterschiede des Immobilienmarktes im N der Stadt, verglichen mit dem des Zentrums, aufzuzeigen. Schließlich ist zu überprüfen, ob das Mietpreisniveau des Nordens nicht, wie es das Interviewergebnis vermuten läßt, einer Standortwechselbereitschaft des tertiären Sektors im Zentrum abträglich ist. Bevor jedoch auf die spezifische Problematik in Bogotá eingegangen werden kann, sind zunächst einige theoretische Vorbemerkungen anzustellen.

In den meisten nordamerikanischen und europäischen Städten haben Untersuchungen über Bodenpreise gezeigt, daß sie vom Zentrum zur Peripherie in der Regel kontinuierlich abnehmen. Diese häufig auch als "Bodenpreispyramide" bezeichnete Struktur wird in ihrer Regelmäßigkeit von Satellitenstädten, Sekundärzentren, Hauptverkehrsadern und topographischen Gegebenheiten unterbrochen (NOURSE 1968, S.123), ohne daß einer der genannten Einflüsse die Stellung des Zentrums als "Spitze der Pyramide" gefährden könnte.

6.3.1. Studien zur Preisentwicklung des Grundstücksmarktes in Bogotá

Es überrascht, daß sich in Bogotá nur wenige wissenschaftlich ernstzunehmende Studien mit der historischen Entwicklung von Bodenpreisen bis hin zur Gegenwart befassen. Dies ist angesichts der Vielzahl vorhandener Untersuchungen und der darin enthaltenen Datenfülle über zentrale Problembereiche der Stadt umso mehr verwunderlich, da Bogotá als die am ausführlichsten erforschte lateinamerikanische Großstadt gilt, was nicht zuletzt auch auf Forschungsprojekte des BID und der Weltbank zurückzuführen ist.

Zwar existieren einige Studien, die jedoch, auf marxistischem Gedankengut aufbauend, zu stark theoretisieren, ohne die in der Praxis auftretenden Phänomene hinreichend zu berücksichtigen.

Auch die Studien "Fase II" und "Fase IIb", Anfang der 70er Jahre unter Mitarbeit von ausländischen Firmen in der Absicht erstellt, Bogotá langfristig in ein städtisches Entwicklungskonzept zu integrieren (vgl. Kap.10), sind gemäß der in ihnen geübten Selbstkritik nicht hinreichend aussagefähig, da die zur Verfügung stehenden Daten der Bodenpreissituation lediglich eine Analyse einiger Stadtgebiete in einem überdies begrenzten Zeitraum erlaubten (nach BORRERO u. DURAN 1980, S.6 ff.).

Nur drei Untersuchungen bieten eine zusammenfassende Darstellung und damit einen zufriedenstellenden Überblick über die Bodenpreisentwicklung im gesamten Stadtgebiet Bogotás: die Studie von WIESNER, "Cien Años de Desarrollo Histórico de los Precios de la Tierra en Bogotá" (1981) bzw. "The History of Land Prices in Bogotá between 1878 and 1978 and the principal Factors that caused them to increase" (eine ausführlichere, nicht veröffentlichte Fassung aus dem Jahr 1978 vom selben Autor), des weiteren die zum Teil auf den gleichen Daten aufbauende, von der Weltbank und der Corporación Centro Regional de Población (CCRP) finanzierte Untersuchung mit dem Titel "Los Precios de la Tierra en Bogotá (1955-1978)" (VILLA-MIZAR 1981(a)) und schließlich um eine Arbeit des Centro Nacional de Estudios de la Construcción (CENAC), "El Valor del Suelo urbano" (BORRERO u. DURAN 1980). Anhand der Gegenüberstellung der Studien von WIESNER und VILLAMIZAR soll - nach einem kurzen historischen Überblick der Bodenpreisentwicklung - gezeigt werden, wie sich, je nach Zielsetzung der Untersuchung, die Ergebnisse unterscheiden, obwohl weitgehend auf die gleiche Datenbasis zurückgegriffen wurde. Insbesondere die Auseinandersetzung mit der zuletzt genannten Studie macht deutlich, daß Bodenpreisen nicht nur große Bedeutung als Push- bzw. Pull-Faktoren z.B. in bezug auf das Standortverhalten des tertiären Sektors zukommt, sondern sie auch unter raumordnerischen Gesichtspunkten von hohem Interesse sind und damit beachtlichen politischen Stellenwert besitzen.

6.3.1.1. Die Studien von WIESNER und VILLAMIZAR

WIESNER weist in seiner Bodenpreisanalyse ausdrücklich darauf hin, daß nur notariell beurkundete Grundstückspreise berücksichtigt wurden, nicht jedoch öffentliche Grundbucheintragungen, da es bei Immobilienverkäufen Geschäftsusance ist, den Kaufpreis aus steuerlichen Überlegungen heraus nach außen hin niedrig zu halten (WIESNER 1978, S.11).

Bis zu Beginn dieses Jahrhunderts genossen die an die Plaza (Cl 10/11) angrenzenden Grundstücke den höchsten Marktwert Bogotás. In der Folgezeit gewannen die Grundstücke in der Calle Real (der heutigen Cra 7) zwischen Cl 11 und Cl 15 bzw. der Avenida de la República (zwischen Cl 16 und Cl 25) beständig an Wert, ohne

daß das Zentrum als der Ort der höchsten Bodenpreise Bogotás in ernsthafte Konkurrenz mit anderen Stadtteilen hätte treten müssen. Durch die Unruhen des
9. April 1948 wurden zahlreiche Gebäude, insbesondere in der Cra 7, zerstört, mit
der Folge, daß die Mehrzahl der Geschäftsleute den bis dahin kommerziell kaum
besiedelten, noch jungen Ortsteil Chapinero, aber auch einige andere Barrios wie
z.B. Restrepo und Siete de Agosto aufsuchten, da sie weder die finanziellen Mittel noch die Zeit aufbringen konnten, die zur Wiederherstellung des ursprünglichen Gebäudezustandes nötig gewesen wären. Gute Erfahrungen, die im Zusammenhang
mit dem - zunächst in provisorischer Absicht - durchgeführten Standortwechsel vom
Zentrum in ein von der Wohnbevölkerung beherrschtes Stadtviertel wie Chapinero
von diesen Geschäftsleuten gemacht wurden, führten in der Folgezeit zu einer ausgeprägten Standortdislozierung weiterer, noch im Zentrum ansässiger Betriebe in
der gleichen Richtung. Die positiven Erfahrungen, die damals gemacht wurden, sind
in ihrer psychologischen Wirkung auf die heutige, im tertiären Sektor verbreitete
Einstellung zur räumlichen Mobilität zwar nicht meßbar, so doch sicherlich von
nicht zu unterschätzender Bedeutung.
Bereits Anfang der 50er Jahre sah man die Hauptursache der schon damals festzu-
stellenden Stagnation des Zentrums in dem Verhältnis seiner Bodenpreise zu denen
peripherer Stadtteile. Damals kostete ein m^2 zwischen 150 und 470 Pesos im Zentrum (abgesehen von noch teureren Geschäftsspitzenlagen), in Chapinero jedoch nur
zwischen 30 und 110 Pesos.
WIESNER erkennt im Zusammenhang mit der die heutige Situation charakterisierenden
Feststellung "the most valuable property is no longer in the center, but is now
in the peripheral areas" (1978, S.2), daß in den letzten drei Jahrzehnten mehrere
Gründe für diese dem Iso-Bodenpreissystem einer "normalen" Stadt gegenläufigen
Entwicklung verantwortlich waren. Er verweist z.B. auf das enge, sowohl vom Kfz-
Verkehr als auch von Fußgängern überfüllte Straßensystem im Zentrum, fehlende
Parkplätze, lärmende Straßenhändler, den Schmutz etc. (1978, S.72f), Faktoren,
die einer nominalen Stagnation, real hingegen (d.h. unter Abzug inflationsbeding-
ter Preissteigerungen) einer Abnahme des Bodenpreises Vorschub leisteten.
Aus der Menge der ihm zur Verfügung stehenden Bodenpreise wählte der Autor der
Studie schließlich die ihm aus persönlicher Erfahrung heraus geeignetsten Daten
aus, um so die Preisentwicklung in sieben Sektoren der Stadt mit der des Zentrums
zu vergleichen. Als Ergebnis hält WIESNER fest, daß die klassische Pyramidenform
der Bodenpreise in Bogotá lediglich bis zu Beginn der 70er Jahre existent war.
Der rapide Verfall des realen durchschnittlichen Quadratmeterpreises im Zentrum
im Untersuchungszeitraum von 1970-1978 trug entscheidend dazu bei, daß die Bodenpreise des Barrios San Diego (Centro Internacional) sowie die der nördlichen

Stadtteile und Chapineros gleichermaßen die Wertspitze einnahmen, gefolgt von dem
Barrio Sagrado Corazón (in dem auch die nordamerikanische Botschaft ihren Sitz
hat). Westliche und südliche Stadtteile, also Regionen schwächerer und schwäch-
ster Einkommensschichten bleiben dagegen weit unter dem Bodenpreisniveau des Zentrums.

Wenngleich in den Ausführungen WIESNERS historische Entwicklungen und gesell-
schaftliche Veränderungen Bogotás berücksichtigt wurden, so fehlt es der Studie
doch an wissenschaftlicher Relevanz, da sowohl die theoretischen Aspekte der Bo-
denpreisbildung als auch die Anwendung verfeinerter statistischer Methoden weitgehend unberücksichtigt bleiben. Dieses Verfahren ist statistisch natürlich nicht
zu rechtfertigen, wahrscheinlich im Ergebnis jedoch realistischer als die Auswertung offizieller Daten, wie im folgenden anhand der sich statistischer Methoden
bedienenden Studie von VILLAMIZAR zu zeigen sein wird.

Die angesprochene Untersuchung entstand innerhalb des Programms "El Estudio de la
Ciudad", welches von der Weltbank initiiert und in Zusammenarbeit mit der CCRP
und anderen Institutionen zur Zeit durchgeführt wird. Wie unzureichend die Forderung nach statistischer Repräsentativität erfüllt wird, mag man daran erkennen,
daß auf 6100 Bodenpreisdaten der Immobilienfirma Wiesner&Cia. Ltda. aus dem Zeitraum von 1955 bis 1978 zurückgegriffen werden mußte, deren Inhaber, wie bereits
erwähnt, der Verfasser der zuvor erwähnten Studien ist, und der bezeichnenderwei-
se zu völlig anderen Ergebnissen als Villamizar kam.

Bei VILLAMIZAR ergaben sich folgende Resultate (1981(a),S.152): Trotz weitver-
breiteter gegenteiliger Ansicht sind in Bogotá nach wie vor die höchsten Bodenpreise im Zentrum anzutreffen, obwohl das durchschnittliche Preisniveau in der
Innenstadt von 1955 bis 1978 kontinuierlich sank. Dies führte zu einer Nivellie-
rung des Bodenpreisunterschiedes zwischen zentralen Stadtteilen und der Peripherie; zugleich weist der Autor ausdrücklich darauf hin, daß der N Bogotás entgegen
herrschender Meinung nicht die höchsten Bodenpreissteigerungsraten in der Vergangenheit aufweist.

Hinter diesen Aussagen steht der Versuch, den Eindruck zu erwecken, daß das Bo-
denpreissystem Bogotás Regelmäßigkeiten bezüglich Raum und Zeit aufweise und in
keiner Weise als chaotisch oder gesetzlos einzustufen sei (S.119).

Diese Darstellungsweise ist als Versuch zu werten, die politisch Verantwortlichen
gegenüber Kritikern der derzeitigen Bodenpreissituation Bogotás in Schutz zu nehmen, die den Niedergang des Zentrums auch in der Entwicklung von Angebot und
Nachfrage auf dem Grundstücksmarkt verwirklicht sehen. Diese Vermutung erscheint
insofern berechtigt, als die CCRP auf die Bereitstellung öffentlicher Mittel angewiesen ist. Wohl allein aus diesem Grund widerspricht VILLAMIZAR generell der

Meinung, "daß sich in Städten von Entwicklungsländern starke Unregelmäßigkeiten und ein aus dem Gleichgewicht gebrachtes Verhalten der Bodenpreise zeigen" (VIL-LAMIZAR 1981(a), S.118). Vielmehr stellt der Autor überraschende Ähnlichkeiten des Bodenpreisgefüges in Bogotá mit dem nordamerikanischer und japanischer Städte fest, die die Vermutung rechtfertigen, daß das Bodenpreisgefüge in der kolumbianischen Hauptstadt bezüglich Raum und Zeit als regelmäßig zu betrachten ist und eine "dynamische Tendenz zur Dezentralisation aufweist, die eine fast universelle Dezentralisationstendenz von Handels-, Beschäftigungs- und Wohnungswesen reflektiert" (VILLAMIZAR 1981(a), S.153).

Die suggestive Form, in der die Ergebnisse der Bodenpreisanalyse vor VILLAMIZAR dargestellt werden, täuschen nicht darüber hinweg, daß dem angewandten statistischen Verfahren deutliche Schwächen anhaften. Die Hauptkritik richtet sich gegen die in dieser wie auch in anderen Studien der Reihe "La Ciudad" durchgeführte Unterteilung Bogotás in 38 "Comunas" (wovon jede Comuna eine variierende Zahl von Barrios umfaßt, deren Grenzen der DANE definiert hat), welche wiederum in sechs Ringe ("Anillos") eingeteilt wurden, die sich halbkreisförmig um Ring 1 (dem CBD) anordnen und das ganze Stadtgebiet umfassen. Daneben wird eine Einteilung der Stadt in acht Radialsektoren verwendet, welche den sozio-ökonomischen Besonderheiten der Bevölkerung und den Charakteristika der in diesen Räumen lokalisierten Nutzungsarten (kommerzielle, industrielle oder Wohngebiets-Nutzungen) entspricht (vgl. Abb.13). Diese Vorgehensweise hat zur Folge, daß in der hier durchgeführten Analyse des Bodenpreisgefüges auf der Basis von Ringen oder Radialsektoren nur Durchschnittswerte der zugrunde gelegten Zonen dargestellt werden, die oftmals ein völlig verzerrtes Bild der jeweiligen Bodenpreissituation geben, da nutzungsbedingte Schwankungen, die sich in erheblich voneinander abweichenden Quadratmeterpreisen innerhalb eines oftmals nur kurzen Straßenabschnittes ausdrücken können, unberücksichtigt bleiben. So verwundert es nicht, daß in der hier angesprochenen Studie an der monozentrischen Theorie, d.h. dem Zentrum als alleiniger Bodenpreisspitze, festgehalten wird, zumal Ring 1 lediglich eine Comuna umfaßt, die übrigen fünf Ringe hingegen 3 bis 13 Comunas, sodaß der statistische Einfluß schwach genutzter Zonen die Vormachtstellung der Innenstadt indirekt begünstigt.

6.3.1.2. Die Studie des Centro Nacional de Estudios de la Construcción (CENAC),
s. BORRERO u. DURAN 1980

Die wohl ausführlichste und bereits mehrfach erwähnte Untersuchung der Bodenpreise Bogotás wurde von BORRERO und DURAN für das Centro Nacional de Estudios de la
Construcción (CENAC) erstellt (1980). Datengrundlage sind Grundstücksbewertungen,
die zu Handelszwecken von den der im Verband "Lonja de Propiedad Raíz de Bogotá"
zusammengeschlossenen Maklergesellschaften im Zeitraum von 1959 bis 1978 durchgeführt wurden. Die exakte Zahl der herangezogenen Daten wurde nicht angegeben, das
Archiv umfaßte jedoch Angaben von über fünfzig Maklerfirmen, sodaß die Datenbasis
um ein Vielfaches größer sein dürfte als das Material der oben kommentierten Studien, welches aus der Geschäftstätigkeit einer einzigen Gesellschaft stammte.
Auch in diesem Fall wurden lediglich Bodenpreise, nicht aber die auf den Grundstücken errichteten Gebäude berücksichtigt.
Um die Vergleichbarkeit der ermittelten Werte für verschiedene Zeitpunkte zu gewährleisten, wurden nicht, wie in der Studie der Weltbank und der CCRP geschehen,
die Veränderungen der Verbraucherpreise als Inflationsmaßstab gewählt, sondern
die Indizes, welche zur Umrechnung des Bruttoinlandsproduktes in konstante Preise
verwendet wurden und zweifellos als allgemeiner Inflationsindikator besser geeignet sind.
Die folgende Abb.16 zeigt die Iso-Bodenpreislinien in Bogotá in konstanten Preisen von 1976. Die Erstellung einer zuverlässigen Iso-Bodenpreiskarte auf der
Grundlage eines Jahres war mangels ausreichender Datenmenge nicht möglich, daher
wurden Daten der Jahre 1977 und 1978 herangezogen. Aus Abb.16 geht deutlich hervor, daß in Bogotá Ende der 70er Jahre drei Zonen die höchsten Bodenpreise aufwiesen: das Centro Internacional, Chapinero und Chicó. Das Zentrum hingegen kann
eindeutig nicht als Ort absoluter Bodenpreismaxima im Stadtgebiet angesehen werden.

6.3.1.2.1. Die reale Bodenpreisentwicklung im traditionellen Zentrum

Entgegen der durch zahlreiche Beispiele gestützten Theorie eines pyramidenartigen
Aufbaus des Bodenpreissystems entsprach Bogotá diesem Schema lediglich bis zum
Ende der 60er Jahre. Zu Beginn der 70er Jahre hatte sich die Pyramidenspitze be-
reits vom traditionellen Zentrum zum Centro Internacional verschoben, und zum

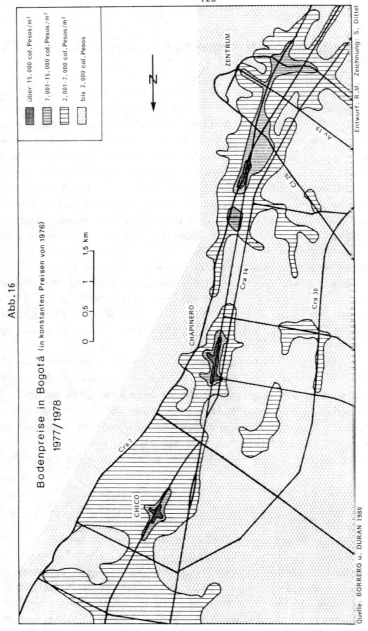

Abb.16

Bodenpreise in Bogotá (in konstanten Preisen von 1976)
1977/1978

über 15.000 col. Pesos/m²
7.001-15.000 col. Pesos/m²
2.001-7.000 col. Pesos/m²
bis 2.000 col. Pesos

Quelle: BORRERO u. DURAN 1980

Entwurf: R.M. Zeichnung: S. Dittel

Ende des gleichen Jahrzehnts konkurrierten Chapinero und Chicó um das Primat, die höchsten Bodenpreise der Stadt aufweisen zu können.
Wenngleich die Bodenpreise des Zentrums im Betrachtungszeitraum (1960-1980) nominal auf breiter Front stiegen, gingen sie real bereits zu Beginn des letzten Jahrzehnts unaufhaltsam zurück, ein Prozeß, der bis in die heutige Zeit andauert. Zwar werden d e höchsten Quadratmeter-Preise im Zentrum derzeit an der Kreuzung von Av Jiménez mit Cra 7 erzielt. An derselben Stelle sind jedoch auch die höchsten negativer Zuwachsraten (in konstanten Preisen) zu verzeichnen, mit anderen Worten, der Preisanstieg liegt in dem angesprochenen Bereich deutlich unter der jährlichen Inflationsrate.
Durch die Erweiterung der Av 19 im Jahre 1966 und die damit verbundene Ansiedlung citytypischer Dienstleistungsunternehmen (Hotels, Rechtsanwaltskanzleien etc.), exklusiver Geschäfte und Appartement-Hochhäuser der Oberschicht stiegen die Grundstückspreise dieser Zone in der Folgezeit beträchtlich, um dann ebenfalls in den 70er Jahren Wertsteigerungen unter der jährlichen Inflationsrate zu erfahren. Zu keinem Zeitpunkt wurden Bodenpreise erzielt, die mit den im südlichen Teil des traditionellen Zentrums notierten Werten hätten konkurrieren können.

6.3.1.2.2. Die Bodenpreisentwicklung im Centro Internacional

Mit dem Brückenbau im Bereich der Av 26 und der sie überquerenden Cra 7, 10, 13, und 14 wurde der Verkehrsanschluß dieses Stadtteils zu Beginn der 60er Jahre erheblich verbessert. Die sich daran anschließende verstärkte Bautätigkeit, die bis 1982, wenn auch in abgeschwächter Form, anhielt, konnte nicht verhindern, daß der reale Preisanstieg nach 1963 nur noch sehr geringe (max. 1.5%) bis negative jährliche Zuwachsraten aufwies.
Wenngleich dieser Sektor bezüglich seiner herausragenden Rolle als bedeutendste Agglomeration hochspezialisierter Dienstleistungsunternehmen im Stadtverband an Attraktivität (noch) nicht eingebüßt hat, dürfte der in den letzten Jahren zu beobachtende Druck auf das Bodenpreisniveau (die jährliche Preissteigerungsrate liegt unter der Inflationsrate) eine wichtige Ursache für die Dämpfung der Bauaktivitäten und der Verlagerung des Investitionsinteresses hin zu nördlichen Stadtteilen sein.

6.3.1.2.3. Die Bodenpreisentwicklung in Chapinero

In der Gewißheit, daß die Bodenpreise der Avenida Caracas nicht die Grundstückswerte der parallel verlaufenden Cra 13 mit ihrem höheren Einzelhandelsangebot
erreichen, wurde der kommerziell am stärksten genutzte Straßenzug der Cra 13 (im
Hinblick auf den Einzelhandel und Büros) zwischen Cl 55 und Cl 63 einer Bodenpreisanalyse durch BORRERO und DURAN unterzogen. Als Ergebnis wird festgehalten,
daß in allen, jeweils drei Jahre umfassenden Betrachtungszeiträumen von 1960 bis
1978 reale Preissteigerungen zu verzeichnen waren. Die jährlichen Zuwachsraten
der 60er Jahre übertrafen dabei die der 70er Jahre.
Zu beobachten war weiterhin, daß die kommerzielle Höherbewertung der Grundstücke
in der Hauptgeschäftsstraße Cra 13 zu Preissteigerungen in den unmittelbar benachbarten Gebieten führte, ein Effekt, der auch in der Cra 7, Av 19, Cra 15, im
Centro Internacional und anderen Zonen zu konstatieren war.
Im Regelfall treten die höchsten Grundstückspreise Bogotaner Stadtviertel an den
Kreuzungen einer bedeutenden Verkehrsstraße mit ihren Querstraßen auf. Dies belebt die Nachfrage nach den dazwischenliegenden Flächen und läßt die Bodenpreise
emporschnellen, bis diese die Höchstpreise der Kreuzungsbereiche nahezu erreicht
haben.
Bedauerlicherweise liegen keine Informationen darüber vor, wie sich die Bodenpreise Chapineros nach 1978 entwickelt haben. Da jedoch in geringer Distanz zur
Hauptgeschäftszone dieses Stadtteils mit der Av de Chile ein neuer Wachstumspol
für Bürobetriebe entstand, ist es wahrscheinlich, daß ein Teil der Bürobetriebs-
flächennachfrage umgelenkt wurde mit der Folge real sinkender Bodenpreise in der
Cra 13 und im angrenzenden Raum Chapineros.

6.3.1.2.4. Die Bodenpreisentwicklung im Norden Bogotás

Um zu einer differenzierten Aussage zu gelangen, wird in der Studie von BORRERO
und DURAN die Cra 15 einerseits und das Gebiet um Unicentro andererseits unterschieden.
Aus dem Verlauf der hochgradig kommerzialisierten Hauptverkehrsstraße Cra 15, die
sich von Cl 72 bis zum Country Club erstreckt, werden drei Straßenabschnitte
exemplarisch behandelt.
Der Abschnitt zwischen Cl 72 und Cl 76 im Barrio El Lago, obgleich der älteste
Sektor der Cra 15, war lange Zeit für Handelszwecke wegen des dort vorhandenen

Baubestandes und des niedrigen Fußgängeraufkommens ungeeignet. Er erfuhr erst relativ spät, nämlich in der zweiten Hälfte der 60er Jahre, einen Funktionswandel zu Lasten der Wohnnutzung und zugunsten stärkerer Kommerzialisierung, wie er in den im N gelegenen Sektoren der Cra 15 bereits ab Mitte der 50er Jahre einsetzte. Die für El Lago (Cra 15) ermittelten jährlichen Bodenpreissteigerungsraten liegen - in realen Preisen - bis 1975 deutlich über 10%, sie gehen in den daran anschließenden Jahren bis 1978 auf ca. 7% zurück. Für die Zukunft sind nur dann größere Zuwachsraten zu erwarten, wenn sich die augenblicklich noch auf den Abschnitt zwischen Cra 7 und Cra 11 konzentrierte Büroflächennachfrage in der Av de Chile auf westliche Bereiche ausdehnen sollte und sich die bislang nur ansatzweise erkennbare Ausstrahlung in die Cra 15 hinein verstärkt.

Die bis 1978 höchsten Bodenpreise der Cra 15 wurden an der Kreuzung mit Cl 85 registriert. In der Zone zwischen Cl 83 und Cl 88, die zum Barrio Country gezählt wird, wuchsen die Bodenpreise zwischen 1963 und 1969 mit jährlichen Zuwachsraten von über 20%, zwischen 1975 und 1978 lag diese Rate immer noch bei 18% jährlich. Obwohl nicht für alle Jahre Daten zur Verfügung standen, ist eine abnehmende Tendenz der Zuwachsraten im Zeitablauf zu erkennen, wenngleich diese immer noch deutlich über den im traditionellen Zentrum und Chapinero zu beobachtenden Zuwachsraten liegen.

Die entgegengesetzte Entwicklung, nämlich eine jährliche Beschleunigung der Zuwachsraten realer Bodenpreise, kennzeichnet den Abschnitt zwischen Cl 93 und Cl 98. Sie erklärt sich aus der erst 1976 einsetzenden Nutzungsintensivierung dieses Straßenabschnittes, die ihren vorläufigen Höhepunkt in der Eröffnung des Centro 93 fand (auf dem ehemaligen Terrain des Colegio Cervantes). Von 1966 bis zum Ende der 70er Jahre steigerten sich die jährlichen Zuwachsraten von zunächst 13% auf bis zu 30%.

Der noch im Frühstadium des Nutzungswandels befindliche Abschnitt der Cra 15 zwischen Cl 98 und Cl 104 profitierte von der Lockerung baubehördlicher Reglementierungen im Jahre 1977, die die kommerzielle Nutzung der Av 100 und Gebäudehöhen bis zu zehn Stockwerken sanktionierte. Er verzeichnet seit 1969 einen jährlichen Bodenpreisanstieg von über 10% (in konstanten Preisen).

Noch ist eine Angleichung der hier herrschenden Grundstücksnachfrage an die Marktlage im Kernbereich der Cra 15 (im Bereich der Cl 85) nicht festzustellen, die zunehmende verkehrsmäßige Überlastung der Cra 15 wird aber in absehbarer Zeit zu weiteren Betriebsverlagerungen und Neueröffnungen von Einzelhandels- und Bürobetrieben in dem Straßenabschnitt zwischen der Av 100 und Unicentro führen, wie vereinzelt bereits zu beobachten war. Eine derartige Entwicklung muß bei dem beschränkten Grundstücksangebot in diesem Bereich weitere Preissteigerungen bewirken. Es kommt zu einer Verdrängung der Wohnnutzung (in erster Linie Villen) durch kommerziell tätige Unternehmungen sowie zu einem Anstieg der durchschnittlichen Gebäudehöhe, hervorgerufen durch den Bau mehrstöckiger Appartement- und Bürohäuser, die in den unteren Geschossen dem Einzelhandel vorbehalten sind. Es ist zu erwarten, daß sich das Straßenbild im nördlich und südlich der Av 100 gelegenen Abschnitt der Cra 15 in der Zukunft angleichen wird, sofern nicht stadtplanerische Restriktionen eine Ausdehnung kommerzieller Aktivitäten verhindern. Die Verfasser der Studie des CENAC unterscheiden im Umfeld des Einkaufszentrums Unicentro (Barrio Santa Bárbara) zwei Untersuchungsräume, zum einen die von zahlreichen Appartementhäusern geprägte Zone zwischen der Cl 116 und Cl 127 im Bereich von Cra 9 und Cra 15, und zum anderen das kaum kommerziellen Zwecken dienende Gebiet zwischen der Cra 15 und Cra 19, ebenfalls zwischen Cl 116 und Cl 127, in welchem Einfamilienhäuser dominieren. Beide Zonen charakterisiert ein konstanter, aber gemäßigter Bodenpreisanstieg. Die jährlichen Steigerungsraten bewegten sich - in realen Preisen - bis 1974 unter 10%.

Mit dem Ankauf großer Landflächen durch eine Siedlungsgesellschaft und der Einleitung der ersten Baumaßnahmen für das zu errichtende Unicentro schnellten die Bodenpreise im Verlaufe des Jahres 1974 zwischen Cra 9 und Cra 15 in bisher im Stadtgebiet Bogotás unerreichten Zuwachsraten nach oben. Die Grundstücksnachfrage erhielt durch spekulative Ankäufe zusätzlichen Auftrieb.

Mit der Einweihung Unicentros im Jahre 1976 wurde eine Eskalation der Preise in beiden Zonen eingeleitet. Innerhalb eines Jahres stiegen sie in der Zone, in der auch Unicentro liegt (Cra 9/Cra 15), um 84,6% (von 1977 bis 1973) bzw. 121,8% (von 1978 bis 1979), innerhalb von fünf Jahren (1976-1981) um ca. 400% (El Tiempo, 28.4.1981). Jährliche Steigerungsraten von durchschnittlich 69,3% wurden in dem benachbarten Raum in den Jahren 1977 bis 1979 registriert.

6.3.1.2.5. Vergleich der Bodenpreisentwicklung im gesamten Stadtgebiet

Aus Tab.21 läßt sich zusammenfassend folgendes erkennen: Im überwiegenden Teil des Stadtgebietes bewegt sich die jährliche reale Bodenpreissteigerungsrate zwischen +10% und -10%; angesichts der - verglichen mit bundesrepublikanischen Verhältnissen - hohen Inflationsrate in Kolumbien reduzieren sich nominal zunächst bedeutend erscheinende Zuwächse auf ein "normales" Maß.

Die folgenden, in Klammern stehenden Prozentzahlen geben an, wie hoch der Untersuchungsanteil eines jeweiligen Stadtgebietes innerhalb der Gesamtstudie war.

Tabelle 21: Reale Bodenpreissteigerungsraten im Zeitraum 1960-1978 für ausgewählte Stadtregionen

JÄHRLICHE BODENPREIS-STEIGERUNGSRATEN	1960-1963	1963-1966	1966-1969	1969-1972	1972-1975	1975-1978
mehr als 30%						Unicentro I, Unicentro II
20,1 - 30%	Restrepo	Country	Country, El Lago, 7 de Agosto	Ecopetrol	Chicó	Chicó
10,1 - 20%		Zentrum I, Zentrum III	Chicó, Sears, Zentrum III	Av 100, Chicó, El Lago	Av 30, Av 100, El Lago, Unicentro I	Av 30, Av 100, Country, Refugio
0,1 - 10%	Centro Int., Chapinero, Ecopetrol, Refugio, Rosales, Sears, 7 de Agosto, Unicentro I, Unicentro II	Av 30, Cabrera, Chapinero, Ecopetrol, Refugio, Restrepo, Rosales, Sears, 7 de Agosto, Süden I, Süden II, Südwesten, Teusaquillo, Unicentro I, Unicentro II, Zentrum II	Av 30, Cabrera, Centro Int., Chapinero, Ecopetrol, Refugio, Rosales, Süden I, Südwesten, Teusaquillo, Unicentro I, Unicentro II, Zentrum I, Zentrum II	Av 30, Cabrera, Centro Int., Chapinero, Quiroga, Refugio, Restrepo, Rosales, 7 de Agosto, Süden I, Süden II, Südwesten, Unicentro I, Unicentro II, Zentrum II	Cabrera, Centro Int., Chapinero, Quiroga, Refugio, Restrepo, Rosales, Süden II, Südwesten, Unicentro II	Cabrera, Chapinero, El Lago, Rosales, Soledad, Süden II, Südwesten
-10,0 - 0%	Cabrera, Soledad, Süden I, Süden II, Teusaquillo, Zentrum I, Zentrum II	Centro Int., Quiroga, Rosales, Soledad	Quiroga, Restrepo, Soledad, Süden II, Zentrum II	Sears, Soledad, Südwesten, Teusaquillo, Zentrum I, Zentrum II, Zentrum III	Ecopetrol, Sears, 7 de Agosto, Süden I, Teusaquillo, Zentrum I, Zentrum II, Zentrum III	Centro Int., Ecopetrol, Quiroga, Restrepo, 7 de Agosto, Süden I, Teusaquillo, Zentrum I, Zentrum II, Zentrum III
unter -10%						Sears

mehr als 30%
20,1 - 30%
10,1 - 20%
0,1 - 10%
-10,0% - 0%
unter -10%

Lage der untersuchten Zonen:[1]

Av 30 (11): Av 30, Cls 62-67
Av 100 (1): Cls 98-104, Cra 15
Cabrera (7): Cls 85-88, Cras 11-15
Centro Int. (15): Cls 26-34, Cras 7-13
Chapinero (9): Cls 55-63, Cra 13
Chicó (3): Cls 93-98, Cra 15

Country (6): Cls 83-88, Cra 15
Ecopetrol (12): Cls 35-39, Cras 7-13
El Lago (6): Cls 72-76, Cra 15
Quiroga (25): Cls 27 Sur-41Sur im Bereich Av 13 - Cra 24
Refugio (7): Cls 85-88, Cras 1-7

Restrepo (25): Dgs 15 Sur-22 Sur; Av 13-27
Rosales (7): Cls 72-85, Cras 1-5
Sears (11): Cls 51-54, Cras 23-30
7 de Agosto (11): Cls 64-69, Cra 23-25
Soledad (14): Cls 34-45, Av 22-28
Süden I (25): Cls 1 Sur-27 Sur; Cras 14-68
Süden II(25): Cls 27 Sur-50 Sur; Cras 14-68
Südwesten (25): Av de las Americas-Carretera del Sur; Av 68 - Cra 86
Teusaquillo (14): Cls 32-38, Cras 15-21
Unicentro I (1): Cls 116-127, Cras 11-15

Unicentro II (1): Cls 16-21, Cras 15-19
Zentrum I (18/21): Cls 13-17, Cras 13-17, Cras 5-8
Zentrum II (21): Cls 11-15
Zentrum III (18): Cls 16-21, Cras 9-11

1) Die Benennung der Regionen erfolgte analog zur Terminologie der herangezogenen Studie. Die in Klammern gesetzten Zahlen weisen auf die Lage der jeweiligen Region in den Teilräumen des Stadtgebietes hin (vgl. Abb.1).

Quelle: BORRERO u. DURAN 1980, S.89ff.

Demnach wurden nördliche Stadtteile bevorzugt analysiert (44%), es folgten westliche (20%), zentrale (16%) und südliche Bezirke (20%).
Von 25 analysierten Zonen, die reale Bodenpreissteigerungsraten über 10% p.a.
aufwiesen, konnten 18 Zonen (72%) nördlich des Zentrums gelegenen Teilräumen zugeordnet werden, was die überdurchschnittliche Rentabilität von Grundstücksinve-
stitionen im Untersuchungszeitraum 1960-1978 in dem vom tertiären Sektor bei
Standortdislozierungen bevorzugten Stadtraum (insbesondere nördlich von Cl 72)
eindrucksvoll beweist. In den Klassen geringer oder gar negativer Steigerungsraten ist der N Bogotás hingegen unterrepräsentiert bzw. überhaupt nicht vertreten.
Das Zentrum der Stadt ist besonders in der ersten Hälfte der Untersuchungsperiode
in den Klassen 0,1-10% und 10,1-20% Wachstum relativ häufig vertreten, eine Erscheinung, die sich, wie zu erkennen ist, im Laufe der letzten Jahre verschlech-
tert hat. Die Bodenpreise in südlichen Stadtteilen tendieren ebenfalls zu Stagnation oder realer Wertabnahme, im W hingegen zu positiven Wachstumsraten.
Den folgenden Abbildungen 17 und 18 ist zu entnehmen, wie sich die Bodenpreise
entlang der Hauptverkehrsachsen, die Bogotá in S-N-Richtung durchlaufen, entwik-
kelt haben. Während z.B. im Zeitraum 1959-1961 für Cra 7 die höchsten Grundstückswerte im Kreuzungsbereich mit Av Jiménez und im heutigen Centro Internacional registriert wurden, hatte sich das absolute Bodenpreismaximum bis 1977/78
nach N in das Barrio Sagrado Corazón verschoben, eine Region, in der Verwaltungseinrichtungen kapitalstarker Wirtschaftsunternehmen dominieren und die sich unmittelbar an das Centro Internacional anschließt.
Herausragendes Charakteristikum der Bodenpreisentwicklung in Cra 10/13/14/15 ist
die Dominanz der Grundstückswerte im Bereich Cra 15/Cl 85 in den Jahren 1977/78,
sowie der relative Bedeutungsrückgang ehemals hoch notierender Grundstückslagen
im Zentrum (Kreuzungsbereich Cra 10/Av Jiménez), welche inzwischen von Grund-
stückspreisen, die in Chapinero gezahlt werden (Cra 13/Cl 56), übertroffen wurden.
Eine andere, nicht oder nur unwesentlich durch Verschiebungen der Bodenpreismaxima charakterisierte Entwicklung erfuhren die in E-W-Richtung verlaufenden Hauptverkehrsachsen des Zentrums. So lag das Bodenpreismaximum in der Periode 1977/78
für Av Jiménez im Kreuzungsbereich mit Cra 10 bei 17.000 Pesos pro Quadratmeter,
ein Jahrzehnt zuvor genoß der Abschnitt zwischen Cra 3 und Cra 9 das stärkste
Kaufinteresse.
Noch ausgeprägtere räumliche Konstanz des Bodenpreismaximums registrierte man in
Av 19. Dort, in Höhe der Cra 7, erreichte der Quadratmeter-Preis in der Periode
1977/78 nahezu 13.000 Pesos, den mit Abstand höchsten Wert im gesamten Straßen-
verlauf. Dieser Kreuzungsbereich zog in allen Betrachtungsperioden (ab 1959) das

Abb. 17

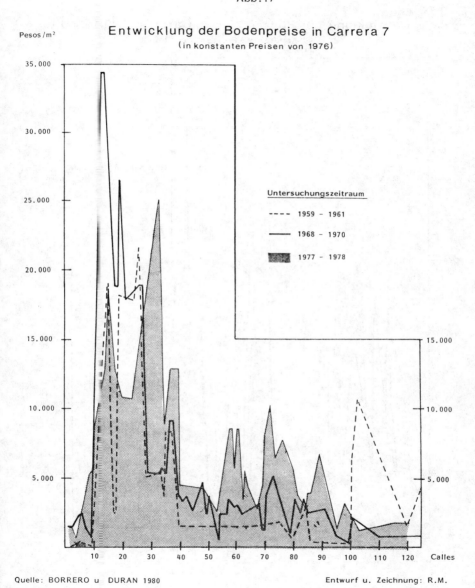

Pesos / m²

Entwicklung der Bodenpreise in Carrera 7
(in konstanten Preisen von 1976)

Untersuchungszeitraum

---- 1959 - 1961

—— 1968 - 1970

▓▓▓ 1977 - 1978

Calles

Quelle: BORRERO u DURAN 1980   Entwurf u. Zeichnung: R.M.

Pesos/m²

Entwicklung der Bodenpreise in Carrera 10, 13, 14 und 15
(in konstanten Preisen von 1976)

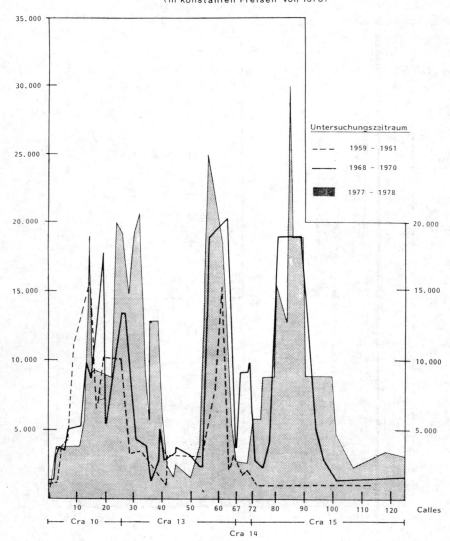

Quelle: BORRERO u. DURAN 1980   Entwurf u. Zeichnung: R.M.

größte wirtschaftliche Interesse, gemessen an den dort erzielten Grundstücksprei-
sen, auf sich.
Als Fazit ist festzuhalten, daß in Bogotá bis Ende der 60er Jahre die "klassische
Bodenpreispyramide" vorherrschte. Diese Preisstruktur des Bodenmarktes, die nach
wie vor in anderen lateinamerikanischen Städten, z.B. São Paulo, Buenos Aires,
Lima und Ciudad de México anzutreffen ist, wandelte sich im Laufe der folgenden
Jahre zu einer dreigipfligen Bodenpreisformation mit relativen Bodenpreismaxima
im Zentrum, Chapinero und dem N der Stadt, wohin sich auch das absolute Preisma-
ximum verschob (vgl. Abb.16). Eine ähnliche Konfiguration weist auch Rio de Ja-
neiro auf, wo sich relative Maxima in den südlichen Stadtteilen Flamingo, Copaca-
bana und Ipanema gebildet haben. In Santiago de Chile werden die höchsten Bodenpreise, neben dem Zentrum, im Stadtteil Providencia registriert (BORRERO u. DURAN
1980, S.113).
Gegenwärtig ist im Falle Bogotás noch kein Anhalten des Preisverfalls im Zentrum
zu erkennen, sodaß davon auszugehen ist, daß sich der Abstand zu exklusiven
Grundstückslagen im N in Zukunft noch vergrößern wird, sofern nicht stadtplanerische oder andere geeignete Eingriffe eine Beendigung dieses Prozesses zu bewirken
vermögen.

6.3.2. Bodenspekulation und staatliche Kontrolle

Die in den vorhergehenden Abschnitten dargestellte Dynamik der Bodenpreise, welche zum Teil - zeitlich und räumlich differenziert - weit über das übliche Maß
hinausging, d.h. den lokalen Kapitalmarktzins weit übertraf, rechtfertigt die
Frage nach der Existenz von Bodenspekulation in Bogotá, ihren Erscheinungsformen
und der von Seiten öffentlicher Institutionen verfügten Gegenmaßnahmen.
Wie in vielen Ländern mit hoher Geldentwertung zu beobachten, kennzeichnet auch
in Kolumbien die "Flucht in die Sachwerte" vielerorts das Anlegerverhalten. Daneben kommt es, trotz entgegenstehender devisenrechtlicher Bestimmungen, zu einer
die Zahlungsbilanz Kolumbiens belastenden Kapitalflucht in ausländische Währun-
gen, insbesondere in den nordamerikanischen Dollar, auf die hier jedoch nicht
näher eingegangen werden kann.
In Bogotá sind besonders die an der Peripherie der Stadt liegenden Gebiete von
Bodenspekulation bedroht. Die Ursache ist darin zu sehen, daß das DAPD für den
gesamten Raum des "Distrito Especial" zuständig ist, in der Praxis jedoch,
- mangels ausreichender finanzieller und personeller Kapazitäten - den eindeutigen Schwerpunkt seiner Tätigkeit auf das in seinen Grenzen fest umrissene

Stadtgebiet ("Perímetro urbano") legt, das flächenmäßig deutlich kleiner ist.
Aus dieser ungleichen Behandlung benachbarter Räume resultieren deutlich voneinander abweichende Bodenpreise, denn nur das innerhalb des "Perímetro urbano"
liegende Terrain verfügt in der Regel bereits über Kanalisations-, Wasser-, Ener-
gieanschlüsse und andere Infrastruktureinrichtungen (oder aber eine baldige Anschließung ist absehbar) (PERALTA u. VERGARA 1979, S.50f.).
PERALTA und VERGARA unterscheiden zwei Personengruppen, die die unmittelbar hinter der Stadtgrenze liegenden Grundstücke aufkaufen. Dies sind zum einen die "Urbanizadores ´informales´" oder auch "Piratas", also Grundstücksmakler, welche das
relativ preisgünstige Land ankaufen, um es mit beträchtlichem Gewinn parzelliert
an Familien der Unterschicht weiterzuverkaufen. Diese errichten auf diesem Gelände anschließend mangels vorhandener Geldmittel Hütten aus Holz, Karton, Blech
etc. (vgl. BRÜCHER u. MERTINS 1978, S.47) und müssen zunächst ohne jegliche infrastrukturelle Einrichtungen auskommen. Sowohl der parzellierte Verkauf des Terrains (nicht jedoch der vorherige Erwerb des gesamten Grundstückes) als auch der
Bau von "Häusern" entspricht nicht den behördlichen Vorschriften. Allerdings wird
das Eigentum an den Parzellen gesetzlich anerkannt (vgl. DOEBELE 1975, S.5; zitiert nach BRÜCHER u. MERTINS 1978, S.48).
Daneben treten "Urbanizadores ´formales´" auf. Sie weichen auf "Terrenos rurales"
aus, da die Durchführung großer Urbanisationsprojekte innerhalb des Stadtgebietes
häufig scheitert. Dies liegt einerseits am erschwerten Erwerb geeigneter großräu-
miger Flächen und zum anderen am hohen Bodenpreisniveau innerhalb des Stadtgebietes. Spekulationen über zukünftige Wertsteigerungen fördern den Ankauf weiterer
Grundstücke im Einflußbereich dieser Zonen.
Ist erst einmal eine legale oder illegale Besiedelung erfolgt, verstärkt sich der
besonders seitens der "Urbanizadores ´formales´" forcierte Druck auf die zuständigen Behörden, für die fehlende infrastrukturelle Ausstattung dieses Raumes zu
sorgen; dies führt dazu, daß die determinierten Grenzen des Stadtgebietes entsprechend den vollzogenen Ausdehnungen nachträglich angepaßt werden und somit die
formale Voraussetzung für eine Verbesserung der Infrastruktur durch die öffentliche Hand gegeben ist.
Das hier aufgezeigte bevorzugte Betätigungsfeld von Bodenspekulanten äußert sich
auch in der ungleichen Verteilung des Eigentums an Grund und Boden, bezogen auf
die Gesamtzahl der Grundstückseigentümer. Festgestellt wurde nämlich, daß im Bereich des "Distrito Especial" weniger als 1% der Eigentümer 70% der gesamten Bo-
denfläche gehören. Hierin sind jedoch Agrarländereien eingeschlossen, die im Eigentum einer relativ kleinen Schar von Bauern bzw. Großgrundbesitzern stehen.
Werden hingegen all jene Grundstücke von der Betrachtung ausgeschlossen, die mehr

als eine Fanegada (= 6.459,6 m^2) umfassen, sinkt der Konzentrationsgrad beträchtlich, bleibt aber dennoch hoch: 50% der Gesamtfläche stehen im Eigentum von nur 20% aller Eigentümer von Grund und Boden in Bogotá D.E. (PERALTA u. VERGARA 1979, S.125).

Die gesonderte Analyse ausgewählter Barrios zeigte, daß in keinem der untersuchten Gebiete 20% der bedeutendsten Eigentümer mehr als 40% des vorhandenen Untersuchungsraumes gehörte (CAMACOL 1977).

Aus diesen Angaben läßt sich der Schluß ziehen, daß die höchste Konzentration von Grundstückseigentum in Händen des privaten Sektors in den peripheren Lagen des Stadtgebietes auftritt. In diesen Randlagen sind die zu erwartenden Bodenpreissteigerungen durch bauliche Neuerschließungen ungleich höher als im Zentrum oder anderen dicht besiedelten Gebieten, die bereits durch ein vergleichsweise hohes Bodenpreisniveau gekennzeichnet sind.

Angesichts dieser Situation stellt sich die Frage, inwieweit die Behörden Bogotás den Mißständen entgegnen und bemüht sind, das spekulative Moment, welches starken Einfluß auf den Expansionscharakter (bezüglich Zeitpunkt, Richtung und Geschwindigkeit) des Stadtgebietes ausübt, auszuschalten.

Die Angebots- und Nachfrageseiten des Bodenmarktes entziehen sich jedoch staatlicher Einflußnahme und Kontrolle; es fehlt erstens an dem notwendigen Kapital, durch staatliche Grundstücksankäufe in spekulationsgefährdeten Gebieten die private Nachfrage auf Räume zu lenken, deren Besiedelung im stadtplanerischen Interesse liegt; der instrumentare Einsatz einer "Grundstücksbank" ("Banco de Tierra") führt lediglich zur Verstärkung von Spekulationsinteressen in Gebieten, die sich Kontrollanstrengungen entziehen, falls nicht, wie im Falle "Green Belt" in London geschehen, ein hinreichend großes Stadtgebiet unter effektiver Kontrolle steht (VILLAMIZAR 1980, S.40f.).

Und zweitens verfügt der Staat weder über eine effektive noch klar definierte Politik, um das Angebot an Bodenflächen, welches von den einkommensschwachen Schichten einerseits und Grundstücksmaklern, Siedlungsgesellschaften und weiteren Interessenten andererseits nachgefragt wird, zu regulieren (PERALTA u. VERGARA 1979, S.125).

6.3.3. Mietpreise für Büroraum und Ladenlokale in Bogotá

Die Mietpreise für umbauten Raum hängen u.a. von der Entwicklung auf dem Grundstücksmarkt ab. Das kolumbianische Zivilrecht bestimmt, daß Mietverträge nur in bestimmten Fällen (Vetragsverletzung durch den Mieter, Eigennutzungssanspruch oder Umbauvorhaben des Vermieters) vom Hauseigentümer gekündigt werden können (ORTEGA 1975, Art.518). Da die Möglichkeit, den Mietzins zu erhöhen, gesetzlich stark eingeschränkt ist, werden, je länger der Abschluß des Mietvertrages zurückliegt, häufig das Marktpreisniveau erheblich unterschreitende Mieten bezahlt. Dies führte dazu, daß die Quadratmeterpreise in benachbarten Gebäuden gleicher Standortgüte derzeit um mehr als hundert Prozent differieren können.

Es liegen jedoch weder Untersuchungen zur Mietpreisentwicklung, noch über die sie bestimmenden Faktoren noch Mietpreisspiegel vor, die ergänzend verwendet werden könnten. Die einzigen in Frage kommenden Quellen waren daher wöchentliche Veröffentlichungen der Lonja de Propiedad Raíz S.A., in denen Mietobjekte aller Art der angeschlossenen Maklerbüros angeboten werden, sowie Anzeigen in den Bogotaner Tageszeitungen (Lonja de Propiedad Raíz S.A., El Tiempo u. El Espectador, verschiedene Ausgaben 1981). Das Preisniveau bestehender Mietverhältnisse mußte wegen möglicher, nicht vom Markt beeinflußter Verzerrungen außer acht gelassen werden. Stichprobenartig wurden mehr als 700 Mietanzeigen ausgewählt. Um eine Vergleichbarkeit sicherzustellen, wurden alle Preisangaben auf Quadratmeterbasis umgerechnet und demjenigen Teilraum (vgl. Kap.2.1.3. und Abb.1) zugeordnet, in dem das betreffende Mietobjekt lokalisiert war. Untersucht wurden nur Anzeigen zu vermietender Büros und Ladenlokale, bei denen der Mietpreis (ohne Nebenkosten), die Gesamtfläche (wobei die Fläche von Mezzaninen nur zur Hälfte Berücksichtigung fand) und die Adresse angegeben waren.

Anders als bei den zuvor behandelten Bodenpreisen handelte es sich bei den untersuchten Mietpreisen um Preisangebote der Vermieter bzw. der Immobilienbüros. Es muß daher davon ausgegangen werden, daß das durchschnittliche Preisniveau nach Vertragsabschluß geringfügig unter den analysierten Mietpreisen lag; da jedoch keine Möglichkeit bestand, vertraglich vereinbarte Raummieten in Erfahrung zu bringen, ist dieser Nachteil, der sich in allen Teilräumen gleichmäßig bemerkbar machen dürfte, in Kauf zu nehmen. Aus Tab.22 sind die durchschnittlichen Quadratmetermietpreise, getrennt für Büro- und Ladenlokalraum, zu entnehmen. Wegen fehlender Informationen konnten für manche Teilräume keine oder nur aus wenigen Preisen errechnete Durchschnittswerte ermittelt werden.

Bei der Interpretation der Ergebnisse muß berücksichtigt werden, daß sowohl die teilweise sehr unterschiedliche Ausstattung der Büros, Ladenlokale und der sie beherbergenden Gebäude (z.B. wurden höhere Mieten in Bürohochhäusern verlangt) als auch die variierende Standortgüte in ein- und demselben Teilraum (Bsp.: Lagevorteil der Hauptverkehrs- gegenüber einer Seitenstraße!) Einfluß auf den Mietpreis nahm, was beachtliche Preisdifferenzen in eng benachbarten Lagen erklärt.

Tabelle 22: Durchschnittliches Mietpreisniveau für Büro- und Ladenflächen in Bogotá nach Teilräumen im Jahre 1981

TEILRAUM	BÜROS		LADENLOKALE	
	Durchschnitt- licher Miet- preis pro m^2 in col.Pesos	Anzahl unter- suchter Offerten	Durchschnitt- licher Miet- preis pro m^2 in col.Pesos	Anzahl unter- suchter Offerten
1	410	4	750	3
2	620	2	291	19
3	717	40	813	3
4	366	3	?	0
5	680	4	357	4
6	446	40	947	3
7	567	52	986	36
8	275	4	275	9
9	416	47	796	18
10	454	12	1042	2
11	356	20	455	46
12	307	12	755	9
13	?	0	?	0
14	374	12	584	13
15	503	16	558	9
16	?	0	263	6
17	?	0	744	9
18	402	91	737	21
19	?	0	?	0
20	275	7	513	6
21	414	9	344	12
22	?	0	?	0
23	267	19	319	21
24	374	6	280	3
25	311	15	464	51
Insgesamt		415		303

Quelle: Lonja de Propiedad Raíz S.A., verschiedene Ausgaben 1981
       El Tiempo, verschiedene Ausgaben 1981
       El Espectador, verschiedene Ausgaben 1981

Als besonders nachteilig ist die stark differierende Anzahl der untersuchten Of-
ferten pro Teil- bzw. Komplementärraum anzusehen. Dies hing damit zusammen, daß
sich die in den angegebenen Quellen veröffentlichten Anzeigen auf wenige Räume
konzentrierten. Für andere, flächenmäßig zum Teil wesentlich größere, kommerziell
jedoch nicht intensiv genutzte Zonen lagen nur wenige oder überhaupt keine Offer-
ten vor. Die genannten Vorbehalte ließen es ratsam erscheinen, auf eine Abbil-

dung, wie sie für das Bodenpreisgefüge in Bogotá erstellt wurde (vgl. Abb.16), zu verzichten.

Die Ergebnisse der Bodenpreisanalyse, nach der in der Innenstadt nicht die höchsten Werte registriert wurden, werden sowohl durch die Struktur der Mietpreise von Büro- als auch durch die i.a. teureren, da direkt von der Straße aus zugänglichen Ladenlokalflächen bestätigt.

In beiden Fällen wird das Preisniveau im traditionellen Zentrum von nördlichen Stadtregionen übertroffen. Dies erhärtet die mehrheitliche Aussage der Interviewteilnehmer, daß hohe Mietpreise im N der Stadt einer Standortverlagerung entgegenstanden.

6.4. Die Kriminalität

Unzweifelhaft ist der schlechte Ruf, den Bogotá vielerorts, insbesondere im Ausland, als "Chicago" Südamerikas genießt, u.a. Folge der illegalen Drogenherstellung (hauptsächlich Marihuana und Kokain), deren Exporterlöse 1980 rund 1,6 Milliarden US-$ betragen haben sollen und damit ca. 80%-90% des Exportwertes des wichtigsten Ausfuhrgutes, nämlich Kaffee, erreichten. Zwar ist Bogotá ebenfalls von den wirtschaftlichen Auswirkungen dieser kaum kontrollierbaren Devisenzuflüsse betroffen (z.B. einerseits Überangebot von Wohnraum im Luxusbereich, andererseits fehlen ca. 500.000 Wohnungen im Bereich der unteren Schichten; WILLIG 1981, S.8ff.); klimatisch bedingt konzentrieren sich jedoch die Anbaugebiete in wärmeren Regionen Kolumbiens und auch der Export wird größtenteils nicht über die Landeshauptstadt, sondern über nördliche Landesgebiete wegen der dort noch gebietsweise herrschenden Unerschlossenheit und der vorteilhaften Verkehrslage zum Abnehmerland USA abgewickelt. Somit treten Auswirkungen des Drogenproblems in Bogotá in erster Linie im konsumtiven Bereich auf[25]; sie sollen hier jedoch nicht zum Gegenstand weiterer Ausführungen gemacht werden. Vielmehr ist zu klären, in welchen Formen sich die Kriminalität in Bogotá, regional differenziert, zeigt und inwieweit sie die Mobilität des tertiären Sektors maßgeblich beeinflußt.

Im folgenden soll ein kurzer geschichtlicher Überblick über die Entwicklung der Kriminalität in Kolumbien gegeben werden. In der Kolonialzeit "war die Gewalt der Motor und der Lebensnerv des gesellschaftlichen Lebens" (SANCHEZ 1977, S.116). Sie wurde von den Regierenden der damaligen Zeit in Ausübung ihrer Funktionen angewandt und sanktionierte damit gleichzeitig eine häufig auf Gewalt beruhende

Konfliktlösung in den anderen Gesellschaftsschichten. Gewaltlose wie z.B. betrügerische Delikte waren bis zum Zeitpunkt der Unabhängigkeitsrevolution kaum zu verzeichnen; danach fanden auch sie verstärkt Eingang in die Kriminalitätsstatistik.

Erst gegen Mitte des vergangenen Jahrhunderts, vierzig Jahre nach Ausruf der Republik, trat neben die Gewaltanwendung das Element des Betruges. Die amtliche Statistik Kolumbiens verzeichnet inzwischen weit über einhundert verschiedene Deliktarten; durch den Einsatz modernster Methoden steigerte sich in vielen Bereichen das Niveau krimineller Handlungen bis an die Grenze der Perfektion. Internationale Kontakte der Unterwelt Kolumbiens, insbesondere zu der der USA, sichern die Anwendung von neuesten technischen Erkenntnissen zu kriminellen Zwecken. Insofern hat ein informationsbezogener Wandlungsprozeß stattgefunden, denn der Sprachforscher Max Leopold Wagner kommt durch die Analyse der typischen Unterweltsprache in Bogotá zu dem Schluß, daß bis in die 30er Jahre dieses Jahrhunderts sprachliche und, damit verbunden, kriminelle Einflüsse aus Ländern wie Argentinien, Chile und Peru zu verzeichnen waren (SANCHEZ 1977, S.122), bevor eine Öffnung zu der USA und Europa eintrat.

Gegenstand der weiteren Betrachtung wird schwerpunktmäßig die geographische Verteilung bestimmter Verbrechensarten im Stadtgebiet von Bogotá sein. Ihre Auswahl hing einerseits von der Bereitschaft der zuständigen Polizeibehörde ab, nicht veröffentlichte Daten für die vorliegende Arbeit zugänglich zu machen. Andererseits wurde sie von der Überlegung getragen, hauptsächlich auf die Deliktarten einzugehen, welche bei den Interviews (vgl. Kap.5.3.) mit im Dienstleistungssektor beschäftigten Personen immer wieder als Ursachen für eine realisierte Standortdislozierung erwähnt wurden. Zuvor muß jedoch auf die Problematik des hier zugrunde gelegten statistischen Materials eingegangen werden, welches die Realität nur sehr unzureichend darzustellen vermag.

REYES weist zu Recht darauf hin, daß sich die tatsächliche Kriminalität ("Criminalidad real") aus der den Behörden angezeigten Delikten und Zuwiderhandlungen einerseits ("Criminalidad aparente") und der versteckten Kriminalität ("Criminalidad oculta") andererseits zusammensetzt (1980, S.40); letztere erscheint jedoch - wie der Ausdruck schon vermuten läßt - nicht in der amtlichen Statistik und verfälscht die dort gemachten Aussagen. Hauptursache der Verzerrungen ist die Abneigung eines Großteils der Bevölkerung, Delikte, von denen sie erfährt oder selbst unmittelbar betroffen ist, anzuzeigen. So ergab eine Umfrage unter Händlern eines bestimmten Stadtteils in Bogotá, daß 63% der von Diebstahl und anderen gegen ihr Eigentum gerichteten kriminellen Taten geschädigten Geschäftsleuten auf eine Anzeige verzichteten (SANCHEZ 1977, S.125), ein nicht nur für das

kommerzielle Leben Bogotás symptomatisches Verhalten der Bevölkerung (vgl.
Kap.6.4.3.). Derselbe Autor nimmt an anderer Stelle an, daß von sämtlichen begangenen Diebstählen lediglich 10% zur Anzeige gelangen (SANCHEZ 1977, S.128).
Neben unterlassenen Anzeigen erhöht die Nichteinleitung von Untersuchungsmaßnahmen durch die Polizeibehörden, sei es aufgrund der Unglaubwürdigkeit der Anzeige,
Aussageverweigerung des Opfers, Personalmangel oder anderer Gründe, den Anteil
der versteckten Kriminalität an der Gesamtkriminalität. Es wäre von hohem gesellschaftspolitischem und kriminologischem Nutzen, wenn der Stellenwert der versteckten Kriminalität in Kolumbien im Rahmen einer wissenschaftlich fundierten
Untersuchung konkretisiert werden könnte, statt sich wie bisher auf ungenaue
Schätzungen zu verlassen. Das hierzu notwendige methodische Instrumentarium wurde
bereits von den nur namentlich genannten HOOD und SPARK entwickelt, wie SANCHEZ
(1977, S.125) berichtet.
Ein weiterer Mangel ist die fehlerhafte Datenhandhabung durch die Behörden. Ein
Vergleich der vom DANE publizierten Kriminalitätszahlen mit denen der Policía
Nacional wies für den gleichen Zeitraum erhebliche Differenzen auf, obwohl beide
Institutionen auf identische Quellen zurückgriffen. Die Ungenauigkeiten der kolumbianischen Kriminalstatistiken könnten, wenn überhaupt, nur durch einen unverhältnismäßig hohen Mehraufwand im Bereich der Datenerfassung und -verarbeitung
eliminiert werden.
Die von der Policía Judicial und vom Departamento de Policía Bogotá. Sipec, Sub-
Dirección Estadística, zur Verfügung gestellten Daten mußten erst aufbereitet
werden. So war es lediglich möglich, für bestimmte, im Rahmen dieser Arbeit im
Mittelpunkt stehende Regionen Bogotás (vgl.Abb.19), die durch die Grenzen der
zuständigen Polizeistationen als Erhebungsräume unveränderbar determiniert waren,
und für ausgewählte Deliktarten Auskünfte über quantitative Merkmale zu erhalten.
Im einzelnen wurden die jährlichen Delikthäufigkeiten von Diebstahl, Raub und
Schwerer Raub im Zeitraum von 1972 bis 1980 und darüber hinaus für diese und weitere Straftaten im ersten Halbjahr 1981 bereitgestellt.
Ein großes Problem stellte die Frage der Gewichtung der registrierten Delikte
dar, da die einzelnen Untersuchungsräume hinsichtlich Bevölkerungsdichte, Fläche,
Wirtschaftsstruktur, Anteil der verschiedenen sozialen Schichten und anderer
Merkmale teilweise erheblich voneinander abwichen.
Als Ziel des Vergleichs fungierte die Bestimmung der Wahrscheinlichkeit, im Zentrum, in der Altstadt oder in nördlichen Stadtteilen Opfer eines der erwähnten
Verbrechen zu werden, um mittels dieser Vorgehensweise eine "Hierarchie der Gefährlichkeit" bestimmter Stadtzonen erstellen zu können. Die Kriminalitätshäufigkeit ist dabei sowohl von der Bevölkerungsdichte als auch von vielen anderen

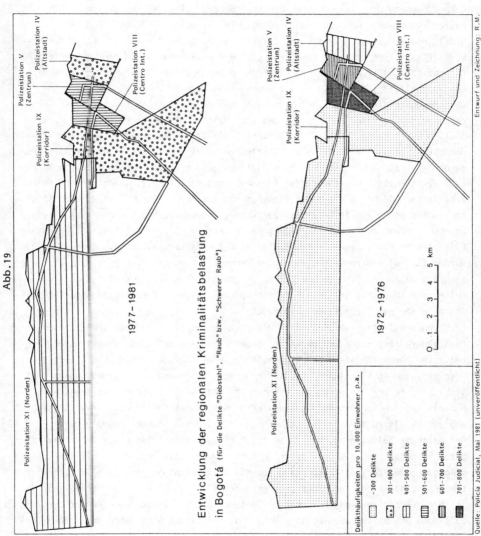

Abb.19

Entwicklung der regionalen Kriminalitätsbelastung in Bogotá (für die Delikte "Diebstahl", "Raub" bzw. "Schwerer Raub")

1977 – 1981

1972 – 1976

Polizeistation XI (Norden)

Polizeistation V (Zentrum)
Polizeistation IV (Altstadt)
Polizeistation IX (Korridor)
Polizeistation VIII (Centro Int.)

Deliktshäufigkeiten pro 10.000 Einwohner p.a.

-300 Delikte
301-400 Delikte
401-500 Delikte
501-600 Delikte
601-700 Delikte
701-800 Delikte

0 1 2 3 4 5 km

Quelle: Policía Judicial, Mai 1981 (unveröffentlicht)

Entwurf und Zeichnung: R.M.

natürlichen, ethnologischen und sozialen Gegebenheiten abhängig. Jedoch können Untersuchungen des Zusammenhangs dieser "Gegebenheiten mit der Kriminalität als Massenerscheinung nur zu Wahrscheinlichkeitsurteilen führen" (HELLMER 1972, S.85). Diese Aussage rechtfertigt die Entscheidung, im Verlauf der folgenden Kriminalitätsanalyse andere Faktoren als die Bevölkerungsdichte/Hektar, wie z.B. Altersaufbau, Bildungsstand und Fluktuation der Bevölkerung, Industrialisierungs- und Kommerzialisierungsgrad etc. zu vernachlässigen.

Üblicherweise wird bei der Relativierung der Kriminalitätshäufigkeit durch Bevölkerungsmaßzahlen die Wohnbevölkerung als Maßstab herangezogen (vg. z.B. WIEBE 1977, S.207ff. u. HELLMER 1972, S.228ff.). Diese Vorgehensweise kann jedoch bei dem oben definierten Ziel nicht befriedigen, da die Wahrscheinlichkeit, Opfer einer Straftat zu werden, in einem Raum festgelegter Ausdehnung sinkt, wenn die Zahl der sich in ihm aufhaltenden Personen "ceteris paribus" steigt. Dies trifft z.B. in besonderem Maße auf das Zentrum Bogotás zu; dort muß die Kriminalitätshäufigkeit nicht nur in Relation zur Wohn-, sondern auch zur Arbeitsbevölkerung gesehen werden, da sonst ein völlig verzerrtes Bild der Kriminalitätsbelastung (die fiktive überstiege die reale Belastung) entstehen würde. Aus diesem Grunde wurden für alle Untersuchungszonen Einwohnerdichten pro Hektar ermittelt, die sich aus Wohn- und Arbeitsbevölkerung zusammensetzten. Hieraus ließ sich mit hinreichender theoretischer Genauigkeit errechnen, wieviel Personen sich werktäglich in den einzelnen Stadtregionen aufhalten.

Nicht berücksichtigt werden konnte die statistisch nicht erfaßte Größe desjenigen Personenkreises, der einen der fraglichen Stadtteile aufsucht, obwohl weder Wohnort noch Arbeitsplatz dort liegen (z.B. Einkäufer, Besucher von öffentlichen oder privaten Institutionen etc.). Der daraus entstehende Gewichtungsfehler dürfte sich in erster Linie auf das Kriminalitätsrisiko im Zentrum, das dadurch größer als tatsächlich erscheint, auswirken. Die Einführung eines Korrekturfaktors muß jedoch als zu spekulativ angesehen werden und soll daher unterbleiben.

Auf einzelne Deliktarten, bei denen sich eine zumindest indirekte Beziehung zur Standortverlagerung des tertiären Sektors nachvollziehen läßt, soll nun näher eingegangen werden. Ausgeschlossen von dieser Betrachtung sind jene Gesetzesübertretungen, die keinen oder nur sehr geringen Einfluß auf die Standortqualität des in ihrem Umfeld ansässigen tertiären Sektors haben. Dazu zählen Übertretungen des geltenden Straßenverkehrsrechtes, Hehlerei, politische Straftaten und andere Delikte.

6.4.1. Charakteristika ausgewählter Delikte

6.4.1.1. Einfacher Diebstahl

Das Delikt "Einfacher Diebstahl" ("Hurto") nahm 1979 mit 36.313 statistisch er-
faßten Fällen in Kolumbien quantitativ gesehen nur den zweiten Platz (hinter dem
Delikt "Raub" vgl. Kap.6.4.1.2.) in der Sparte "Eigentumsdelikte" der Kriminalitätsstatistik ein. Hier wird besonders deutlich, daß die Statistik eine Verzer-
rung der Realität bewirkt, denn Diebstahlsdelikte übertreffen auch in Kolumbien
zahlenmäßig räuberische Delikte, werden aber nicht so häufig zur Anzeige gebracht, da meist nur Bagatellschaden entsteht bzw. eine Anzeige als zwecklos angesehen wird ...

Bei weitem am häufigsten wurden Diebstähle an Personen registriert, gefolgt von
Diebstählen in Häusern und Wohnungen. Inwieweit andere Einrichtungen bzw. Gegenstände von Diebstahl, Raub und schwerem Raub im Jahre 1979 betroffen waren, verdeutlicht Tab.23.

Beinahe 20% aller Diebstähle wurden im Departamento Valle registriert; Bogotá
folgt mit 18,6% an zweiter Stelle (Policía Nac. 1979 (c), S.99). Die Dunkelziffer
dieses Vergehens dürfte um ein Mehrfaches über der angegebenen Zahl liegen, denn
ein Großteil der Warendiebstähle in Kaufhäusern und Geschäften beispielsweise
wird entweder nicht bemerkt oder aber wegen der Aussichtslosigkeit der Täterer-
mittlung und angesichts des entstandenen Bagatellschadens nicht angezeigt, ebensowenig die in der drangvollen Enge überfüllter Busse und Busetas verübten Delikte, bei denen unbemerkt Handtaschen aufgeschlitzt, Jacken- und Hosentaschen
durchforstet und die nahe der Tür sitzenden Personen ihrer mitgeführten Gegenstände durch auf das Fahrzeug aufspringende Diebe verlustig gehen, ohne rechtzeitig reagieren zu können. Der Vorteil, den Diebstahlstäter aus der Ansammlung vieler Personen auf engem Raum und der dadurch begünstigten Fluchtmöglichkeit in der
Menschenmenge ziehen, erklärt die "führende Stellung", die dem traditionellen
Zentrum und dem Centro Internacional im letzten Jahrzehnt sowie, besonders Mitte
der 70er Jahre, der Altstadt mit ihren engen Straßen und dunklen Hinterhöfen bezüglich dieses Deliktes zukommt (vgl. Tab.24).

Tabelle 23: Häufigkeiten der Delikte "Einfacher Diebstahl", "Schwerer Diebstahl und Raub", "Schwerer Raub" sowie entstandene Sachschadenshöhe in Kolumbien (1979). Quelle: Policía Nacional 1980, S.106

Bezeichnung der betroffenen Einrichtungen, Gegenstände bzw. Personen	EINFACHER DIEBSTAHL		SCHWERER DIEBSTAHL UND RAUB		SCHWERER RAUB		INSGESAMT	
	Delikthäufigkeit	Schadenshöhe in Tsd.Pesos	Delikthäufigkeit	Schadenshöhe in Tsd.Pesos	Delikthäufigkeit	Schadenshöhe in Tsd.Pesos	Delikthäufigkeit	in %
Personen	18.463	173.208	11.676	176.218	8.556	187.497	38.695	46,5
Wohnungen und Häuser	9.364	201.284	13.833	128.136	443	34.129	23.640	28,4
Geschäfte	1.511	53.684	1.973	446.312	71	18.732	3.555	4,3
Kraftfahrzeuge	-	-	2.902	897.050	-	-	2.902	3,5
Büros	1.139	36.465	1.219	89.631	65	21.897	2.423	2,9
Fahrräder	1.818	8.195	326	3.698	17	80	2.161	2,6
Landgüter und Bauernhöfe	917	24.684	579	48.218	141	7.637	1.637	2,0
Werkstätten	418	13.412	691	3.728	17	2.694	1.126	1,4
Keller und Läger	473	29.635	466	73.002	43	9.718	982	1,2
Kornspeicher	392	7.124	343	39.614	33	2.893	768	0,9
Bars, Cafés etc.	269	3.129	283	13.108	29	689	581	0,7
Fabriken	231	31.893	228	131.440	59	16.387	518	0,6
Lehreinrichtungen	148	1.900	171	17.693	13	152	332	0,4
Bauten	196	4.146	143	53.412	15	470	354	0,4
Hotels, Pensionen etc.	218	3.699	133	27.114	17	352	368	0,4
Kantinen	98	2.184	148	7.185	18	128	264	0,3
Banken	29	1.077	22	121.485	90	56.344	141	0,2
Drogerien und Apotheken	73	2.936	91	21.674	11	437	175	0,2
Juweliere	51	1.993	73	63.698	13	7.694	137	0,2
Kliniken, Hospitäler	51	637	28	935	-	-	79	0,1
Arztpraxen	33	1.223	42	3.694	2	31	77	0,1
Gärtnereien	23	201	22	1.631	-	-	45	0,1
Frisier- und Schönheitssalons	26	122	28	935	-	-	54	0,1
Schneidereien	37	687	67	3.121	2	23	106	0,1
Bordelle	-	-	-	-	119	8.154	119	0,1
Kirchen	13	311	83	10.200	-	-	96	0,1
Universitäten	38	452	13	2.200	-	-	51	0,1
Zahnarztpraxen	18	123	21	1.128	1	13	40	0,0
Rechtsberatungen	9	64	6	986	1	8	16	0,0
Buchhandlungen	16	39	18	786	-	-	34	0,0
Sonstiges	241	44.876	1.324	34.100	166	211.933	1.731	2,1
Insgesamt	36.313	649.383	36.952	2422.132	9.942	588.092	83.207	100,0

Tabelle 24: Regionale Entwicklung der Delikte "Einfacher Diebstahl", "Schwerer Diebstahl und Raub" sowie "Schwerer Raub" in Bogotá von 1972 bis 1980

POLIZEISTATION NR.

	IV (Alt-stadt)	V (Zen-trum)	VIII (Centro Internacional)	IX (Kor-ridor)	XI (Nor-den)
I. EINFACHER DIEBSTAHL					
1972	255	593	311	425	422
1973	367	476	306	423	494
1974	307	993	1.021	806	588
1975	845	990	1.014	641	488
1976	794	1.218	892	649	488
1977	347	906	509	434	370
1978	413	593	518	375	384
1979	423	503	282	397	523
1980	382	379	275	579	559
Insgesamt	4.133	6.651	5.128	4.729	4.316
II. SCHWERER DIEBSTAHL UND RAUB					
1972	324	654	567	638	736
1973	523	618	453	567	790
1974	248	1.137	1.274	845	697
1975	931	1.058	1.155	939	890
1976	822	816	1.270	1.140	1.056
1977	388	1.051	1.056	1.099	1.236
1978	331	830	1.245	1.181	1.046
1979	519	905	602	959	1.640
1980	305	802	614	1.235	1.540
Insgesamt	4.391	7.871	8.236	8.603	9.631
III. SCHWERER RAUB					
1972	98	94	80	20	40
1973	174	108	64	40	57
1974	89	245	205	37	57
1975	136	198	251	55	79
1976	177	322	161	133	72
1977	155	248	117	152	46
1978	149	284	191	129	88
1979	361	263	203	143	158
1980	264	227	131	187	220
Insgesamt	1.603	1.989	1.403	896	817

Quelle: Policía Judicial, Mai 1981 (unveröffentlichte Angaben)

6.4.1.2. Schwerer Diebstahl und Raub

Die Delikte "Raub" und "Schwerer Diebstahl" (die im kolumbianischen Strafrecht unter dem Begriff "Robo" subsumiert werden) führten 1979 mit fast 37.000 registrierten Fällen die Rangfolge der Eigentumsdelikte an (Policia Nac. 1979 (c), S.36). Bogotá nimmt mit einem Anteil von über 34% an der Gesamtzahl eine deutliche Spitzenstellung vor den übrigen Landesteilen ein. Es folgen Antioquia und Valle mit ca. 13% bzw. 12%. Mit über 37% waren Häuser und Wohnungen am stärksten betroffen. Auf sie soll daher näher eingegangen werden.

Folgt man der Auffassung der Polizei in Bogotá (der Abteilung F-2, cie für derartige Delikte zuständig ist), befindet sich der am stärksten gefährdete Sektor im N der Stadt, nämlich zwischen Cl 85 und Cl 127 im von Cra 7 und der Avenida Suba begrenzten Bereich.

In Kolumbien wurden im Zeitraum von Januar 1979 bis Oktober 1980 insgesamt 26.365 Einbrüche in Häuser zur Anzeige gebracht, aber nur 253 in Appartementhäuser (LOPEZ 1981, S.55). Ohne Berücksichtigung der Dunkelziffer, die bei diesen Angaben vermutlich nicht sehr hoch ist, da eine polizeiliche Anzeige von den Versicherungen vor Schadenserstattung zur Pflicht gemacht wird, wurde demnach im Untersuchungszeitraum stündlich in 1,64 Häuser und 0,016 Appartements in Kolumbien eingebrochen; nach Meinung von Kennern der kolumbianischen Verhältnisse liegt diese Zahl jedoch noch höher.

Hohe Anziehungskraft üben die - im Vergleich zum Risiko - hohen Erfolgsaussichten auf Rechtsbrecher aus: Während im Oktober 1980 bei 180 Straßenüberfällen lediglich vier Millionen Pesos erbeutet werden konnten, wurde bei nur acht Villeneinbrüchen ein Schaden von ca. siebzehn Millionen Pesos verursacht.

Das Stadtgebiet wird unter den an diesen Raubzügen beteiligten Banden aufgeteilt und die jeweiligen "Reviere" werden gegenseitig respektiert. Die Beute wird nach Verübung der Tat an einen Hehler verkauft, der sogenannte "Caletas" unterhält, Verteilerposten, von denen aus das Diebesgut auf dem Markt abgesetzt wird. Die in den letzten Jahren zu beobachtende Steigerung der Nachfrage nach Appartements ist ohne Zweifel mit auf das ungleich höhere Wohnrisiko in Einfamilienhäusern zurückzuführen (WIESNER 1978, S.142). Wohnhochhäuser zeichnen sich in Bogotá im allgemeinen durch permanente Bewachung aller Eingänge durch Pförtner ("Porteros") aus; zudem bieten die auf der gleichen Etage wohnenden Nachbarn bei längerer Abwesenheit der Bewohner einen zusätzlichen Schutz vor Einbruch.

Erfahrungen aus den USA, daß hohe Häuser besonders kriminalitätsträchtig sind - besorgniserregende Häufung von Sachbeschädigungen, Raubüberfällen und Vergewaltigungen, erklärbar durch den unkontrollierbaren "herrenlosen Freiraum" in

Gestalt von dunklen Fluren und Treppenhäusern - registrierte man in Kolumbien nicht. (Untersuchungen, die von der Universität Regensburg in Zusammenarbeit mit dem Bundeskriminalamt im Jahre 1980 in München und Regensburg durchgeführt wurden, lassen den Schluß zu, daß es dort keinen Zusammenhang zwischen Baustruktur und Kriminalität gibt (Frankfurter Allg. Zeitung, 19.2.1981)).

Die Auswertung der regional aufgeschlüsselten Kriminalitätsdaten für den östlichen Stadtbereich Bogotás zeigt deutlich, daß sich der Schwerpunkt räuberischer Aktivitäten und schwerer Diebstähle vom Centro Internacional in das nördliche Stadtgebiet verlagert hat. Den Daten ist nicht zu entnehmen, ob Raubüberfälle auf Passanten im nördlichen Zentrumsbereich (das Centro Internacional wird von vielen wohlhabenden Fußgängern, Touristen und Kunden der Luxushotels "Tequendama" und "Hilton" frequentiert) zu Lasten einer Zunahme von Einbruchsdiebstählen im N Bogotás zurückgegangen sind. Dem steht entgegen, daß Polizeiberichten zufolge die Straßenkriminalität im Centro Internacional in den letzten Jahren erheblich zugenommen hat.

6.4.1.3. Schwerer Raub

Aus polizeilicher Sicht werden in Bogotá zwei dominierende Ausführungsarten des schweren Raubes ("Robo agravado", "Atraco") registriert, bei denen durch Ausübung physischer (Waffen-)Gewalt eine Person der in ihrem Besitz befindlichen Gegenstände teilweise oder vollständig verlustig geht.[26]

1. In den vorwiegend von Personen der Unter- und unteren Mittelschicht bevölkerten Stadtgebieten, zu denen das Zentrum, der Süden und Teile des Westens der Stadt zu zählen sind, werden vorwiegend blitzartige Überfälle auf Passanten verübt, bei denen den Opfern kleinere Wertgegenstände wie Uhren, Ohrringe, Brillen, Kugelschreiber, Aktentaschen, aber auch Bargeld entrissen werden. Die Delinquenten (auch "Cascareros" genannt) handeln bei der Vorbereitung ihrer Überfälle nicht sehr selektiv; sie rauben, was erreichbar ist und schrecken nicht einmal davor zurück, einer Person, die außer ihrer Kleidung keinerlei Habseligkeiten mit sich führt, selbst diese zu entwenden. Bevorzugtes Opfer sind Frauen, da bei ihnen eine schwächere Gegenwehr vermutet wird und sie überdies durch hochhackiges Schuhwerk häufig an der Verfolgung der Täter, die meist zwischen acht und vierzig Jahre alt sind, gehindert werden. Häufig bleiben Verletzungen nicht aus: ein geradezu klassisches und vielzitiertes Beispiel ist der Raub von Ohrringen. Ebenso

bekannt ist der Raub von Armbanduhren von Autofahrern, die z.B. an einer Ampel halten müssen und das Fenster sorglos geöffnet haben ...

2. Diese Art von Überfällen tritt im Norden der Stadt selten auf. Die geringere Passantendichte erhöht das Risiko des Räubers, nicht unerkannt im Menschengewühl verschwinden zu können, die Zahl potentieller Opfer ist (mit Ausnahme Chapineros) zudem bedeutend geringer als z.B. im Zentrum. So ist es leicht verständlich, daß sich die Unterwelt seit wenigen Jahren auf bewaffnete Raubüberfälle spezialisiert hat, die sorgfältig vorbereitet sind und sich meist gegen die Bewohner der Luxusvillen richten. Die Rechtsbrecher (auch "Finos" genannt), die im allgemeinen bandenmäßig organisiert sind, verfügen in der Regel über eine beeindruckende "Grundausstattung", die von der schweren Limousine über Maschinengewehre bis hin zu schwarzen Anzügen reicht; letztere garantieren ein vertrauenerweckendes Erscheinen, sodaß die Täter mühelos unter Angabe eines nichtigen Vorwandes ins Haus eingelassen werden. Der durchschnittliche Wert der auf diese Art geraubten Gegenstände ist demzufolge wesentlich höher als der von den "Cascareros" verursachte Schaden.

Die regionale Differenzierung des Deliktes "Schwerer Raub" (vgl. Tab.24) läßt die Altstadt für das Jahr 1980, gefolgt vom übrigen Zentrumsbereich, als das am stärksten von schweren Raubüberfällen betroffene Stadtgebiet erkennen; erst seit 1979 ist eine kontinuierliche Bedeutungszunahme dieser Kriminalitätsart auch für den N der Stadt (nördlich von Cl 53) zu verzeichnen.

6.4.1.4. Totschlag und Mord

Die Zahlen der 1979 in Bogotá begangenen Morde ("Homicidio agravado", "Asesinato"), versuchten ("Tentativa de homicidio") und vollendeten Totschlagsdelikte ("Homicidio común") weisen - unter Beibehaltung dieser Reihenfolge - 97, 91 bzw. 640 Opfer aus.

Bezüglich aller drei Deliktarten rangiert Bogotá an vorderer, in keinem Fall jedoch an erster Stelle in der Aufstellung aller Departamentos des Landes (Policía Nacional 1979(c), S.35).

An dieser Stelle sei kurz auf ein Phänomen hingewiesen, das seit einigen Jahren besonders in den größeren Städten Kolumbiens grassiert, nämlich Mordanschläge, die von Motorradfahrern verübt werden. Zwischen 1978 und 1981 wurden auf diese Art mehr als tausend (!) Personen ermordet; Medellín nimmt in dieser Statistik den ersten Platz ein: Allein in einem Monat des Jahres 1980 wurden dort mehr als 70 Personen aus den unterschiedlichsten Motiven heraus von Motorradfahrern ermordet. Begünstigend wirkt der Umstand, daß bestimmte Motorradhändler beim Verkauf der Fahrzeuge gegen geringen Aufpreis gleichzeitig für einen gefälschten Führerschein sorgen sodaß der Käufer nicht von vornherein durch ordnungsmäßigen Erwerb dieses Papiers ("Pase") aktenkundig wird (El Tiempo, 9.6.1981). Eine behördliche Anordnung in einigen Städten Kolumbiens, die die Benutzung von Motorrädern nur zwei gleichze tig aufsitzenden Personen gestattet, hat bisher wenig Erfolg gezeigt. Diese Maßnahme erinnert im übrigen an Caracas/Venezuela, wo die zuständigen Behörden ein allgemeines Benutzungsverbot von Motorrädern für die Zeit von 22⁰⁰ Uhr bis 5⁰⁰ Uhr ausgesprochen haben, nachdem festgestellt wurde, daß dies das bevorzugte Fortbewegungsmittel der Unterwelt ist (Die Welt, 2.5.83).

6.4.2. Vergleichende Betrachtung der regionalen Kriminalitätsbelastung

Noch problematischer als die eingangs kritisch betrachtete statistische Erfassung der Kriminalität in abgegrenzten Räumen erscheint ein auf diesen Daten basierender Vergleich der regionalen Kriminalitätsbelastung. Neben möglicherweise erheblich voneinander abweichenden Dunkelziffern, der Höhe des durch Straftaten entstandenen Schadens etc. stellt sich die Frage nach der Gewichtung aufgetretener Straftatbestände.
Da es Ziel der Betrachtung war, die Wahrscheinlichkeit zu bestimmen, Opfer eines der Verbrechen (Diebstahl, Raub bzw. schwerer Raub) zu werden, für die ausreichendes Zahlenmaterial vorliegt (vgl. Tab.24), wurden für die Zeiträume 1972-1976 und 1977-1981 aggregierte Delikthäufigkeiten pro 10.000 Einwohner für jedes Untersuchungsgebiet ermittelt. Das Ergebnis zeigt Abb.19.
Wenngleich bezweifelt werden muß, daß die Kriminalitätsbelastung in allen zentralen Stadtbereichen absolut zurückgegangen ist, darf die teilweise Verlagerung des Kriminalitätsgeschehens nach N (einschließlich Chapinero) nicht übersehen werden. Sie ist, wie oben bereits gezeigt wurde, vornehmlich auf die Zunahme des Deliktes "Raub" zurückzuführen. Somit war das Risiko eines Passanten, im Zeitraum von 1977 bis 1981 im Zentrum, im Großraum des Centro Internacional oder im Norden bestohlen oder beraubt zu werden, annähernd gleich hoch, während es in der vorangehenden Betrachtungsperiode für nördliche Stadtbereiche ungleich geringer war.
Daß kleinere Delikte wie Taschendiebstähle etc. sehr viel häufiger im Zentrum der Stadt als im N zu registrieren sind, ist u.a. auch auf in den Straßen lebende

Kinder ohne geregeltes Zuhause ("Gamines") zurückzuführen, deren einzige Überlebensmöglichkeit der Diebstahl verwertbarer Gegenstände ist. Sie halten sich bevorzugt im Zentrum Bogotás auf. Man erkennt sie an ihrer zerlumpten Kleidung; viele von ihnen tragen keine Schuhe und haben sich seit Wochen nicht mehr gewaschen. Meist treten sie zu mehreren auf, weil die Gruppe ihnen das Elternhaus ersetzt. Passanten werden von Gamines häufig angebettelt, Autofahrern wird die Bewachung des Fahrzeuges während der Abwesenheit des Besitzers angeboten. Immer wieder versuchen sie, auf fahrende Busse aufzuspringen, um das Fahrgeld zu sparen.

Untersuchungen zeigen, daß etwa die Hälfte der Straßenkinder in der Innenstadt lebt und übernachtet; ein weiterer großer Anteil bevorzugt den Aufenthalt in Sekundärzentren wie z.B. Chapinero und Siete de Agosto. Nur sehr wenige "Gamines" sind dagegen in den nördlichen Wohnvierteln der Oberschicht anzutreffen. "Gamines" tragen somit dazu bei, daß viele Personen das Zentrum Bogotás meiden, da sie sich von der konzentrierten Präsenz der Unterschicht belästigt fühlen. In diesem Zusammenhang erscheint die Feststellung wichtig, daß sich besonders in oberen Gesellschaftsschichten eine grundsätzlich negative Einstellung zum Zentrum durchgesetzt hat, bei der die tatsächlichen Gegebenheiten zweitrangig sind. Der Innenstadtbereich wird, häufig durch kritiklose Übernahme der Meinung anderer, ohne weitere Prüfung zum gefährlichsten Stadtteil Bogotás erklärt und daher automatisch gemieden, auch wenn eigene negative Erfahrungen fehlen. Statt dessen dominiert eine subjektiv-negative Perzeption in der Bevölkerung, die sich z.B. in übertriebenen Schilderungen der Zustände im Zentrum artikuliert und folglich zu dessen Meidung führt.

6.4.3. Das angepaßte Verhalten der Bevölkerung

Die in Bogotá herrschende Unsicherheit hat zu raumwirksamen Anpassungsmaßnahmen seitens der betroffenen Bevölkerung geführt, von denen die wichtigsten kurz erwähnt werden sollen.
Die Zugänge zu einigen Wohngebieten in Barrios im N der Stadt, die ringsum umzäunt sind, so z.B. in La Carolina, Santa Ana, El Rincón de Los Frailes und Santa Bárbara, wurden von den Anwohnern mit Schranken oder schweren Eisengittern versperrt, der Eintritt nur den bewaffneten Wächtern bekannter Personen gestattet und allen anderen Besuchern eine Ausweispflicht abverlangt. Durch diese Sicherheitsmaßnahmen wird es kriminellen Elementen wesentlich erschwert, in diesen

Vierteln ihr Unwesen zu treiben. Obwohl die Verantwortlichen der zuständigen städtischen Behörde ("Procuraduría de Bienes de Bogotá") von der in manchen Stadtteilen bedrohlichen Kriminalitätsrate Kenntnis haben, bekämpfen sie energisch die illegale Aufstellung dieser unnatürlichen Hindernisse und sprechen sich für ungehinderten Zugang in alle Stadtteile Bogotás aus. Rechtliche Grundlage dieser Einstellung ist der "Acuerdo 7" von 1979, der zwar eine private Kontrolle, nicht aber die hermetische Abschottung der Barrios erlaubt.

Im N der Stadt weitverbreitet ist die Usance benachbarter Anwohner, eine permanente Bewachung ihrer Anwesen durch gemeinschaftliche Bezahlung eines meist bewaffneten Wächters zu gewährleisten. Zu diesem Zweck werden der Unterschicht angehörende, vertrauenerweckende Personen eingestellt, die Tag und Nacht das ihnen überantwortete Gebiet im Auge behalten sollen. Für kühle und regnerische Witterung steht ihnen ein kleiner Unterstand zur Verfügung.

In Einzelfällen werden Wohnsitze gefährdeter Personen oder Einrichtungen (z.B. Häuser von bekannten Bankiers, Industriellen, Politikern, Diplomaten etc.) gesondert bewacht, ein Service privater Bewachungsgesellschaften, der trotz der niedrigen Entlohnung des Wachpersonals 1981 bei einer ununterbrochenen Ein-Mann-Bewachung mehr als 60.000 Pesos monatlich kostete (nach Information einer schutzbedürftigen Familie).

Verstärkter Schutz bestimmter Objekte vermag auch die Nachfrage nach Immobilien anzuregen, die im näheren Umkreis liegen und damit indirekt am Sicherheitszuwachs der betreffenden Zone teilnehmen; dieser für Eigentümer und Mieter gleichermaßen erfreuliche Effekt tritt insbesondere im Umfeld permanent bewachter Botschaften und anderer schutzbedürftiger öffentlicher Einrichtungen auf. Ein gutes Beispiel dafür ist die US-Botschaft, die einer wahren Festung gleicht!

Größere Appartementhäuser werden, wie bereits erwähnt, meist ebenfalls kontinuierlich bewacht; die anfallenden Kosten werden auf alle Bewohner umgelegt und sind dadurch vergleichsweise gering.

Die an nordamerikanische Villenvororte erinnernden Barrios im N der Stadt weisen ebenso auffällige wie architektonisch häßliche gemeinsame Merkmale auf: Mehr als mannshohe Zäune, Gitter und Mauern rahmen Häuser und Grundstücke ein, weniger um die Blicke Neugieriger als vielmehr Einbrecher abzuwehren. Zusätzlich sind alle Fenster, zumindest im Erdgeschoß, vergittert. Während im N Bogotás Fenstergitter zur selbstverständlichen Sicherheitsausstattung jedes Gebäudes zählen, scheint in den von weniger wohlhabenden Bevölkerungsschichten bewohnten Stadtgebieten der Vergitterung zusätzlich auch Prestigecharakter zuzukommen: Erst dort, wo - möglichst schmuckvolle - Gitter angebracht sind, hat es der Hausbesitzer zu gewissem Wohlstand gebracht, der nach einer derartigen Schutzmaßnahme verlangt.

Nur ungern werden die derart abgesicherten Villen sich selbst überlassen: Viele Familien achten darauf, daß sich ständig jemand im Haus aufhält. Haushaltshilfen ("Muchachas"), die bis auf wenige freie Stunden, meist auf der Basis des niedrigen, gesetzlich fixierten Mindestlohnes, alle anfallenden Arbeiten verrichten und als Relikt kolonialer Zeiten auch heute noch in vielen Haushalten beschäftigt sind, werden oft mit ambivalenten Gefühlen betrachtet: Einerseits wird ihre zusätzliche Bewachungsfunktion geschätzt, die in vielen Fällen das Hauptmotiv der Einstellung ist, andererseits bringt man ihnen von Seiten der Hausherren gerade bei längerer Abwesenheit Mißtrauen entgegen.

In den Massenmedien werden in regelmäßigen Zeitabständen Instruktionen erteilt, wie man sich vor Einbruch, Diebstahl und anderen Gefahren schützen kann.

Mit Sicherheit würden die Zahlen der Kriminalitätsstatistik wie auch die Dunkelziffern deutlich höher ausfallen, wenn nicht einem Großteil der Bevölkerung bestimmte Sicherheitsvorkehrungen bereits zur täglichen Selbstverständlichkeit geworden wären.

Aber nicht nur die angepaßte Verhaltensweise der Bevölkerung deutet auf eine bundesrepublikanische Verhältnisse bei weitem übersteigende Kriminalitätsrate hin, sondern auch die Passivität gegenüber beobachtetem oder gar erlittenem Unrecht. Die Hauptursachen dieses Verhaltens sind ein überlastetes Justizwesen, offenkundige Korruption und die äußerst niedrige Aufklärungsquote von Straftaten durch die Polizei. Auch aus Angst vor Rachemaßnahmen wird häufig auf eine Anzeige verzichtet (Policía Nacional 1977, S.45f. u. GUTIERREZ 1977, S.88).

6.4.4. Aktivitäten der Polizei und anderer Gruppen

In Kolumbien üben zwei den Staat mittragende Gruppen die Exekutivgewalt aus: die Polizei und das Militär.

Nach übereinstimmender Ansicht städtischer Politiker, der öffentlichen Meinung und nicht zuletzt auch hoher Funktionäre des Polizeiapparates ist die in Bogotá herrschende Unsicherheit zum großen Teil auf das im Verhältnis zum Bevölkerungswachstum unterproportionale Wachstum der Polizeikräfte zurückzuführen. Im gleichen Zeitraum, in dem die Einwohnerzahl der kolumbianischen Hauptstadt um 3,5 Millionen Menschen zunahm, stieg die Zahl der Polizisten unterer Dienstgrade (der im Außendienst Beschäftigten) um nur 1300 Kräfte an. Bei dieser relativen Schwächung der Bogotaner Polizei im Verlauf der letzten dreißig Jahre verwundert es nicht, wenn präzisere Angaben, insbesondere zur personellen Besetzung der im

Stadtgebiet verteilten Polizeistationen, der Öffentlichkeit vorenthalten werden. Publiziert werden lediglich die in Tab.25 enthaltenen Angaben.

Aus ihr ist ersichtlich, daß 1971 in Kolumbien nur 460 Einwohner auf einen Angehörigen der Policía Nacional kamen; dieses Verhältnis verbesserte sich bis 1975 auf 430 Einwohner/Polizeiangestellten, um sich dann bis 1979 kontinuierlich auf das Verhältnis 596:1 zu verschlechtern.

Ab 1975 ist sogar ein absoluter Rückgang der alle Dienstgruppen einschließenden Gesamtzahl zu beobachten. Er ist besonders ausgeprägt in der Gruppe der Polizisten ("Agentes"). Kamen 1971 nur rund 570 Einwohner auf einen einfachen Polizisten, waren es 1979 bereits 785.

Tabelle 25: Entwicklung der Personalstärke in der kolumbianischen Polizei ("Policía Nacional") von 1971 bis 1979

Jahr	Offi-ziere	Unter-offi-ziere	Poli-zisten	Zivile Ange-stellte	Insge-samt	Landes-bevölke-rung in Tausend	Einwohner/ Polizei-personal
1971[1]	1.010	3.603	37.119	4.335	46.067	21.186	460
1972[1]	1.127	3.558	38.721	4.374	47.780	21.776	456
1973[1]	1.208	3.976	40.514	4.480	50.178	22.381	446
1974[1]	1.276	4.108	39.392	4.736	49.512	23.004	465
1975[2]	1.305	4.335	44.274	5.044	54.958	23.644	430
1976[2]	1.346	4.732	42.084	4.937	53.099	24.301	458
1977[2]	1.412	4.494	37.476	4.780	48.162	24.977	519
1978[2]	1.424	4.139	33.738	4.773	44.074	25.653	582
1979[2]	1.554	4.178	33.466	4.865	44.063	26.270	596

Quellen: 1) Policía Nacional 1977
2) Policía Nacional 1979(c)

Zum Vergleich: In New York steht für 350 Einwohner ein Polizist bereit, in Tokio sind es sogar nur 270 Einwohner, in Caracas dagegen ist ein Ordnungshüter für den Schutz von 430 Personen zuständig (Die Welt, 2.5.83).

Diese Zahlen erklären die immer wieder in Kolumbien geäußerte Kritik, daß die Zahl der patrouillierenden Streifen völlig unzureichend sei, um ein Mindestmaß an Sicherheit zu garantieren. In manchen Barrios, so der Vorwurf an die Verantwortlichen, habe sich monatelang kein Polizist mehr sehen lassen. Von 120 im Jahre 1976 in Chapinero im Außendienst eingesetzten Polizisten waren 96 mit permanenten Bewachungsaufgaben bestimmter Objekte (Ämter, Botschaften, Banken etc.) betraut, die übrigen 24 Personen mußten in 25 Barrios, die zu Chapinero gehören, patrouillieren (El Tiempo, 20.2.1976).

Trotz der den gesetzlichen Mindestlohn nur knapp übersteigenden Bezahlung der untersten Dienstklasse bestehen seitens der Arbeitsmarktsituation keine Probleme, die benötigten Kräfte zu rekrutieren. Die Finanzlage der öffentlichen Hand setzt dagegen enge Grenzen. Die Effizienz des eingesetzten Personals wird zusätzlich durch Bestechungsversuche gemindert, die aufgrund der geringen Dienstbezüge allzuoft angenommen werden und zu einem negativen Bild der Polizeiarbeit in der Öffentlichkeit beitragen.

Neben der Policía Nacional übt das Militär exekutive Gewalt aus, die sich allerdings weitgehend auf die Drogenbekämpfung und den Kampf gegen Guerilla-Banden (z.B. die "M-19" oder andere Gruppierungen) beschränkt. Kampfhandlungen finden meist in entlegenen Landesteilen statt; die kolumbianische Hauptstadt bleibt davon unberührt. In Bogotá selbst schreitet das Militär insbesondere bei Studentenunruhen ein, die mehrmals im Jahr auf dem Gelände der staatlicher "Universidad Nacional" ausbrechen. Die Bekämpfung der Straßenkriminalität fällt dagegen ausschließlich in den Zuständigkeitsbereich der Polizei.

6.5. Straßenverkäufer

Aus den Zusatzbemerkungen, die die interviewten Personen bei Beantwortung der Frage nach Störfaktoren am alten Standort machten (vgl. Kap.5.3.3. und Frage 9.c)IV. Interviewtext im Anhang dieser Arbeit), ist der Schluß zu ziehen, daß die Standortqualität in erster Linie durch eine Agglomeration von Straßenverkäufern herabgesetzt wird. Erst danach folgte, gemessen an der Häufigkeit der Nennungen, Luftverschmutzung und Lärmbelästigung (Kap.6.6.).

Als Straßenverkäufer ("Vendedores ambulantes", "Estacionarios", "Callejeros") werden diejenigen Personen bezeichnet, die Waren der unterschiedlichsten Art auf der Straße anbieten. Ihr Sortiment reicht von Süßigkeiten, Zeitungen, Losen, Schrott über Kosmetikartikel, Spielzeug, Bekleidungsartikeln bis hin zu Zierfischen, Kühlschränken und sogar Autos, um nur einige Artikel aufzuzählen. Der überwiegende Teil der Straßenverkäufer bietet seine Waren stationär an und bleibt dem einmal gewählten Standort in der Regel treu, im Gegensatz zu Losverkäufern z.B., die durch ambulante Ausübung ihrer Verkaufstätigkeit eine Umsatzsteigerung herbeiführen. Die Ausstellung der Ware erfolgt u.a. auf dem Boden, auf Holzpritschen, in fahrbaren Vitrinen und "Casetas" (eigens für diesen Berufsstand geschaffenen Metallhäuschen, bei denen die Ware unter Verschluß genommen werden kann, der tägliche Transport an einen sicheren Ort damit entfällt und der Verkäufer zudem ein Dach über dem Kopf hat).

Die Kritik der Öffentlichkeit richtet sich vornehmlich gegen die Inbesitznahme der Bürgersteigflächen; aus geschäftlichen Gründen treten die Straßenhändler in Bogotá vorzugsweise dort auf, wo die Stärke des Fußgängerstroms weit über dem Durchschnitt liegt, also besonders in weiten Teilen des Zentrums, der Hauptgeschäftsader Chapineros (Cra 13), Restrepo und anderen bevölkerungsstarken Barrios; in diesen Stadtteilen weichen Fußgänger häufig auf die Straße aus, um ihr Ziel schneller als auf den verstopften Gehwegen zu erreichen. Wesentlich niedriger ist hingegen der Konzentrationsgrad im N der Stadt, da der Passantenstrom dort deutlich schwächer ist. Außerdem schließt dort die höhere Kaufkraft der in der Umgebung ansässigen Bevölkerung von vornherein den Kauf von Waren "auf der Straße" aus.

Kritisiert wird auch die zusätzliche Verschmutzung der Stadt, die zwangsläufig durch die Zweckentfremdung der Bürgersteige hervorgerufen wird. Hinzu kommt, daß es vielen Angehörigen oberer Gesellschaftsschichten angenehmer wäre, die Armut großer Bevölkerungskreise, die sich ihnen im Zentrum präsentiert und mit der sie ansonsten nicht in Berührung gelangen, übersehen zu können, was jedoch nicht gelingt.

Darüber hinaus stellen Straßenverkäufer eine unliebsame Konkurrenz für den "ordentlichen" Handel dar, der für ein härteres Durchgreifen der staatlichen Organe bei Gesetzesübertretungen durch Straßenverkäufer (Ausübung der Verkaufstätigkeit ohne Lizenz, Nichteinhaltung der Standortauflagen, Verkauf geschmuggelter Waren, insbesondere Zigaretten etc.) plädiert (FENALCO 1978, S.5ff.).

Das Problem des Straßenverkaufs besteht in Bogotá schon länger. Bereits 1960, als die Zahl der Straßenverkäufer noch bedeutend kleiner war, stellte man ihnen den Markt "San Victorino" zur Verfügung (DIPEC 1980, S.87), einen Platz in der Größe einer Manzana, der sich westlich der Cra 10 an die Av Jiménez anschließt. Diese Maßnahme konnte jedoch ein stetiges Anwachsen der Zahl der Straßenverkäufer nicht verhindern. Nach inoffiziellen Schätzungen gab es 1981 zwischen 35.000 und 150.000 Personen, die sich dieser Beschäftigung widmeten (El Tiempo, 26.9.1981). Die untere Zahl dürfte jedoch zu tief gegriffen sein, da allein den etwa vierzig Syndikaten, die die Interessen der Straßenverkäufer vertreten, über 40.000 Mitglieder angeschlossen sind. Ein Zensus hat bisher noch nicht stattgefunden; er wäre, regional differenzierend, sicher wünschenswert. Abb.20 zeigt die zahlenmäßige Verteilung der Straßenhändler in einem Teil des Zentrums und der Altstadt.

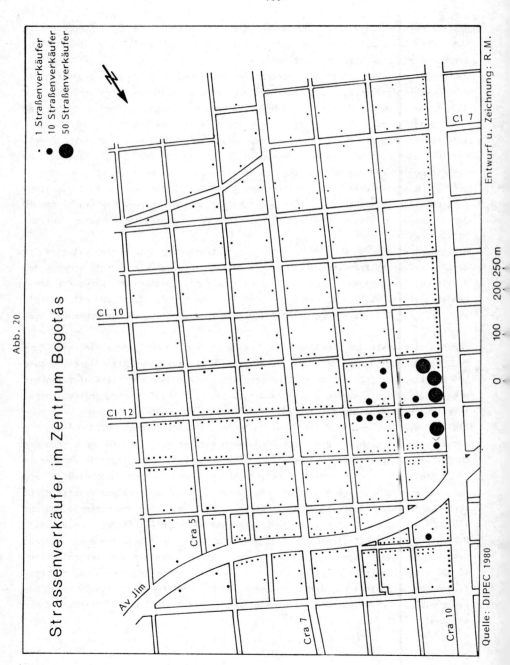

Abb. 20

Strassenverkäufer im Zentrum Bogotás

Quelle: DIPEC 1980

Entwurf u. Zeichnung: R.M.

Die stärksten Konzentrationen wurden an folgenden Stellen beobachtet:

1. Baublock Cra 10/Cl 11/Cra 9/Cl 12 : 168 Straßenverkäufer
2. Baublock Cra 10/Cl 12/Cra 9/Cl 13 : 96 Straßenverkäufer
3. Baublock Cra 8/Cl 12/Cra 9/Cl 13 : 49 Straßenverkäufer
4. Baublock Cra 8/Cl 11/Cra 9/Cl 12 : 43 Straßenverkäufer

Quelle: DIPEC 1980, S.96

Es fällt auf, daß in den durch Av Jiménez und Cra 7 begrenzten Altstadtteil Candelarias keiner der vier Hauptschwerpunkte fällt. Die Ursache ist nicht etwa in einem aus geschäftlicher Sicht unbefriedigend schwachen Fußgängeraufkommen zu sehen, sondern dürfte durch das rigorose Durchgreifen der Behörden zu erklären sein, die in dem repräsentativsten Teil der Bogotaner City in und um Cra 7 keinen Straßenverkauf dulden.

Solange die hohe Arbeitslosigkeit, von der besonders die Unterschicht betroffen ist, nicht nachhaltig gemindert werden kann, ist mit einem Rückgang der Zahl der Straßenverkäufer nicht zu rechnen.

Die tatsächlichen Arbeitslosenquoten liegen deutlich höher als die vom DANE publizierten, da die versteckte Arbeitslosigkeit statistisch nicht erfaßt wird (Straßenverkäufer werden z.B. als Selbständige geführt!). Darüber hinaus dienen niedrige Arbeitslosenquoten der Imagepflege politisch Verantwortlicher... Aus diesem Grunde soll nicht näher auf publizierte Daten eingegangen werden.

Erwähnenswert ist jedoch, daß in den Oberschichtsvierteln die Arbeitslosigkeit deutlich unter der aller anderen Bezirke liegt, obwohl gerade dort - wegen der geringen Kinderzahl - der durchschnittlich höchste Anteil von Personen im arbeitsfähigen Alter festgestellt wurde. Bedenkt man, daß sich Straßenverkäufer bevorzugt aus der Gruppe der Arbeitslosen ohne fachliche Qualifikation rekrutieren, liegt das Arbeitskräftepotential dieser "Berufsgruppe" zweifellos in den bevölkerungsreichen Stadtgebieten im S, SW, W, aber auch im Zentrum Bogotás. Berücksichtigt man ferner, daß 43% der im Zentrum stationierten, für eine Befragung ausgewählten Straßenverkäufer erklärten, in der gleichen Zone zu wohnen, hingegen nur knapp 4% aus nördlichen Stadtteilen täglich zum Zentrum pendelten (DIPEC 1980, S.108), ergibt sich daraus eine hohe räumliche Bindung des Arbeitsplatzes an den Wohnort. Sie resultiert aus der kürzeren Fahr- bzw. Gehzeit, dem verkürzten Warentransportweg und den niedrigeren Transportkosten und erklärt umgekehrt die fehlende Konzentration von Straßenverkäufern im N der Stadt.

Lösungsvorschläge zur Beseitigung dieses immer größer werdenden Problems sind nur
in Ansätzen vorhanden. Die Verantwortlichen sind sich einig, daß ein generelles
Verbot des Straßenverkaufes das Existenzminimum von weit mehr als einer Viertel
Million Einwohner Bogotás bedrohen (DIPEC 1980, S.86) und zwangsläufig zu einem
drastischen Anstieg der bereits hohen Kriminalitätsrate sowie des sozialen Elends
führen würde.

Daß über den Straßenverkauf auch Diebesgut, Marihuana und andere Rauschgifte auf
dem Markt abgesetzt werden, kriminelle Elemente sich als Straßenverkäufer zur
Verdeckung von Einnahmen aus Straftaten tarnen und bei Razzien immer wieder Waf-
fen sichergestellt werden, trägt zur Diffamierung des gesamten Berufsstandes bei.

Im Planungsstadium befand sich 1981 ein Bauvorhaben, das die Schaffung von mehr
als 4000 Standplätzen für Straßenverkäufer und Handwerker im südlichen Teil des
Zentrums (zwischen Cra 10 und Cra 11 im Bereich der Cl 9 und Cl 10) vorsieht. Die
Unterbringung zusätzlicher öffentlicher und privater Einrichtungen (Kindergarten,
städtische Verwaltung, Banken etc.) soll die Attraktivität des "Verkäufer-Zen-
trums" für den Passantenverkehr in der Innenstadt erhöhen.

Die Lage der geplanten Anlage in unmittelbarer Nähe der stark frequentierten
Hauptverkehrsachse Cra 10 und in einer Geschäftszone, die überwiegend von der
Unter- und unteren Mittelschicht aufgesucht wird, muß als günstig bewertet werden. Es ist jedoch zu befürchten, daß die natürliche Hemmschwelle vieler Passanten zu groß sein wird, den Gebäudekomplex zu betreten. Demzufolge wäre bei den
umzusiedelnden Straßenverkäufern, die bislang gerade von Gelegenheitskunden profitierten, ein Umsatzrückgang zu erwarten.

Des weiteren würde die Standortaufgabe zweifellos andere Personen ermutigen, die
freigewordenen Plätze einzunehmen, sodaß die Ghettoisierung eines Teils der Straßenverkäufer einer dauerhaften Problemlösung entgegensteht. Langfristig kann nur
der Abbau der hohen offenen und versteckten Arbeitslosigkeit Erfolg versprechen.

6.6. Luftverschmutzung und Lärmbelästigung

6.6.1. Luftverschmutzung

Bogotá genießt den Ruf, zu den Städten der Welt mit der höchsten Luftverschmutzung zu gehören. Neben der industriell verursachten Verunreinigung der Atmosphäre, was hier nicht näher behandelt werden kann, wird die Umwelt der

Millionenstadt durch Kraftfahrzeugemissionen belastet. Negativ wirkt sich in diesem Zusammenhang die hohe Lage der Stadt auf den bei dem Betrieb von Verbrennungsmotoren auftretenden Hauptschadstoff Kohlenmonoxyd (CO) aus. Während Schwefeloxyd- und andere Schmutzpartikelemissionen quantitativ unabhängig von der Höhe über dem Meeresspiegel anfallen und die Emission von Stickstoffoxyd mit zunehmender Höhe sogar abnimmt, erhöht sich der Ausstoß der Schadstoffe Kohlenmonoxyd und Kohlenwasserstoff. Die lagebedingten Nachteile werden durch fehlende Abgasvorschriften für Kraftfahrzeuge verstärkt. Falsch eingestellte Vergaser, defekte Auspuffanlagen, verdreckte Filter etc. führen zu einer vermeidbaren, zusätzlichen Umweltbelastung, die sich in penetrantem Gestank äußert. Reizungen der Atemwege und tränende Augen mancher Besucher des Zentrums bleiben daher nicht aus.

Auf der Grundlage des in Bogotá registrierten Kfz-Bestandes, der Zugrundelegung durchschnittlicher, empirisch ermittelter Jahreskilometerleistungen der unterschiedlichen Fahrzeuggruppen und ihres Kraftstoffverbrauches wurden für 1978 folgende Emissionsmengen im Raum Bogotá errechnet:

Tabelle 26: Schadstoffemission von Kraftfahrzeugen in Bogotá 1978

	Tonnen/1978
Kohlenmonoxyd (CO)	370.180
Kohlenwasserstoff (HC)	36.020
Stickstoffoxyd (NO$_X$)	3.960
Schwefeloxyd (SO$_X$)	920
Andere Schadstoffe	1.280
Insgesamt	412.360

Quelle: DAPD 1979, S.3

Schätzungen dieser Art waren lange Zeit hindurch der einzige Ausdruck eines Anfang der 80er Jahre noch in vielen Entwicklungsländern beobachtbaren, erst langsam Gestalt annehmenden Umweltbewußtseins.

Erst in jüngster Zeit wurden in Bogotá empirische Forschungsergebnisse veröffentlicht, von denen zu hoffen ist, daß sie in Zukunft mehr Beachtung erfahren, als ihnen bisher zuteil wurde.

In zwei Studien, die sich beide mit der Messung von Kohlenmonoxyd an verschiedenen Punkten des Stadtgebietes befassen (GARCIA 1979; OLAYA 1981), wird mittels unterschiedlicher technischer Verfahren der Nachweis geführt, daß die Umweltbelastung der Stadtmitte die peripherer Stadtgebiete deutlich überschreitet. Das von OLAYA angewendete Verfahren ist technisch ausgereifter; auf die Untersuchungsmethode und die erzielten Resultate soll nun kurz eingegangen werden.

Mit Hilfe eines elektrochemischen Sensor-Apparates (dem Ecolyzer 2000), der den Kohlenmonoxyd-Anteil in der Atmosphäre mit einer Irrtumswahrscheinlichkeit von ca. 1% bestimmt, wurden an acht Punkten des Stadtgebietes Messungen durchgeführt. Bei der Auswahl dieser Punkte waren u.a. das Vorhandensein eines hohen Fahrzeugaufkommens sowie Charakteristika der Straßen und Gebäude (Breite, Höhe) bestimmend (vgl. Abb.21).

An jedem der Meßorte wurden innerhalb einer Woche werktäglich zu wiederkehrenden Tageszeiten zwischen 120 und 180 Proben auf ihren Kohlenmonoxydgehalt hin untersucht. Gleichzeitig wurde eine nach Fahrzeugarten unterscheidende Verkehrszählung durchgeführt und die Durchschnittsgeschwindigkeit der die Meßsteller passierenden Fahrzeuge bestimmt.

Die Abbildung zeigt die durchschnittliche CO-Belastung der Atmosphäre in ppm. An führender Stelle steht Meßpunkt 4 in der Cra 10 südlich von Cl 26, also innerhalb des Zentrums. Es folgen die Meßpunkte 1 (Chapinero), 2 (Zentrum) und 3 (Centro Internacional). Aus den Meßergebnissen lassen sich die folgenden Schlüsse ziehen:

1. Zwischen dem Grad der Luftverschmutzung und der registrierten Durchschnittsgeschwindigkeit der an der Meßstation vorbeifahrenden Fahrzeuge besteht eine hohe Korrelation: Die niedrigste Durchschnittsgeschwindigkeit wurde am Meßpunkt 4 (Traditionelles Zentrum) ermittelt, die höchste am Meßpunkt 5 (Av El Dorado), der autobahnähnlichen Ausfallstraße zum Flughafen. Entsprechend wurden dort die mit Abstand höchsten bzw. niedrigsten ppm-Werte gemessen.

2. Die Zahl der Fahrzeuge pro Minute hat, verglichen mit ihrer Durchschnittsgeschwindigkeit, einen nur untergeordneten Einfluß auf den Kohlenmonoxydgehalt der Atmosphäre. Bei allen vier Meßstationen, die außerhalb kommerziell intensiv genutzter Zonen errichtet wurden (Nr.5-8), fuhren im gleichen Zeitraum mehr Fahrzeuge vorbei als an den Stationen 1-4, die nachgewiesene CO-Emission blieb jedoch in allen Fällen geringer.

3. Zugleich bestätigte sich, daß der CO-Gehalt der Atmosphäre positiv mit der im Umfeld der Meßstation auftretenden Gebäudehöhe korreliert.

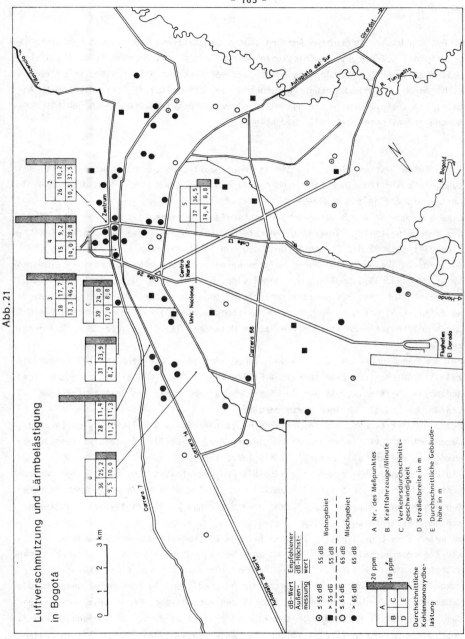

Abb. 21

Luftverschmutzung und Lärmbelästigung
in Bogotá

Quelle: OLAYA 1981; Policia Nacional 1979(b), S. 100f.

Entwurf u. Zeichnung: R. M.

BOGOTA

4. Aus den bisher gemachten Angaben läßt sich folgern, daß das Zentrum Bogotás prinzipiell stärker von CO-Emissionen betroffen ist als periphere Stadtgebiete, weil niedrigere Durchflußgeschwindigkeiten des Verkehrs - in erster Linie verursacht durch häufige Fahrtunterbrechungen der öffentlichen Transportmittel, Ampeln, Staus etc. - in Verbindung mit einer vielerorts anzutreffenden Gebäudeüberhöhung einen hohen CO-Anteil begünstigen.

Abschließend ist zu klären, ob die in Bogotá auftretenden Emissionswerte als gesundheitsschädlich eingestuft werden müssen. Tab.27 führt die gesetzlichen Höchstwerte auf, die in den angegebenen Ländern gelten.
Danach werden in der Bundesrepublik Deutschland in einem Zeitraum von acht Stunden durchschnittlich 10 mg/m^3 toleriert, in Kolumbien sind es 15 mg/m^3. Zusätzlich gilt jedoch die Einschränkung, daß in einem Zeitraum von 30 Minuten (BRD) 40 mg/m^3 in keinem Fall überschritten werden dürfen, während es in Kolumbien 45 mg/m^3 (bzw. 39,6 ppm) in 60 Minuten sind.
Die gesetzlich fixierte Norm dieses zuletzt genannten Stundendurchschnittes wurde am Meßpunkt 4 mit der höchsten CO-Belastung (Cra 10) in jedem dritten Versuch überschritten; ein zweites Drittel aller Messungen lag dicht unter der Obergrenze.
Bei den anderen Meßpunkten in der Innenstadt und Chapinero (Nr.1-3) wurde die zulässige Obergrenze zwar in keinem Fall erreicht, rund 60% aller Messungen lagen jedoch im obersten zulässigen Bereich (mehr als 30 ppm), ein Drittel zwischen 20 und 30 ppm und die übrigen Werte darunter.
Bei den Meßstationen, die in peripheren Stadtbereichen lokalisiert sind (Nr.5-8), wurde bei nur etwa jeder neunten Probe Werte von über 20 ppm nachgewiesen; 30 ppm wurden in keinem Fall erreicht (OLAYA 1981, S.73).
Die ersten Anzeichen einer gesundheitlichen Beeinträchtigung durch einen permanenten CO-Anteil der Atmosphäre von 50 ppm stellen sich durch Auftreten leichter Kopfschmerzen ein, wenn eine Person etwa zweieinhalb Stunden die mit Kohlenmonoxyd angereicherte Luft einatmen muß.
Wenngleich in Bogotá bis zu 212 ppm (in Cra 10) registriert wurden und der höchste Tagesdurchschnittswert über 40 ppm betrug (ebenfalls in Cra 10), kann man selbst im Hinblick auf das Zentrum der Stadt noch nicht von einer akuten Gefährdung der Bevölkerung sprechen. Entscheidend sind nicht Spitzenwerte, sondern die Dauerbelastung der Atmosphäre und damit des menschlichen Organismus, die bisher zum größten Teil unter den geltenden Obergrenzen blieben. Im übrigen gelten in geschlossenen Räumen (Verkehrsmittel, Gebäude) bessere Bedingungen als im Freien,

Tabelle 27: Toleranzgrenzen der Belastung der Atmosphäre durch CO-Schadstoffe in verschiedenen Ländern der Welt

Land	LANGZEIT - BELASTUNG			KURZZEIT - BELASTUNG		
	Maximale Belastungs- dauer in Stunden	CO-Gehalt in mg/m^3	ppm	Maximale Belastungs- dauer in Minuten	CO-Gehalt in mg/m^3	ppm
Argentinien	8	11.5	10.0	60	57.7	50.0
Bulgarien	24	1.0	0.9	20	3.0	2.0
Bundesrepublik Deutschland	8	10.0	8.6	30	40.0	34.6
Deutsche Demokr. Republik	24	1.0	0.9	30	3.0	2.7
Finnland	8	10.0	9.0	60	40.0	35.5
Israel	8	11.5	10.0	30	34.6	30.0
Italien	8	22.5	20.0	30	57.2	50.0
Japan	24	11.5	10.0	480	23.0	20.0
Jugoslawien	24	1.0	0.9	30	3.0	2.6
Kanada	8	6.0	5.0	60	15.0	13.0
Kolumbien	8	15.0	13.2	60	45.0	39.6
Polen	24	0.5	0.45	20	3.0	2.7
Rumänien	24	2.0	1.7	30	6.0	5.2
Sowjetunion	24	1.0	0.9	30	3.0	2.7
Spanien	8	15.0	13.0	30	45.0	39.0
Tschechoslowakei	24	1.0	0.9	30	6.0	5.4
Ungarn	24	1.0	0.9	30	3.0	2.6
Venezuela	8	10.0	9.0	-	-	-
Vereinigte Staaten v. Am.	8	10.0	8.6	60	40.0	34.6

Quelle: OLAYA 1981, Tabelle 20

dem Ort der Messungen. Die Prognosen bezüglich eines weiteren Anstiegs der Kraftfahrzeugdichte in Bogotá sollten jedoch zum Anlaß genommen werden, rechtzeitig Ansätze zu einer Verbesserung der Verkehrssituation im Zentrum zu entwickeln, um einer zusätzlichen Umweltbelastung durch Schadstoffemissionen, insbesondere CO, vorzubeugen. Unter diesem Blickwinkel ist der Bau eines abgasfrei betriebenen Massentransportmittels wie der geplanten Metro (vgl. Kap.10.2.) unbedingt zu empfehlen.

6.6.2. Lärmbelästigung

Eine weitere Umweltbelästigung, die auch im Verlauf der durchgeführten Interview-
serie mehrfach angesprochen wurde, stellt der in manchen Stadtteilen überhandneh-
mende Geräuschpegel dar.
In einer der wenigen Studien, die bisher in Bogotá zu diesem Thema erstellt wurden, erfolgte u.a. eine Einteilung des Stadtgebietes in reine Wohngebiete einerseits und Mischzonen andererseits.
Für erstere wurde ein empfohlener Dezibel-Höchstwert von 55 dB(A), für Mischzonen
von 65 dB(A) festgesetzt (Policía Nacional 1979(b), S.100f.).
Abb.21 zeigt die durchschnittlichen Dezibel-Werte, die an den verschiedenen Meß-
orten ermittelt wurden (Außenmessungen) und stellt sie den jeweils empfohlenen
Höchstwerten gegenüber.
Vergleicht man die für das Zentrum, Chapinero und den N der Stadt registrierten
Dezibel-Werte, läßt sich erkennen, daß alle für den Norden ermittelten Daten un-
ter den vergleichbaren Daten der anderen beiden Zonen rangieren, und zwar - dies
zeigen die veröffentlichten Einzelmeßwerte - um mindestens 5 dB(A).
Auch zahlreiche Messungen in südlichen und westlichen Wohn- und Mischgebieten
weisen einen niedrigeren Geräuschpegel im Vergleich zu kommerziell intensiv ge-
nutzten Stadtteilen nach.
Berücksichtigt man, daß eine Steigerung von 55 auf 65 dBA einer Verdoppelung des
Lärms gleichkommt, mithin bei einem Vergleich der Dezibel-Angaben die exponen-
tielle Funktion der Geräuschpegelmessung berücksichtigt werden muß, ist der N
Bogotás i.a. als geräuschärmerer Standort den Bereichen Chapinero und Zentrum
vorzuziehen.[27] Erst im konkreten Einzelfall kann jedoch geklärt werden, ob ein
Standortwechsel z.B. vom Zentrum in den N der Stadt zu einer Reduzierung des Ge-
räuschpegels geführt hat oder noch führen wird. Die hier getroffenen Aussagen
haben lediglich verallgemeinernden Charakter.

6.7. Zusammenfassende Wertung der Mobilitätsursachen

Kommt man zu einer abschließenden und zusammenfassenden Betrachtung, so muß prinzipiell festgestellt werden, daß die Interviewergebnisse (vgl. Kap.5.3.) durch
Überprüfung der Realität ohne jede Einschränkung bestätigt werden. Zwar war es
nicht möglich, einen meßbaren Kausalzusammenhang zwischen den untersuchten Einzel-
aspekten Verkehr, Boden- und Mietpreisentwicklung, Kriminalität,

Straßenverkäufertum, Luftverschmutzung sowie Lärmbelästigung einerseits und dem Ausmaß der Verlagerung des tertiären Sektors andererseits herzustellen.

Es gelang jedoch, Tendenzen deutlich sichtbar werden zu lassen, aus denen sich zweifelsfrei ergibt, daß alle betrachteten Faktoren die Mobilität des tertiären Sektors erhöhen. Hieraus ergibt sich eine klare Handlungsanweisung für die politisch Verantwortlichen: Wer den Mobilitätsprozeß des Dienstleistungssektors in Bogotá entscheidend aufhalten will, muß den genannten Faktoren stärkere Beachtung schenken. Dabei wird es nicht ausreichen, nur einen oder zwei Mißstände energisch zu bekämpfen; strebt man den völligen Stillstand der Verlagerungswelle an, empfiehlt sich die konsequente Auseinandersetzung mit allen genannten Faktoren. Prognostizierbare Wechselwirkungen werden sich dabei als vorteilhaft erweisen und sollten genutzt werden. Eine Entflechtung des Verkehrswesens wird zu einer verringerten Umweltbelastung führen, ein Absinken der Kriminalitätsrate nicht ohne Einfluß auf die Bodenpreise bleiben. Nach der Einleitung geeigneter Maßnahmen sind Erfolge nur auf lange Sicht zu erwarten.

7. LA CANDELARIA - BESCHREIBUNG EINES HISTORISCH BEDEUTSAMEN TEILGEBIETES DES
   HEUTIGEN ZENTRUMS

7.1. Lage und Abgrenzung

Der relativ große Anteil der Altstadt an der Gesamtfläche des Zentrums erfordert
es, sich eingehender mit diesem Stadtteil zu befassen. Zielsetzung der folgenden
Ausführungen ist es daher, Bedeutung und Funktion der Altstadt innerhalb der Bogotaner Innenstadt herauszustellen. Dazu bot es sich an, exemplarisch die Physiognomie des Baukörpers, seine Architektur sowie Strukturen von Wirtschaft und
Bevölkerung zu untersuchen.

Der bekannteste und bedeutendste Teil der Altstadt Bogotás, La Candelaria, liegt
im südöstlichen Randbereich des Zentrums und ist die kleinste räumliche Verwal-
tungseinheit ("Alcaldía Menor") des Stadtgebietes. La Candelaria wird durch die
Av Jiménez im Norden, Av Caracas (W), Av de Circunvalación (E) und die Cl 4 bzw.
Cl 5 im S begrenzt (Escala o.J., S.30).

Diese Raumabgrenzung, die von zahlreichen in den Verwaltungsbezirk "La Candelaria" integrierten Barrios (Santa Bárbara, Belén, Girardot etc.) gebildet wird,
umfaßt jedoch eine größere als die von wirtschaftlichen, kulturellem und anderen
relevanten Funktionen geprägte Fläche. Die folgenden Ausführungen beschränken
sich daher vornehmlich auf den Raum zwischen Cra 7, Cra 3, Cl 7 und Av Jiménez,
der sowohl in architektonischer als auch in funktionaler Hinsicht als relativ
homogen zu bezeichnen ist und vereinfachend "Candelaria" genannt werden soll,
obwohl er mit der Gebietsabgrenzung des gleichnamigen Barrios nicht völlig kongruent ist.

Diese Abgrenzung ist im übrigen weitgehend mit derjenigen identisch, die im
Acuerdo 10/1980 als Betätigungsgebiet für die mit Sanierungsaufgaben betraute
"Corporación La Candelaria" festgelegt wurde (DURAN u. VERSWYVEL 1981, S.75).

7.2. Die Architektur Candelarias unter Berücksichtigung der architektonischen
Gesamtentwicklung Bogotás

Ein herausragendes Charakteristikum dieser Zone bildet die Dominanz von Bauten
der kolonialen und republikanischen Architekturepoche (vgl. Abb.22). Der enge
Zusammenhang, der zwischen dem veralteten Baubestand und der in ihm lokalisierten
Funktionen besteht, läßt es angeraten erscheinen, einen kurzen Überblick der

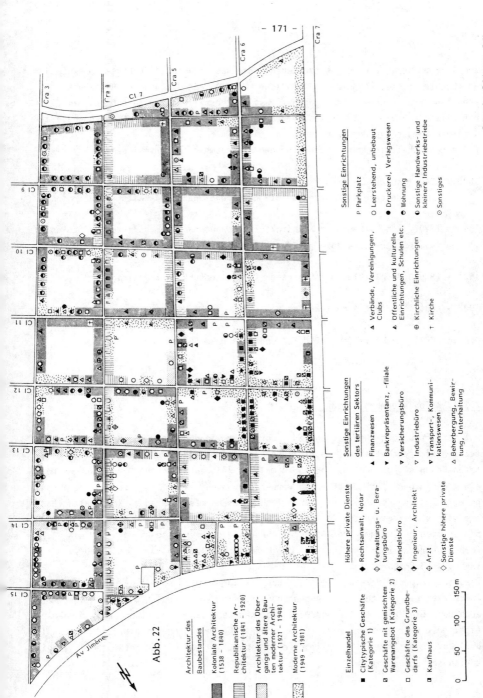

Abb. 22

0 — 50 — 100 — 150 m

Architektur des Baubestandes

- Koloniale Architektur (1538 – 1840)
- Republikanische Architektur (1841 – 1920)
- Architektur des Übergangs und ältere Bauten moderner Architektur (1921 – 1948)
- Moderne Architektur (1949 – 1981)

Einzelhandel

- ■ Citytypische Geschäfte (Kategorie 1)
- ◩ Geschäfte mit gemischtem Warenangebot (Kategorie 2)
- ▢ Geschäfte des Grundbedarfs (Kategorie 3)
- ◪ Kaufhaus

Höhere private Dienste

- ◆ Rechtsanwalt, Notar
- ◇ Verwaltungs- u. Beratungsbüro
- ◈ Handelsbüro
- ⬙ Ingenieur, Architekt
- ⊕ Arzt
- ◇ Sonstige höhere private Dienste

Sonstige Einrichtungen des tertiären Sektors

- ▲ Finanzwesen
- ▴ Bankrepräsentanz, -filiale
- ▾ Versicherungsbüro
- ▽ Industriebüro
- ▼ Transport-, Kommunikationswesen
- △ Beherbergung, Bewirtung, Unterhaltung

Sonstige Einrichtungen

- P Parkplatz
- ○ Leerstehend, unbebaut
- ● Druckerei, Verlagswesen
- ◕ Wohnung
- ● Sonstige Handwerks- und kleinere Industriebetriebe
- ◎ Sonstiges
- ◁ Verbände, Vereinigungen, Clubs
- ◀ Öffentliche und kulturelle Einrichtungen, Schulen etc.
- ⊕ Kirchliche Einrichtungen
- † Kirche

Entwurf u. Zeichnung R.M.
Quelle: Erhebungen des Verf.

Erdgeschoss-Nutzung der Altstadt (Teilbereich) und Architektur des Baubestandes

architektonischen Strömungen zu geben, die das Stadtbild Bogotás im Laufe der Geschichte prägten. Denn der allmähliche Wandel, der die an die Architektur gestellten Anforderungen kennzeichnet, ist mitbestimmend für die Nebenrolle, die die Altstadt heute trotz ihrer Zentrumszugehörigkeit als Standort für hochspezialisierte Dienstleistungsunternehmen spielt.

Folgende architektonische Epochen werden in Kolumbien unterschieden:

1538 - 1840   Koloniale Architektur (das Ende dieser architektonischen Richtung deutete sich bereits 1819 durch die Unabhängigkeitsrevolution an)

1841 - 1920   Republikanische Architektur (benannt nach dem politischen Status Kolumbiens zur damaligen Zeit)

1921 - 1936   Architektur des Übergangs ("Arquitectura de transición")

1937 - heute   Moderne Architektur

Quelle: Frdl. Auskunft von L.FONSECA und A.SALDARRIAGA

7.2.1. Koloniale Architektur

Mit der Eroberung "Nueva Granadas" durch die Spanier und der Gründung Bogotás setzten sich architektonische Einflüsse der auf der iberischen Halbinsel beheimateten Kolonialmacht durch. Die zur damaligen Zeit entstandenen Häuser wurden nach einem einfachen, fast durchgängig verwendeten architektonischen Grundprinzip angelegt: Das von der Außenwelt hermetisch abgeschirmte Innere des kolonialen Hauses wird von einem zentralen Innenhof ("Patio") bestimmt. Um diesen herum gruppieren sich alle Räume des Gebäudes, unabhängig davon, ob es sich um ein- oder (wohlhabenderen Familien vorbehalten) mehrstöckige Bauten handelte (RUEDA u. TOVAR o.J., S.884).

Dieses Grundprinzip zeichnete nicht nur die zur damaligen Zeit in Bogotá erbauten kolonialen Häuser aus, die sogenannten "Casas santafereñas", sondern bestimmte auch den Grundriß der in anderen Regionen des Landes entstandenen Wohnhäuser (z.B. das "Casa cartagenera", "Casa de Santa Fé de Antioquia" u.a.), die sich im übrigen, in der Hauptsache klimatisch bedingt, von der "Casa santafereña" architektonisch unterschieden.

Noch heute finden sich in Candelaria und anderen Teilen der Altstadt viele Beispiele kolonialer Baukunst.
Bei zweistöckigen Gebäuden war die untere Etage dem Dienstpersonal und Arbeitsräumen vorbehalten und sehr häufig wurden die zur Straße liegenden Räume als Geschäftsflächen vermietet; Wohn, Schlaf-, Speise-, Bade- und weitere Zimmer befanden sich dagegen im oberen Geschoß. Als Baumaterialien wurden Ziegelsteine für die Wände, Zement für die Fußböden, Holz für die tragenden Säulen verwendet; die Dächer wurden, wie damals in Spanien üblich, mit roten Dachziegeln gedeckt (AMATO 1968, S.102).
Charakteristisch für Candelaria sind die weiß getünchten Fassaden der kolonialen Häuser, die zusammen mit den grün gehaltenen Holzelementen (z.B. Erker und Balkone in der oberen Etage) zu einem harmonischen Äußeren beitragen.[28]

7.2.2. Republikanische Architektur

Unter der "republikanischen Architektur" versteht man in Kolumbien nicht eine bestimmte Stilrichtung, sondern faßt unter dieser Bezeichnung die architektonische Epoche nach Beendigung der spanisch-kolonialen Vorherrschaft auf, die mit Beginn der zeitgenössischen Architektur des Übergangs ihren Abschluß findet; ein Bezug zur politischen Historie des Landes ist nicht zu übersehen.
Mit Erlangung der endgültigen politischen Unabhängigkeit Kolumbiens im Jahre 1819 verstärkten sich architektonische Einflüsse aus anderen Ländern Europas, vornehmlich Frankreich und, in weit geringerem Maße, England. Die der republikanischen Epoche zugehörige Architektur ist weitgehend klassizistisch orientiert (so gelten z.B. die Gebäude des Capitolio Nacional, der Gobernación de Cundinamarca und der alten Hauptverwaltung des Banco Cafetero als die eindrucksvollsten Beispiele klassizistischer Baukunst), daneben treten - in geringem Maße - neogotische Ausprägungen auf, z.B. bei der Kirche Nuestra Señora de Lourdes, an der Plaza von Chapinero (TELEZ 1978/79, S.517).
Zahlreiche Beispiele "republikanischer Baukunst" finden sich außer in Candelaria und anderen alten Teilen des Zentrums in den Barrios Las Nieves, San Victorino, aber auch in benachbarten Regionen, z.B. in Las Cruces, Belén, Egipto, Santa Bárbara und anderen Stadtvierteln.
Wesentlicher Unterschied zu der zuvor beschriebenen kolonialen Architektur ist die Abkehr vom Patio als zentralem Innenraum. Während bei kolonialen Bauten immer wiederkehrende, standardisierte architektonische Elemente zu erkennen sind und

auch die Verwendung von Baumaterialien weitgehend vereinheitlicht war, bewirkte die Einführung neuer Materialien (z.B. Kacheln, Gips, Ton und Kristall) und Verarbeitungstechniken in der republikanischen Epoche eine Diversifikation des äußeren Erscheinungsbildes der damals entstandenen Gebäude. Ein entscheidender Einfluß auf die heutige Nutzung der Altstadt, die fast ausschließlich von Funktionen mit relativ geringem Raumbedarf besetzt ist, kommt der Grundstücks- bzw. Raumaufteilung der Baublöcke bzw. Gebäude zu. Die koloniale Patio-Bauweise ist in der heutigen Zeit ohnehin für gewerbliche Flächen nur schwer nutzbar. Zudem wurden in der republikanischen Epoche zahlreiche Baublöcke durch Verengung von Grundstücken dichter besiedelt (MOURE u. TELLEZ o.J., S.4). Die darauf befindlichen Gebäude weisen zwar eine ausreichende Tiefe, nicht jedoch die erforderliche Breite auf, wie sie z.B. von auf Repräsentation bedachten Institutionen (z.B. Hauptverwaltungen von Banken oder Versicherungen) gefordert wird.

Nicht übersehen werden darf in diesem Zusammenhang, daß hochwertige Dienstleistungsbetriebe in der Regel darauf bedacht sind, in der Nähe von qualitativ gleichwertigen Funktionen lokalisiert zu sein. Fehlt es an "Vorreiter"-Unternehmen, wirkt der umgebende Altbaubestand umso hemmender auf ansiedlungswillige Betriebe. Der Kauf eines oder mehrerer geeigneter Grundstücke wird dann unterbleiben (zur weiteren Problematik von Altbauten vgl. Kap.7.3.2.).

7.2.3. Die Architektur des Übergangs

Der Beginn der 20er Jahre dieses Jahrhunderts markiert das Ende der republikanischen Architekturepoche und den Beginn der Architektur des Übergangs ("Arquitectura de transición"); unter diesem Begriff werden die unterschiedlichsten architektonischen Richtungen, vom nordamerikanisch geprägten "art-deco" bis hin zu neuerlichen spanischen, französischen und englischen Einflüssen subsumiert. Die "Arquitectura popular" ("volkstümliche" Architektur, mit der in Kolumbien die architektonische Gestaltung der am Hausbau beteiligten Personen ohne Heranziehung eines Architekten bezeichnet wird, und die sich i.a. erst fünfzehn bis zwanzig Jahre nach Umstellung der Lehrinhalte architektonischer Bildungseinrichtungen vollzieht) bestimmte in den 30er Jahren dieses Jahrhunderts die bauliche Gestaltung zahlreicher Barrios unterer Schichten, so z.B. San Cristóbal, Restrepo, Olaya, Ricaurte, 20 de Julio, 1^0 de Mayo, Voto Nacional und Samper Mendoza.

Auch im Zentrum Bogotás zeugen noch einige Gebäude von dieser Epoche, z.B. das
Gebäude der "Royal Bank of Canada".

Die Barrios, in denen der "Estilo inglés", also der englische Stil dominiert,
dessen auffälligste Kennzeichen Mauern aus Backsteinziegeln und außenliegende
Schornsteine sind, heißen La Merced, La Porciúncula, Quinta Camacho, El Nogal,
Teusaquillo, Falermo und La Magdalena (in den drei letztgenannten Stadtteilen
finden sich neben französischen auch spanische Architekturelemente).

7.2.4. Moderne Architektur

Nach 1936 verstärkte sich der Einfluß internationaler Architektur zusehends,
nicht zuletzt auch durch die Bildungsanstrengungen kolumbianischer Architekten
verursacht, d e ihre berufliche Qualifikation durch Auslandsstudien, vor allem in
Europa, zu verbessern suchten. Zwischen 1940 und 1949 wurde Europa als bevorzugtes Studienziel von den USA verdrängt und erst nach 1950 erstarkte die Tendenz
einer Ausbildung im eigenen Lande bzw. anderen Staaten Südamerikas.
Die ersten Barrios, die in Bogotá unter dem Einfluß von moderner Architektur entstanden, sind La Soledad, El Campín, San Felipe, Antiguo Country und bestimmte
Stadtteile des Verwaltungsbezirkes Chapinero. Auch die Universidad Nacional,
größte öffentliche Universität Kolumbiens und Beispiel für den Einfluß deutscher
Architekturkunst, nämlich der Schule "Bauhaus", muß an dieser Stelle genannt wer-
den.
Bereits in den 40er Jahren begann die Appartement-Bauweise, die sich Ende jenes
Jahrzehntes durch die Erfindung der rasterförmigen Zellenbauweise ("Sistema Reti-
cular Celulado") endgültig durchsetzte.
Weitere architektonische Meilensteine in der Geschichte Bogotás sind der "Plan
Maestro de la Ciudad" von Le Corbusier und eine weitere Diversifikation architektonischer Richtungen mit dem Eintritt skandinavischer Elemente.
Überwogen zunächst Beton und Glas, ab Beginn der 60er Jahre auch Ziegel als
Hauptbaumaterialien, traten später Zement, Metall und Asbest hinzu. Nordamerika-
nischem Einfluß sind die "Glaskisten" ("Cajas de vidrio") der Hauptverwaltungs-
sitze großer Gesellschaften wie Davivienda, Colseguros im Zentrum, aber auch Neubauten in der Av de Chile im N der Stadt zuzuschreiben. Auch die Hochbauweise,
der bestimmender Einfluß auf den Charakter der modernen Architektur zukommt,
setzte sich zu Beginn dieses Jahrhunderts in Kolumbien durch (Librería Colombiana
Camacho Roldan o.J., o.S.). Die moderne Architektur Kolumbiens wird zudem von der

bereits erwähnten "Conjunto-Bauweise" geprägt, durch die sich eine architektonische Uniformierung an Stelle baulicher Diversifikation durchsetzt (FONSECA u.
SALDARRIAGA 1977, S.37).

7.3. Die Entwicklung des Baubestandes als Erklärungsfaktor für die untergeordnete Bedeutung der Altstadt als City-Standort

7.3.1. Auswirkungen des Brandes von 1948

In der Folge der Unruhen vom 9.4.1948 kam es im Zentrum Bogotás zu einem Brand,
bei dem, wie Abb.23 verdeutlicht, zahlreiche Altbauten zerstört wurden.
Die schwarzen Flächen zeigen die Standorte jener 136 Häuser einschließlich ihrer
Läger und Geschäfte, die damals betroffen waren. Nicht miteingezeichnet sind die
zugehörigen Innenhöfe dieser Gebäude. Schwerpunkte der dem Feuer zum Opfer gefal-
lenen Bauten sind der zwischen Av Jiménez und Cl 22 gelegene Abschnitt der Cra 7,
das Gebiet um San Victorino und besonders der westliche Teil Candelarias. Bei
einer Stadtbegehung fiel auf, daß der vernichtete Baubestand größtenteils wieder
ersetzt wurde und an der Stelle der damaligen Altbauten heute meist ältere Bauten
moderner Architektur anzutreffen sind.
Auch ein Vergleich der Standorte der heutzutage in Candelaria angesiedelten Wirt-
schaftsfunktionen mit der vorliegenden Abbildung gibt darüber Aufschluß, daß gerade in dem von der Brandkatastrophe besonders betroffenen Bereich zwischen Cra 7
und Cra 5 im Abschnitt Cl 11 bis Cl 13 eine Vielzahl citytypischer Einrichtungen,
insbesondere hochwertige Geschäfte des Einzelhandels, lokalisiert sind (vgl.
Abb.22). Aus diesen Beobachtungen ergibt sich eindeutig, daß die durch den Brand-
schaden zwangsläufig herbeigeführte Veränderung des Baubestandes positive Effekte
auf die Bedeutung dieser Zone als Citystandort ausgeübt hat, die ihr sonst vermutlich nicht zugewachsen wären.

7.3.2. Auswirkungen der Existenz von Altbauten

Die Frage, inwieweit Charakteristika des Baubestandes die Ansiedlung citytypischer Funktionen beeinflussen, wurde bisher für Bogotá noch nicht näher

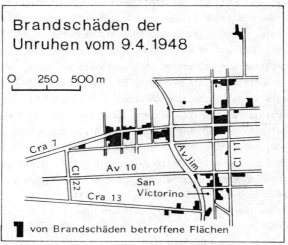

Abb. 23

Brandschäden der
Unruhen vom 9.4.1948

0   250   500 m

Cra 7

Cl 22

Av 10

Cra 13

San
Victorino

Av Jim

Cl 11

von Brandschäden betroffene Flächen

Quelle: ARANGO, RITTER u. SERRANO 1948
Entwurf u. Zeichnung: R.M.

wissenschaftlich untersucht. Es ist jedoch nicht von der Hand zu weisen, daß
großräumige Verkehrs- und Gebäudenutzungsflächen einen unter Umständen ausschlag-
gebenden Standortvorteil gegenüber beengten Altstadtlagen aufweisen.
Das Straßenbild Candelarias erfüllt die typischen Merkmale einer Altstadt. Enge
Gassen, schmale, bisweilen völlig fehlende Bürgersteige behindern den durchflie-
ßenden Verkehr; in der Rush-hour kommt es zu immer wiederkehrenden Staus in den
Hauptdurchgangsstraßen.
Die kolonialen und republikanischen Altbauten bieten den in ihnen lokalisierten
Büros, Geschäften und Wohnungen wenig Komfort. MARTINEZ weist z.B. auf die Architektur des beginnenden 20. Jahrhunderts hin, aus der Häuser eines kolonialen,
aber durch Verwendung anderer Materialien und Techniken degenerierten Stils her-
vorgingen. Die Räume bleiben aufgrund der im Überfluß vorhandenen Korridore und
der ungeschützten Patios kalt, zugleich wurde hierdurch ein nur geringer Flächen-
ausnutzungsgrad erreicht. Ein weiteres Problem war die Feuchtigkeit, die wegen
der ungenügenden Luftzirkulation zu Geruchsbelästigungen führte. Zudem machte
sich die fehlende Sonneneinstrahlung negativ bemerkbar (1958, S.?). Die Folge
war, daß in den 30er und zu Beginn der 40er Jahre die Mehrheit der Angehörigen
der Oberschicht ihre vom kolonialen Stil geprägten Wohnsitze im Stadtkern verließ
und sich in Stadtteilen, die zwischen Cl 26 und Cl 45 lokalisiert sind (z.B.
La Merced, Santa Teresita, Sagrado Corazón, Samper, Armenia, Sucre, Teusaquillo,
La Magdalena u.a.), ansiedelte, während die aufgezählten Nachteile auch heute
noch vielen der damals errichteten kolonialen Altbauten anhaften.
Der ersten großen Mobilitätswelle der Bogotaner Oberschicht folgte eine zweite,
geringer dimensionierte Welle; in ihrem Verlauf (1950 bis Anfang der 60er Jahre)
wurden die eingenommenen Standorte zugunsten einer erneuten Verlagerung nach N,
nämlich in die älteren der auch in der heutigen Zeit noch der Oberschicht vorbehaltenen Barrios aufgegeben (hierzu zählen Chapinero Norte, Antiguo Country,
La Cabrera, Chicó, Chicó Norte u.a.; AMATO 1968, S.106f.; vgl. a. Abb.4).
Zweifellos waren nicht nur baulich bedingte Restriktionen ursächlich für die Mobilitätsbereitschaft. Berücksichtigt man aber die revolutionäre technische Entwicklung, von der der Wandel republikanischer Baukunst bis hin zur modernen Architektur begleitet war und der sich in der ersten Hälfte dieses Jahrhunderts
vollzog, wird verständlich, daß die in jener Zeit entstandenen Bauten den bereits
existierenden Gebäuden der Altstadt an Nutzungskomfort weit überlegen waren. Ein
Abriß der alten Häuser hätte die Eigentümer vorübergehend - bis zur Fertigstellung des Neubaus - vor Wohnungsprobleme gestellt. Durch den Verkauf des "alten"
Grundstücks und des darauf befindlichen Gebäudes nach Fertigstellung des Neubaus
war die Unterbringung der Bewohner übergangslos geregelt; zudem erwies sich diese

Lösung als finanziell attraktiver, da erstens die Grundstückspreise peripherer
Stadtlagen deutlich unter denen der Kernstadt lagen, und zweitens das aufgegebene
Haus verkauft werden konnte, ein Abriß dagegen mit Eigenkosten verbunden gewesen
wäre.
Angesichts der bereits vor fünf Jahrzehnten auftretenden Unzulänglichkeiten des
Baubestandes in Candelaria verwundert es nicht, daß nur ein flächenmäßig kleiner
Teil der Altstadt City-Funktionen aufweist, die betreffenden Straßenzüge allerdings hierarchisch den Hauptgeschäftsstraßen des traditionellen Zentrums untergeordnet werden müssen. Es drängt sich jedoch die Frage auf, ob und in welchem Umfang Sanierungsmaßnahmen durchgeführt wurden, um die Attraktivität der Zone zu
verbessern und auf diese Weise einen Beitrag zu einer erhöhten "City-Affinität"
der Altstadt zu leisten.

7.3.3. Sanierungsmaßnahmen

Bis Ende der 50er Jahre fehlte in Bogotá jegliches breit angelegte Sanierungskonzept der öffentlichen Hand. Zwar wurde bereits 1948 die erste Restaurierung, des
Präsidentenpalais San Carlos, durchgeführt, sie blieb jedoch eine der wenigen
Ausnahmen.
Erst zu Beginn des folgenden Jahrzehntes wurde dem planlosen Abriß historisch
wertvoller Altbauten mittels entsprechender Verordnungen entgegengewirkt. Es
dauerte jedoch bis zur Mitte der 60er Jahre, bis mit der Gründung der "Fundación
para la Conservación y Restauración del Patrimonio Arquitectónico" eine gemischtwirtschaftliche Körperschaft ("Entidad mezclada") mit Restaurierungsaufgaben betraut wurde.
Zuvor wurden Sanierungen nur von einer Minderheit interessierter Privatleute betrieben und von Kreditinstituten, die steuerlich begünstigte Fonds zum Zwecke der
Kulturförderung unterhielten und im übrigen mit beispielhaften Sanierungen erhaltenswerter Altbauten ihrer Imagepflege nachkamen.[29]
Die folgende Aufstellung zeigt die Funktionsträger der juristischen, finanziellen
und restaurativen Ebene, die an der Sanierung in Bogotá beteiligt sind:

1. Juristische Ebene: Consejo de Monumentos Nacionales (Erlaß restaurativer
                          Normen)

2. Finanzielle Ebene: - Banco de la República (leistet den größten finan-
                            ziellen Beitrag)
                          - Colcultura (dem Ministerium für Erziehung beigeord-
                            netes Institut)
                          - Corporación Nacional de Turismo

3. Restaurative Ebene: - Fundación para la Conservación y Restauración del
                            Patrimonio Arquitectónico (wird von den Institutionen
                            der 2. Ebene finanziert)
                          - Private Träger:
                            a) Juristische Personen (z.B. Banken)
                            b) Natürliche Personen

Neben diesen Funktionsträgern existiert eine Reihe weiterer Institutionen, die
sich in irgendeiner Form mit Sanierungsfragen beschäftigen, z.B. die Universi-
tätsfakultäten für Architektur, die Academia Colombiana de Historia und die So-
ciedad Colombiana de Arquitectos.
Auf zwei Barrios konzentrierte sich bislang das Sanierungsinteresse: La Candelaria und Santa Bárbara.
La Candelaria, zusammen mit dem Barrio La Catedral der älteste Stadtteil Bogotás,
gehört zu den architektonisch wertvollsten Altstädten Südamerikas und wird in
Kolumbien nur von Cartagena Central übertroffen (El Tiempo, 21.11.1971). Auch
Popayán ist hier zu nennen, jedoch zerstörte 1983 ein Erdbeben einer Großteil der
Stadt.
Vor etwa fünfzehn Jahren wurde eine Vielzahl von Verordnungen zum Schutze La Candelarias erlassen und die Privatinitiative für Sanierungsvorhaben durch Bereitstellung entsprechender Kreditfazilitäten durch den Banco Central Hipotecario
(BCH) gestärkt. Bis heute gelang es jedoch nicht, "von den verschiedenen öffentlichen und privaten Instanzen weder die notwendige Einstellung noch Aufnahme zu
erlangen, um die gewünschte urbane Struktur zu konsolidieren" (DURAN u. VERSWYVEL
1981, S.71). Zwar erkannte man die Bedeutung der Altstadtsanierung, es fehlte
jedoch an der notwendigen Bereitschaft, die aufgestellten Rechtsnormen auszufül-
len (GOMEZ 1980, S.27).

Trotzdem ist richt zu verkennen, daß die Altstadtsanierung durch eine Vielzahl
von allerdings schlecht koordinierten Einzelimpulsen zu einer deutlichen Zunahme
der Attraktivität des Stadtbildes beigetragen hat. Mit der 1980 erfolgten Gründung der "Corporación La Candelaria" ist zu erwarten, daß der - insbesondere
durch Finanzierungslücken verursacht - schleppend verlaufende Sanierungsprozeß
weiter gefördert wird.
1977, unter der Präsidentschaft von López Michelsen, wurde das Architekturbüro
Obregón y Valenzuela im Rahmen des Stadterneuerungsprogramms "Zona Centro-Sur
Bogotá" (BCH 1978) beauftragt, einen Entwurf für die bauliche Neugestaltung eines
benachbarten Gebietes des Palacio de Nariño zu entwickeln. Bis Anfang 1980 kaufte
der Banco Central Hipotecario im Auftrag der Regierung etwa 50% der Grundstücke
und Gebäude, die sich auf sechs ausgewählten Manzanas zwischen Cl 5 und Cl 7 östlich der Cra 7 befinden. Im Kern sah der Entwurf vor, die Außenfassaden der in
Rede stehenden Baublöcke im alten Architekturstil zu sanieren und im Inneren der
Manzanas mehrstöckige Wohnneubauten zu errichten, die von den umliegenden Straßen
nicht einsehbar gewesen wären; diese Lösung hätte mit der Forderung korrespondiert, den Charakter der Altstadt zu wahren und die Bevölkerungsdichte zu erhöhen. Weiterhin war geplant, den kommerziellen Nutzungsgrad der Zone durch Ansiedlung von auf den Bedarf der Wohnbevölkerung zugeschnittenen Handels-, Dienstlei-
stungs- und Handwerksbetrieben zu erhöhen, was zugleich eine Reihe von Arbeitsplätzen geschaffen hätte. 1980 wurde dieses Modell, insbesondere die architektonischen Gestaltungsvorschläge von Obregón y Valenzuela, mit der Begründung fal-
lengelassen, die Kaufpreise seien höher als erwartet und die Rentabilität der
Gesamtinvestition sei durch die Verzögerungen, die bei den Verhandlungen mit den
Eigentümern auftraten, in Frage gestellt (El Tiempo, 7.9.1981). Der bereits geplante Abbruch baufälliger Gebäude wurde auf unbestimmte Zeit verschoben.
Obwohl der Ankauf weiterer Terrains fortgesetzt wurde, ist man zur Zeit noch auf
der Suche nach einem befriedigenden Sanierungskonzept, das bis 1983, dem voraus-
sichtlichen Zeitpunkt des Abschlusses der Grundstücksankäufe, gefunden werden
muß. Die endgültige Entscheidung wird auf hoher politischer Ebene erfolgen.
Eine allen Seiten gerecht werdende Lösung des Problems kann es jedoch nicht geben: Wird der Abbruch des alten Baubestandes fortgesetzt, fällt damit das vorhandene Erbe kolonialer und republikanischer Baukunst der Spitzhacke zum Opfer.
Stellt man die Sanierungsbemühungen ein, wird sich der verwahrloste Zustand des
Raumes weiter verschlechtern. Eine Sanierung der vorhandenen Gebäude auf Staats-
kosten ohne Veränderung der Baustrukturen ist aus Kostengründen nicht zu erwarten, eine Stärkung der Privatinitiative aus vorgenannten Gründen ist nur durch

Aufhebung der Mietpreisbindung, die politisch nicht durchzusetzen ist, möglich, wie im folgenden zu zeigen sein wird.

Die Behandlung der Altstadt im Rahmen dieser Arbeit wäre nämlich unvollständig, wenn nicht auch nach den Ursachen geforscht würde, die zu einer Verwahrlosung eines großen Teils des Baubestandes geführt und folglich die Expansion des tertiären Sektors dort gebremst haben.

Im Jahre 1960 durchgeführte Untersuchungen ergaben für Santa Bárbara, daß lediglich 40% der Eigentümer ihre Häuser selbst bewohnten, die Mehrzahl aber in nördliche Stadtgebiete verzogen war (El Tiempo, 20.3.1982) und ihren früheren Wohnsitz vermietet hatte. Das geltende Mietrecht verwehrt jedoch selbst eine nur die Inflation ausgleichende Mietpreiserhöhung, was de facto einem Einfrieren des Mietzinses gleichkam. Es hatte als Ergebnis, daß die niedrige Rertabilität des eingesetzten Kapitals Investitionen zur Erhaltung der Bausubstanz unsinnig erscheinen ließ und viele Eigentümer einen Verkauf vorzogen. Einen wirtschaftlichen Vorteil erzielten lediglich die nicht kündbaren Mieter dieses Wohnraumes, die durch Untervermietung an "Inquilinos" ein Mehrfaches des selbst aufzubringenden Mietzinses einnahmen und erst recht nicht an einer kostspieligen Sanierung der ohnehin profitablen Räume interessiert waren.[30]

Die gleichen Mechanismen treffen auch für La Candelaria zu. In einer von OBREGON, VALENZUELA Y CIA. LTDA. erstellten Studie (1977, S.110) wurde für alle im Bereich dieses Barrios liegenden Manzanas ein Anteil von nur knapp 10% der in ihrem Haus lebenden Eigentümer an der Gesamtzahl aller Einwohner festgestellt. Die entsprechende Prozentzahl für den untersuchten Raum Santa Bárbaras liegt ebenfalls bei 10%, was, verglichen mit den Angaben von 1960, auf eine Abwanderungstendenz der Eigentümer hindeutet. Diese Aussage müßte jedoch verifiziert werden, da zum einen die Befragungen zu weit auseinanderliegenden Zeitpunkten durchgeführt wurden und sich nicht auf dieselben Manzanas bezogen.

Als Fazit bleibt festzuhalten, daß ohne einschneidende Abwandlung des Mietrechtes keine Änderung des gegenwärtigen Zustandes erwartet werden kann.

7.4. Wirtschaftliche Aktivitäten in Candelaria

Angesichts der zentralen Lage Candelarias, die diesen Raum als Standort für citytypische Funktionen insbesondere im westlichen, an die Hauptverkehrsachse Cra 7 angrenzenden Abschnitt geradezu prädestiniert, bot sich - neben der Architektur des Baubestandes - eine gesonderte Untersuchung funktionaler Schwerpunkte der

Erdgeschoßnutzung an. Grundlage der folgenden Aussagen ist eine detaillierte Kartierung des Gebietes durch Verf. zwischen Av Jiménez, Cl 7, Cra 3 und Cra 7 (vgl. Abb.22).

Östlich der Cra 3 dominiert eindeutig die Wohnnutzung, weswegen dort auf eine Kartierung verzichtet wurde; die Altstadtgrenze ist dort jedoch noch nicht erreicht. Cl 7 unterscheidet sich von den anderen altstadttypischen Straßen durch die Zweispurigkeit der Verkehrsführung und der dadurch bedingten überdurchschnittlichen Breite, die die Altstadt in einen nördlichen und südlichen Bereich unterteilt und daher als Kartierungsgrenze fungierte. Cra 7 und Av Jiménez schließlich, zwei dominante Hauptverkehrsstraßen des Bogotaner Zentrums, stellen eine natürliche Grenze zwischen der enggassigen, von historischem Baubestand geprägten Altstadt und der überwiegend durch Bauten zeitgenössischer Architektur charakterisierten übrigen Innenstadt dar.

7.4.1. Der Einzelhandel

Im Vordergrund der Kartierung stand der Versuch, die Bedeutung der Altstadt als Standort für Cityfunktionen herauszuarbeiten. Zu diesem Zweck wurde ein bereits für Kartierungen anderer Einzelhandelszonen erarbeiteter Funktionskatalog, auf den noch näher einzugehen sein wird, in der Weise modifiziert, daß eine Zuordnung aller Geschäftstypen in eine der drei folgenden Kategorien möglich war:[31]

Kategorie 1: Citytypische Geschäfte
Kategorie 2: Geschäfte mit gemischtem Warenangebot (citytypische und cityatypische Artikelführung)
Kategorie 3: Geschäfte des Grundbedarfs (cityaytypische Artikelführung)

Gemeinhin existieren zwei den Einzelhandel des Stadtkerns bestimmende "citytypische" Formen: das hochspezialisierte, oft nur auf einen Artikel beschränkte Fachgeschäft und das breit diversifizierte Warenhaus (HOFMEISTER 1976, S.68). Somit erfolgte die Klassifizierung eines Geschäftes bei den Kartierungsarbeiten nur dann unter der Rubrik "citytypisch", wenn es sich um eine dieser beiden Arten handelte. Nach HEINEBERG tendieren dagegen Geschäfte mit Warenangeboten des

kurzfristigen Bedarfs und geringer Konsumwertigkeit zu Standorten in dichtbesie-
delten Wohngebieten und lokalen Versorgungszentren (1977, S.99). Sie sollen in
dieser Arbeit vereinfachend als "cityatypische Geschäfte" bzw. "Geschäfte des
Grundbedarfs" bezeichnet werden, obwohl auch dieser Einzelhandelstypus in den
Cities von Großstädten bisweilen anzutreffen ist.
Aufgrund der zeitlich zuvor durchgeführten Kartierungen des Einzelhandels in Chapinero und in der Cra 15 im N der Stadt wurden alle im eigens dafür aufgestellten
Funktionskatalog enthaltenen Geschäfte im voraus als ein cityatypisches bzw. ein
gemischtes Warenangebot führend oder aber als citytypisch eingestuft. Hauptunter-
scheidungskriterium war hierbei der Spezialisierungsgrad: Je häufiger sich die
Geschäfte in den bereits untersuchten Straßenzügen auf wenige oder einen einzigen
Artikel spezialisiert hatten, desto eher wurde ein dieses Angebot führendes Ladenlokal als citytypisch eingestuft. Alle Geschäfte, die weder Grundbedarfswaren
noch ein hochspezialisiertes oder stark diversifiziertes Sortiment führten, wurden als ein gemischtes Angebot führend angesehen.
Auf die alleinige Anwendung des Zuordnungskriteriums "Fristigkeit", unter das
sich die warenanbietenden Geschäfte in bezug auf den täglichen, periodischen und
episodischen Bedarf subsumieren lassen, wurde bewußt verzichtet, da z.B. Geschäfte des periodischen Bedarfs nur zum Teil als Citygeschäfte, klassifiziert werden
können und somit eine zweifelsfreie Trennung von citytypischen und -atypischen
Einzelhandelsbetrieben nicht gewährleistet ist.
Zugegebenermaßen ist eine Einteilung der Geschäfte mit nicht eliminierbaren subjektiven Elementen behaftet. Für die Einteilung waren daher nicht nur Art und
Fristigkeit des Warenangebotes, sondern auch dessen Umfang, die Geschäftsgröße,
Schaufenster- und Fassadengestaltung, Reklame, Innenausstattung, kurz gesagt, der
Gesamteindruck entscheidend.
Die Standortverteilung der Geschäfte des Grundbedarfs, zu denen z.B. Lebensmit-
tel-, Schreibwarengeschäfte und Drogerien gezählt wurden, ist als dispers zu bezeichnen. Auffällig ist die schwache Besetzung der zwischen Cra 6 und Cra 7 liegenden Baublockreihe, in der lediglich sieben Geschäfte des täglichen Bedarfs
lokalisiert sind, während es zwischen Cra 6 und Cra 5 bzw. zwischen Cra 4 und
Cra 3 zwanzig Betriebe waren (vgl. Abb.22). Die Bevorzugung des östlichen Teils
der Altstadt durch den angesprochenen Geschäftstyp erklärt sich aus der Ladenmie-
te, die mit zunehmender Entfernung von Cra 7, der das Untersuchungsgebiet im W
begrenzenden Hauptverkehrsstraße, abnimmt.
Die in der City häufig zu beobachtende Ansiedlung niederrangiger Wirtschaftsfunk-
tionen an der Peripherie zugunsten der Konzentration von hochkarätigen Betrieben
des tertiären Sektors in den am stärksten frequentierten Bereichen des

Stadtkerns, wobei als Selektionskriterium eine möglichst hohe Umsatzrendite pro Flächeneinheit maßgeblich ist (HOFMEISTER 1976, S.67), trifft auch auf die Bogotaner Altstadt zu. Im Gegensatz zu den Geschäften des täglichen Bedarfs konzentrieren sich die Citygeschäfte, in der überwiegenden Zahl Juwelierläden (vgl. Kap.9.3.2.3.), auf die durch Cra 7, Cra 5, Cl 11 und Cl 13 begrenzte Zone. Während zwischen Cl 11 und Cl 7 kein einziges citytypisches Ladenlokal kartiert werden konnte, was mit dem Ergebnis der Zentrumsabgrenzung (vgl. Abb.7) insofern korrespondiert, als in dem genannten Bereich eine nur schwache Nutzung durch den tertiären Sektor festgestellt werden konnte, befinden sich außerhalb des durch die vier genannten Straßen eingegrenzten Raumes lediglich drei weitere (weniger als 10% aller dort ansässigen) Geschäfte, denen ein citytypischer Charakter zugesprochen werden kann, sieht man einmal von der Konzentration citytypischer Geschäfte in der Cra 7 ab.

Aus dieser Verteilung ist zu folgern, daß der Altstadt hinsichtlich der in ihr ausgeübten Einzelhandelsnutzung grundsätzlich nur untergeordnete Bedeutung zukommt, die das im traditionellen Zentrum vorhandene Warenangebot ergänzt. Eigenständigen Charakter weisen nur die vier Manzanas auf, die um die Kreuzung der Cra 6 mit der Cl 12 geschart sind und Candelaria trotz des durch die engen Straßen gedrängt wirkenden Baubestandes Citycharakter zu verleihen mögen. Dies wird noch verstärkt duch die ebenfalls in dieser Zone vertretenen Geschäfte mit gemischtem, auch Cityartikel enthaltendem Angebot; über 40% der insgesamt vorhandenen Betriebe dieser Klasse wählten den betrachteten kleinflächigen Raum als Standort, die übrigen verteilen sich dispers, mit erkennbarer Bevorzugung des westlichen Untersuchungsbereiches.

7.4.2. Andere Wirtschaftsbetriebe

Die Zahl weiterer, zentrumstypischer Dienstleistungsbetriebe bleibt besonders in den üblicherweise auf Repräsentation bedachten Branchen deutlich hinter der des Einzelhandels zurück. Bankfilialen, von denen mehr als ein Dutzend im Untersuchungsraum vertreten sind, gruppieren sich entweder um den Kreuzungsbereich der Cl 12 mit der Cra 6, der bereits als Konzentrationsschwerpunkt des Einzelhandels in Erscheinung trat oder aber an den Rändern der Hauptverkehrsstraßen Cra 7 und Avenida Jiménez (vgl. ebenfalls Abb.22). Fluggesellschaften, Versicherungen, Immobilienhändler und Reisebüros unterhalten nur vereinzelt Filialen bzw. Büros im betreffenden Stadtraum.

Einschränkend ist allerdings darauf hinzuweisen, daß manche Bürobetriebe wegen fehlender Außenhinweise nicht kartiert werden konnten. Dies gilt besonders für Wirtschaftsunternehmen, die auf Schaufensterwerbung verzichten oder in den oberen Stockwerken untergebracht sind.

Rechtsanwälte und Notare bevorzugen den nördlichen Teil Candelarias zwischen Cra 5 und Cra 7, während Arztpraxen hauptsächlich zwischen Cra 4 und Cra 5, ebenfalls im N der Altstadt lokalisiert sind. Die Gruppe der Vereine und Verbände ließ keine Standortpräferenzen erkennen.

Eine quantitativ beachtliche Stellung nehmen die kleinen Cafeterias und Bars ein, die meist einfach eingerichtet sind und ein untereinander kaum variierendes, eng begrenztes Angebot an Gebäck, Süßigkeiten, Obst und Getränken bereithalten. Geht man davon aus, daß in Candelaria nahezu 12 Kilometer Fassadenfronten kartiert wurden, trifft man rein rechnerisch alle 140 m eine Cafeteria oder Bar an. Da der SE Candelarias, genauer gesagt der Raum östlich der Cra 5 und südlich der Cl 11 als Standort nicht beliebt ist, erhöht sich die Konkurrenz in den anderen Bereichen entsprechend. Qualitativ höherwertige Restaurants finden sich in La Candelaria dagegen kaum; auch die Zahl der Hotels stellt eine vernachlässigbar kleine Größe dar.

Neben ertragswirtschaftlich orientierten Privatbetrieben dient das historische Zentrum Bogotás einer Reihe von öffentlichen, kulturellen und kirchlichen Institutionen als Standort. Hierzu zählen z.B. der erzbischöfliche Palast (Palacio Arzobispal), die Basílica Primada, die Kirche Nuestra Señora de la Candelaria, das Colegio San Bartolomé, die Universidad de la Salle, die Bibliothek Luis Angel Arango, das Teatro Colón und das Museum 20 de Julio, um nur einige der bekanntesten Einrichtungen zu nennen (vgl. Abb.8). Einen exakten Überblick der 118 Institutionen mit insgesamt über 4600 Beschäftigten verschafft eine Studie von OBREGON, VALENZUELA Y CIA. LTDA. (1977, S.1ff.); allerdings ist sie auf den Raum zwischen Cl 11, Cl 5, Cra 7 und Cra 3E beschränkt.

Lehranstalten meiden den geschäftlich am stärksten genutzten Bereich um Cl 12 und Cra 6 und bevorzugen i.a. verkehrsmäßig ungünstiger gelegene Standorte wie z.B. die südliche und östliche Peripherie. Diese meist flächenextensiven Institutionen verbindet, daß sie erstens aus Rentabilitätsüberlegungen heraus auf die Präsenz in Zonen mit gehobenem Boden- und Mietpreisniveau verzichten und sie, da in der Regel nur wenige oder überhaupt keine anderen Konkurrenten eine vergleichbare Ausbildungsleistung anbieten, zweitens von der Abhängigkeit ihrer Besucher profitieren, die gezwungen sind, auch eine schlecht erreichbare Lage zu akzeptieren. Die gleichen Überlegungen gelten auch für die schwerpunktmäßig im südlichen Teil

Candelarias "okalisierten öffentlichen Regierungs- und Verwaltungssitze sowie kulturelle Einrichtungen.

Auffällig ist der hohe Anteil nur schwach bzw. nicht genutzter Flächen. Neben der häufig nur schwer erkennbaren Lagernutzung deutet eine Vielzahl leerstehender Gebäude, vornehmlich im NE des Untersuchungsraumes, auf einen fortschreitenden Rückgang der Nutzungsintensität hin, der von einem Verfall der Bausubstanz begleitet wird. Zahlreiche ehemals bebaute Grundstücke, insbesondere zwischen Cl 11 und der Av Jiménez, wurden bereits in Parkplätze umgewandelt.

Neben den erwähnten Unternehmen und Institutionen, die gemeinhin dem tertiären Sektor zuzuordnen sind, befinden sich auch zahlreiche Handwerks- und, eindeutig in der Minderheit, kleinere Industriebetriebe; Abb.22 zeigt, daß sie bevorzugt Standorte in einem Altstadtteil einnehmen, der nicht mehr zur City zu rechnen ist (dabei handelt es sich um den Raum im E der Cra 5 und im N der Cl 12). Abgesehen von Druckereien dominieren handwerkliche Betriebe der Schuh- und Bekleidungsbranche sowie Unternehmen, die sich mit der Herstellung von Möbeln befassen. Der handwerkliche Charakter dieser Wirtschaftsbetriebe wird durch eine durchschnittliche Zahl von weniger als vier Beschäftigten dokumentiert, eine Betriebsgröße, die innerhalb eines bestimmten Altstadtbereiches ermittelt wurde und mehr oder weniger repräsentativen Charakter für dieses Stadtgebiet haben dürfte (OBREGON, VALENZUELA Y CIA. LTDA. 1977, S.93).

7.5. Die Bevölkerungsstruktur in der Altstadt

Der hohe Anteil der Wohnnutzung an der bebauten Altstadtfläche läßt es als notwendig erscheinen, auf die Hauptcharakteristika der dort residierenden Bevölkerung einzugehen. Dies gilt umso mehr, als die durchgeführten Kartierungen keinen oder allenfalls einen oberflächlichen Aufschluß über sozialen Status, durchschnittliche Familiengröße und -einkommen, Bildungsstand und anderer Merkmale der Bevölkerung geben konnten.

Des weiteren ist die Frage zu beantworten, ob die Altstadt Bogotás, wie dies bereits für eine Reihe europäischer Großstädte beobachtet werden konnte, eine Renaissance durch die Rückkehr der Oberschicht an die ehemals aufgegebenen Wohnsitze erfährt oder ob die Attraktivität des historischen Zentrums trotz der durchgeführten Sanierungen nicht dazu ausreicht.

Der zeitlich befristete Forschungsaufenthalt des Verf. ließ eine repräsentative Befragungsaktion der in der Altstadt ansässigen Bevölkerung nicht zu. Im Rahmen des Programms "Renovación Urbana Proyecto Banco Central Hipotecario" wurde jedoch im Mai 1977 eine sozioökonomische Studie über die im Untersuchungsraum Cl 5/ Cl 11/ Cra 3E/ Cra 10 ansässige Bevölkerung veröffentlicht, auf deren Ergebnisse zurückgegriffen werden kann (OBREGON, VALENZUELA Y CIA. LTDA. 1977). Wenngleich damit keine völlige Kongruenz zwischen dem kartierten und dem Befragungsraum vorliegt, ergibt sich doch ein exemplarischer Eindruck der in der Altstadt lokalisierten Wohnbevölkerung.

Die Untersuchung wurde, abgesehen von den Interviews mit "Inquilinos" (zur Definition vgl. Fußnote 30), als Vollerhebung durchgeführt. Die Gruppe der Befragten setzte sich etwa zur Hälfte aus Personen weiblichen und männlichen Geschlechtes zusammen. Den größten Anteil der Altstadtbevölkerung stellt die Altersgruppe der arbeitsfähigen Bevölkerung (15-49 Jahre) mit über 50%, es folgen Kinder unter 15 Jahren, zu denen ein Drittel der Gesamtbevölkerung in der Altstadt zu rechnen ist und nur etwa jede siebte Person war fünfzig oder mehr Jahre alt, was auch der anteilsmäßigen Zusammensetzung des interviewten Personenkreises entsprach. Diese Altersverteilung spiegelt zugleich weitgehend den Durchschnitt des übrigen Stadtgebietes wider, bei dem der Anteil der Kinder etwas höher, der der über 50-jährigen Personen etwas niedriger ausfällt (OBREGON, VALENZUELA Y CIA. LTDA. 1977, S.36).

Die befragten Personen verteilten sich auf knapp 1900 Ein- und Mehrpersonenhaushalte, deren durchschnittliche Besetzung bei 3,7 Personen lag, was einer Gesamtbevölkerung von ca. 7000 Menschen entspricht. Die durchschnittliche Haushaltsgröße in Bogotá betrug 1974 5,7 Personen, war damit also deutlich größer.

Aus Abb.24 läßt sich das Bildungsniveau des im Untersuchungsraum befragten Personenkreises ablesen.

Den verwendeten Begriffen liegt lediglich das Unterscheidungskriterium "Schulalter" zugrunde. Eine qualitative Abstufung erfolgte nicht.

Welche Altersklassen die Ausbildungsstufen des kolumbianischen Erziehungssystems umfassen, ergibt sich aus folgender Übersicht:

Ausbildungsstufe	Schulalter
Vorschulerziehung ("Pre-escolar")	weniger als 5 Jahre
Primarschule ("Primaria")	5 - 14 Jahre
Sekundarschule ("Secundaria")	15 - 19 Jahre
Universität	20 - 24 Jahre

Quelle: OBREGON, VALENZUELA Y CIA. LTDA. 1977, S.65

Abb.24

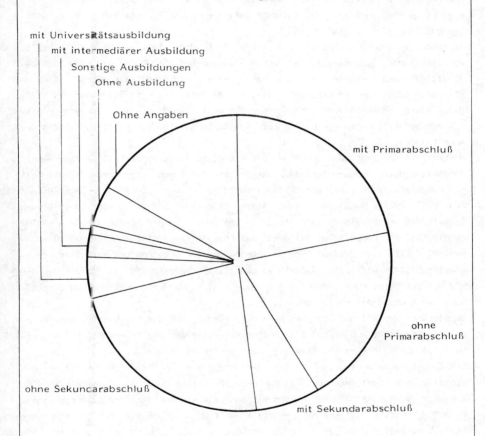

Das Bildungsniveau der Altstadtbevölkerung in Bogotá
(Teilerhebung)

mit Universitätsausbildung

mit intermediärer Ausbildung

Sonstige Ausbildungen

Ohne Ausbildung

Ohne Angaben

mit Primarabschluß

ohne Primarabschluß

ohne Sekundarabschluß

mit Sekundarabschluß

Quelle: OBREGON, VALENZUELA
Y C A. LTDA. 1977, S.67

Entwurf u. Zeichnung: R.M.

Ohne auf die Problematik des kolumbianischen Erziehungssystems näher eingehen zu können, läßt sich aus Abb.24 der Nachholbedarf der Bevölkerung im Bildungsbereich klar erkennen, denn etwa 70% der interviewten Personen besaß keinen oder nur den elementaren Primarschulabschluß. Vermutlich muß dieser Prozentsatz nach oben korrigiert werden, da hierin die Bildungsstufe derjenigen Personen, die keine Angaben machten, nicht enthalten ist.

In engem Zusammenhang mit der genossenen Ausbildung steht die Berufstätigkeit. Aus der Studie geht hervor, daß neben Schülern und Studenten, im Haushalt Beschäftigten und Personen, die nicht näher definierten Arbeiten nachgehen, die am stärksten besetzten Berufsgruppen die der Angestellten und Selbständigen sind. Die anderen Berufsstände (Handwerker, Arbeiter, etc.) sind dagegen relativ schwach besetzt, ebenso wie die der Rentner, Pensionäre, Arbeitsunfähigen und Arbeitslosen.

Markant ist der trotz des niedrigen Durchschnittsalters prozentual geringe Anteil derjenigen Untersuchungspersonen, die gleichzeitig sowohl einer geregelten Arbeit nachgehen als auch eine weiterbildende Schule besuchen (OBREGON, VALENZUELA Y CIA. LTDA. 1977, S.73). Denn sehr stark ist gerade bei der junger Bevölkerung Bogotás das Bewußtsein ausgeprägt, durch den Besuch einer Abendschule im Anschluß an die tägliche berufliche Tätigkeit die persönlichen Aufstiegschancen zu erhöhen. Dies gilt insbesondere für Angehörige der erstarkenden und auffällig engagierten Mittelschicht. Ihr Anteil an der Altstadtbevölkerung ist jedoch, ebenso wie der der Oberschicht, äußerst gering, wie sich aus der anschließenden Darstellung der Einkommensstruktur ergibt.

Um hierüber verläßliche Aussagen machen zu können, muß das Haushaltsgesamteinkommen, im Gegensatz zum absoluten Einkommen Werktätiger ohne Berücksichtigung finanziell abhängiger Haushaltsmitglieder, betrachtet werden.

Abb.25 ist zu entnehmen, daß in den drei Klassen mit bis zu sieben Personen pro Haushalt die zweitunterste Einkommensgruppe (1001-2000 Pesos) dominiert; dies ändert sich erst bei den Haushalten mit mehr als sieben Personen, was insbesondere bei der Haushaltsklasse mit mehr als zwölf Mitgliedern auf mehrere Verdiener (z.B. Großfamilien, in denen Kinder zum Lebensunterhalt durch eigene Arbeit beitragen) hindeutet.

Vier von fünf untersuchten Haushalten standen monatlich insgesamt weniger als 5000 Pesos zur Verfügung, nur jeder zehnte Haushalt übertraf monatliche Einnahmen von 7.000 Pesos und nur vier von 100 Haushalten verfügten über mehr als 10.000 Pesos (übrige Haushalte ohne Einkommen oder Angaben; OBREGON, VALENZUELA Y CIA. LTDA. 1977, S.92). Daraus geht klar hervor, daß der überwiegende Teil der Altstadt-Bevölkerung zur sozialen Unterschicht zu rechnen ist. Eine Rückkehr der

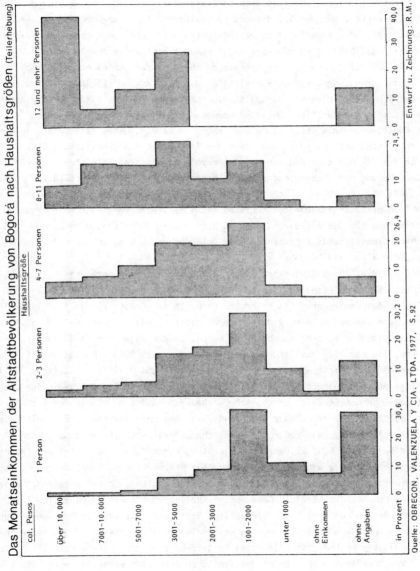

Abb. 25

Das Monatseinkommen der Altstadtbevölkerung von Bogotá nach Haushaltsgrößen (Teilerhebung)

Quelle: OBREGON, VALENZUELA Y CIA. LTDA. 1977, S. 92

Entwurf u. Zeichnung: R.M.

Oberschicht hat eindeutig nicht stattgefunden und ist auch in absehbarer Zeit nicht zu erwarten. Nur wenige, dispers verteilte Familien der Oberschicht bewohnen noch, von außen allenfalls an restaurierten Gebäudefassaden zu erkennen, gehobenen Repräsentationsbedürfnissen nicht mehr gerecht werdende Altbauten. Seit 1967/68 ist hingegen eine zunehmende Neigung der intellektuellen Schicht Bogotás zu verzeichnen, ihren Wohnsitz in die Altstadt zu verlegen. Es handelt sich dabei um Schauspieler, Journalisten, Architekten, Maler, Bildhauer und andere freischaffende Künstler. Diese Bewegung hat jedoch nicht zur Herausbildung eines Künstlerviertels geführt, wie es eher im Barrio Bosque Izquierdo, in der Nähe des Centro Internacional, am Rande des Parque Nacional, entstanden ist.

Geprägt ist die Altstadt Bogotás vielmehr von Inquilinatos, die etwa die Hälfte der Bevölkerung des Untersuchungsraumes beherbergen (OBREGON, VALENZUELA Y CIA. LTDA. 1977, S.166, vgl. Fußnote 30). Aus der Vielzahl der in diesem System auf engem Raum miteinander lebenden Personen resultiert eine vergleichsweise geringe Mietbelastung für den einzelnen, aber auch eine drastische Einschränkung der Privatsphäre. Inquilinatos befinden sich im Untersuchungsgebiet mehrheitlich in Altbauten, die älter als 50 Jahre sind.

BRÜCHER und MERTINS weisen darauf hin, daß in Bogotá die untersten Einkommensschichten in eben diesen Inquilinatos wohnen (1978, S.57).

Der These, daß Immigranten ihren ersten Wohnsitz in Bogotá zum größten Teil in Zentrumsnähe wählen würden, widersprechen die Ergebnisse einer Befragung, die 1976 von denselben Autoren durchgeführt wurde. Danach zogen nur 4% in Barrios des Zentrums, die vor 1910 entstanden, aber 40% in die nach 1958 erbauten Stadtteile. Resümierend bleibt festzuhalten, daß La Candelaria und damit ein wichtiger Teil der Altstadt nur wenige citytypische Charakteristika aufweist. Der lediglich partiell von modernen Gebäuden durchsetzte Altbaubestand ist meist ein- oder zweigeschossig; die Anlage der Häuser und Straßen ist eng und verwinkelt, es fehlt die großzügige Bauweise, die moderne Cities charakterisiert. Bedenkt man, daß die Altstadt Bogotás noch im 19.Jahrhundert Zentrum kirchlicher und weltlicher Macht war und sich dort die wichtigsten wirtschaftlichen Funktionen konzentrierten, so hat dieser Stadtteil inzwischen einen immensen Bedeutungsverlust erfahren. Zwar erinnern noch heute zahlreiche Gebäude und "Reliktfunktionen" an ehemalige Zeiten (z.B. der Bischofspalast), der eigentliche Stadtkern hat sich jedoch um einige Manzanas in Richtung N verschoben. In weiten Teilen der Altstadt fehlen insbesondere qualitativ hochwertige Dienstleistungsfunktionen der Privatwirtschaft, wie z.B. Hauptverwaltungen von Banken und Versicherungen oder spezialisierte Einzelhandelsgeschäfte.

Auch der relativ hohe Wohnnutzungsanteil, insbesondere geprägt durch

"inquilinatos', widerspricht einer Einordnung La Candelarias in das zur City ge-
hörige Stadtgebiet. Von dieser allgemeinen Charakterisierung ausgenommen bleibt
lediglich, wie bereits erwähnt, das Gebiet zwischen Cra 7, Cra 5, Cl 11 und
Cl 13, in welchem zahlreiche citytypische Geschäfte und andere hochwertige
Dienstleistungsfunktionen bei zahlenmäßig vernachlässigbarer Wohnbevölkerung ansässig sind. Voraussetzung dafür war die teilweise Verdrängung von Altbauten
durch moderner Baubestand. "Nutzungsspitzen", wie z.B. Verwaltungshochhäuser großer Wirtschaftsunternehmen, fehlen jedoch auch in dieser Altstadtzone.

8. BOGOTA IM VERGLEICH MIT ANDEREN KOLUMBIANISCHEN STÄDTEN

Nach Beendigung des Forschungsaufenthaltes in Bogotá erschien es sinnvoll, die beiden nächstgrößeren Städte Medellín und Cali aufzusuchen in der Absicht, die in Bogotá gewonnenen stadtgeographischen Erkenntnisse in einen innerkolumbianischen Vergleich zu stellen, soweit dies in der Kürze der zur Verfügung stehenden Zeit möglich war. Neben der Stadtbegehung waren sowohl in Medellín als auch in Cali Interviews mit den für die Stadtplanung zuständigen Personen die Hauptinformationsquelle.

8.1. Medellín

Medellín, Hauptstadt des Departamentos Antioquia, liegt im Aburrá-Tal (Valle de Aburrá), etwa 500 Kilometer nordwestlich von Bogotá. Die Höhe von ca. 1500 m über N.N. bewirkt ein gemäßigtes Klima, mit einer jährlichen Durchschnittstemperatur von 20 ^{0}C und damit 6 ^{0}C über dem für Bogotá errechneten Mittelwert (Instituto Geográfico "A.Codazzi" 1981, S.963).

Unter Einbeziehung aller zehn Municipios leben heute annähernd zwei Millionen Menschen im Ballungsraum Medellín. Neben der zentralen Bedeutung, die die Stadt als zweites Handels- und Dienstleistungszentrum des Landes einnimmt, steht sie in enger Konkurrenz mit Bogotá hinsichtlich des industriellen Führungsanspruches.

Von 1675, dem Jahr der Stadtgründung, bis gegen Ende des 19. Jahrhunderts entwikkelte sich die Stadt konzentrisch um den Parque de Berrío (vgl. Abb.26), den einst alleinigen Mittelpunkt des geschäftlichen Lebens in Medellín. Mit der Inbetriebnahme eines Marktplatzes (im Jahr 1890) und dem anschließenden Bau des Bahnhofes im SW des Parque de Berrío entstand ein zweiter Entwicklungspol, die Plaza de Císneros (VALENCIA u. CADAVID 1969, S.19ff.).

Der Stadtkern liegt im Dreieck Parque de Bolívar, Parque de Berrío und Av San Juan, dessen Schwerpunkt im E des gemeinhin als Zentrum bezeichneten Raumes lokalisiert ist, welches durch den Hauptstraßenring ("Anillo vial") eingeschlossen wird (vgl. Abb.26). Die Fläche dieses Gebietes beträgt etwa 175 Hektar und ist damit, bezogen auf die jeweilige Einwohnerzahl, relativ größer als das Zentrum Bogotás, das knapp 300 Hektar umfaßt.

Das Zentrum Medellíns ist, stärker noch als das Bogotás, von physiognomischen Unterschieden des Baukörpers und der Gegensätzlichkeit der in ihnen lokalisierten Funktionen geprägt. Unterteilt man die Innenstadt gemäß der sich kreuzenden Av La

Abb. 26

Das Zentrum von Medellín

Quelle: Planc de la Ciudad de Medellín, Zona Central, IGAC 1979.
Entwurf u. Zeichnung: R.M.

Playa/ Cl 53 und der Cra 51 in vier Raumeinheiten (vgl. Abb.26), ergibt sich folgende charakterisierende Beschreibung: Sektor I schließt im südlichen Bereich einen Großteil des Citybereiches mit ein. Neben Büros, die die gesamte Bandbreite citytypischer Dienstleistungsbetriebe umfassen und zum Teil in Hochhäusern untergebracht sind, finden sich hier zahlreiche Geschäfte mit qualitativ mittelmäßigem bis ansprechendem Warenangebot. Ausgesprochene Luxusgeschäfte sind dagegen kaum anzutreffen. Die Intensität der Nutzung verringert sich mit abnehmender Entfernung zu Cl 58. Von der zentralen Lage ihrer Standorte profitierend, konzentrieren sich zahlreiche Hotels um die Av Palace zwischen der Cl 53 und Cl 55.

Während die nördliche Hälfte des Sektors II mit den bevorzugt um den Parque Berrío und die Av La Playa erbauten Hochhäuser ebenfalls zur City zu rechnen ist, weist der übrige Teil dieses Sektors einen geringeren Nutzungsgrad auf. Trümmergrundstücke und abrißreife Häuser sind die markantesten Degenerationserscheinungen.

Die beiden Sektoren III und IV sind fast ausschließlich den geschäftlichen Aktivitäten der Unter- und unteren Mittelschicht vorbehalten. Niedriger, qualitativ minderwertiger Baubestand, stark verschmutzte Straßen und die nicht übersehbare Armut der hier lebenden Bevölkerung sind charakteristisch für diesen als "Zona Popular" bezeichneten Raum, dessen Aktivitätsschwerpunkt im S der Cl 53 liegt und der die Altstadt Medellíns verkörpert. Eine Ausnahme bildet die Konzentration von Banken, deren Hauptverwaltungen sich in Cl 50 zwischen Cra 51 und Cra 52 befinden und funktional zur City zu rechnen sind. Vorteilhaft wirkt sich die Lage der Zona Popular im W des Zentrums aus, da sie der vornehmlich im N und W lokalisierten "Clase baja", der Unterschicht, einen relativ unbeschwerten Zugang ermöglicht.

In diesem Zusammenhang erscheint ein kurzer Hinweis auf das Transportsystem Medellíns angebracht. Im Dezember 1981 existierten 87 verschiedene Buslinien, von denen lediglich eine einzige durchgehende das Zentrum mit dem N und W der Stadt verband. Alle anderen Linien endeten im Zentrum mit entsprechendem Zwang zum Umsteigen. Ursache dieses unrationellen Verfahrens und der Überlastung des Zentrums durch öffentliche Verkehrsmittel ist das Profitstreben privater Fuhrparkunternehmer, die auf diese Weise in den Genuß eines doppelt zu entrichtenden Fahrpreises gelangen.

Angesichts der in der Rush-hour völlig überlasteten Straßen wurden bereits in Zusammenarbeit mit internationalen Institutionen (z.B. der Weltbank) die notwendigen technischen und ökonomischen Studien erstellt, die im Ergebnis den Bau einer Metro bejahen. Geplant ist der Bau von zwei in N-S- und E-W-Richtung verlaufenden Linien mit einer Übergangsstation im W des Zentrums. Linie "A"

(19 Stationen, 25 km Länge) soll Machacho (Municipio Bello im N Medellíns) mit Sabaneta, einem südlichen Vorort, verbinden, während die verkehrsmäßige Einbeziehung des Zentrums durch die Verbindung des Parque Berrío mit Floresta im Westen Medellíns gewährleistet wird (fünf Stationen, 4 km Länge). Im Dezember 1981 stand noch die Zustimmung der kolumbianischen Regierung (Consejo Nacional) zu einer externen Kreditaufnahme zwecks Finanzierung der zu erwartenden Kosten von 400 Millionen US-Dollar aus, mit der allgemein gerechnet wird. Die Inbetriebnahme des ersten Teilstückes ist derzeit für 1986 terminiert.

Die augenblickliche Parkplatzknappheit ist eklatant und wird noch verstärkt durch die behördliche Praxis, nur noch den Bau von mehrstöckigen Parkhäusern zu genehmigen. Nicht gestattet wird, wie dies in Bogotá sehr häufig zu beobachten war, die Umwandlung ungenutzter Grundstücke in ebenerdige Parkflächen, was einer Ressourcenvergeudung des ohnehin knappen zentralen Raumes gleichkäme. In diesem Zusammenhang ist zu erwähnen, daß derzeit Überlegungen angestellt werden, die historische Kernstadt in eine Fußgängerzone umzuwandeln. Hiermit ist in naher Zukunft jedoch nicht zu rechnen.

In der Altstadt Medellíns (Sektor III und IV) fungierten die Verwaltungssitze der Municipio-, Departamento- und nationalen Regierungsebene. Weniger die Dispersion ihrer Standorte als vielmehr die durch überalterten Baubestand verursachten räumlichen Kapazitätsrestriktionen waren ausschlaggebend für die bis Ende 1981 noch nicht abgeschlossene Verlagerung dieser öffentlichen Einrichtungen in die Nähe des Edificio EDA in der südlichen Zentrumsperipherie, in dem bereits Teilfunktionen der öffentlichen Verwaltung Medellíns untergebracht sind (z.B. das Departamento Administrativo de Planeación y Servicios Técnicos).

Darüber hinaus konnte in den letzten Jahren eine zunehmende Mobilität mehrerer Berufsgruppen des tertiären Sektors, nämlich der Selbständigen beobachtet werden, die ihre Büros im Zentrum der Stadt schlossen und in den südlichen Vororten erneut eröffneten, wo ein großer Teil der Oberschicht residiert (z.B. in dem bekanntesten Barrio El Poblado). Diese Verlagerungstätigkeit ist quantitativ gesehen keinesfalls mit der in Bogotá analysierten Mobilität vergleichbar, da private Verwaltungs- und andere spezialisierte Dienstleistungsbetriebe (Banken, Versicherungen etc.) in Medellín weiterhin die City als Standort favorisieren.

Der Handel hingegen, der aufgrund der vorliegenden Informationen im Zentrum nicht zu einer räumlich konzentrierten Branchenbildung neigt, trägt den Konsumbedürfnissen der Oberschicht im S und der oberen Mittelschicht im W (z.B. in den Barrios Estadio und Estadio Aureles) am Ort ihrer Entstehung Rechnung, nämlich in den Wohngebieten. In diesen Stadtteilen haben sich sogenannte "Centros Comerciales" gebildet, Einkaufszentren, die als einheitlich angelegte Urbanisationsprojekte nordamerikanischen Architektureinfluß erkennen lassen. Wie in Bogotá deutet die auf eine Besserstellung des Verbrauchers hinauslaufende Investitionstätigkeit des Handels auf einen Käufermarkt hin, d.h. die Abhängigkeit der Verkäufer von den Kunden dominiert, was erstgenannte zu verstärkten Distributionsanstrengungen verpflichtet.

Begünstigt wird der Trend, Handels- und Dienstleistungsfunktionen in peripheren Stadtlagen anzusiedeln, ebenfalls durch die vergleichsweise höhere Kriminalität im Zentrum. Gewaltverbrechen beruhen jedoch auch in Medellín meist auf persönlichen Rachemotiven, Eigentumsdelikte machen den Hauptanteil der registrierten Verbrechen aus.

Der S der Stadt östlich des Rio Medellíns weist vergleichbare Charakterzüge wie der N Bogotás auf: Gepflegte Straßen, Häuser und Gartenanlagen sorgen für ein friedliches Ambiente, Wächter sind für die Sicherheit schutzbedürftiger Objekte verantwortlich und verringern durch ihre bloße Anwesenheit die im Zentrum von vielen Passanten als latent empfundene Bedrohung beträchtlich. Sie erklärt sich aus der hohen Passantenfrequenz und damit verbundener Enge der Bürgersteige, starkem Verkehrslärm, dem Aufeinandertreffen aller sozialer Schichten sowie der Vielzahl von (häufig ohne Arbeitserlaubnis) warenanbietenden Straßenverkäufern. Ihre Zahl nahm durch die weltweite Rezession der Textilindustrie noch zu und machte Medellín zur Stadt mit der höchsten offiziellen Arbeitslosenquote Kolumbiens (14%).

Hinsichtlich historisch wertvollen Baubestandes kann das Zentrum Medellíns keinesfalls mit der Altstadt von Bogotá konkurrieren, was unter anderem darauf zurückzuführen ist, daß die Stadt knapp 140 Jahre später als die kolumbianische Metropole gegründet wurde. Während Bogotá schon relativ früh wegen der dort konzentrierten öffentlichen und privaten tertiären Dienste zu nationaler Bedeutung kam, profitierte Medellín in den 20er Jahren dieses Jahrhunderts von einem Kaffeeboom ungekannten Ausmaßes. Dieser begünstigte die anschließend einsetzende Industrialisierungsphase entscheidend, denn "dank den Einnahmen aus dem Kaffeexport konnten das Finanzsystem besser organisiert und folglich Gewinne aus der Landwirtschaft einfacher transferiert werden, was die Kapitalakkumulation besonders in Medellín beschleunigte." (BRÜCHER 1975, S.25).

Die damals unter dem Zeichen des wirtschaftlichen Aufschwunges stehende Bautätigkeit war bereits von der Architektur des Übergangs gekennzeichnet. Nur vereinzelt finden sich innerhalb des "Anillo vials", der gleichzeitig Zentrumsgrenze ist, erhaltenswerte Häuser mit charakteristischen Stilelementen der kolonialen oder republikanischen Architekturepoche. Zahlreiche Gebäude wurden in den letzten fünfzehn Jahren abgerissen. Zwar existieren die notwendigen Gesetze zur Erhaltung

des "Patrimonio histórico", es fehlt jedoch an den finanziellen Mitteln, die die
Sanierung ausgewählter Objekte garantieren könnten. Nur einige Privatbanken, die
wie in der Landeshauptstadt auch mittels Bereitstellung erwirtschafteter Gewinne
aus dem normalen Bankgeschäft Programme zur Finanzierung bestimmter Restaurie-
rungsvorhaben unterstützen, stellen eine erwähnenswerte Ausnahme dar.

Die aus architektonischer Sicht erhaltenswertesten Gebiete liegen ohne Ausnahme
außerhalb des Zentrums. Für Lage und Ausdehnung der City dürfte daher der Altbaubestand, anders als in Bogotá, von untergeordneter Bedeutung gewesen sein. Das
Zentrum selbst wird zum Teil von überhöhtem, citytypischem Gebäudebestand bestimmt. Die beiden größten Hochhäuser verfügen über 32 bzw. 36 Stockwerke. In
ihnen sind die Hauptverwaltung des textilindustriellen Konzerns "Coltejer" bzw.
der Banco Cafetero untergebracht.

Verstärkt setzten sich in den letzten Jahren Bestrebungen durch, die absolute
Bauhöhe zu reduzieren. Neben einer befürchteten Überlastung des Verkehrsnetzes im
Zentrum durch die Schaffung zusätzlicher Arbeitsplätze wirken die technischen
Probleme, die bei der übermäßig starken Belastung des zum Teil nicht geeigneten
Untergrundes zu kostspieligen Zusatzinvestitionen zwingen, restriktiv.

In diesem Zusammenhang sei kurz auf das Problem der Bodenspekulation eingegangen.
Eine starke Nachfrage stößt auf ein begrenztes Flächenangebot, denn die Hauptstadt Antioquias liegt eingekeilt in einem engen Talkessel. Wie begrenzt die Aus-
dehnungsmöglichkeiten sind, mag man daran erkennen, daß der geplante Neubau eines
Flughafens in einem Gebiet vorgesehen ist, welches ca. eine Stunde Fahrzeit von
Medellín entfernt liegt. Die Realisierung dieses Projektes wird die augenblickli-
chen Schwierigkeiten des Landeanflugs von Düsenjets beseitigen.

Die eingekeilte Lage der Stadt hat zu Quadratmeterhöchstpreisen von bis zu
120.000 Pesos (!) geführt. Dieser Preis wurde 1981 an der Ecke Av La Playa mit
Cra Sucre (Cra 47) im Stadtkern erzielt. Damit liegt die City Medellíns an der
Spitze des Bodenpreisniveaus aller Städte Kolumbiens. Zwischen 15.000 und
20.000 Pesos schwanken die Grundstückspreise in den vornehmsten Wohngebieten der
Stadt, nämlich in El Poblado, Las Aureles, Bolivariano, Conquistadores und Comuna
de las Américas.

8.2. Cali

Cali verdankt ihre Gründung dem spanischen Konquistadoren Belalcázar im Jahre 1536, der ihr den Namen "Santiago de Cali" gab. Die Hauptstadt des Departamentos "Valle del Cauca" liegt knapp 1000 Meter über N.N., etwa 500 Kilometer südwestlich von Bogotá und weist ein jährliches Temperaturmittel von 23 ^{0}C auf (Instituto Geográfico "A. Codazzi" 1981, S.281f.).

Der 1973 zuletzt durchgeführte Zensus ergab eine Gesamteinwohnerzahl von ca. 900.000 Einwohnern im Ballungsraum; Schätzungen zufolge ist diese Zahl inzwischen auf rund 1,4 Millionen Einwohner angestiegen (Municipio de Cali 1980, S.31).

Als drittgrößter Stadt Kolumbiens kommt Cali ebensolche industrielle Bedeutung zu; die Nähe zu Buenaventura (Straßenentfernung 145 Kilometer), dem umschlagsstärksten Hafen Kolumbiens an der Pazifikküste, und die im Valle del Cauca mit dem Anbau von Mais, Zuckerrohr, Soya, Kaffee, Baumwolle und anderen Produkten gedeihende moderne Landwirtschaft in Kolumbien unterstreichen das ökonomische Potential des Hinterlandes, aus dem die Stadt in vielfältiger Weise Nutzen zieht. Wie in Bogotá setzte auch im Valle und der Provinzhauptstadt Cali die Hauptindustrialisierungsphase erst nach dem Zweiten Weltkrieg ein. Die klimatischen Bedingungen erlauben dort eine ganzjährige Aussaat und Ernte von Zuckerrohr bei gleichzeitig hohen Hektarerträgen und haben dazu beigetragen, daß unter allen Industrien, deren Standorte sich an organischen Rohstoffen orientieren, die Zuckerproduktion mit ihren Folgeindustrien im Valle del Cauca die weitaus bedeutendste ist. Dazu zählen vor allem die Herstellung von Papier und Karton nebst Weiterverarbeitung, aber auch die Fabrikation von Viehfutter, Süßwaren und anderen Nahrungsmitteln. Daneben sind im Cauca-Tal zahlreiche andere Industriezweige vertreten, die von Chemieunternehmen, Bekleidungsbetrieben bis hin zum Fahrzeugbau und der Elektrotechnik reichen.

Auf eine Besonderheit muß hingewiesen werden, die anderen Regionalzentren des Landes fehlt: In dem rund 300 km langen und 20-30 km breiten Valle del Cauca existieren neben der Millionenstadt Cali fünf weitere Städte mit mehr als 50.000 Einwohnern, nämlich Palmira, Buga, Tuluá, Cartago und Sevilla, von denen die erstgenannte bereits 1968 158.000 Einwohner zählte (BRÜCHER 1975, S.45ff.).

Diese auffällige Verteilung der Bevölkerung auf mehrere Agglomerationen ist vor allem eine Folge der dezentralen Standortstruktur der Industrie, die wiederum weitgehend auf produktionsbedingte Eigenschaften in der Zuckerwirtschaft zurückzuführen ist: Da das Zuckerrohr sofort nach der Ernte verarbeitet werden muß, liegen die Zuckerfabriken ("Ingenios") im Cauca-Tal dispers inmitten der Pflanzungen, um die Transportwege zum Ort der Verarbeitung zu minimieren.

Im Zentrum Calis, dessen Grenzen durch Cra 1, Cl 15, Cra 10 und Cl 9 bestimmt sind (vgl. Abb.27), findet sich eine Vielzahl citytypischer Funktionen, wenngleich man vor einer "City" im engeren Sinne des Wortes nicht sprechen kann, da citytypische Merkmale wie etwa eine auffällige Gebäudeüberhöhung, eine hohe Passantenfrequenz während der Geschäftszeiten oder extreme Bodenpreise zwar in Ansätzen vorhanden, aber bei weitem nicht so ausgeprägt sind wie in Bogotá oder Medellín.

Das Zentrum umfaßt eine Fläche von ca. 50 Hektar und hat damit sowohl im Vergleich zu den Zentren von Bogotá und Medellín als auch zur Einwohnerzahl Calis unterproportionale Ausdehnung. Dem historischen Zentrum der Stadt, das koloniale Barrio La Merced, fehlen citytypische Funktionen weitgehend. Der Río Cali stellt eine natürliche nördliche Grenze des Zentrums dar; mehrere Brücken sorgen für eine verkehrsgerechte Verbindung beider Ufer.

Neben der politischen Verwaltung des Departamentos und der Verwaltung des Municipios konzentrieren sich die bedeutendsten Kreditinstitute Calis im Umfeld des palmenbepflanzten Parque de Caycedo, dem unumstrittenen Mittelpunkt der Stadt und Stolz ihrer Bewohner. Weitere Bankhauptverwaltungen finden sich in Cl 11 in unmittelbarer Nähe der Plaza; diese Straße gilt zusammen mit Cl 12 (der "Calle Real") als die bedeutendste Geschäftsstraße der Hauptstadt des Valle.

Bei anderen citytypischen Dienstleistungsbetrieben privaten oder öffentlichen Charakters einer Branche ist ein derartig hoher räumlicher Konzentrationsgrad nicht feststellbar. Traditionell begründet erzielen die an der Plaza gelegenen Grundstücke unverändert die höchsten Quadratmeter-Verkaufspreise (1978 ca. 25.000 Pesos) im gesamten Stadtgebiet. Eine ebensolche Nachfrage besteht darüber hinaus in der Einflußzone des Kreuzungsbereiches Cra 8/Cl 13, einer "Zona Popular", in der sich Verkaufsstände von Straßenhändlern konzentrieren und Einzelhandelsketten großflächige Geschäfte unterhalten, obwohl der Baubestand bereits degeneriert wirkt. Kommerzielle Interessen steigerten auch dort das Bodenpreisniveau auf knapp 25.000 Pesos pro Quadratmeter. Bereits seit längerer Zeit wird ein auch in europäischen Großstädten bekanntes stadtgeographisches Phänomen registriert, nämlich die fortschreitende Entvölkerung der Innenstadt. Erste Anzeichen, die durch den Wegzug der Wohnbevölkerung erklärt werden, sind die am Tage zunehmende Verdichtung im zentralen Stadtraum durch einen steigenden Anteil der Arbeitsbevölkerung, während zur Nachtzeit die Kriminalitätsrate ansteigt (Planeación Municipal Cali 1979, S.51ff.).

Zu Beginn der 70er Jahre wurde daher mittels eines Sonderprogramms einer staatlichen Hypothekenbank (dem landesweit operierenden BCH) der Bau von Appartement-Häusern entlang der Av 6a forciert, die über den Paseo Bolívar mit dem N des

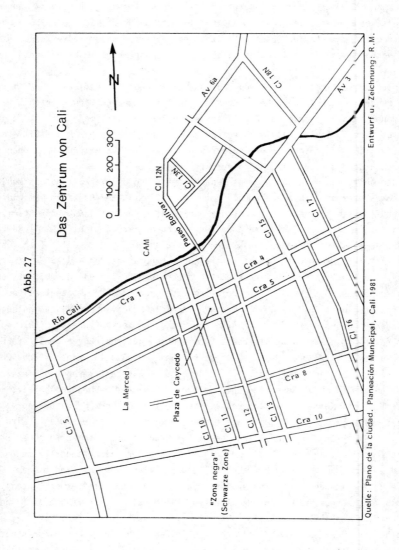

Abb. 27

Das Zentrum von Cali

Quelle: Plano de la ciudad. Planeación Municipal, Cali 1981

Entwurf u. Zeichnung: R.M.

Zentrums verbunden ist. Offizielles Ziel war es, Teile der in entfernteren Barrios wohnenden Oberschicht in der Nähe des Zentrums anzusiedeln, um so einer zunehmenden Kommerzialisierung und Entvölkerung dieser Region zu begegnen. Es konnte jedoch nicht verhindert werden, daß das Erdgeschoß der Gebäude in der Av 6a fast lückenlos von qualitativ hochwertigen Einzelhandelsgeschäften, Restaurants, Kinos und anderen kommerziellen Betrieben besetzt wurde, die durch Akzeptierung höherer Mietpreise frühere Bewohner verdrängten. Die kommerzielle Nutzung strahlt bis in die benachbarten Parallelstraßen aus, was nicht zuletzt auf die in diesem Stadtteil ansässige kaufkräftige Kundschaft zurückzuführen ist. Die alleeartig angelegte Av 6a verbindet die Stadtmitte Calis (folgt man zunächst dem Paseo Bolívar und der Cl 12 im N des Río Cali) mit dem Barrio Centro Comercial del Norte. In dem am stärksten genutzten Abschnitt zwischen Cl 13N und Cl 18N werden Bodenpreise notiert, d e mit Spitzenlagen des Zentrums konkurrieren können. Aus der nicht lückenlosen Bebauung der ehemals ausschließlich Wohnzwecken dienenden Gebäude resultiert eine Besatzdichte des Einzelhandels, die unter der der Hauptgeschäftsstraßen Bogotás liegen dürfte.

Weitere, auf die Bedürfnisse der Oberschicht zugeschnittene Einzelhandelsschwerpunkte haben sich im S (Unicentro und Cosmocentro, zwei Einkaufszentren nordamerikanischen Stils) und im N (Barrio Centro Comercial del Norte) gebildet. Unterdessen ist die durchschnittliche Qualität der im Zentrum lokalisierten Geschäfte, deren Zahl bei ca. 1400 liegt, merklich zurückgegangen, obwohl exklusive Läden auch dort noch vorhanden sind. Eine Verlagerung von Einzelhandelsbetrieben konnte in Cali nicht konstatiert werden, denn in den in jüngster Zeit entstandenen Einkaufszentren und -straßen wurden Filialen bestehender Geschäfte eröffnet oder Neugründungen vorgenommen.

Folgender Zahlenvergleich macht die unterschiedlichen Größendimensionen zwischen den nach gleichem Muster errichteten "Unicentros" von Cali und Bogotá deutlich:

	Unicentro Cali	Unicentro Bogotá
Eröffnungsjahr:	1981	1976
Zahl der Ladenlokale:	182	300
Umbauter Raum	50.000 m^2	63.000 m^2
Zahl der Parkplätze:	ca. 1000	ca. 2000

Über den klassischen Einzelhandel hinaus wird durch Straßenhändler ein erheblicher Teil des Handelsumsatzes abgewickelt. Die Zahl der Personen, die mangels anderer Beschäftigungsmöglichkeiten diese Tätigkeit ausüben, wächst täglich und kann auch nicht, wie es ebenso vergeblich in Bogotá und Medellín praktiziert wird, durch die restriktiv gehandhabte Ausgabe von Verkaufslizenzen seitens der zuständigen Behörde eingeschränkt werden. Während die stationären Händler bestimmte Abschnitte der Cl 11 und Cl 12 sowie Cra 8 bevorzugen, sind die ambulanten Verkäufer dispers verteilt.

Überschreitet man die Zentrumsgrenze im S (Cra 10) bzw. im E (Cl 15), so dominiert niedriggeschossiger, meist ungepflegter Baubestand, der von einkommensschwachen Schichten bewohnt wird. Die Aufmachung der Geschäfte und die Qualität des Warenangebotes sind einfach, die kommerzielle Nutzungsintensität geht zugunsten eines im Vergleich zum Stadtkern erhöhten Wohnraumanteiles zurück. Ausgenommen sind nur wenige Straßenzüge, die strahlenartig über die Zentrumsgrenze hinausreichend einen dichten Besatz von Dienstleistungseinrichtungen (im Erdgeschoß fast ausschließlich Einzelhandels- und kleine Handwerksbetriebe) aufweisen (Cl 15 südlich von Cra 10, Cra 8 und Cra 10 östlich von Cl 15). Der Baukörper des Zentrums besteht, sieht man einmal von der im W lokalisierten Altstadtregion ab, in der Hauptsache aus Bauten mittleren und jüngeren Alters. Degenerationserscheinungen sind vereinzelt zu erkennen, kennzeichnen aber nicht, wie in Bogotá und Medellín festzustellen war, ein großflächiges Gebiet des Zentrums. Diese Aussage muß allerdings insofern modifiziert werden, als bei "weiter" Auslegung der Zentrumsgrenze der Raum Cl 5/ Cra 1/ Cl 25/ Cra 15 sehr wohl in den östlichen und südlichen Randbereichen, der Zona popular, degenerierten Baubestand einschließt. Die zentrumsatypische Nutzung der Nebenstraßen durch Wohnbevölkerung rechtfertigt aber m.E. die Beibehaltung der engen Zentrums-Abgrenzung.

Die Gebäudehöhe in der Innenstadt Calis ist von zahlreichen zehn- bis zwanziggeschossigen Bürobauten geprägt. Wolkenkratzer fehlen fast völlig, der höchste Büroturm überschreitet dreißig Stockwerke nicht (Banco de Comercio). Der Bau neuer Gebäude scheitert zum einen daran, daß Grundstücke knapp sind, zum anderen wird wegen der befürchteten Überlastung des Zentrums die Erlaubnis zum Bau weiterer Hochhäuser verweigert. Diese Entscheidung betrifft nicht den Raum im S des Río Cali, wo zwischen Cl 16 und Cl 17 ein 47-stöckiger (einschließlich sechs Kellergeschossen, die Ladenlokalen vorbehalten sind) Appartement-Bau entstand.

Die Architektur vergangener Epochen ist auf die Barrios La Merced, San Antonio, El Peñón (Stilelemente der kolonialen Epoche), Centenario und Granada (Stilelemente der republikanischen Epoche) beschränkt; sie befinden sich entsprechend der ursprünglich kleinen Fläche des damaligen Stadtgebietes ausnahmslos in der näheren Umgebung des Zentrums. Restaurierungen blieben bislang der Initiative Privater (vor allem Banken) vorbehalten.

Trotz der finanziell bedingten Zurückhaltung staatlicher Institutionen, die durch Stadterneuerungsinvestitionen wertvolle Impulse zur attraktiveren Gestaltung der Innenstadt hätte geben können, verhält sich der Großteil der zentral angesiedelten Unternehmungen des tertiären Sektors standorttreu. Lediglich die Zentralbank (der Banco de la República) verlegt ihren Verwaltungsapparat im Zusammenhang mit der für 1982 vorgesehenen Eröffnung eines weiteren Goldmuseums (das bisher einzige, weltberühmte Museo de Oro, welches der kolumbianischen Zentralbank angegliedert ist, befindet sich in Bogotá) in das Altstadtviertel La Merced. Ihr wird der Banco de Occidente folgen. Darüber hinaus verlagern in begrenztem Ausmaß Angehörige freier Berufe ihre Büros in Wohngebiete. Bestimmendes Motiv ist die akute Parkplatznot in der Innenstadt, die durch das erteilte Verbot, weitere als die wenigen vorhandenen Parkhäuser zu bauen, noch verschärft wird. Die Enge der Straßen läßt das Parken am Straßenrand i.a. nicht zu. Eine bereits angesprochene Studie von SIK LEE (vgl. Kap.5.4. und Tab.13) kommt zu dem Ergebnis, daß von 1976 bis 1978 der Handels- und Finanzsektor im CBD Calis Anteilszuwächse im Hinblick auf das städtsche Gesamtbeschäftigungsaufkommen verzeichnete, während sich der übrige Dienstleistungssektor neben industriellen Betrieben prozentual rückläufig entwickelte, d.h. in diesen Bereichen schwache Dezentralisationsbestrebungen zu erkennen waren (1982, S.13).

Bestrebungen, einige Straßen des Zentrums vom motorisierten Verkehr zu befreien (z.B. Cl 11 und Cl 12), konnten bisher nur teilweise in die Realität umgesetzt werden. Einen Erfolg in bezug auf das Ziel der Verkehrsberuhigung im Zentrum stellt die Verbannung jeglichen Busverkehrs aus dem Bereich Cl 5/ Cra 1/ Cl 15/ Cra 10 dar. Sogenannte "Flotas", also Überlandbuslinien, die Cali mit anderen Städten verbinden, fahren den Busbahnhof "Central de Transportes" an, der ca. zwei Kilometer vom Zentrum entfernt ist. Eine spürbare Entlastung brachten die Erweiterungsinvestitionen zur Verbesserung des Verkehrswesens, die Anfang der 70er Jahre im Zusammenhang mit den Panamerikanischen Spielen durchgeführt wurden. Es war der - nicht nachweisbare Vorwurf -zu hören, die Landesregierung in Bogotá habe Cali bewußt finanziell favorisiert, um damit ihre Rivalin Medellín indirekt zu benachteiligen.

Auch in Cali übertrifft die Kriminalitätsrate des Zentrums diejenige der von der Oberschicht bewohnten Viertel, ohne an die in Bogotá registrierte Verbrechenshäufigkeit heranreichen zu können. An dieser Stelle sei auf eine Umfrage hingewiesen, die 1975 in 1204 Haushalten durchgeführt wurde und die Erfassung von Opfern krimineller Aktivitäten (Diebstähle, Raubüberfälle und betrügerische Delikte) zum Ziel hatte. Danach nahm die Straßenkriminalität mit fast zwei Dritteln aller Fälle die führende Stellung ein. Mehr als die Hälfte dieser Delikte (55,3%)

konzentrierte sich auf das Zentrum der Stadt, was auf die Menschenansammlungen in
Bussen und auf Fußwegen sowie die leichte Fluchtmöglichkeit für Straftäter zurückgeführt wurde. Besondere Bedeutung kommt der sogenannten "Zona Negra"
(Schwarze Zone) zu, die in der Peripherie des Zentrums (begrenzt durch
Cl 9/Cl 15/Cra 10 und Cra 15) lokalisiert ist und in der ein Teil der ärmsten
Bevölkerung Calis in Slums haust. Diese Zone, die ihren Namen sowohl der Degeneration des dortigen Baubestandes als auch der sozialen Charakteristika ihrer Bewohner verdankt, wird als "geographisches Zentrum der Kriminalität Calis" angesehen, da viele Straftäter von hier aus ihre Raubzüge in den CBD Calis unternehmen,
um anschließend, falls nötig, ihre Beute in der "Zona Negra" zu vermarkten
(BIRKBECK o.J., S.15ff.).

8.3. Zusammenfassende Betrachtung stadtgeographischer Charakteristika der Zentren kolumbianischer Millionenstädte

Trotz der annähernd gleichen Bevölkerungszahl unterscheiden sich die Zentren Medellíns und Calis hinsichtlich ihrer Flächenausdehnung beträchtlich (vgl.
Tab.28). Dem zentralen Stadtbereich der Hauptstadt des Departamentos Antioquia
kommt auch im Vergleich zu Bogotá ein seiner Bevölkerung nicht entsprechendes,
überproportionales Gewicht zu. Hieraus läßt sich ableiten, daß über den Erklärungsfaktor "Bevölkerungsgröße einer Stadt" hinaus noch andere Faktoren Einfluß
auf die Zentrums- bzw. Cityausdehnung nehmen, wie z.B. Art und Grad der Industrialisierung (mit entsprechendem Bedarf nach unterstützenden Dienstleistungsfunktionen), Bedeutung von Handelsbeziehungen zu anderen Regionen, Kaufkraft der
Bevölkerung etc., über deren "Einflußanteil" aber nur Vermutungen angestellt werden können.

Erneut soll an dieser Stelle daran erinnert werden, daß in Medellín, obwohl dort
heute noch nicht einmal halb so viele Einwohner wie in Bogotá leber, schon vor
dem Ersten Weltkrieg erste Industrialisierungsansätze zu beobachten waren. Zwar
konnte Bogotá in den 50er Jahren die "Konkurrentin" industriell überrunden, doch
gemessen an der Einwohnerzahl kommt nach wie vor der Provinzhauptstadt Antioquias
das größte industrielle Gewicht des Landes zu. Diese Aussage wird durch die Verteilung der in der Industrie Beschäftigten auf betriebliche Größenklassen unterstrichen: BRÜCHER weist darauf hin, daß 1969 32,0% aller Arbeitnehmer in Bogotá
in Betrieben mit 200 und mehr Beschäftigten arbeiteten, die entsprechende Zahl
für Medellín (bzw. Antioquia) aber 61,4% lautete (1975, S.142).

Tabelle 28: Vergleich stadtgeographischer Charakteristika kolumbianischer
Millionenstädte.
Quelle: Erhebungen des Verf. 1981

Charakteristikum	Bogotá	Medellín	Cali
Einwohnerzahl 1982	ca. 4,4 Millionen	ca. 2,0 Millionen (Ballungsraum)	ca. 1,4 Millionen
Zeitrumusstraße in Meltzum	ca. 290 (vgl. Abb.6.)	ca. 175 (Straßenring)	ca. 50 (Cl 9/15, Cra 1/10)
Ort der größten Aktivität im Zentrum	Avenida Jiménez/Carrera 7	Parque Berrío	Plaza de Caycedo
Konzentrationen von gleichartigen Dienstleistungsbetrieben im Zentrum	Verschiedene Einzelhandelsbranchen Banken (abnehmende Tendenz)	Banken	Straßenhändler (Cra 8, Cls 11,12)
Konzentr. von gleichart. Dienstl.-betrieben außerhalb d. Zentrums	Versicherungen (zunehmende Tendenz)	-	-
Verlagerungen aus dem Zentrum	Banken, Vers., Freiberuf-ler, öff. Sektor, sonstige Dienstl. betriebe; kaum Einzelhandel	öffentlicher Sektor Freiberufler	Freiberufler Banken (nur in Zentrumsperipherie)
Hochhausbauaktivitäten im Zentrum	abnehmend	abnehmend	abnehmend
Höchstes Gebäude	Colpatria (45 Etagen) im Zentrum	Bco. Cafetero (36 Etagen) im Zentrum	Wohnhochhaus (47 E.) in Peripherie
Exklusive Geschäfte und Einkaufs-zentren in peripheren Stadtvierteln der Oberschicht	ja	ja	ja
Straßenkriminalität in Vierteln der Oberschicht geringer als im Zentrum	ja	ja	ja
Konzentration von Straßenhändlern	Zentrum	Zentrum	Zentrum
Bevorzugte Wohnregion - Oberschicht - Unterschicht	Norden Süden, Südwesten, Westen, Norden	Süden, auch Zentrum Norden, Westen	Süden, Norden, Westen, nicht Zentrum Westen, Osten
Parksituation im Zentrum	kompliziert	kompliziert	kompliziert
Untergrund-Bahn	geplant	geplant	geplant
Berührung der City durch Buslinien (in Prozent aller Linien)	mehr als 80 %	99 %	0 % (Stadtkern)
Maximale Bodenpreise im Zentrum (m²)	50.000 col. Pesos	ca. 100.000 col. Pesos	25.000 col. Pesos
Max. Bodenpreise d. Stadt im Zentrum	nein (im Norden)	ja	ja
Initiatoren von Sanierungsprojekten	insbesondere Banken	private Banken	insbesondere Banken, auch Versich.
Städtische Planungsziele	i.w. Beschränkung auf "Zonificación"	Zonif. u. Integration v. Stadtzonen	Zonif.; Aktivierung Wohnen Zentr.nähe
Einhaltung von Raumnutzungsnormen durch die Bevölkerung	häufige Nichtbeachtung	ja	insgesamt zufriedenstellend
Großräumige Fußgängerzonen	langfristig geplant	geplant	geplant

Es überrascht, daß das Zentrum Medellíns mehr als dreimal so groß ist wie das von Cali. Ein wichtiger Grund dürfte darin zu sehen sein, daß im Ballungsraum der Provinzhauptstadt Antioquias heute ca. zwei Millionen Einwohner leben, in Cali aber nur 1,4 Millionen. Darüber hinaus absorbieren im Valle del Cauca die fünf nächstgrößeren Städte (vgl. Kap.8.2.) einen beachtlichen Teil der Nachfrage nach tertiären Diensten, während der Dienstleistungssektor im Zentrum von Medellín, das in Antioquia eine Art Wasserkopf bildet, nicht auf diese Art entlastet wird. Schließlich hat die schon früh einsetzende Industrialisierung in Medellín dem tertiären Sektor rechtzeitige Wachstumsimpulse geben können (z.B. in Form eines sich ausweitenden Verwaltungswesens, dem Aufblühen der Finanzwirtschaft nach dem Kaffeeboom etc.), während der Aufschwung Calis erst nach dem Zweiten Weltkrieg einsetzte. Außerdem bestehen dort traditionell starke Bindungen zur Dienstleistungswirtschaft in Bogotá.

Konzentrationen von gleichartigen Dienstleistungsbetrieben treten erst ab einer bestimmten Zentrumsgröße auf; ihr Potential steigt mit zunehmender Fläche des Stadtkerns (als Folge der die Flächenausdehnung bewirkenden zunehmenden Anzahl von Unternehmen des tertiären Sektors) und neigt, nach Überschreiten eines weiteren Schwellenwertes, zur Ausdehnung und Verlagerung über Zentrumsgrenzen hinaus (Bogotá). Damit einher geht eine wachsende Bereitschaft entscheidungsbefugter Personen, Dienstleistungsbetriebe zu verlagern, da sich mit der Ausdehnung des Zentrums auch die ihm allgemein anhaftenden Belastungskennzeichen (Straßenkriminalität, Verkehrsprobleme, Luft- und Lärmbelästigung, Parkplatznot etc.) verschärfen. Es ist symptomatisch, daß sich der Kern des Dienstleistungssektors in Bogotá von der Plaza de Bolívar zum Kreuzungspunkt der Hauptstraßen verlagert hat, in Cali dagegen noch an seinem traditionellen Standort verblieb, der Plaza de Caycedo.

Während der Einzelhandel trotz der im Zentrum konzentriert auftretenden Konkurrenz von Straßenverkäufern Filialeröffnungen in Stadtvierteln der Oberschicht Verlagerungen vorzieht, beweisen Freiberufler, Banken und zum Teil auch Versicherungen (nur in Bogotá) die höchste räumliche Mobilität.

Die Wertschätzung des Zentrums nimmt in den betrachteten Städten allgemein ab, jedoch in unterschiedlicher Intensität. Während 1981 nur in der City Medellíns die mit Abstand höchsten Bodenpreise des gesamten Stadtgebietes registriert wurden, in Cali jedoch in den Wohnvierteln der Oberschicht nahezu gleichhohe oder - so in Bogotá zu beobachten - die Bodenpreise des Stadtkerns übersteigende Quadratmeterpreise auftraten, ging die Bereitschaft, Hochbauten in den Stadtzentren zu errichten, allgemein zurück. Erhaltungsinvestitionen zugunsten des überalterten Baubestandes werden vorzugsweise von Banken finanziert; dabei handelt es sich stets um Objekt-, nicht um die sinnvolle, ja notwendige, aber kostenintensivere Flächensanierung.

9. DIE STANDORTVERTEILUNG VON BETRIEBEN DES TERTIÄREN SEKTORS UND IHR
   BRANCHENSPEZIFISCHES PRÄFERENZVERHALTEN

In diesem Kapitel steht die Standortwahl von Betrieben ausgewählter Branchen in Bogotá im Vordergrund der Betrachtung. Darüber hinaus wird auch das Standortverhalten von Banken und Versicherungen auf nationaler Ebene in die Untersuchung miteinbezogen, um die Bedeutung, die Bogotá als Ansiedlungsort im Vergleich zu anderen Landesregionen für diese Wirtschaftszweige ausübt, relativieren zu können.
Auf branchenspezifische Verlagerungstendenzen wird ebenso wie auf die durch Interviews ermittelten Motive eingegangen. Damit wird die in Kap.5 erfolgte generalisierende Darstellung der Befragungsergebnisse, wie bereits angekündigt, durch eine spezifizierende Auswertung ergänzt. Entsprechend der Zahl der durchgeführten Interviews werden die Branchen "Banken" und "Versicherungen" besonders ausführlich behandelt.

9.1. Bürobetriebe und Einrichtungen des Gesundheitswesens

Unter dem Begriff "Bürobetriebe" werden alle privaten Wirtschaftsbetriebe subsumiert, bei denen die betriebliche Leistungserstellung ausschließlich oder überwiegend in Büroräumen erfolgt. Dazu zählen auch Einrichtungen, bei denen in erster Linie immaterielle Produkte (z.B. Dienstleistungen von Kreditinstituten, Reisebüros etc.) über Schaltereinrichtungen an die Kundschaft weitergegeben werden. Darüber hinaus werden exemplarisch Einrichtungen des Gesundheitswesens, nämlich Praxen für Allgemein- und Fachmedizin in bezug auf ihre Standortpräferenzen untersucht.
Der öffentliche und Handelssektor werden dagegen gesondert behandelt (vgl. Kap.9.2. und 9.3.).

9.1.1. Banken und andere Finanzierungsinstitute

Bevor auf die räumliche Verteilung der Wirtschaftseinheiten eingegangen wird, erscheint es sinnvoll, einige kennzeichnende Merkmale des kolumbianischen Finanzsektors herauszustellen.

Im Gegensatz zur Bundesrepublik Deutschland, in der das Universalbankprinzip
stark ausgeprägt ist, daneben aber auch zahlreiche Spezialkreditinstitute (z.B.
Teilzahlungs-, Hypothekenbanken etc.) miteinander konkurrieren (HAGENMÜLLER 1976,
S.22 und S.133ff.), hat in Kolumbien die ausschließliche Beschränkung auf das
Spezialbankprinzip zu einer Atomisierung des Systems geführt, wie es in noch weiter fortgeschrittenem Stadium auch in Brasilien und Argentinien anzutreffen ist.
Spezialbanken weisen gegenüber Universalbanken den Nachteil auf, daß sie nur bestimmte Dienstleistungen anbieten und damit viele ihrer Kunden zwingen, weitere
kostspielige Geschäftsbeziehungen zu anderen (Spezial-)Banken zu unterhalten. Die
Abhängigkeit der Spezialbankkunden von einem einzelnen Kreditinstitut erreicht
umgekehrt jedoch nicht das Ausmaß der Abhängigkeit von Kunden einer Universal-
bank, die durch Abnahme von "Leistungsbündeln" zwangsläufig stärker an die betreffende Bank gebunden sind.
Folgendermaßen gliedert sich der finanzielle Sektor Kolumbiens derzeit auf
(MEJIA 1981, S.11):

28 Banken
11 "Almacenes Generales de Depósito"
 (im Eigentum von Banken stehende
 Lagerhäuser)
30 Finanzkorporationen
10 Investitionsverwaltungs-
 gesellschaften
 5 "Mesas de dinero" (Wechselstuben)
25 Lebensversicherungen

10 Spar- und Wohnungskorporationen
 (Corp. de Ahorro y Vivienda)
 8 Leasinggesellschaften
40 Handelsfinanzierungskorporationen
24 Viehfonds
35 Allgemeine Versicherungen
 3 Rückversicherer
 5 Treuhandgesellschaften

Bereits vor Mitte des 19. Jahrhunderts nahmen in Kolumbien die ersten Banken,
zunächst ohne großen Erfolg, ihre Geschäfte auf. 1870 setzte mit der Gründung des
Banco de Bogotá, heute eines der größten Kreditinstitute des Landes, die eigentliche Entwicklung des privaten Bankwesens ein. Im gleichen Jahr erfolgte auch die
Eröffnung der ersten nach wie vor tätigen Versicherung (SOJO 1970, S.126ff.). Bis
heute gelang es dem kolumbianischen Bankwesen jedoch nicht, den steigenden finanziellen Dienstleistungsbedarf der übrigen Wirtschaftssektoren zu decken. Keines
der landeseigenen Finanzierungsinstitute verfügte z.B. bisher über ausreichende
Mittel, eines der großen Entwicklungsprojekte Kolumbiens, sei es das Hüttenwerk
Paz del Río, Cerromatoso (Förderung von Nickel), Cerrejón (Kohlebergbau) oder den
Bau eines der Wasserkraftwerke zu finanzieren (MEJIA 1981, S.10). Auch Erweiterungsinvestitionen der Textilindustrie und der Luftfahrtgesellschaft Avianca

(zwecks Vergrößerung der Luftflotte) konnten nur durch Inanspruchnahme ausländischer Kapitalgeber durchgeführt werden. Zudem bleiben einem großen Teil der Bevölkerung, vor allem in den ländlichen Gebieten, die Vorteile der Versorgung mit Bankleistungen vorenthalten. "Die kleinen Ladenbesitzer, Inhaber von kleinen und mittleren Handwerksbetrieben, Ladengeschäften oder sonstigen Unternenmurgen können, da sie die von den Banken geforderten Sicherheiten nicht geben können, keine Bankkredite erlangen. Die einzige Bank, die auch Kredite an Personen gibt, die nicht zur Großfinanz zählen, ist die zu 98% im Staatsbesitz befindliche Banco Popular. Sie hat einen ständisch besetzten Verwaltungsrat. Die Bank ist jedoch kein gemeinwirtschaftliches Unternehmen, da ihre Gewinnausschüttungen an den Kapitalgeber (der Staat) in der Höhe nicht beschränkt sind" (FISCHER 1972, S.192).

Nachteilig wirkt sich der hohe Konzentrationsgrad des Bankwesens aus, der sich sowohl in der räumlichen Verteilung der Kreditinstitute in Kolumbien als auch im Beitrag der einzelnen Regionen zum gesamten Finanzmittelaufkommen und der gewährten Kreditvergabe äußert. So residiert beispielsweise etwa jede fünfte Zweigstelle, Filiale oder Hauptverwaltung in Bogotá, in den drei nächstgrößeren Städten Medellín, Cali und Barranquilla zusammen ist aber nur etwa jede siebte der insgesamt 2773 Bankstellen lokalisiert (Superintendencia Bancaria 1980, S 97).

Angesprochen werden muß auch die Führungsrolle Bogotás im dispositiven Bereich des Finanzsektors. Entscheidungen, deren Bedeutung über einen verglichen mit dezentralisierten Banksystemen relativ niedrigen Schwellenwert hinausgehen, werden in den in der Landeshauptstadt konzentrierten zentralen Verwaltunger getroffen. Die daraus resultierende Inflexibilität in der Entscheidungsfindung ist neben der Unfähigkeit zur Delegation u.a. auf ein technisch überaltertes Kommunikationssystem zurückzuführen, daß den notwendigen Informationsfluß hemmt. Die Wasserkopffunktion Bogotás im kolumbianischen Finanzsystem verstärkt sich noch, wenn ein regionaler Vergleich von Mittelaufkommen und Kreditvergabe durchgeführt wird. Über 40% des landesweit gewährten Kreditvolumens entfällt auf Bogotá, der Anteil des Mittelaufkommens (bestehend aus Spar-, Sicht- und Termineinlagen) liegt nur knapp darunter. Mit weitem Abstand folgen die Departamento-Hauptstädte Medellín und Cali, dahinter Städte geringerer Einwohnerzahlen. Der Anteil ländlicher Regionen ist vernachlässigbar klein.

Die vom Bankensektor insgesamt zur Verfügung gestellten Kreditmittel flossen im Dezember 1980 in erster Linie dem Handel (24.2%) zu, gefolgt von der Industrie (16.0%) und dem Ackerbau (10.9%). Die Viehwirtschaft und der öffentliche Sektor erhielten jeweils 7.4% aller ausgelegten Kredite.

Die hohe Zahl im Lande aktiver Banken und anderer Finanzierungsgesellschaften kann nicht darüber hinwegtäuschen, daß der Markt von einer kleinen Gruppe potenter Wettbewerber beherrscht wird. So verfügen ca. 20% der Banken über etwa 63,1% der Aktiven, oder anders ausgedrückt, fünf der 24 in die Betrachtung einbezogenen Banken beherrschen fast zwei Drittel des Marktes (Superintendencia Bancaria 1981, S.243ff.) unter der Annahme, daß aktivierte Vermögenswerte ein geeigneter Maßstab für die Beurteilung von Marktanteilen sind.

Eine ähnliche Konzentration kennzeichnet auch die sogenannten "Corporaciones Financieras", bei denen die drei größten Institute über einen Marktanteil von ca. 50% verfügen.

Abb.28 zeigt u.a. die Verteilung von Banken in der Innenstadt Bogotás, aus Tab.6 ist zusätzlich die Gesamtzahl der stichprobenartig oder im Rahmen einer Vollerhebung überprüften Betriebe ausgewählter Branchen hinsichtlich ihres Standortes und die jeweilige Besetzung ausgewählter Teilräume zu entnehmen.

Den im Banksystem anzutreffenden unterschiedlichen Hierarchieebenen muß insofern Rechnung getragen werden, als folgende Gruppen zu unterscheiden sind:

1. Hauptverwaltungen und Niederlassungen: In dieser Gruppe wurden alle kolumbianischen Banken mit Hauptsitz in Bogotá subsumiert. Dabei war die gleichzeitige Existenz eines Filialnetzes unbedeutend. Miteingeschlossen sind darüber hinaus diejenigen Kreditinstitute, die einen Hauptsitz in einer anderen Stadt Kolumbiens unterhalten, in Bogotá aber eine Niederlassung (mit oder ohne angeschlossenem Filialnetz) betreiben.

2. Filialen und Zweigstellen: Hierunter werden alle Geschäftsbüros von Banken in Bogotá verstanden, die der am Ort befindlichen Hauptverwaltung oder Niederlassung unterstellt sind und eigene Bankgeschäfte betreiben.

3. Repräsentanzen: Darunter sind alle Vertretungen ausländischer Banken in Bogotá zu verstehen, die aufgrund geltenden kolumbianischen Rechts keine eigenen Bankgeschäfte betreiben dürfen. Geschäftsanbahnungen und Delegation von Kundenaufträgen an Korrespondenzbanken bzw. an die übergeordnete, im Ausland ansässige Hauptverwaltung sind ihnen hingegen erlaubt.

Filialen und Zweigstellen sind aufgrund ihres Auftrages, Bankleistungen (Kreditvergabe, Annahme von Kundengeldern etc.) allen am Wirtschaftsprozeß Beteiligten im Einzugsbereich anzubieten, dispers über den Raum verteilt, wobei Konkurrenzsituation, Nachfrage und andere Marktgrößen die Standortentscheidung beeinflussen. Da viele Kreditinstitute ein umfangreiches Bankstellennetz unterhalten, werden auch solche Stadtteile in das Geschäftsgebiet miteinbezogen, in denen der

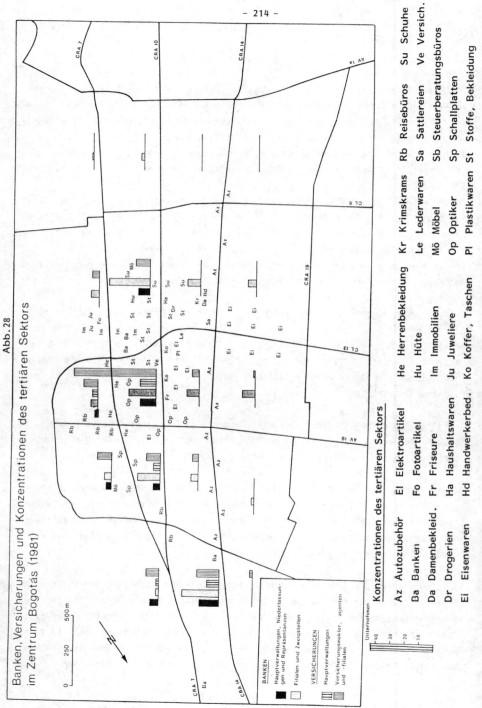

Abb. 28

Banken, Versicherungen und Konzentrationen des tertiären Sektors im Zentrum Bogotás (1981)

Konzentrationen des tertiären Sektors

Az	Autozubehör	El	Elektroartikel	He	Herrenbekleidung	Kr Krimskrams	Rb Reisebüros	Su Schuhe
Ba	Banken	Fo	Fotoartikel	Hu	Hüte	Le Lederwaren	Sa Sattlereien	Ve Versich.
Da	Damenbekleid.	Fr	Friseure	Im	Immobilien	Mö Möbel	Sb Steuerberatungsbüros
Dr	Drogerien	Ha	Haushaltswaren	Ju	Juweliere	Op Optiker	Sp Schallplatten
Ei	Eisenwaren	Hd	Handwerkerbed.	Ko	Koffer, Taschen	Pl Plastikwaren	St Stoffe, Bekleidung

Quelle: Telefonbuchauswertung (ETB 1981) u. Stadtbegehung durch den Verf.

Entwurf u. Zeichnung: R.M.

BANKEN

Hauptverwaltungen, Niederlassungen und Repräsentanzen

Filialen und Zweigstellen

VERSICHERUNGEN

Hauptverwaltungen

Versicherungsmakler, -agenten und -filialen

Unternehmen
40 — 30 — 20 — 10

Filialstandort sub-optimal ist, d.h. verglichen mit einem anderen Standort in
Bogotá, an dem ebenfalls eine Filiale fungiert, ist die Verzinsung des investierten Kapitals geringer, im Regelfall aber immer noch positiv.
Hauptverwaltungen und Niederlassungen bzw. Repräsentanzen zeichnen sich dagegen
durch singuläre Präsenz an einem Ort aus, sofern man untere Hierarchieebenen von
der Betrachtung ausschließt (z.B. Filialen einer am selben Ort ansässigen Hauptverwaltung). Die Standortwahl muß daher optimalen Anforderungen genügen.
Abb.28 gibt u.a. Aufschluß über die Standorte von Hauptverwaltungen/Niederlassun-
gen und Repräsentanzen einerseits und Filialen/Zweigstellen andererseits.
Auf der Grundlage der vorliegenden Informationen lassen sich folgende Aussagen
ableiten:

- Hauptverwaltungen und Niederlassungen sind nahezu in identischer Stärke im
nördlichen und südlichen Teil des Zentrums lokalisiert; auffällig ist die besonders dichte Besetzung des Centro Internacional, setzt man die Zahl der dort vertretenen Institute in Beziehung zur Raumgröße.

- Filialen sind hauptsächlich (51% der 433 registrierten Fälle) im Zentrum, dem
Centro Internacional, dem Korridor, Chapinero, El Lago und Chicó angesiedelt, den
Stadtteilen mit der mit Abstand höchsten Besatzdichte von Einrichtungen des tertiären Sektors, einem hohen Potential an Arbeitskräften und einer überdurchschnittlich einkommensstarken Wohnbevölkerung. Die übrigen Filialinstitute (49%)
verteilen sich auf das gesamte übrige Stadtgebiet.

- Repräsentanzen, die den restriktiven Bestimmungen der kolumbianischen Bankenge-
setzgebung unterliegen und daher hinsichtlich ihrer Personalkapazität i.a. um ein
Vielfaches von Hauptverwaltungen bzw. Niederlassungen übertroffen werden, genießen gerade durch die sie kennzeichnende Betriebsgröße den Vorteil einer erhöhten
Standortflexibilität. Sie läßt sich in Bogotá daran erkennen, daß nur etwa 7% der
im Branchenfernsprechbuch aufgeführten Büros im historisch älteren, südlich der
Av de Jiménez gelegenen Teil des Zentrums residieren. Zu ca. je einem Drittel
konzentriert sich diese Geschäftsform des Bankensektors im verkehrsmäßig besser
angeschlossenen nördlichen Bereich des Zentrums und im Korridor, der sich durch
modernen Baubestand auszeichnenden Achse zwischen Chapinero und dem Centro Internacional. Eine deutliche Schwerpunktbildung ließ sich dabei im unmittelbar an das
Centro Internacional anschließenden Straßenabschnitt der Cra 7 beobachten, die
in erster Linie durch die im Hochhaus "Seguros Fénix" konzentrierten Repräsentanzen verursacht wird (vgl. Kap.9.1.12.).

Die in Bogotá konstatierte Ballung des Kreditgewerbes muß als ein für diese Branche typisches Standortverhalten interpretiert werden. So weist z.B. eine andere Untersuchung, die sich u.a. mit den Kommunikationsbeziehungen verschiedener Bürobranchen beschäftigt, nach, daß in Central London neben der Versicherungswirtschaft Kreditinstitute die höchste Standortdichte von allen betrachteten Bürobranchen (gewogen durch die Zahl der Beschäftigten) aufweisen (GODDARD 1973, S.129ff.).

Die für die Erstellung der Abb.28 und Tab.6 herangezogenen Daten ließen erkennen, daß sich im Bereich Cra 7/Cra 10 zwischen der Cl 13 und Cl 17 die stärkste Konzentration des Kreditsektors im gesamten Stadtgebiet befindet. Legt man eine enggefaßte Definition des Begriffes "Bankenviertel" zugrunde, so sind in einem solchen Areal neben der auffällig stärksten Agglomeration von Kreditinstituten das Börsengebäude, die Abrechnungsstelle der Landeszentralbank, andere Institutionen des Kreditgewerbes und die Hauptniederlassung der Großbanken lokalisiert (SIEP-MANN 1968, S.77). In Bogotá konnte man in diesem Sinne zwar in der Vergangenheit von einem "Bankenviertel" sprechen, wie es z.B. in London, Frankfurt oder Hamburg existiert, angesichts der Verlagerung der Hauptverwaltungen zahlreicher Großbanken (z.B. des Banco de Colombia, Banco Cafetero und die geplante Verlagerung des Banco de Bogotá) nach N muß dieser Begriff aber inzwischen als überholt angesehen werden.

Auch Straßenzügen, die nahezu ausschließlich vom Kreditgewerbe geprägt sind (z.B. die Taunusanlage in der Frankfurter City) kommt in Bogotá kein großes Gewicht zu, da andere Nutzungen eine Vorherrschaft des Finanzsektors verhindern. Eine Ausnahme stellt Cra 8 im Abschnitt Cl 13 bis Cl 16 dar, wo sich neben zahlreichen Banken auch die Börse befindet.

Wurde in Kap.5.3.2. die Mobilität des tertiären Sektors aggregiert über alle ausgewählten Branchen hinweg betrachtet, soll nun auf das bankentypische Standortveränderungsverhalten näher eingegangen werden.

Untersucht werden konnten nur Hauptverwaltungen/Niederlassungen und Repräsentanzen. Filialen werden allgemein nicht verlagert: Die geschäftspolitische Entscheidung, einen Standort aufzugeben, ist nicht gleichzeitig hinreichende oder gar notwendige Bedingung für die Neueröffnung einer Filiale in einem anderen Stadtteil, da Personal- und Sachmittelausstattung sowie Eröffnungs- und Schließungsdaten in den seltensten Fällen identisch sind. Somit verbietet es sich, wenn eine weitgehende Identität nicht gegeben ist, von "Verlagerung" zu sprechen.

Tab.6 zeigt in disaggregierter Form für die der Mobilitätsanalyse unterzogenen Branchen, wieviel Prozent der untersuchten Betriebseinheiten im Zeitraum von 1971 bis 1976 bzw. von 1976 bis 1981 von einer Standortdislozierung betroffen waren.

Den angegebenen Zahlen liegen Salden zugrunde, d.h. die absolute Zahl der Verlagerungen innerhalb einer Branche kann höher sein, weil die Zahl der Zugänge pro Teilraum bere ts um die Zahl der Abgänge korrigiert wurde. Mit dieser Einschränkung sind auch die folgenden Aussagen zu interpretieren.

Im Fall der Banken ist eine im Zeitablauf zunehmende Verlagerungstendenz zu beobachten. Während im Zeitraum von 1971-1976 lediglich vier Kreditinstitute das Zentrum verließen, um sich im Centro Internacional bzw. dem angrenzenden Korridor niederzulassen, waren es zwischen 1976 und 1981 bereits sechzehn Banken (Hauptverwaltungen, Niederlassungen und Repräsentanzen), die das Zentrum und die Altstadt Bogotás zugunsten ausschließlich weiter nördlich gelegener Stadtbezirke aufgaben.

Insgesamt gaben somit zwischen 1971 und 1981 zwanzig Banken den Zentrumsstandort auf. Tatsächlich zogen in dieser Zeit jedoch 27 Banken um. Sieben von ihnen siedelten sich erneut im Zentrum an, davon bemerkenswerterweise fünf im nördlichen Teil, d.h. Teilraum 18, nur eine im südlichen Bereich, dem Teilraum 21.

Von denjenigen Banken, die zwischen 1976 und 1981 umzogen, wurden vom Verf. zehn Institute (sechs Repräsentanzen und vier Hauptverwaltungen mit einer Gesamtzahl von 180 Filialen allein in Bogotá) aufgesucht mit dem Ziel, die Motive des Standortwechsels zu erfahren.

In allen Fällen konzentrierte sich die Geschäftätigkeit nach der Verlagerung auf einen einzigen Standort, vor ihrer Durchführung waren zwei Banken von der räumlichen Zersplitterung ihrer Betriebseinheiten betroffen.

Die Beschäftigtenzahl variierte bei den zum Zwecke der Befragung aufgesuchten Repräsentanzen kaum; ohne Ausnahme betraf der Standortwechsel das gesamte Personal, ohne daß Kapazitätsveränderungen vorgenommen wurden; nur im Falle einer nordamerikanischen Vertretung (der Chase Manhattan Bank) stieg die Beschäftigtenzahl von acht auf dreißig. Damit stieg aber gleichzeitig die durchschnittliche Personalstärke aller untersuchter Repräsentanzen von sieben auf elf Mitarbeiter an.

Bei den Hauptverwaltungen ergab sich ein ähnliches Bild: Nur bei zwei Banken wurde die zusätzlich gewonnene Raumkapazität für eine Erhöhung der Beschäftigtenzahl von 600 auf 1100 Personen (Banco de Colombia) bzw. von 30 auf 90 Mitarbeiter (Caja Social de Ahorros) ausgenutzt. Die durchschnittliche Mitarbeiterzahl erhöhte sich von 1082 auf 1222 Personen.

Bei der Frage nach dem für den Umzug verantwortlichen Hauptmotiv war keine einheitliche Antwort zu erhalten. Folgende Gründe, von denen manche offenkundige Push-Faktoren sind, wurden genannt:

1. Hohe Kriminalitätsbelastung im Zentrum Bogotás
2. Störendes Ambiente des Zentrums
3. Transport- und Verkehrssituation im Zentrum
4. Verschiebung des Marktes
5. Räumliche Annäherung an Konkurrenzinstitute
6. Innerbetriebliche Standortzersplitterung
7. Erhöhter Raumbedarf
8. Unzweckmäßige Ausstattung des Bürogebäudes
9. Kündigung der Büroräume durch den Vermieter

Bemerkenswert ist, daß die Charakteristika des Zentrums zunächst nur in überraschend schwachem Ausmaß direkten Einfluß auf die Umzugsentscheidung hatten, vielmehr unterschiedlichen geschäftspolitischen Überlegungen ein auslösendes Moment zukam.

Inwieweit eine negative Beurteilung der Standortbedingungen des Zentrums aus der Sicht der Banken die Umzugsbereitschaft verstärkt hat, ist Abb.12 zu entnehmen, welche auf der Gewichtung potentieller Umzugsmotive anhand einer fünfstufigen Rating-Skala durch die interviewten Personen fußt.

Im Gegensatz zu dem in der Hierarchie der Motive an achter Stelle stehenden Wunsch nach Wahl eines repräsentativeren Stadtteils ist der am höchsten bewertete Umzugsanlaß, nämlich die Suche nach einem repräsentativeren Gebäude, unabhängig von einer negativen Bewertung des Zentrums als Standort zu sehen. Hierin drückt sich vielmehr ein in Bankkreisen allgemein stark ausgeprägtes Prestigebewußtsein aus, welches auf der Erfahrung beruht, daß Grundlage für Anknüpfung und Fortführung einer Kundenbeziehung ein imageförderndes äußeres Erscheinungsbild des Kreditinstitutes wichtige Voraussetzung ist.

Sieben der neun nächstbedeutendsten Umzugsmotive stehen in Zusammenhang mit den Mißständen des Zentrums. Lediglich die Motive, die nutzbare Bürofläche auszuweiten und eine räumliche Annäherung an den jeweiligen Kundenkreis herbeizuführen, sind nicht auf eine kritische Haltung gegenüber der Innenstadt Bogotás zurückzuführen.

Obwohl eine Erlaubnis für die Verlegung eines Banksitzes von der Superintendencia Bancaria eingeholt werden muß, wenn ein Kreditinstitut eine Verlagerung um mehr als 300 Meter vom früher genehmigten Standort anstrebt (diese Vorschrift gilt nicht für Repräsentanzen ausländischer Banken), greifen die Behörden nicht energisch genug in den in Gang gekommenen Verlagerungsprozeß des Bankgewerbes ein. Zwar wird seit April 1981 angeblich (nach Auskunft eines Sprechers der Superintendencia Bancaria) kein weiterer Standortwechsel vom Zentrum in den Bereich nördlich der Av de Chile genehmigt, Vertreter einer derzeit noch in der Nähe des Centro Internacional residierenden Großbank zeigten sich jedoch entschlossen, die Hauptverwaltung Ende der 80er Jahre in den Bereich Cl 100/Cra 7 zu verlegen, wo bereits ein den Anforderungen genügendes Gelände erworben wurde.

Dahinter steht die von einigen interviewten Personen geäußerte Entschlossenheit, durch Erwerb von Eigentum an zukünftigen Boden- und Gebäudewertsteigerungen teilzunehmen. Diese Aussage wird durch einen rapide abnehmenden Anteil in gemieteten Räumen untergebrachter Kreditinstitute bestätigt, vergleicht man die betreffenden Zahlen vor und nach durchgeführter Verlagerung.

Die Zurückhaltung der zuständigen Aufsichtsbehörde im Hinblick auf die Mobilität des Bankensektors erklärt sich aus ihrer Aufgabenstellung, wonach "einer der Faktoren, der bei der Eröffnung neuer Geschäftsstellen mit Ausführlichkeit geprüft werden muß, gerade die Abgrenzung von geschäftlichen Aktionsradien ist, um die Konzentration von Dienstleistungen und ruinösen Wettbewerb zu verhindern" (Superintendencia Bancaria 1968).

Danach befragt, wo die Mehrheit der Kunden bzw. Angestellten wohne, wurde mit je 50% der N Bogotás am häufigsten genannt. Während im übrigen die Mehrheit der Bankangestellten im W, S und "über das Stadtgebiet verteilt" wohnt (vgl. Interviewtext im Anhang), das Zentrum hingegen unerwähnt blieb, änderte sich das Bild schlagartig bei der Frage nach den Kundenwohnsitzen: Nur eine Bank verfügte über einen räumlich weit verteilten Kundenstamm[32], etwa jeder dritte Befragte gab das Zentrum an (dabei handelte es sich vorzugsweise um Repräsentanzen, deren Kunden - in erster Linie andere Banken - ebenfalls im Zentrum lokalisiert sind).

Interessant erscheint in diesem Zusammenhang die Beantwortung der ebenfalls im Interview gestellten Frage, weshalb Banken in Bogotá früher die Zentrumslage präferierten. Folgende unterschiedliche Antworten wurden gegeben:

1. Maximale Nachfrage nach Bankleistungen
2. Tradition
3. Günstige Verkehrslage
4. Nähe zu Regierungsstellen
5. Nähe zur Zentralbank[33]
6. Problem, als Gebäudeeigentümer einen angemessenen Verkaufspreis oder Mietzins zu erzielen (hieraus resultiert ein gewisser Zwang zur Standorttreue)

Daß diese Begründungen in ihrer Bedeutung nicht überschätzt werden dürfen, läßt sich an der hohen Zufriedenheit von in Banken interviewten Personen in bezug auf die neuen Geschäftssitze ablesen, die außerhalb des traditionellen Zentrums liegen: 70% der befragten Angestellten erklärten sich mit der getroffenen Wahl als rückhaltlos zufrieden, die übrigen äußerten eingeschränkte Zustimmung. Dabei fiel auf, daß die Unzufriedenheit innerhalb derjenigen Institute größer war, deren Verlagerungszeitpunkt schon länger zurücklag. Als Begründung wurde auf einsetzende Degenerationserscheinungen (Verkehrs- und Parkplatzsituation, Kriminalität etc.) in der im Zuge der Verlagerung aufgesuchten Zone hingewiesen, die nach einhelliger Auffassung vom Zentrum ausgehend auf die angrenzenden nördlichen Gebiete übergriffen.

Unter der Annahme, daß keine Zusatzkosten auftreten, sprachen sich 60% der Befragten für eine neuerliche Verlagerung des Kreditinstitutes in Richtung N aus, 40% hielten den derzeitigen Standort für optimal.

Fast völlige Übereinstimmung (nämlich zu 90%) herrschte in der Erwartung, daß der den Bankensektor charakterisierende Mobilitätsprozeß in den nächsten Jahren anhalten wird. Dieser Prozeß wird solange gefördert, wie sich das betriebsindividuelle Beschaffungs- und Absatzpotential der sich in dem durch die Mobilität erkennbar bevorzugten Stadtgebiete "vergrößert und die Tendenz zur Konkurrenzmeidung überkompensiert wird durch das Wirksamwerden einer standortaufwertenden Konkurrenzanziehung" (SIEPMANN 1968, S.78).

Zusätzlicher Antrieb wird dieser Bewegung durch die für 1984 geplante Verlegung eines zentralen Elementes des kolumbianischen Finanzmarktes zuteil: der Börse von Bogotá ("Bolsa de Bogotá"; eine weitere Wertpapierbörse befindet sich in Medellín. Vgl. hierzu auch STIRNIMANN 1974). Der Wegzug kapitalstarker Gesellschaften aus der City und die herrschende Kriminalität sind die Hauptmotive für diesen Entschluß, der das Zentrum um eine traditionsreiche Institution berauben (alter Standort: Cra 8 No.13-82) und den Wachstumspol "Av de Chile" im Gegenzug bereichern wird. Die Zustimmung der Superintendencia Bancaria als öffentlichem Kontrollorgan steht bislang noch aus, an ihrer Erteilung wird jedoch nicht gezweifelt.

9.1.2. Das Versicherungsgewerbe

Vergleicht man die Lokalisation der Hauptverwaltungen von Banken und Versicherungen in Kolumbien miteinander, stellt man fest, daß der Konzentrationsgrad bei letzteren deutlich höher ist. Von allen im Lande ansässigen Versicherungsgesellschaften ("Compañías de Seguros"), Lebensversicherungen ("Seguros de Vida") und

Rückversicherungen ("Reaseguros") sind, sowohl unter dem Gesichtspunkt aktivierter Vermögenswerte (Bilanzsummenvergleich) als auch nach Zahl der Geschäftssitze, ca. 95% in Bogotá vertreten.

Eine gewisse Verfälschung der herausragenden Bedeutung Bogotás als Versicherungsstandort entsteht allerdings dadurch, daß die Geschäftsvolumina der in anderen Städten des Landes tätigen Filialen in die Bilanz der Hauptverwaltungen einbezogen werden; diese Anmerkung trifft aber auch auf den zuvor analysierten Bankensektor zu, sodaß man in der Tat dem Versicherungsgewerbe einen deutlich ausgeprägteren, auf Bogotá ausgerichteten Konzentrationsgrad zusprechen muß.

Neben den eigentlichen Versicherungsgesellschaften beherrschen Versicherungsmakler und -agenten ("Corredores", "Agentes", "Ajustadores de Seguros") den Markt. Spezifizierende Zahlenangaben waren nicht erhältlich, sodaß nur das örtliche Branchenfernsprechbuch Bogotás und Angaben der Superintendencia Bancaria als geeignete Datenquelle für die Analyse der Standortverteilung verwendet werden konnten.

Die räumliche Verteilung von Hauptverwaltungen, Versicherungsmaklern und -agenten im Zentrum ist Abb.28 zu entnehmen; Tab.6 zeigt die Teilraumbesetzung des Versicherungsgewerbes für das gesamte Stadtgebiet.

Stärker noch als bei Kreditinstituten tritt der hohe Anteil im Zentrum vertretener Gesellschaften hervor. Bemerkenswert ist, daß südlich der Av Jiménez kein einziges, im nördlichen Innenstadtbereich dagegen nahezu die Hälfte aller insgesamt in Bogotá vertretenen Versicherungshauptverwaltungen lokalisiert sind (vgl. Abb.28). Im übrigen kommt der Zentrumslage in der Standortpolitik des Versicherungsgewerbes nicht die gleiche Bedeutung zu, wie dies für den Bankensektor galt: Während über 90% der Hauptverwaltungen und Niederlassungen des zuletzt genannten Wirtschaftszweiges im Zentrum (einschließlich Altstadt und Centro Internacional) lokalisiert werden konnten, liegt der entsprechende Anteil bei den Versicherungen (Hauptverwaltungen) nur bei 55%. Damit bestätigt sich eine in vielen Städten zu beobachtende Tendenz, nach der Versicherungen zu einer weniger ausgeprägten räumlichen Konzentration neigen als Kreditinstitute.

Bedeutungsmäßig steht der Korridor (Raum 12) im Bereich der Cl 31 bis Cl 38 mit Schwerpunkt in Cra 7 an zweiter Stelle, gefolgt von dem Wachstumspol Av de Chile (Cl 72) und dem nördlich angrenzenden Raum (1981 bis einschließlich Cl 78). Diese Verteilung läßt auf eine stark ausgeprägte Mobilitätsbereitschaft schließen, da in vergangenen Jahrzehnten die Verwaltungsgebäude der Versicherungen ausschließlich im Zentrum angesiedelt waren.

Bevor diese Schlußfolgerung durch Analyse der Mobilitätsraten verifiziert werden kann, muß zunächst auf die räumliche Verteilung kleinerer Versicherungsfilialen sowie Büros von Versicherungsmaklern und -agenten eingegangen werden. Auch in diesem Zweig des Versicherungsgewerbes nimmt das Zentrum mit mehr als 40% aller untersuchten Fälle eine herausragende Spitzenposition ein. Teilraum 21 übt auf kleinere Wirtschaftseinheiten des Versicherungssektors ebenfalls nur geringe Anziehungskraft aus. Als attraktiv werden hingegen der Korridor und Chapinero angesehen.

Die Dispersion der Standorte, die im übrigen Stadtgebiet zu beobachten ist, erklärt sich aus dem durch den Markt verursachten Zwang, dem die Anbieter unterliegen, ihre Leistungen - vergleichbar mit dem Filialsystem der Banken - möglichst flächendeckend, soweit betriebswirtschaftlich rentabel, an die Kundschaft heranzutragen.

Mit 20,6% (18,7%) liegt die Mobilitätsrate der Versicherungen im Zeitraum 1976-1981 (1971-1976), bezogen auf alle im Branchenfernsprechbuch aufgeführten Adressen, zusammen mit der der Architekturbüros, Praxen für Fachmedizin, Landtransportgesellschaften und Kreditinstituten, an der Spitze aller untersuchten Wirtschaftsbereiche (vgl. Tab.6).[34])

Auch im Zeitraum von 1961-1971 änderten - durchschnittlich betrachtet - pro Jahr etwa 4-5% aller in Bogotá residierenden Versicherungen (einschließlich der Büros von Maklern und Vertretern) ihren Geschäftssitz. Diese Feststellung allein beschreibt aber noch nicht in genügendem Maße die intraurbane Mobilität. Erst durch Quantifizierung der Zu- und Abgänge eines jeden Stadtteilraumes werden Richtungsschwerpunkte der "betrieblichen Migration" sichtbar.

Zwischen 1971 und 1976 verloren die Teilräume 18 und 21 neun bzw. sechs der insgesamt dort ansässigen Versicherungen, was einer Abnahme von ca. 15% entspricht, berücksichtigt man, daß zur damaligen Zeit ca. die Hälfte aller Versicherungen im Zentrum angesiedelt war (1981 waren es nur noch 40%).

Im folgenden Fünf-Jahreszeitraum (1976-1981) waren Zu- und Abgänge im Teilraum 18 nahezu ausgeglichen, Raum 21 verlor dagegen acht Institute. Im Gegensatz zur vorherigen Betrachtungsperiode ließ sich von 1976 bis 1981 ein eindeutiger Wanderungstrend in das durch die Av de Chile beherrschte Gebiet (Raum 7) beobachten, der bisher ungebrochen ist. Diese Region, die durch den anhaltenden Zustrom solange beständig an Attraktivität gewinnen wird, bis eine Sättigungsgrenze erreicht ist, hat bewirkt, daß erstmalig in der Entwicklung des Standortverhaltens der Versicherungswirtschaft auch nördlich des Zentrums befindliche Wachstumszonen wie z.B. der Korridor (Raum 12), Bedeutungsverluste hinnehmen mußten (d.h., der Saldo aus Zu- und Abgängen war negativ). Von dieser signalartigen Entwicklung, die, wenn auch in verminderter Form, ebenso für andere Branchen zutrifft, ist der Bankensektor bislang ausgenommen. Hieraus ist klar ersichtlich, daß der

Mobilitätsprozeß für viele Unternehmungen des tertiären Sektors nicht etwa mit der erstmaligen Verlagerung nach N abgeschlossen ist, sondern daß - abermalige Standortunzuf-iedenheit vorausgesetzt - ein erneuter Umzug durchaus in Kauf genommen wird, zumal die psychologische Schwelle einer Standortveränderung beim zweiten Mal leichter überschritten wird. Damit stellt sich die von Branche zu Branche intensitätsmäßig differierende Verlagerungswelle jedoch als ein offensichtlich anhaltender Prozeß dar, von dem nicht nur das Zentrum, sondern auch andere Stadtgebiete befallen werden können, wenn dort ähnliche negative Standortfaktoren auftreten, sei es real, sei es im Bewußtsein der Bevölkerung.

Die Beschreibung des Standortverhaltens von Kreditinstituten einerseits und Betrieben der Versicherungswirtschaft andererseits hat deutlich gemacht, daß zwar beiden Branchen die partielle Aufgabe von Terrain im Zentrum der Stadt gemeinsam ist, Versicherungen aber den dynamischeren Part übernommen haben. Untersuchungen von LICHTENBERGER in Wien bestätigen die bereits geäußerte Auffassung, daß das Bankwesen durch eine größere Citygebundenheit als die Versicherungswirtschaft gekennzeichnet ist. Selbst in nordamerikanischen Millionenstädten ließ sich beobachten, daß Großbanken trotz allgemein abnehmender Wirtschaftskraft in Downtown-areas neue Wolkenkratzer erbauten (1972(b), S.76).

Allerdings waren sowohl in Österreich als auch in der Bundesrepublik Deutschland in den 60er Jahren zentrifugale Standorttendenzen der Kreditwirtschaft, hervorgerufen durch eine aggressive Filialpolitik expandierender Kreditinstitute, zu verzeichnen, die dazu führten, daß der relative Bedeutungsanteil des Kerngebietes, insbesondere in deutschen Städten, in bezug auf den Kreditsektor abnahm (SIEPMANN 1968, S.87/88). Inzwischen ist diese Entwicklung jedoch durch eine stärkere Betonung des Kostendenkens, in dessen Folge minder rentable Filialen geschlossen wurden, zum Stillstand gekommen.

Um die Ursachen der Wanderungsbewegung in Bogotá zu ermitteln, wurden vier Versicherungsgesellschaften und zehn Versicherungsbüros von Maklern bzw. Agenten aufgesucht. Die Ergebnisse der Befragung werden für beide Gruppen zusammengefaßt dargestellt; nur dort, wo es aufgrund hoher inhaltlicher Diskrepanzen notwendig erschien, die Antworten beider Gruppen gesondert zu behandeln, wurde von diesem Grundsatz abgewichen. Hierauf wird jedoch im einzelnen hingewiesen.

Die Mehrzahl der Versicherungsgesellschaften unterhielt weitere Filialen in übrigen Landesteilen (insgesamt 91); lediglich das größte der befragten Unternehmen (Colseguros) konnte allerdings auf zusätzliche Dependancen in Bogotá verweisen. Demgegenüber fungierten zwei Drittel der Makler-/Agentenbüros filiallos, den übrigen Betrieben waren acht Filialbüros untergeordnet, wovon nur ein einziges in Bogotá lokalisiert ist. Fast allen Verlagerungsvorgängen war gemeinsam, daß sie nur eine Betriebseinheit betrafen. Nur in zwei Fällen veränderte sich die Zahl der in Bogotá vorhandenen Betriebsstellen: Während eine Versicherung durch den Umzug eine Betriebszusammenführung zweier ehemals räumlich getrennt geführter Unternehmensteile erzielte, verzichtete die Leitung eines Maklerbüros auf die Einbeziehung der EDV-Abteilung in den Umzugsprozeß. Maßgeblich für diese Entscheidung waren neben Raumkapazitätsüberlegungen die mittlerweile aufgehobenen Rationierungsmaßnahmen der städtischen Elektrizitätswerke, von denen die einzelnen Stadtviertel in unterschiedlicher Intensität und festgelegten Zeiträumen betroffen waren. Standorte im Zentrum blieben vielerorts von derartigen Einschränkungen ausgenommen, da der durch die Stromsperren verursachte hohe volkswirtschaftliche Schaden in keinem Verhältnis zur ersparten Energiemenge gestanden hätte.

Bemerkenswerten Einfluß hatte die Betriebsverlagerung auf die Zahl der Beschäftigten: Bei den Versicherungsgesellschaften ging sie von durchschnittlich 294 Angestellten auf 281 zurück, wesentlich beeinflußt durch den Abbau von 50 Stellen bei der mit ehemals 700 Mitarbeitern mit Abstand größten Gesellschaft. Dagegen stieg die durchschnittliche Beschäftigtenzahl bei allen übrigen befragten Unternehmen von neun auf fünfzehn an, denn zwei Drittel der Makler- und Agentenbüros verzeichneten nach dem Umzug eine höhere Mitarbeiterzahl.

Vor dem Hintergrund dieses Befragungsergebnisses ließe sich vermuten, daß die Kapazitätserweiterung überwiegend das auslösende Motiv für die Mobilitätsbereitschaft gewesen sei. Dem widerspricht jedoch die Auswertung der Hauptmotive aller durchgeführten Umzüge.

Vielmehr zeigte sich, daß in erster Linie die negativ bewertete Verkehrslage im Zentrum (einschließlich des zu knappen Parkplatzangebotes) für die Abwanderungstendenz im Versicherungsgewerbe verantwortlich zu machen ist. Hinzu kommt der durch die Inflation genährte Trend zur Sachanlageninvestition, d.h. Eigentum an Immobilien wird mit dem Ziel erworben, an Wertsteigerungen zu profitieren, anstatt einer wachsenden Mietkostenbelastung ausgesetzt zu sein. Die Kriminalität, eine angestrebte Verringerung der räumlichen Entfernung zu Kunden und konkurrierenden Versicherungsgesellschaften sowie die Beendigung der Kooperation mit einer Partnerfirma waren in nur jeweils einem Fall das auslösende Motiv der durchgeführten Dislozierung.

Zwischen der ersten Überlegung, einen Standortwechsel durchzuführen, und der tatsächlichen Ausführung vergingen durchschnittlich knapp neun Monate.

Die aufgegebenen Büroräume dienten anschließend einer Reihe tertiärer Betriebe, zu denen z.B. eine Arztpraxis, eine Rechtsanwaltskanzlei und eine Polizeidienst-

stelle ebenso zu zählen waren wie eine Immobiliengesellschaft, Buchhandlung und
Regierungsamtsstellen.

Die getrennte Auswertung der gewichteten Umzugsmotive für Versicherungsgesellschaften einerseits und aller anderen im Versicherungssektor tätigen Wirtschaftseinheiten andererseits ergab, daß nur eine unwesentliche, zufallsbedingte Verschiebung in der Rangfolge die Aussagen der Interviewpartner kennzeichnete. Somit
ergibt sich eine graphische Zusammenfassung, die den Bedeutungsgrad jedes einzelnen Umzugsmotives in Relation zu den anderen widerspiegelt (vgl. Abb.12).

Vergleicht man die Interviewergebnisse des Bankensektors mit denen der Versicherungswirtschaft, ergibt sich folgendes Bild:

1. Die in Kreditinstituten beschäftigten Personen tendierten eher zu den Extrem-
bereichen der vorgegebenen Antwortmöglichkeiten. Dies zeigte sich besonders im
Bereich der Motive, die als für den durchgeführten Umzug entscheidend klassifiziert wurden und eine, verglichen mit dem Antwortverhalten der Versicherungswirtschaft, insgesamt höhere Bewertung auf der Rating-Skala erhielten.

2. Von den ersten sechs der als am wichtigsten klassifizierten Motive stimmen
fünf miteinander überein, wenngleich die Reihenfolge in der Kreditwirtschaft eine
andere ist als in der Versicherungswirtschaft. Es handelt sich im einzelnen um
die Motive "Wahl eines repräsentativeren Domizils" (Motiv 20; vgl. Abb.12), die
"Verminderung der Gefahr von Kriminalität und Unsicherheit für Angestellte und
Kunden"(10), "Erwartung zukünftiger Wertsteigerungen des Immobilieneigentums"(13), "Verminderte Belästigung durch Lärm, Luftverschmutzung, ambulante
Händler etc."(12) und "Erhöhung der Raumkapazität"(1). Von diesen Ursachen ist
ein wesentlicher Impuls auf die Mobilitätsbereitschaft der beiden genannten Wirtschaftsbereiche ausgegangen.

3. Weiterhin fällt auf, daß sich die in Bogotá ansässigen Kreditinstitute in ihrer Standortpolitik weitaus kundenfreundlicher verhalten als Unternehmen der Versicherungsbranche. Die Faktoren "Bessere Transport- bzw. Parkplatzmöglichkeiten
für Kunden"(7;9) sowie "Räumliche Annäherung an Kundenkreis"(24) nehmen, gemessen
an ihrer Bedeutung für die Verlagerungsentscheidung der Banken, den dritten,
siebten und neunten Platz ein, während sie bei den aufgesuchten Versicherungsun-
ternehmen auf dem zehnten, dreizehnten und fünfzehnten Platz rangieren.

4. Gemeinsam ist beiden befragten Wirtschaftsgruppen, daß staatliche Fördermittel
bzw. Auflagen keinen Einfluß auf den Standortwechsel ausübten (nur die einzige in

staatlichem Eigentum stehende Versicherung "La Previsora" war von öffentlichen Zuschüssen abhängig).

5. Bewußt wurde die Nähe zu Konkurrenzunternehmungen gesucht, anstatt die räumliche Distanz zu erhöhen.

6. Die sowohl bei Banken als auch bei Versicherungsbetrieben festgestellte ausgeprägte Erwartungshaltung gegenüber Wertsteigerungen des Immobilieneigentums wird für beide Wirtschaftsbereiche durch den Anstieg des prozentualen Anteils von eigentumsbildenden Instituten im Zeitablauf unterstützt. Nach Durchführung des Standortwechsels war die Mehrzahl der befragten Betriebe in eigenen Räumen untergebracht (Banken zu 60%, Versicherungen zu 67%), vorher überwog die Unterbringung in gemieteten Räumen (Banken 60%, Versicherungen 58%).

Eine in bezug auf den Bankensektor bereits angesprochene Frage des Interviewtextes bezog sich auf die räumliche Verteilung von Angestellten und Kunden in der Versicherungswirtschaft. Die Wohnorte der Angestellten sind, soweit sich dies aus der Befragung, die bekanntlich keinen repräsentativen Charakter haben konnte, schließen läßt, über das gesamte Stadtgebiet mit Schwerpunkt in südlichen Stadtteilen verteilt.
Auch die Kundschaft ist dispers angesiedelt; einen erkennbaren regionalen Schwerpunkt bilden nördliche Stadtviertel.
Nach dem Kontakt mit öffentlichen oder privaten Institutionen und Verbesserungsvorschlägen bezüglich einer Zusammenarbeit mit diesen befragt, erklärte die überwiegende Mehrheit der Interviewpartner, daß weder eine Kontaktaufnahme vor noch nach dem Umzug erfolgt sei und auch nicht vermißt werde. In Einzelfällen wurden Behörden von der Adressenänderung benachrichtigt bzw. eine Erlaubnis für den Standortwechsel von der Superintendencia Bancaria, der die Aufsicht über finanzwirtschaftlich tätige Unternehmungen obliegt, eingeholt. Vereinzelt wurde beklagt, daß umzugsbedingte Finanzierungsengpässe auftraten, die durch eine bereitwilligere Kreditvergabe der angesprochenen Banken hätten gelöst werden können. Unabhängig davon wurde die Zufriedenheit mit dem neuen Geschäftssitz auf der fünfstufigen Rating-Skala mit durchschnittlich 4.7 angegeben (werden nur Versicherungsgesellschaften betrachtet, erreicht dieser Wert sogar die höchstmögliche Marke von 5.0); diese Daten liegen damit über dem für den Bankensektor ermittelten Wert von 4.4.
Kein signifikanter Unterschied besteht zwischen dem für die Unternehmen der

beiden Wirtschaftsbereiche getrennt ermittelten durchschnittlichen Zeitpunkt der Beendigung des Standortwechsels. In beiden Fällen liegt er um die Jahreswende 1977/78 (Banken: Anfang 1978, Versicherungen Ende 1977), sodaß die höhere Standortzufriedenheit im Versicherungsgewerbe nicht auf eine längere Anwesenheit am neuen Geschäftssitz und der damit verbundenen Konfrontation mit den betreffenden Standortnachteilen zurückgeführt werden kann, sondern das Gegenteil ist der Fall. Eher ist zu vermuten, daß der Grund der abweichenden Bewertung in der von der Kreditwirtschaft bislang bevorzugten Ansiedlung in unmittelbarer Nähe des traditionellen Zentrums (einschließlich des Centro Internacional) zu suchen ist, was aus der bereits erwähnten Kritik an Faktoren, die einer uneingeschränkt positiven Bewertung der neuen Adresse entgegenstehen und die die einsetzende Degenerierung der betreffenden Zonen anzeigen, zu entnehmen ist.

In scharfem Gegensatz hierzu ist eine im Zeitverlauf abnehmende Standortzufriedenheit bei dem weiter nördlich gelegene Stadtviertel präferierenden Versicherungsgewerbe nicht auszumachen. Rund 85% der Befragten unterstrichen ohne Einschränkungen die Vorteile der neuen Lage, die übrigen Interviewpartner machten alternativ eine ausbleibende Wertsteigerung der erworbenen Immobilien, Lärm, erschwerte Kommunikation mit Zentrumsbetrieben (z.B. zeitaufwendige Botengänge) und die Existenz atttraktiverer Barrios für ihre partielle Unzufriedenheit verantwortlich. Kritikpunkte wie etwa Transportprobleme, Parkplatznot, Kriminalität etc. wurden nicht erwähnt.

Trotzdem sprach sich mehr als die Hälfte aller Interviewpersonen für einen erneut nach N zu verschiebenden Standort aus, unter dem fiktiven Ausschluß entstehender Zusatzkoster. Diese Einstellung resultiert nicht aus einer auf wirtschaftlichen Argumenten beruhenden Höherbewertung dieser Zonen, denn eine ohnehin nur schwerlich zu verbessernde Verkaufssteigerung der angebotenen Dienstleistungen wurde mehrheitlich bereits durch Verlassen des Zentrums erzielt. Sie ist vielmehr auf vorteilhaftere, monetär nicht meßbare Rahmenbedingungen (z.B. Repräsentationsfähigkeit, Ambiente) zurückzuführen. So ist denn auch der Großteil der Interviewpartner (77%) von einer anhaltend nordwärts gerichteten Mobilität des Versicherungsgewerbes überzeugt, wobei überwiegend die Av de Chile als innovativer (vereinzelt auch als "Modeerscheinung" bezeichneter), hingegen das Zentrum und Centro Internacional als traditioneller Branchenpol verstanden werden.

Gebremst wird der Mobilitätsprozeß durch die geringe Nachfrage nach Grundstücken und Gebäuden im Zentrum, die die Aufgabe von Immobilien zu einem für den Verkäufer akzeptablen Preis erschwert (eine bei jeder dritten Befragung geäußerten Ansicht), durch traditionelle Verharrung am Zentrumsstandort und durch das nach wie vor große Marktpotential in der Stadtmitte. Letzteres könnte allerdings durch

Beibehaltung von Filialen, analog zum Bankensektor, abgeschöpft werden. Begünstigend wirkt hingegen die im Vergleich zu den Hauptverwaltungen de- Kreditwirtschaft weniger standortreglementierende Haltung der Superintendencia Bancaria;
dagegen wird die Filialpolitik beider Branchen in gleichem Maße liberal behandelt.

Schließlich zeigt das Standortverhalten der Versicherungswirtschaft - wie z.B. in
Großbritannien zu beobachten ist und auf das in der Stadtplanungsstudie "Fase II"
hingewiesen wird (República de Colombia et al. 1973(a), S.38), daß gerade Unternehmen dieser Branche wegen ihres hohen Anteils an Personalkräften, die Routine-
tätigkeiten ausüben, für Verlagerungen prädestiniert sind. Ursache ist das fast
völlige Fehlen von Kontakten des Angestelltenkreises zu externen Personen; Kun-
denbindungen im Rahmen des Aufgabenbereiches existieren also kaum, sodaß ein betrieblicher Standortwechsel so gut wie keinen Einfluß auf die Arbeitseffektivität
hat.

Eine in Bogotá durchgeführte Analyse geschäftlicher Besprechungen von Angestellten ergab, daß bei der Mehrzahl der Treffen nur Kontakte zwischen Beschäftigten
des Versicherungssektors zustande kamen, was die vorige Aussage bestärkt und als
ergänzender Erklärungsfaktor für die hohe Mobilität des Versicherungssektors angesehen werden muß (República de Colombia et al. 1973(a), S.38).

9.1.3. Immobilienbüros

Immobilienbüros haben sich nicht nur auf den An- und Verkauf von Immobilien
(Grundstücke und Gebäude) spezialisiert, sondern die dort beschäftigten Personen
widmen ihre Geschäftätigkeit auch Verwaltungsangelegenheiten, der Erstellung
von Gutachten, der Anbietung von Versicherungspolicen und allen weiteren im Zusammenhang mit dem Immobiliengeschäft auftretenden Aufgaben.
Die räumliche Verteilung dieser Branche ist auf drei Bereiche konzentriert: An
erster Stelle steht eindeutig das Zentrum, in dem etwa ein Drittel der über 400
im Branchenfernsprechbuch von 1981 aufgeführten Immobiliengesellschaften vertreten war. Sie verteilen sich fast gleichmäßig (mit einem Anteil von 15,2% bzw.
15,7% an der Gesamtzahl) auf die im N bzw. S der Av de Jiménez lokalisierten Gebiete. Erwähnenswert ist die Bevorzugung der Cl 13 im Abschnitt zwischen Cra 6
und Cra 10, die einen ausgeprägten Branchenpol darstellt (vgl. a. Abb.28).
Ebenso attraktiv wie der nördliche Zentrumsbereich ist das Gebiet um die Av de
Chile (Teilraum 7) und, in leicht abgeschwächter Form, Chapinero (Raum 9),

besonders im Bereich der Hauptgeschäftsstraße Cra 13.
Im übrigen ist die Standortverteilung dispers, der südliche Stadtraum stark unterrepräsentiert (vgl. Tab.6).
Die für die Ermittlung der Verlagerungstätigkeit durchgeführte Stichprobe ergab,
daß 13,7% der Immobiliengesellschaften im Zeitraum von 1971 bis 1976 ihren Standort aufgaben, von 1976 bis 1981 waren es sogar 15,1%. Für beide Perioden ergab
sich eine starke Netto-Abwanderung aus dem Zentrum (Raum 18 und 21) zugunsten des
Korridors und Teilraum 7 (1971-1976). Der verstärkte Trend nach N wird durch die
Umwandlung des Raumes 12 (Korridor) vom Netto-Zu- in ein Netto-Abwanderungsgebiet
(in der zweiten Untersuchungsperiode) sichtbar.
Aus Zeitgründen konnten lediglich vier Interviews mit für den Umzug verantwortlichen Mitarbeitern von Immobiliengesellschaften geführt werden. Es wäre verfehlt,
die vorliegenden Antworten als repräsentative Aussage der gesamten Branche zu
werten.
Bis auf ein Immobilienbüro, das zunächst in Chapinero angesiedelt war, um anschließend nach Chicó verlagert zu werden, ist allen aufgesuchten Gesellschaften
die Einstellung der Geschäftstätigkeit im Zentrum und die Neuansiedlung im N Bogotás (Chapinero und El Lago) gemeinsam. Wie bei fast allen Unternehmen dieses
Wirtschaftssektors existierten keine weiteren Filialen, die Angestelltenzahl lag
- nach Auswertung des vom ICSS zur Verfügung gestellten Computermaterials für
diese Branche typisch - bei ca. 5 Beschäftigten.
Die Hauptmotive des Umzugs charakterisieren treffend, so darf vermutet werden,
die in diesem Wirtschaftszweig vorhandene Mobilitätsbereitschaft: Drei Büros wurden in erster Linie deshalb verlagert, weil die räumliche Entfernung zum Kundenkreis, nämlich der in nördlichen Wohnvierteln lebenden Oberschicht, verringert
werden sollte, in einem anderen Fall war der Verkauf der alten Büroräume zugunsten einer Büroanmietung in der von steigenden Immobilienpreisen gekennzeichneten
Wachstumszone der Av de Chile (Teilraum 7) ursächlich.
Wegen der ausschließbaren Repräsentativität der Befragungsergebnisse soll auf die
gesonderte Darstellung aller gewichteten Umzugsmotive verzichtet werden. Diejenigen Antworten, die in allen vier Befragungsfällen ein hohes Maß an Übereinstimmung erzielten, sollen jedoch unter Angabe des jeweiligen gemittelten Rating-Ska-
lenwertes nicht vorenthalten werden. Dabei handelt es sich nur um die Motive, die
einen überdurchschnittlichen Einfluß auf die Standortverlagerung ausübten:

Durchschnittlicher
Rating-Skalenwert

1. Bessere Transportbedingungen für Kunden: 5.0
2. Bessere Parkbedingungen für Kunden: 5.0
3. Erweiterung des Marktanteils: 4.4
4. Verminderung der Gefahr von Kriminalität und Unsicherheit für
   Angestellte und Kunden: 4.2
5. Räumliche Annäherung an Kundenkreis: 4.2
6. Wahl eines repräsentativeren Domizils: 4.0
7. Wahl eines repräsentativeren Stadtteiles: 4.0
8. Verbesserung der Arbeitsbedingungen der Angestellten: 3.8
9. Verminderte Belästigung durch Lärm, Luftverschmutzung, ambulante
   Händler etc.:   3.4

Diese Aufstellung läßt eine klare Ausrichtung der Standortpolitik auf die Bedürfnisse und Ansprüche des Kundenstammes erkennen; das eigentlich übergeordnete
Ziel, nämlich die Erweiterung des Marktanteils (im Regelfall positiv mit dem Un-
ternehmensertrag korreliert) folgt erst auf dem dritten Platz der Motivhierarchie.
Es erstaunt, daß nur eine der befragten Firmen in eigenen Räumen domizilierte und
somit die Mehrzahl nicht an den im N besonders ausgeprägten Immobilienpreisstei-
gerungen teilnimmt.
Die allgemeine Zufriedenheit mit dem neuen Standort resultiert u.a. aus einer
Steigerung des Umsatzes, die wiederum auf zwei Ursachen zurückzuführen ist (regionale Verlagerung der Geschäftätigkeit vorausgesetzt): Ersters sind die
durchschnittlichen Quadratmeterpreise für Grundstücke und umbauten Raum im N höher als im Zentrum, was bei konstanten Verkaufs-Provisionserträgen (in Höhe von
z.Zt. 3%) steigende Einnahmen pro Bearbeitungsfall verursacht. Zweitens ist die
Einfrierung der Mieten ("Congelación de rentas") im N weniger ausgeprägt, weil
dort die Mietverträge durchschnittlich jüngeren Datums sind als im Zentrum. Für
die Zukunft wird daher ein verstärkter Konkurrenzkampf erwartet, da die Zahl
nachrückender Betriebe nach übereinstimmender Aussage der Befragten weiter anwachsen wird.

9.1.4. Transportgesellschaften

Transportgesellschaften sind in großer Zahl in Bogotá vertreten.
Sie lassen sich in verschiedene Klassen einteilen, wobei beförderte Frachten
(Personen, Vieh, Flüssige Stoffe etc.), Frachtwege (Land-, Luft, Wasserweg) und
Frachtrouten innerstädtisch, national, international) als Gliederungskriterien
möglich erscheinen. Da nur ein begrenzter Kreis hinsichtlich seines Standortverhaltens analysiert werden konnte, beschränken sich die folgenden Betrachtungen
auf Unternehmen, die sich auf Land- bzw. Lufttransporte spezialisiert haben und
unter der entsprechenden Eintragung im Branchenfernsprechbuch aufgeführt sind.

9.1.4.1. Landtransportgesellschaften

Von den dreißig ausgewählten Branchen, die hinsichtlich ihrer Standortpräferenzen
analysiert wurden, wiesen Landtransportunternehmen die mit Abstand größte Dispersion auf. 71,4% aller untersuchten Betriebe waren außerhalb des durch Cl 5,
Cl 100 und Cra 14 begrenzten Untersuchungsraumes ansässig. Im Zentrum konzentrierte sich knapp ein Drittel aller Betriebe (13.3% in Raum 18, 14.3% in Raum 21
und 1.0% in Raum 24), in allen anderen Stadtteilen einschließlich dem S die übrigen Unternehmen (vgl. Abb.29). Bis auf die dispers verteilten, im innerstädtischen Verkehr tätigen Unternehmungen (Bus- und Taxibetriebe) sind alle anderen
Betriebe westlich der im Rahmen dieser Arbeit als Untersuchungsgrenze angenomme-
nen Cra 14 lokalisiert.
Während die Endstationen des öffentlichen Verkehrs von der zuständigen Behörde
(DATT) durch Genehmigung beantragter Buslinien festgelegt werden, bevorzugen Betriebe des Fracht- und nationalen Personenverkehrs leicht erreichbare Standorte
in Zonen mittlerer bis niedriger Grundstücks- bzw. Mietpreise, da meist größere
Flächen benötigt werden. Unter diesem Blickwinkel erweist sich ein Standort in
Zentrumsnähe als optimal; die Nachbarschaft von Konkurrenzbetrieben erhöht darüber hinaus den Kreis potentieller Fahrgäste.
Die von der Transportbranche präferierte Lage im W der City wird durch die Mobilitätsanalyse bestätigt. Das relativ ausgeprägte Umzugsverhalten
(1971-1976: 11.6%; 1976-1981: 21.4%) ist in beiden Perioden in der Hauptsache
durch Netto-Abgänge aus dem südlichen Zentrumsbereich (Teilraum 21) und Netto-Zu-
gängen der benachbarten, im W liegenden Räume 23 (Periode 1971-1976) und 20 (Periode 1976-1981) gekennzeichnet.
Im Rahmen dieser Untersuchung zeigen sich hier erstmals nach W gerichtete

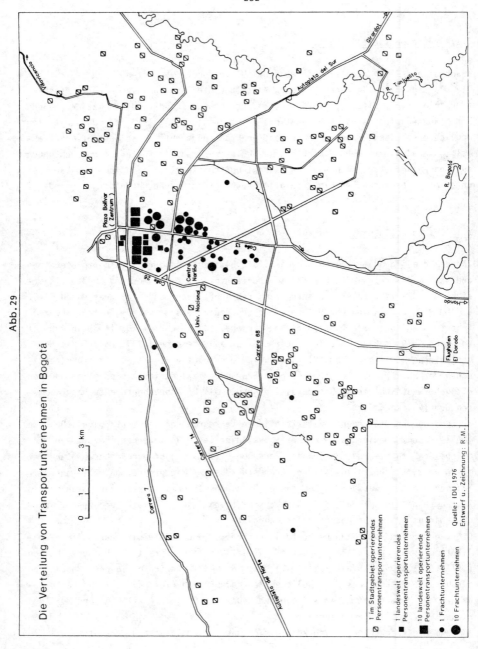

Abb.29

Die Verteilung von Transportunternehmen in Bogotá

1 im Stadtgebiet operierendes
Personentransportunternehmen

1 landesweit operierendes
Personentransportunternehmen

10 landesweit operierende
Personentransportunternehmen

1 Frachtunternehmen

10 Frachtunternehmen

Quelle: IDU 1976
Entwurf u. Zeichnung: R.M.

Standortverschiebungen. Um die wesentlichen Ursachen zu erfahren, wurden zwei Interviews mit Beschäftigten von Busgesellschaften (Flota Valle de Tenza und Flota Macarena S A.) durchgeführt.

Als Hauptursachen der Dislozierung wurden gleichrangig die hohe Kriminalität im Zentrum und die in dieselben bzw. umliegende Stadtteile gerichtete Verschiebung zahlreicher Betriebe, denen damit gewissermaßen Vorreiterfunktion zukam, genannt. Sie übten eine hohe Anziehungskraft auf bislang noch nicht verlagerte Unternehmen aus. Weiterhin beeinflußte die Möglichkeit, das Unternehmen räumlich auszudehnen (Geschäftsräume und Busparkplätze) als auch die durchschnittlich bessere Erreichbarkeit für den Kundenkreis die Umzugsentscheidung. Überdies verbindet ein im W von Cra 14 gelegener Standort den Vorteil relativ niedriger Bodenpreise mit dem eines günstigen Verkehrsanschlusses. Überlandbusse müssen nicht mehr den zeitraubenden Weg durch das Bogotaner Zentrum nehmen, sondern erreichen ihren jeweiligen Busbahnhof über eine der Umgehungsstraßen, die das Zentrum halbkreisförmig umschließen (insbesondere Cra 30 und Cra 68). Ein Standort in Chapinero, Chicó oder anderen vom tertiären Sektor bevorzugten Barrios kommt dagegen nicht in Frage: Einerseits stehen hohe Quadratmeterpreise dem Ankauf größerer Grundstücke entgegen, andererseits kommt gerade den dort ansässigen wohlhabenden Bevölkerungsschichten keine Bedeutung als Kundschaft von Bustransportgesellschaften zu.

Wenngleich die Wahl des neuen Standortes ohne Abstriche positiv gewertet wird, sehen beide Interviewpartner unabhängig voneinander einen Standort im NW der Stadt (im Bereich Cl 60 bis Cl 80 zwischen Cra 14 und Cra 30) als vorteilhafter an, da dort mit höheren Betriebserträgen zu rechnen sei. Mobilitätsüberlegungen verbieten sich jedoch aufgrund des für 1982 projektierten Baubeginns des Busbahnhofs, der im E der Av Boyacá zwischen dem Río San Francisco und der Autopista Eldorado entstehen soll (El Tiempo, 21.10.1981) und dessen Fertigstellung eine von der Regierung verordnete Verlegung aller in Frage kommenden "Flotas" (Busgesellschaften) zur Folge haben wird. Von dieser Maßnahme erhofft man sich eine Entlastung zahlreicher Hauptverkehrsstraßen zentraler Stadtbereiche, die derzeit von etwa 8000 im nationalen interurbanen Verkehr eingesetzten Bussen frequentiert werden (Concejo 1980, S.107).[35)]

9.1.4.2. Lufttransportgesellschaften

Der durch die drei Andenketten besonders in E-W-Richtung erschwerte Landverkehr hat zu einer frühzeitigen Entwicklung des Luftverkehrs geführt. Der Stellenwert

dieser für ein Entwicklungsland auf ungewöhnlich hoher Stufe stehenden Wachstums-
branche schlägt sich in der großen Zahl in- und ausländischer Luftverkehrsgesell-
schaften nieder, die in Bogotá ansässig sind. Nur größere Unternehmen unterhalten
neben einem Stadt- auch ein Flughafenbüro, die Mehrzahl ist im "Aeropuerto Internacional El Dorado" nicht präsent.
Büros von Fluggesellschaften müssen in Bogotá ohne jede Einschränkung als zentrumstypisch bezeichnet werden. Etwa jede dritte untersuchte Gesellschaft (34,7%)
unterhält im nördlichen Teil der Innenstadt (Teilraum 18) ein eigenes Büro
(Hauptverwaltung, Vertretung oder Filiale), der südlich der Av Jiménez de Quesada
gelegene Zentrumsbereich (Raum 21) wird hingegen strikt gemieden.
Bevorzugte Zentrumslagen sind die Av 19 zwischen der Cra 3 und der Cra 7, in
letzterer einsetzend in Höhe der Cl 16 bis über die Zentrumsgrenze hinaus und
Cra 10 im Abschnitt Cl 24 bis Cl 28. Die in Bogotá ausgeprägteste Konzentration
dieser Branche liegt im Centro Internacional, vor allem wegen der Nähe zu den
Hotels Tequendama und Hilton. Dieser Standort wird von jedem siebten aller im
Branchenfernsprechbuch aufgeführten Fluggesellschaften (16%) eingenommen.
Nur ca. jedes zehnte Büro (9,3%) wurde im Korridor eröffnet, in allen anderen
Teilräumen der Stadt sinkt der ermittelte Anteil auf unter 4% ab.
Mobilitätsraten wurden für Lufttransportunternehmen nicht manuell ermittelt. Da
die Daten der kolumbianischen Sozialversicherung eine nur sehr schwache Wanderung
dieses Wirtschaftszweiges erkennen ließen, wurde auf eine Befragung demzufolge
verzichtet.[36)]

9.1.5. Rechtsanwaltskanzleien

Von allen untersuchten Branchen weisen die Büros von Rechtsanwälten die höchste
Konzentration im traditionellen Zentrum auf. Von ca. 2000 im Branchenfernsprechbuch aufgeführten Kanzleien wurde eine Zufallsstichprobe von rund 9% gezogen und
auf ihre räumliche Verteilung hin analysiert. Dabei stellte sich heraus, daß im
Zentrum Bogotás zwei Drittel aller Untersuchungsfälle lokalisiert waren (Raum 18:
34,1%; Raum 21: 31,8%); hinzugerechnet werden müssen die in der Altstadt angesiedelten Anwaltskanzleien, deren Anteil an der Gesamtmenge 9,8% beträgt. Auf das
gesamte übrige Stadtgebiet verteilt sich somit die verbleibende Minderheit; weitere Schwerpunkte waren nicht erkennbar. Sehr auffällig ist demgegenüber die
schwache Besetzung des Nordens (vgl. Tab.6).

Eine nähere Analyse der Zentrumsstandorte läßt eine auf wenige Straßenzüge beschränkte ö-tliche Polarisierung dieser Branche erkennen.

Obwohl Rechtsanwaltsbüros in beiden Untersuchungsperioden mit einer nahezu konstanten, jeweils über 13% liegenden Mobilitätsrate in Erscheinung treten, tragen sie fast nicht zu der funktionalen Degeneration des Zentrums bei. Zwischen 1971 und 1981 hielten sich Wegzüge und Zuzüge nahezu die Waage. Tab.6 läßt erkennen, daß es bei der Mobilitätsaktivität der Branche lediglich zu einem innerzentralen Umschichtungsprozeß kam, nämlich zu Lasten von Raum 21 und zugunsten vor Raum 18. Die Netto-Abwanderung blieb mit je drei Betriebseinheiten in beiden Fünfjahres-Perioden unbeträchtlich.

Um die Ursachen dieser Mobilität zu erfahren, erfolgten drei Interviews mit Rechtsanwälten, die eine Lage in Citynähe (Centro Internacional) bzw. Chapinero der Präsenz im Stadtkern vorgezogen hatten. In allen drei Fällen handelte es sich um die Verlagerung kleinerer Betriebseinheiten, mit einer durchschnittlichen Mitarbeiterzahl von unter zehn.

Die Interviewpersonen der beiden vom Zentrum nach Chapinero abgewanderten Kanzleien wiesen darauf hin, daß die Hauptmotive der Verlagerung die negativen Rahmenbedingungen eines Zentrumsstandortes, vor allem Lärm, Verkehrsprobleme und hohe Kriminalität, gewesen seien. Demgegenüber war der Umzug der dritten Kanzlei von der City ins Centro Internacional von dem Willen getragen, die angemietete Bürofläche zu reduzieren.

Die Auswertung weiterer gewichteter Umzugsmotive ließ ein höheres Maß an inhaltlicher Übereinstimmung zwischen den nach Chapinero verzogenen Büros, verglichen mit dem Bürobetrieb im Centro Internacional, erkennen. Nur die räumliche Annäherung an den Kundenstamm (4.4)[37] und die Wahl eines repräsentativeren Firmensitzes (4.0) hatten ausschlaggebenden Charakter für den Standortwechsel aller drei befragten Unternehmungen.

Die Verbesserung der Transport- (3.6) und Parkbedingungen für Kunden (3.2), eine zweckmäßigere Büroausstattung (3.4) und die geringere Belästigung durch Umwelteinflüsse (Lärm, Luftverschmutzung etc.; 3.4) zeichneten lediglich für die nach Chapinero durchgeführten Verlagerungen verantwortlich.

Im höchsten Maße positiv fiel die Beurteilung der neuen Standortqualität aus. Einschränkend wies jedoch der Interviewpartner einer in Chapinero befragten Kanzlei auf die Kriminalität hin.

Mit der fiktiven Möglichkeit konfrontiert, ein weiteres Mal - ohne Entstehung von Zusatzkosten - den Bürostandort zu verlagern, entschieden sich alle Befragten dafür, die derzeitige Adresse beibehalten zu wollen.

Übereinstimmend fiel auch die Begründung aus, weshalb Rechtsanwälte in ungewohnt hoher Konzentration die Zentrumslage präferieren. Die enge funktionale Beziehung zu folgenden im Zentrum ansässigen Institutionen erfordert in den meisten Fällen eine geringe räumliche Distanz:

- Gerichte aller Ebenen einschließlich dem Obersten Gerichtshof (Corte Suprema de Justicia)
- Ministerien
- Andere staatliche und private Organisationen

Besonderes Gewicht kommt dabei den zuerst genannten Gerichten zu.
Von 472 im "Distrito Judicial de Bogotá" zusammengeschlossenen Gerichten sind 246 (52,1%) in der Landeshauptstadt lokalisiert.[38] Davon befinden sich ca. zwei Drittel in der Stadtmitte, alle übrigen Gerichte (bis auf die als "ambulant" bezeichneten, deren Anteil in Bogotá 6% jedoch nicht überschreitet) haben sich im unmittelbar an das Zentrum anschließenden westlichen Stadtraum angesiedelt.
Da sich das Haupttätigkeitsgebiet der Rechtsanwälte auch in Zukunft auf die Mitwirkung an gerichtlichen Entscheidungen erstrecken wird, ist nach einhelliger Auffassung eine zunehmende Abwanderung von Kanzleien aus dem Zentrum Bogotás nicht zu erwarten, solange nicht der Vorteil räumlicher Nähe durch negative Charakteristika des Zentrums übertroffen wird.
Vorerst ist lediglich damit zu rechnen, daß eine relativ kleine Zahl von Rechtsanwälten, die sich z.B. auf die arbeits- und wirtschaftsrechtliche Beratung von privatwirtschaftlich organisierten Unternehmen spezialisiert haben, die Zentrumslage zugunsten eines im N gelegenen Standortes aufgeben werden. Die Mobilitätsbereitschaft wird dabei umso größer sein, je stärker andere Branchen des sekundären und tertiären Sektors, die zur Klientel der rechtsberatenden Berufe gezählt werden müssen, ihre Geschäftstätigkeit vorreiterartig nach Norden verlegen.

9.1.6. Werbeagenturen

Verglichen mit anderen Branchen des tertiären Sektors ist der räumliche Konzentrationsgrad von Werbeagenturen als durchschnittlich zu bezeichnen. Rund ein Viertel der untersuchten Betriebe war 1981 im Zentrum ansässig, darüber hinaus genossen, allerdings mit erheblichem Abstand, die im N liegenden Teilräume 10, 12, 7 und 14 besondere Anziehungskraft.
Kommerzielle Pole bedeutender Wachstumszonen wie Chapinero (Cra 13), Teilraum 7

(Av de Chile) und Chicó (Cra 15) werden weitgehend gemieden, was auch durch die
Analyse des Wanderungsprozesses zum Ausdruck kommt. Statt dessen werden periphere
Lagen des Zentrums und von Sekundärzentren sowie ausgesprochene Wohnviertel west-
lich der Av Caracas bevorzugt. Konzentrationen, wenn auch nur schwach ausgeprägt,
sind z.B. in Av 19 östlich der Cra 5 und in den Wohnvierteln Teusaquillo,
La Magdalena, Quinta Camacho und La Porciúncula zu finden.

Die Mobilitätsrate der Werbebranche schwankt um 10% mit im Zeitverlauf abnehmender Tendenz. In den beiden zwischen 1971 und 1981 liegenden Untersuchungsperioden
sticht der nördliche Raum des Zentrums (Teilraum 18) als bedeutendstes Netto-Abwanderungsgebiet hervor. Dem steht von 1971 bis 1976 der Korridor als führendes
Netto-Zuwanderungsgebiet gegenüber, im folgenden Untersuchungszeitraum genossen
dagegen Teilraum 11 und andere nördlich gelegene Teilräume (allerdings nicht mar-
kante) Zuwanderungsgewinne.

Bei der Auswahl der zu befragenden Unternehmen wurde darauf geachtet, die Ursachen der Präferenz von abseits anderer kommerzieller Aktivitäten gelegenen Standorte zu erfahren, zugleich aber auch die Motive des vom traditionellen Zentrum
wegführenden Mobilitätsverhaltens zu erkunden. Aus diesem Grunde wurden zwei Interviews mit Vertretern von im Raum 14 ansässigen Werbeagenturen, eine weitere
Befragung mit einer in östlicher Randlage des Centro Internacional lokalisierten
Agentur durchgeführt.

Das Tätigkeitsfeld dieser Unternehmen reichte von der Zeichentrickfilmherstellung
über Kinorekame bis hin zur Gestaltung von Zeitungsannoncen. Die Mitarbeiterzahl
lag zwischen sieben und fünfundzwanzig Beschäftigten; nur eine der Agenturen unterhielt eine weitere Filiale.

Während in einem Fall betriebsinterne Gründe, nämlich die Erreichung der räumlichen Kapazitätsgrenze, zu einem Umzug zwangen, nannten die beiden anderen Interviewpersonen die dem Kundenstamm lästige Anfahrt ins Zentrum sowie störende Umwelteinflüsse (Lärm, Staub, welcher sich auf Folien, die bei der Zeichentrickfilmherstellung benötigt werden, niedersetzt etc.) als Hauptmotiv der Mobilitätsentscheidung

Als weitere wichtige Motive wurden die Wahl eines repräsentativeren Firmensitzes
(4.0)[37], bessere Parkmöglichkeiten für Kunden (4.0), eine zweckmäßigere Geschäftsausstattung (3.6) und die Eindämmung der Kriminalitätsgefahr (3.6) genannt.

Übereinstimmung bestand in der Beurteilung des zukünftigen Standortverhaltens der
Werbebranche Größere, mit ausreichender Finanzkraft ausgestattete Agenturen werden in zunehmendem Maße das Zentrum verlassen, um sich in nördlichen Stadtteilen
(im E und W der Cra 14) anzusiedeln. Die Bevorzugung von Wohnvierteln bietet

neben einem höheren Wohnwert für manche Agenturen zudem den Vorteil, Außenaufnah-
men für Werbezwecke in unmittelbarer Nähe des Firmensitzes durchzuführen, da diese Stadtteile i.a. mit Grünanlagen durchsetzt und vom Durchgangsverkenr verschont
sind. Architektonische Besonderheiten des Baubestandes, z.B. Häuser in englischem
Stil, tragen zu zusätzlicher Attraktivität bei. Die gleichzeitige Präsenz konkurrierender Agenturen, Filmproduktionsgesellschaften und ähnlicher Unternehmungen
wird eher als Vorteil empfunden, da durch die Nachbarschaft eine verstärkte Kooperation (Austausch von Kameras, Beleuchtungsgeräten etc. im Bedarfsfall) ermöglicht wird. Hinzu kommt die geringere Distanz zum Kundenstamm, der das Zentrum
zugunsten nördlicher Regionen meidet.
Kleinere Gesellschaften werden dagegen i.a. kaum in der Lage sein, höhere Miet-
bzw. Kaufpreise im N Bogotás zu zahlen; von ihnen wird daher eine ausgeprägte
Standorttreue gegenüber der Innenstadt erwartet.

9.1.7. Steuerberatungsgesellschaften

Aus der Vielzahl der im Bogotaner Branchenfernsprechbuch firmierenden Beratungs-
firmen wurden Steuerberatungsgesellschaften ausgewählt, die gleichzeitig eine
extern durchgeführte Firmenbuchhaltung als zusätzliche Dienstleistung anboten
("Asesorías Tributarias y Contables"). Die Standortanalyse zeigte, daß nahezu die
Hälfte der Steuerberatungsgesellschaften im traditionellen Zentrum lokalisiert
ist, davon zu ca. einem Drittel im Bereich südlich der Av Jiménez. Eine leichte
Konzentration dieser Branche zeigt sich im übrigen in der Altstadt, Chapinero und
dem Korridor, während alle übrigen untersuchten Stadtteile schwach bzw. nicht
besetzt sind.
Das traditionelle Zentrum und die Achse Centro Internacional - Korridor - Chapinero müssen nach wie vor als bevorzugte Standortregion derjenigen Betriebe angesehen werden, für die eine steuerliche oder buchhalterische Beratung durch ein
spezialisiertes Büro in Frage kommt. Aus der Verteilung der Steuerberatungsbüros
muß daher geschlossen werden, daß in erster Linie eine geringe räumliche Distanz
zum Kundenkreis standortentscheidend ist.
Netto-Zu- und Abwanderungen lassen weder eine ausgeprägte Präferenz noch Ablehnung bestimmter Stadtteile erkennen. Im Gegensatz zu den meisten anderen Branchen
mit höherer Mobilitätsbereitschaft und einem überwiegenden Kundenkreis aus den
nördlichen Mittel- und Oberschichtvierteln liegt der Schwerpunkt der in Steuer-
und Buchhaltungsangelegenheiten beratenden Büros auf Firmenkunden. Aus dieser

Sicht wird für die einzelne Beratungsgesellschaft eine Verlagerung folglich erst
dann erforderlich sein, wenn die Mehrzahl der zu beratenden Firmen abgewandert
ist, ein Vorgang, der einen längeren Zeitraum in Anspruch nimmt und die geringe
Mobilitätsbereitschaft der Steuerberatungsunternehmen erklärt (1971-81: 1,2%-1,4%
p.a.).

Die interviewten Personen in den beiden ausgewählten Gesellschaften, die das Zentrum verließen, um sich in Chapinero bzw. im Barrio El Nogal (Raum 10) anzusiedeln, gaben unabhängig voneinander die im Zentrum herrschenden Bedingungen, insbesondere Verkehrsprobleme, als auslösendes Moment der Standortverlagerung an.
Hinzu kam der Wunsch nach einem repräsentativeren Domizil in dem einen bzw.
Stadtviertel im anderen Fall.

Beide Interviewpartner ließen die Bereitschaft zu einer abermaligen Verlagerung
bis zur Cl 100 erkennen, was für die in Chapinero ansässige Firma auf Gebäudemän-
gel und die gegenüber dem Zentrumsstandort kaum verbesserte Verkehrslage, im anderen Fall auf die Überlastung der vorhandenen Raumkapazitäten zurückzuführen
war.

Die relativ niedrige Mobilitätsrate der gesamten Branche wurde neben der Fixie-
rung auf die Geschäftssitze von Kunden auch auf das im Zentrum herrschende niedrigere Mietpreisniveau und das dort übergroße Angebot an Immobilien zurückgeführt.

9.1.8. Ingenieurbüros

Eine von der Steuerberatungsbranche völlig abweichende Standortverteilung ergibt
die Analyse des (zivilen) Ingenieurwesens ("Ingeniería civil"), das sich mit Planung und Durchführung von Straßen-, Kanal-, Brücken- und anderen Bauprojekten
befaßt. Nur etwa jedes zehnte Büro war 1981 im Zentrum lokalisiert, ein weiteres
Drittel verteilte sich über südliche und vor allem westliche und nördliche Stadtgebiete, die nicht mehr zum abgegrenzten Untersuchungsraum zu zählen sind (alle
Komplementärräume und, darüber hinaus, Teilraum 1; vgl. Abb.1).

Bevorzugte Region ist eindeutig der Großraum Chapinero (Teilräume 7, 9 und 10),
in dem fast 40% aller Ingenieurbüros konzentriert sind. Cra 13 kommt hier als
Hauptverkehrsstraße besondere Standortattraktivität zu.

Ein aus den Branchenfernsprechbüchern nicht mit hinreichender Genauigkeit zu ent-
nehmender Anteil der Ingenieurbüros fungiert am Privatwohnsitz des Inhabers. Dies
erklärt den relativ hohen Besatz peripherer Stadt- (bzw. Wohn-)gebiete mit

Einrichtungen dieser Branche, bedingt aber auch, daß die hohen Mobilitätsraten (1971-1976: 22,4%, 1976-1981: 14,3%) durch Verlagerungen von Privatwohnsitzen verfälscht wurden, die im Rahmen dieser Arbeit nicht von Interesse sind.

Unter dieser Einschränkung ist das Verlagerungsverhalten zu sehen, das erst in der letzten Untersuchungsperiode (1976-1981) durch eine klar erkennbare Richtungstendenz gekennzeichnet war. In der Rangfolge hinter Chapinero waren das traditionelle Zentrum, Teilraum 17 und die Altstadt (Teilraum 24) die Gebiete mit der höchsten Netto-Abwanderung; Netto-Zuwanderungen verzeichneten besonders der durch die Av de Chile geprägte Raum 7 und andere nördliche, vornehmlich dem Grundbedürfnis "Wohnen" dienende Barrios.

Um einmal die bei einigen Branchen registrierte Abwanderung aus Chapinero, die in ihrem gesamten Ausmaß jedoch nicht mit den Verlusten des Zentrums konkurrieren kann, stichprobenartig zu untersuchen, wurden zwei Ingenieurbüros aufgesucht, die von Teilraum 9 (Chapinero) in die Av de Chile (Teilraum 7) verlagert worden waren. In beiden Fällen handelte es sich um mittelgroße Bürobetriebe mit zehn bzw. fünfzehn Mitarbeitern.

Während bei einer Firma die Notwendigkeit einer Büroflächenerweiterung den Ausschlag für die Umzugsentscheidung gab, stand bei der anderen Unternehmung das Interesse des Eigentümers im Vordergrund, die Distanz zwischen Geschäfts- und Privatwohnsitz zu verringern.

Die Frage nach weiteren potentiellen (gewichteten) Motiven ließ kein hohes Maß an Übereinstimmung erkennen, sieht man einmal von dem von beiden Interviewpartnern als äußerst wichtig bezeichnetem Ziel ab, die Arbeitsbedingungen der Angestellten zu verbessern. Während die Standortverlagerung des einen Ingenieurbüros primär auf unerfüllten Repräsentationsbedürfnissen beruhte, waren für das andere Büro die schlechte Verkehrsanbindung Chapineros, Parkplatzprobleme und das negative "Ambiente" dieses Barrios umzugsentscheidend.

Obwohl die Av de Chile derzeit als eine der besten Adressen für Einrichtungen des tertiären Sektors anzusehen ist, erklärten beide befragten Personen, einer erneuten Wahl dieses Standortes nicht zustimmen zu können. Kritisiert wurden fehlende Parkplätze, ein höheres Kriminalitätsrisiko als angenommen und die für den Individualverkehr unzulängliche Erreichbarkeit. Statt dessen votierte man für ein nördlich angrenzendes Gebiet im Bereich der Cl 100 zwischen der Cra 5 und der Cra 15. Zugleich erwartete man auch bei anderen zum Ingenieurwesen und verwandten Berufen zählenden Bürobetrieben (z.B. Designer, Konstrukteure) eine nach N gerichtete Mobilität, die bereits eingesetzt habe und weiter anhalten werde.

9.1.9. Die Verwaltungsbüros der hundert größten Gesellschaften Kolumbiens

Die administrativen Einrichtungen von Industriegesellschaften liegen häufig an einem von den Produktionsstätten des Unternehmens abgekoppelten Bürostandort. Damit tragen sie in gleichem Maße wie Bürobetriebe des tertiären Sektors zum Charakter der City und anderen Stadtregionen bei. Die Verteilung ihrer Standorte im Stadtgebiet Bogotás ist daher im Rahmen dieser Arbeit von hohem Interesse. Gleichzeitig bot es sich an, innerhalb dieses Untersuchungskomplexes auch der Frage nachzugehen, inwieweit Bogotá Filialstandort von Industrie- und anderen Großunternehmen ist, die in anderen Landesteilen produzieren oder Dienstleistungen erstellen, aber auf die besonderen Fühlungsvorteile in der Landeshauptstadt nicht verzichten wollen.

Um beide Fragestellungen simultan behandeln zu können, wurde eine Aufstellung der hundert größten in Kolumbien ansässigen Gesellschaften (gemessen an der Summe ihrer Aktiva) herangezogen, in die auch Tochterunternehmen ausländischer Firmen integriert sind, und alle aufgeführten Unternehmen zunächst auf ihren Standort hin untersucht. Das Ergebnis verdeutlicht Tab.29:

Tabelle 29: Regionale Hauptsitzverteilung der 100 größten Gesellschaften Kolumbiens 1980

Stadt	Zahl der Unternehmen mit Hauptsitz	davon mit Filiale in Bogotá	in Prozent
Bogotá	53		
Medellín	20	13	65,0
Cali	11	9	81,8
Cartagena	3	1	33,3
Barranquilla	5	4	80,0
Andere Städte	8	1	12,5
Insgesamt	100	28	

Quelle: CONFECAMARAS 1981, S.8f.
    Auswertungen des Branchenfernsprechbuches "Páginas Amarillas" (ETB),
    Jg. 1981, durch den Verf.

Damit sind über 80% aller untersuchten Gesellschaften in Bogotá vertreten, was deutlich den hohen Stellenwert symbolisiert, der dieser Stadt im Vergleich zu konkurrierenden Städten Kolumbiens von Großfirmen der Industrie eingeräumt wird. Die Standortwahl derjenigen Unternehmen, die lediglich Büros, aber keine Produktionsstätten in Bogotá betreiben, läßt eine deutliche Bevorzugung zentraler oder in der Peripherie des Zentrums gelegener Stadtteile erkennen. Als eindeutige Schwerpunkte sind das traditionelle Zentrum (21 Standorte) und der besonders von Industrieverwaltungsbüros geprägte Stadtraum zwischen Cl 31 und Cl 39 östlich der Cra 13 (28 Standorte) zu klassifizieren. Acht weitere verwaltende Einrichtungen waren nördlich der Cl 40 (bis auf eine Ausnahme ausschließlich östlich von Av Caracas) angesiedelt. Alle übrigen Unternehmen verfügten über eine Adresse in den Industriezonen Bogotás (vgl. Abb.10), sodaß davon auszugehen ist, daß dort Verwaltung und Produktionsstätten unter einem Dach liegen.

Auf die Errechnung von Mobilitätsraten wurde wegen der geringen Stichprobengröße und der unterschiedlichen Zusammensetzung des betrieblichen Aufgabengebietes (Produktion und Verwaltung oder reine Verwaltung) bewußt verzichtet.

Statt dessen wurden fünf Interviews mit Vertretern von Industrie- bzw. Handelsgesellschaften durchgeführt, deren Hauptsitz und Produktionsstätten nicht in Bogotá lagen und die nur ein Filialbüro in der Landeshauptstadt (im Zentrum oder im Korridor) unterhielten. Diese Einschränkung garantierte, daß rein produktionsmäßige Standortvorteile (z.B. die Ausbeutung von Bodenschätzen, Annäherung an Zulieferbetriebe, Ausnutzung von Arbeits- oder Absatzmarktvorteilen etc.) ohne jegliche Bedeutung für die Präsenz in Bogotá waren. Welche Ziele die Hauptverwaltungen mit der Unterhaltung von Bürofilialen in der bedeutendsten Stadt Kolumbiens verfolgten, war Gegenstand der durchgeführten Befragungsaktion.

Tab.30 verdeutlicht, welche Unternehmen im einzelnen aufgesucht wurden.

In allen Fällen wies man auf die Vorteile räumlicher Nähe zu öffentlichen und privaten Institutionen bzw. Personen hin, die nur durch persönliche Anwesenheit von Firmenpersonal in Bogotá genutzt werden können. Im einzelnen wurden Kontakte zu folgenden Institutionen bzw. Personengruppen als standortrelevant angegeben:

Tabelle 30: Charakteristika von fünf ausgewählten Großunternehmen mit Filialstandort in Bogotá

	Coltejer	Cristalería Peldar S.A.	Propal	Uniban	Simesa
Hauptsitz:	Medellín	Medellín	Cali	Medellín	Medellín
Branche:	Textil	Glas	Papier	Handel	Eisen und Stahl
Standort Fabrik(en):	Medellín	Medellín Barranquilla Zipaquirá	Yumbo/Cali	-	Medellín
Beschäftigtenzahl (ca.):	17.000	3.600	1.200	660	1.500
Adresse Bogotá:	Cra 13 No.37-43	Cra 7 No.24-89	Cra 10 No.24-55	Cra 10 No.24-55	Cl 19 No.4-88
Jahr der Büroeröffnung:	1977	1957	1974	1979	1970
Beschäftigtenzahl in Bogotá:	10	7	20	12	4

Quelle: Befragungen des Verf. im November 1981

Bezeichnung der Institutionen bzw. Personengruppen	Zahl der Nennungen
1. Kundenkreis	5
2. INCOMEX (Importkontrollbehörde)	4
3. PROEXPO (Exportförderungsbehörde)	4
4. Ministerio de Desarrollo Económico (Wirtschaftsministerium)	3
5. Ministerio de Relaciones Exteriores (Außenministerium)	3
6. Andere Regierungsstellen	2
7. Botschaften	2
8. ANDI (Industriellenvereinigung)	2
9. Handelsgesellschaften/Großhandel	2
10. Zollbehörden	1
11. Hafenbehörden (Colpuertos)	1
12. Ministerio de Minas (Bergbauministerium)	1
13. Superintendencia de Indústria y Comercio (Staatliche Aufsichtsbehörde für Industrie und Handel)	1
14. Superintendencia de Sociedades Anónimas (Staatliche Aufsichtsbehörde für Aktiengesellschaften)	1
15. Aktionäre	1
16. Cámara de Comercio de Bogotá (Handelskammer)	1
17. Banco de la República (Zentralbank)	1

Auffällig ist die häufige Nennung öffentlicher Einrichtungen (22 Nennungen) und des Kundenkreises, der für alle aufgesuchten Unternehmen standortentscheidenden Einfluß ausübte.

Bei vier der fünf Gesellschaften, die sich an der nördlichen Peripherie bzw. außerhalb des Zentrums angesiedelt hatten, ist mit einem Standortwechsel in absehbarer Zeit nicht zu rechnen. Die große Zufriedenheit mit der gewählten Lage gründet sich in erster Linie auf die räumliche Nähe zu den oben angeführten Institutionen.

Die im Interview als zu groß bezeichnete Entfernung zu denjenigen Organisationen, die für das Unternehmen "Simesa" - als einziges im zentralen Bereich der Innenstadt lokalisiert -, von herausragender Bedeutung sind, wird hingegen demnächst zu einer Verlagerung ins Centro Internacional führen.

Die Frage nach dem Standortverhalten von Konkurrenzbetrieben wurde von Branche zu Branche unterschiedlich beantwortet.

In der Textil ndustrie existieren zwar weitere Filialbüros produzierender Unternehmen, die in anderen Landesteilen ansässig sind, allgemein ist eine Präsenz derartiger Fi men in Bogotá jedoch nicht zu konstatieren.

Der Konzentrazionsgrad in der kolumbianischen Glasindustrie ist so hoch, daß von den betreffenden Angestellten der in die Befragung einbezogenen Unternehmen nur eine weitere Gesellschaft, die Fabriken in Soacha und Buga (Valle) betreibt und ebenfalls ein Büro in Bogotá unterhält, als ernstzunehmende Konkurrenz angesehen wird.

Ähnliches gilt für "Propal", ein Unternehmen der Papierindustrie. Es produziert auf der Basis von Zuckerrohrbagasse bei Cali im Departamento Valle, pflegt aber gleichzeitig Kontakte in der Landeshauptstadt durch die dort ansässige Vertretung. Die Interviewperson nannte als Konkurrenzbetrieb nur "Cartón de Colombia", eine Aktiengesellschaft, die neben Verwaltungseinrichtungen auch eine Fabrik in Bogotá unterhält.

Das Handelsunternehmen "Uniban" sah sich dagegen nur im wirtschaftlichem Wettstreit mit ausländischen Gesellschaften, die von der Betrachtung ausgeschlossen waren.

In der Eisen- und Stahlindustrie schließlich hängt das Standortverhalten u.a. von Lagerstätten der Produktlinie ab. BRÜCHER unterscheidet zwei Betriebstypen in diesem Wirtschaftszweig, nämlich zum einen fast ausschließlich Schrott verarbeitende kleine Stahlwerke und Schmelzhütten in größeren Zentren, zum anderen das einzige integrierte Hütten- und Stahlwerk des Landes, "Acerías Paz del Río S.A.", 1980 das siebtgrößte Unternehmen Kolumbiens (CONFECAMARAS 1981, S.8f.). Diese Aktiengesellschaft unterhält die Hauptproduktionsstätte im Departamento Boyacá (ca. 250 km von Bogotá), wo sich in enger Nachbarschaft Lagerstätten von Kohle, Eisenerz und Kalk befinden, während die Hauptverwaltung in Bogotá ansässig ist. Am Beispiel dieses Hütten- und Stahlwerkes läßt sich exemplarisch der Standortdualismus Hauptverwaltung-Produktionsstätte von Industrieunternehmen in Entwicklungsländern studieren.

1954 offiziel eingeweiht, sollte das Hütten- und Stahlwerk primär die Abhängigkeit Kolumbiens von Eisen- und Stahlimporten reduzieren. BRÜCHER stellt fest, daß wenn überhaupt an die regionale Industrialisierung des Departamentos Boyacá und die Schaffung von Folgeindustrien gedacht worden war, es sich nur um sekundäre Ziele handelte. Ein entscheidender Industrialisierungsimpuls blieb jedoch aus (1975, S.68). War schon der Standort des integrierten Hüttenwerkes aufgrund verschiedener ungünstiger Faktoren umstritten, so war nie ernsthaft in Erwägung gezogen worden, auch die Hauptverwaltung dort anzusiedeln. Gerade die Vorteile einer infrastrukturell bestens ausgestatteten Landeshauptstadt, die aufgrund ihrer

Marktgröße hervorragende Absatzbedingungen sowie zeit- und kostensparende Kommunikationsmöglichkeiten bietet, sprachen von vornherein für einen Stardort in Bogotá. Besondere Bedeutung muß der Tatsache beigemessen werden, daß der kolumbianische Staat, der traditionell eine zentralistisch ausgerichtete Wirtschaftspolitik betreibt, zu den Gründungsaktionären von "Paz del Río" gehörte. Auch war der Landesregierung daran gelegen, durch Ansiedlung der Hauptverwaltung in Bogotá zusätzliche Arbeitsplätze zu schaffen. Wie im Falle von "Paz del Río" entscheiden häufig Bodenschätze oder andere unabdingbare Standortfaktoren über d-e Lage industrieller Produktionsstätten; die fehlende Notwendigkeit, Produktion und Verwaltung zusammenzulegen, führt insbesondere dann, wenn die Produktion ir entlegenen Landesteilen aufgenommen wird, zu einer Abkoppelung der Verwaltungsfunktionen. Der Fühlungs- und Marktvorteil, den die bisweilen weit entfernte Lanceshauptstadt verspricht, verhindert in vielen Fällen eine Standortentscheidung zugungsten kleinerer, näher zum Produktionsstandort gelegener Städte.

Hieraus ergibt sich ein Selbstverstärkungseffekt, der Dezentralisaticnsbestrebungen entgegensteht: Je größer und vielseitiger der in der Metropole konzentrierte tertiäre Sektor ist, umso attraktiver erscheint ein Standort in der Nähe dieser Funktionen. Folge ist, daß sich Dienstleistungsunternehmen, Verwaltungseinrichtungen von Industriebetrieben, aber auch produzierende Betriebsteile, sofern nicht Standortrestriktionen wirksam werden, magnetartig angezoger fühlen. Von diesem Prozeß sind sowohl Unternehmensgründungen als auch bereits existierende Wirtschaftsunternehmen betroffen. In Kolumbien trug dieser Selbstverstärkungseffekt entscheidend dazu bei, daß Bogotá - seit jeher das tertiäre Großzentrum des Landes - das industriell zunächst dominierende Medellín überrundete. Diese Entwicklung äußerte sich zwangsläufig in einer Ausweitung der Anzahl citytypischer Funktionen im Stadtkern Bogotás.

9.1.10. Arztpraxen

Da zu vermuten stand, daß die Standortwahl niedergelassener Ärzte berufsspezifischen Verhaltensweisen unterliegt, wurden neben Praxen für Allgemeinmedizin auch Facharztpraxen (Kardiologen, Fachärzte für plastische Chirurgie und Bakteriologen) in bezug auf ihre Standortpräferenzen untersucht.

9.1.10.1. Praxen für Allgemeinmedizin

Standortkennzeichnend für diesen Zweig des tertiären Sektors ist der hohe Streuungsgrad. Mehr als ein Drittel aller im Branchenfernsprechbuch registrierten Praxen lag in N, W und S Bogotás außerhalb derjenigen Teilräume, die im Blickpunkt der Untersuchung standen.

Nur jede elfte Praxis war 1981 im Zentrum lokalisiert (zum Großteil in Teilraum 18); bis auf Chapinero (Raum 9 und 10), - von einer auffälligen Konzentration, die fast 30% aller Praxen umfaßte, gekennzeichnet -, ließ sich kein weiterer regionaler Schwerpunkt ermitteln (vgl. Tab.6).

Die Mobilitätsbereitschaft ist im Vergleich zu anderen Branchen mittelstark ausgeprägt und bewegte sich in den letzten zehn Jahren zwischen 2.2% und 2.8% p.a..

In den beiden je fünf Jahre umfassenden Untersuchungszeiträumen ist eine deutliche Verschiebung der Standortpräferenzen eingetreten. Während von 1971 bis 1976 nur Teilraum 10 als eindeutiges Netto-Zuwanderungsgebiet eingestuft werden konnte, bildete sich von 1976 bis 1981 der Korridor als führendes Netto-Abwanderungsgebiet heraus, Raum 6 (El Lago) verzeichnete die meisten Zugänge (vgl. Tab.6).

Die Ergebnisse des Interviews, die über den Postweg zugestellt wurden, lassen in keiner Weise Auffälligkeiten erkennen, die nicht auch für andere, nicht-medizinische Dienstleistungsbranchen zutreffen könnten. Sie sollen auszugsweise wiedergegeben werden unter dem Hinweis, daß eine verallgemeinernde Darstellung wegen der fehlenden Repräsentativität der erhaltenen Antworten unterbleiben muß.

Den entscheidenden Anstoß zu der Verlagerung vom Zentrum in das Barrio El Lago gab der nicht näher erläuterte Wunsch nach einer allgemeinen Standortverbesserung.[39]

Anhand der Gewichtung weiterer potentieller Umzugsmotive ist erkennbar, daß die folgenden Faktoren als gleichrangig ursächlich für den Standortwechsel angesehen wurden (5.0):[37]

1. Bessere Transportmöglichkeiten für Kunden
2. Bessere Parkmöglichkeiten für Kunden
3. Verminderung der Gefahr von Kriminalität und Unsicherheit sowohl für Angestellte und Kunden als auch für betriebliche Einrichtungen
4. Verminderte Belästigung durch Lärm, Luftverschmutzung, ambulante Händler etc. ("Ambiente")
5. Erwartung zukünftiger Wertsteigerungen des Immobilieneigentums
6. Wahl eines repräsentativeren Domizils und Stadtteils

7. Vermeidung wirtschaftlicher, existenzgefährdender Schwierigkeiten

8. Räumliche Annäherung an Kundenkreis

Die Kundenbezogenheit des Standortverhaltens wird durch die Angabe unterstrichen, daß die Mehrzahl der Patienten aus nördlichen und westlichen Stadtteilen stammte. Die Erweiterung des Patientenkreises hat, wie sich aus obiger Aufstellung entnehmen läßt, eine existenzgefährdende Entwicklung, die beim Verharren am Zentrumsstandort gedroht hätte, verhindert. Die Zufriedenheit mit dem neuen Standort war daher uneingeschränkt.

9.1.10.2. Facharztpraxen

Um eine ausreichende Anzahl von Erhebungseinheiten zu erhalten, wurden exemplarisch drei facharztliche Richtungen ausgewählt und aggregiert analysiert. Es handelt sich um die Fachbereiche Kardiologie, Bakteriologie und plastische Chirurgie.
Der ermittelte Konzentrationsgrad dieses Dienstleistungsbereiches liegt deutlich über dem der Allgemeinmediziner. Nur jede sechste Praxis war 1981 in den Außenbezirken der Stadt lokalisiert, die nicht zum betrachteten Untersuchungsraum gehören. Das Zentrum und umliegende Teilräume werden weitgehend gemieden. Große Anziehungskraft weisen hingegen nördlich der Stadtmitte gelegene Zonen wie Chapinero, der Korridor und El Lago auf. Die Räume 6, 9, 10 und 12 dienen etwa zwei Drittel der untersuchten Arztpraxen als Standort.
Erheblicher Einfluß auf die Verteilung kommt dabei Kliniken zu, in denen mehrere Facharztpraxen der gleichen Fachrichtung untergebracht sind; dies hat den Vorteil, daß somit auch eine stationäre Behandlung der Patienten möglich ist. Ein derartiges Beispiel ist die Clínica Marly in der Cra 13 No.49-40 (Teilraum 9), in der nicht weniger als zehn Facharztpraxen der untersuchten Fachbereiche vertreten waren.
Die Mobilitätsrate der Fachärzte ist nahezu doppelt so hoch wie die der Allgemeinmediziner. In beiden die vergangenen zehn Jahre betreffenden Untersuchungsperioden lag sie bei jeweils ca. 20% (4% p.a.).
Dabei verschoben sich die von Abwanderungen besonders betroffenen Stadtgebiete im Zeitablauf nach Norden: Verzeichneten noch von 1971 bis 1976 das traditionelle Zentrum (Teilraum 18) die meisten Ab-, die Teilräume 6 und 7 dagegen die meisten

Zugänge, verlagerten sich im darauffolgenden fünfjährigen Untersuchungszeitraum die meisten Praxen von Teilraum 13 und 15 nach N, ohne daß konzentrierte räumliche Präferenzen erkennbar gewesen wären.

Aus Anlaß des ebenfalls beobachtbaren Abzuges von Facharztpraxen aus der kommerziell am intensivsten genutzten Zone Chapineros (Raum 9) wurde ein Interview mit einem Kardiologen durchgeführt, der seine Praxis von Raum 9 nach Raum 6 (El Lago) verlagert hatte. Hauptmotiv war der Wunsch, in einem repräsentativeren Domizil und Stadtteil zu praktizieren, um hierdurch eine Ausweitung des Patientenkreises und damit eine Steigerung der Einnahmen herbeizuführen. Dieses Ziel wurde erreicht. Gleichzeitig wurde der Standortwechsel für eine räumliche Ausdehnung der Praxisfläche und für die Verbesserung der Arbeitsbedingungen genutzt. Beklagt wurde die von der Kreditwirtschaft geübte Zurückhaltung, finanzielle Mittel für den Umzug und entstandene Anlaufkosten bereitzustellen. Die Unzufriedenheit mit dem neuen Standort in El Lago, hervorgerufen durch den Verkehrslärm der Cra 15, führte inzwischen zu einem neuerlichen Standortwechsel in das Barrio Chicó. Der befragte Mediziner äußerte abschließend seine Überzeugung, daß auch in Zukunft Fachärzte eine nordwärts gerichtete Mobilität erkennen lassen werden.

An dieser Stelle sei kurz auf ein Teilergebnis der Befragung ausgewählter Personen hingewiesen, deren gemeinsames Charakteristikum u.a. "Zugehörigkeit zur Oberschicht" war und denen neben Fragen zum Einkaufsverhalten, auf die in Kap.9.3.3. noch näher e nzugehen ist, auch Fragen zu von ihnen bevorzugten Ärzten und Kliniken vorgelegt wurden. Dabei stellte sich heraus, daß, wie zu erwarten stand, keine der Interviewpersonen Ärzte im Zentrum kontaktierte. Die Standorte von Praxen frei praktizierender Mediziner waren ausnahmslos nördlich von Cl 72 lokalisiert. Hingegen sind diejenigen Kliniken, die von den Angehörigen der Oberschicht aufgesucht werden sowohl in Chapinero, so z.B. die bereits erwähnte Clínica Marly (mit den Behandlungsschwerpunkten Orthopädie und Chirurgie), die Kliniken San Ignacio (Neurologie und Neurochirurgie), Palermo und das Hospital Militar, als auch im N Bogotás ansässig, wie z.B. die über Kolumbien hinaus bekannte Augenklinik Barraquer, die Shaio-Klinik (Herzkrankheiten) und die Clínica Antiguo Country.

Die im allgemeinen schlechter ausgerüsteten Kliniken in anderen Stadtteilen werden dagegen von wohlhabenden Patienten gemieden.

9.1.11. Ergebnisse der Betrachtung von Bürobetrieben und Einrichtungen des Gesundheitswesens

Aus der in den vorangegangenen Kapiteln durchgeführten Betrachtung einzelner Branchen lassen sich abschließend die folgenden Aussagen ableiten:

1. Trotz fehlender Repräsentativität der Ergebnisse ist zu erkennen, daß die ehemals unangefochtene Vormachtstellung des Zentrums als Standort für Dienstleistungsbetriebe schwindet.

2. Trotz des branchenabhängigen, bisweilen stark differierenden Präferenzverhaltens in der Standortbewertung ist eine allgemeine Bevorzugung nördlicher Stadtteile unverkennbar zu beobachten, ohne daß sich dort ein bestimmter Teilraum als dominante Zuwanderungszone herauskristallisiert hätte.

3. Die in Kap.6 vorgenommene Analyse der für die Mobilität des tertiären Sektors ursächlichen Faktoren und ihre Ergebnisse korrespondieren mit den Aussagen der Interviewteilnehmer. Die allgemein konstatierte Belastung des Zentrums durch Engpässe im Verkehrswesen, hohe Kriminalitätsraten, negative Umwelteinflüsse etc. mit einer entsprechenden negativen Auswirkung auf die Bodenpreisentwicklung haben die Standortpolitik der Bürobranchen beeinflußt.

4. Allgemein wird in Bogotá davon ausgegangen, daß die unumstrittenen Lagevorzüge des Nordens in der Zukunft zu weiteren Verlagerungen zu Lasten des Zentrums führen werden, wobei die hohe Standortzufriedenheit der entscheidungsbefugten Personen in "Vorreiter-Betrieben" und ihre stetig wachsende Zahl zur Beschleunigung des gesamten Mobilitätsprozesses beitragen werden.

5. Die Aussagen der Interviewteilnehmer ließen deutlich erkennen, daß der Verlagerungsprozeß des tertiären Sektors nicht als ein einmaliger, ausschließlich vom Zentrum nach N gerichteter Vorgang angesehen werden kann, sondern daß bereits andere Stadtteile, insbesondere Chapinero, ebenfalls vom Wegzug zahlreicher Dienstleistungsunternehmen betroffen sind. Wenngleich dort die Mobilitätswelle bislang deutlich weniger Betriebe erfaßt hat, so kann nicht übersehen werden, daß weitgehend dieselben Mißstände, durch die auch das Zentrum charakterisiert ist, die Ursache dieser überwiegend nach N gerichteten Abwanderung sind.

9.1.12. Vertikale Bürokonzentration in Hochhäusern

Der Konzentrationsgrad von Unternehmen des tertiären Sektors hängt definitionsgemäß in starkem Maße von den Bauhöhen der Bürogebäude ab. Deshalb sollen Hochhäuser hier gesondert untersucht werden.

Der räumliche Schwerpunkt der Hochhauszone liegt, wie bereits BRÜCHER 1969 zeigte (S.185), im Zentrum. Sie erstreckt sich vom Plaza de Bolívar (Cl 10/Cl 11) bis zur Cl 42 und setzt in Chapinero erneut ein (vgl. a. Luftbilder im Anhang). Erstaunlicherweise sind ausgesprochene Wolkenkratzer nicht vornehmlich in dem am intensivsten genutzten Bereich des Zentrums (vgl. Abb.7), sondern nördlich von Cl 15, insbesondere aber im Bereich des Centro Internacional lokalisiert.

Bevor auf die Stockwerknutzung ausgewählter Gebäude näher eingegangen wird, sollen jedoch noch einige Hintergrundinformationen zum Themenbereich "Hochhäuser" gegeben werden.

Trotz der fast hundertjährigen Tradition dieser Konstruktionsart wurden Hochhäuser in der stadtgeographischen Literatur bislang nur selten angesprochen. Dies hängt primär mit der noch geringen Untersuchung von Büros zusammen, was im wesentlichen auf die zeitlich spät einsetzende Expansion des Dienstleistungssektors, die Spezialisierung der Funktionen und schließlich das unzureichende und überdies schwer zugängliche Datenmaterial zurückzuführen ist (vgl. Kap.2.3.).

Entscheidendes Motiv für den Bau von Hochhäusern war und ist die bessere Raumnutzung eines zur Verfügung stehenden Grundstücks. Wirtschaftlichkeitsrechnungen haben ergeben, daß die Rentabilität des investierten Kapitals im Regelfall mit zunehmender Gebäudehöhe steigt (DANIELS 1975, S.2f.). Derartige naheliegende Überlegungen galten in Bogotá jedoch nur zeitweise. In der Anfangsphase des Wolkenkratzer-Baus wurden Gebäude mit ca. 20 Stockwerken errichtet (Edificios Bachué, Bochica etc.); es folgte eine Steigerung auf ca. 35 (Seguros Tequendama, Seguros Colombia, Seguros Fénix, Avianca) bis 47 Stockwerke (Torres Colpatria und Las Américas . Der bereits von den zuständigen Behörden genehmigte Bau eines 60-stöckigen Gebäudes kam hingegen nicht über das Planungsstadium hinaus. Zur Zeit werden in Bogotá Gebäude mit nicht mehr als 30 Stockwerken favorisiert (BORRERO u. DURAN 1980, S.94f.).

In den 70er Jahren erlebten die Bereiche des traditionellen Zentrums und des Centro Internacional einen realen Bodenpreisrückgang (vgl. Kap.6.3.1.2.1.). Infolgedessen wurde der rentabilitätserhöhende Effekt, der mit dem Bau zusätzlicher Stockwerke auf teurem Boden normalerweise erreicht wird, durch im Vergleich zur Gebäudehöhe überproportional ansteigende Erstellungskosten mehr als kompensiert. Zudem geht der nutzbare Geschoßflächenanteil bei Hochhäusern mit zunehmender

Stockwerkzahl zurück, da zusätzliche Versorgungseinrichtungen (Fahrstühle, Luft-
schächte etc.) eingeplant werden müssen. Auch kam es in Bogotá, im Gegensatz zu
bestimmten anderen lateinamerikanischen Großstädten, wie z.B. Caracas oder auch
Medellín, nie zu einer eigentlichen Knappheit an bebaubaren Flächen, da einer
horizontalen Ausdehnung nach N und W in die großräumige Sabana keine topographischen Hindernisse entgegengestellt sind (SANABRIA 1970, S.28). Ein "Zwang in die
Höhe" war in Bogotá deshalb nie gegeben.

Bei der Auswahl der Hochhäuser, die unter dem Aspekt der vertikalen Bürokonzentration untersucht werden sollten, galten als Kriterien die Gebäudehöhe und die
Lage im Stadtgebiet. Da einerseits die höchsten Gebäude Bogotás im Zentrum lokalisiert sind, andererseits ein erheblicher Anteil der im N erbauten Hochhäuser
ausschließlich Wohnzwecken dient, erschien es zweckmäßig, die Analyse der vertikalen Bürokonzentration auf den zentralen Stadtbereich zu beschränken. Dabei wurde darauf geachtet, daß sowohl Hochhäuser im traditionellen Zentrum als auch im
Centro Internacional in die Untersuchung miteinbezogen wurden.

Aus Abb.30 ist der Name und Standort der sieben ausgewählten Gebäude zu ersehen.
Zugleich läßt sich die Gebäudehöhe und Art der Büronutzung, getrennt nach Stockwerken, erkennen.

Danach läßt sich die Nutzung von Bürohochhäusern grundsätzlich in zwei Arten einteilen: Zum einen handelt es sich um die auf wenige Funktionen spezialisierte,
zum anderen um die diversifizierte Nutzung.

Während bei der spezialisierten Nutzung (zu der die Hochhäuser "Banco Cafetero",
"Avianca", "Seguros Tequendama" und "Banco Ganadero" zu zählen sind) ca. 70% bis
80% der insgesamt verfügbaren Geschoßflächen von jeweils zwei bis maximal drei
privaten oder öffentlichen Institutionen eingenommen werden, ist den Wolkenkratzern mit diversifizierter Nutzung ein hoher Anteil branchenfremder Unternehmen
gemeinsam, der lediglich durch wenige, schwach dominante Wirtschaftszweige auf
ca. 60% (Hochhaus "Covinoc") bis 85% (Hochhäuser "Colpatria" und "Seguros Fénix")
begrenzt wird. Im einzelnen handelt es sich bei diesen Branchen um Finanzierungsgesellschaften (Hochhaus "Colpatria"), ein auf Forderungseintreibung und Handels-
auskünfte spezialisiertes Unternehmen sowie Rechtsanwaltskanzleien (Hochhaus "Covinoc") bzw. Repräsentanzen ausländischer Kreditinstitute (Hochhaus "Seguros Fénix").

Diejenigen Gesellschaften, die ursprünglich als Bauherren in Erscheinung traten
und nach denen die Gebäude unter Ausnutzung der Werbewirksamkeit benannt wurden,
unterhalten (bis auf den Banco Cafetero und Banco Ganadero) in jeweils maximal
vier Stockwerken Büros.

Während die öffentlichen, für den Außenhandel zuständigen Institutionen INCOMEX

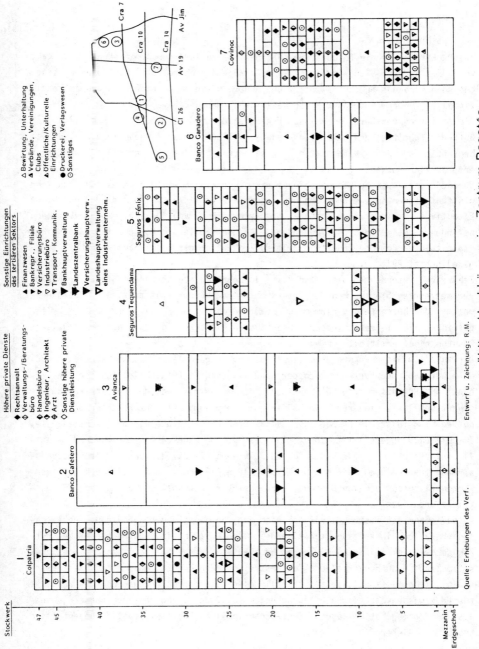

Nutzung ausgewählter Hochhäuser im Zentrum Bogotás

Quelle: Erhebungen des Verf.

Entwurf u. Zeichnung: R.M.

und PROEXPO sowie die Corporación Nacional de Turismo durch Anmietung bzw. Kauf von Büros im Centro Internacional (im Gebäude des Banco Cafetero) präsent sind, befinden sich das Außenministerium und andere öffentliche Einrichtungen im traditionellen Zentrum Bogotás (im Hochhaus "Banco Ganadero").

Die Anmietung von Büros im Avianca-Hochhaus durch den Banco de la República ist auf die unmittelbare Nähe des Hauptverwaltungsgebäudes zurückzuführen, dessen begrenzte räumliche Kapazität die Auslagerung bestimmter Zentralbankfunktionen erforderlich machte.

Über die genannten Funktionen hinaus haben nur wenige weitere Gesellschaften mehr als fünf Etagen im gleichen Gebäude angemietet. Hierzu zählen z.B. der "Club de Ejecutivos", die kolumbianische Hauptverwaltung von IBM (beide Organisationen befinden sich im "Seguros Tequendama"-Gebäude) sowie die Corporación Financiera "Instituto de Fomento Industrial" im Wolkenkratzer der kolumbianischen Luftfahrtgesellschaft Avianca.

Zahlreiche Unternehmen betreiben Büros in mehreren, durch andere Etagen voneinander getrennten Stockwerken der untersuchten Hochhäuser, was meist als Expansionsmerkmal der betreffenden Firmen aufgefaßt werden muß.

Betriebe, die in verschiedenen Hochhäusern gleichzeitig Büroräume unterhalten, konnten nicht ermittelt werden.

Die anteilsmäßig stärkste Gruppe der Nutzung ausgewählter Büro-Hochhäuser in Bogotá wird von Hauptverwaltungen der Kreditwirtschaft (einschließlich der Zentralbank) und Finanzierungsgesellschaften, der Industrie und der Versicherungswirtschaft gebildet, die rund die Hälfte der insgesamt 241 untersuchter Stockwerke nutzen. Ihr folgt die Gruppe diversifizierter Büro-Kleinbetriebe (Rechtsanwälte, Immobilienbüros etc.) mit einem Anteil von ca. 55 Stockwerken (22.8%) und staatliche Institutionen, die lediglich in 27 Etagen (11.2%) der untersuchten Hochhäuser anzutreffen sind. Die Nutzung der übrigen Flächen verteilt sich auf Repräsentanzen (insbesondere von Banken), Verbände, Vereinigungen sowie sonstige Bürobetriebe und Clubs.

Abschließend ist festzuhalten, daß eine vom Hochhausstandort abhängige Funktionskonzentration nicht festgestellt werden konnte. Zwar sind unterschiedliche Nutzungsschwerpunkte in den einzelnen Hochhäusern erkennbar; da jedoch keine "gesetzmäßige" Branchenverteilung festgestellt werden konnte, müssen die hier gewonnenen Erkenntnisse solange als zufallsbedingt interpretiert werden, bis weiterführende wissenschaftliche Untersuchungen (z.B. Befragung von Büroinhabern, Analyse von Kommunikationswegen, Kontakthäufigkeiten etc.) eventuelle gegenteilige Ergebnisse liefern.

9.2. Der öffentliche Sektor

Die einzige bislang in Bogotá veröffentlichte Darstellung über die räumliche Verteilung der in der kolumbianischen Landeshauptstadt im Staatsdienst beschäftigten Personen datiert aus dem Jahre 1973 (República de Colombia et al., 1973(a)). Die Studie, die als Ergänzung ("Apéndice Técnico") zum stadtplanerischen Projekt "Estudio de Desarrollo Urbano - Fase II" angefertigt wurde, beschäftigt sich mit der allgemeinen Frage von Lokalisation und Dezentralisationsmöglichkeiten von Beschäftigten in Industrie, Handel, Büros und im administrativen Bereich in Bogotá. Dahinter stand die Überlegung, durch schrittweise Verlagerung von am Wirtschaftsprozeß beteiligten Gruppen die Stadtmitte als den Ort mit dem höchsten Beschäftigungspotential zu entlasten. So sollte z.B. ein Teil des öffentlichen Sektors in Stadtviertel verlagert werden, die innerhalb des Konzeptes "Nuevas Ciudades dentro de la Ciudad" ("Neue Städte innerhalb der Stadt") als zukünftige Sekundärzentren ausgewiesen waren. Von einer erfolgreichen Re-Lokalisation des öffentlichen Sektors versprach man sich zumindest stimulierende psychologische Effekte auf Bereiche der Privatwirtschaft (República de Colombia et al. 1973(a), S.39), die jedoch nicht eintraten.

Bereits zum Zeitpunkt der Erstellung der Studie (1972/73) befand sich ein erheblicher Teil öffentlicher Einrichtungen im CAN (Centro Administrativo Nacional), einem an der zum Flugplatz führenden Ausfallstraße gelegenen, ca. 6 km vom Zentrum entfernten Areal, das öffentlichen Institutionen vorbehalten ist.

Wie aus der auch im Jahre 1981 unverminderten Bautätigkeit im CAN geschlossen werden kann, halten die Bestrebungen, den administrativen Bereich weiter zu dezentralisieren, unvermindert an. Es war jedoch nicht möglich, aktualisierte Angaben über die Zahl der im CAN, im Zentrum und in anderen Stadtbezirken beschäftigten Personen des öffentlichen Dienstes zu erhalten.

Ein Vergleich der Standorte aller Ministerien in Bogotá ergab, daß lediglich zwei von ihnen zwischen 1975 und 1980 eine Verlagerung erfuhren. Anders als zu erwarten war, sank im Betrachtungszeitraum die absolute Zahl der im CAN vertretenen Ministerien von vier auf drei; das Bergwerks- und Energieministerium (Ministerio de Minas) wurde in einen fertiggestellten Neubau in unmittelbarer Nachbarschaft der Superintendencia Bancaria und des Präsidentenpalastes in der Altstadt verlegt (vgl. Abb.8) Ebenfalls in der Altstadt ist nunmehr auch das Justizministerium ansässig, das vorher in Teilraum 21 lokalisiert war.

Um einen generellen Überblick über die Verteilung der im öffentlichen Dienst Beschäftigten zu erhalten, sollen nun die Ergebnisse der eingangs erwähnten Studie vorgestellt werden. Eine Interpretation der Zahlenangaben erfolgt jedoch, so muß

betont werden, nur unter dem Vorbehalt, daß man sich der Gefahr partieller Überalterung der herangezogenen Quelle bewußt ist.

Aus Abb.31 geht hervor, welche administrativen Funktionen im Zentrum[40], in der
Zentrumsperipherie, im Bereich des CAN/Ciudad Universitaria und allen übrigen
Stadtregionen anteilsmäßig konzentriert sind.

Grundlage dieser Verteilung ist eine Befragung aller in Frage kommender regie-
rungsamtlicher Stellen im Rahmen einer Vollerhebung, die für die Erstellung der
Stadtentwicklungsstudie "Fase II" durchgeführt wurde (República de Colombia
1973(a), S.34f.). Dabei wurden drei Gruppen gebildet:

In der ersten Gruppe sind nur solche Funktionen zusammengefaßt, deren Ausübung
ausschließlich in Büroräumen erfolgt. Die zweite und dritte Gruppe vereinigen
dagegen ausschließlich diejenigen öffentlichen Bereiche, in denen der Einsatzort
der Beschäftigten häufig nicht mit dem Sitz der arbeitgebenden Behörde überein-
stimmt.

Die erste Gruppe setzt sich ausschließlich aus in Ministerien der nationalen Regierung Beschäftigten zusammen. Von der Gesamtzahl der Angestellten war bereits
zu Anfang der 70er Jahre nahezu ein Viertel im CAN lokalisiert. Dieser Anteil
dürfte sich inzwischen weiter zu Lasten des Zentrums vergrößert haben, in dem
1972 mehr als die Hälfte aller in Ministerien Beschäftigten arbeitete.

Wesentlich höher ist der Konzentrationsgrad städtischer Behörden: Mehr als drei
Viertel aller Bediensteten arbeiteten im Zentrum; dem CAN kommt - zumindest
1972 - keinerlei Standortbedeutung zu. Dies hängt u.a. mit der traditionellen
Bevorzugung des Raumes um die Plaza de Bolívar durch die Distrito-Behörden zusammen sowie mit der Inbetriebnahme des "Centro Administrativo Distrital" im Kreuzungsbereich der Cra 30 mit Cl 26, in dem weitere Behörden fungieren (so z.B. das
DAPD, das städtische Katasteramt und die "Secretaría de Obras Públicas").

"Soziale Dienstleistungen" bzw. "Verkehrswesen", um nur zwei Beispiele aus der
dritten Gruppe zu erwähnen, sind durch konzentrierte Präsenz in den übrigen
Stadtteilen gekennzeichnet, die sich aus der Verpflichtung erklärt Dienstleistungen wie Müllabfuhr, Gesundheitswesen, Strom- und Wasserversorgung etc. möglichst bevölkerungsnah anzubieten. Eine dezentralisierte Ansiedlung der betreffenden Organe ist hierbei notwendige Voraussetzung.

Verteilung der im öffentlichen Dienst Beschäftigten in Bogotá   Abb. 31

Quelle: República de Colombia et al. 1973(a), S. 34f.   Entwurf u. Zeichnung: R.M.

9.3. Der Handel

9.3.1. Charakteristika des Handels in Kolumbien

Herausragendes Kennzeichen des kolumbianischen Handelswesens ist der hohe Anteil kleinster Einzelhandelsbetriebe an der Gesamtzahl aller Handelsinstitutionen. Die verfügbaren Daten des statistischen Amtes DANE stammen aus zwei unter verschiedenen Zielsetzungen durchgeführten Erhebungen, nämlich dem "Censo de Comercio Interior 1970", der im August 1971 durchgeführt wurde und alle Betriebe mit fünf oder mehr Beschäftigten betrachtete (was ihm den Beinamen "Censo de Comercio Grande" eintrug), sowie der "Muestra de Establecimientos con menos de 5 personas ocupadas", einer komplementären Teilerhebung aus dem Jahre 1970, bei der stichprobenartig Betriebe mit weniger als fünf Beschäftigten statistisch erfaßt wurden (CASTRO et al. 1979, S.60).

Die hohe Verdichtungsebene der folgenden Tabelle erhöht die Vergleichbarkeit beider Untersuchungen beträchtlich. Der Rückgriff auf dieses leider schon ältere Datenmaterial war nicht zu umgehen, da aktuellere Zahlenangaben über den kolumbianischen Handelssektor nicht vorlagen.

Aus Tab.31 geht eindeutig hervor, daß der Schwerpunkt des kolumbianischen Einzelhandels auf Betrieben mit weniger als fünf Beschäftigten liegt. Ihr Anteil an dem im Lande erzielten Gesamtumsatz in Höhe von fast 44 Milliarden kolumbianischen Pesos lag 1970 allerdings bedeutend niedriger; er erreichte nur etwas mehr als die Hälfte des Gesamtbetrages.

Einen im Vergleich zur Beschäftigtenzahl überproportionalen Umsatzanteil weisen Betriebe in den Größenklassen mit fünf bis 49 bzw. mehr als 100 Angestellten auf. Aus den Spalten 7-10 ergeben sich weitere wichtige Informationen. So läßt sich z.B. erkennen, daß die durchschnittliche Beschäftigtenzahl in der kleinsten Betriebsgrößenklasse bei nur 1,7 Personen liegt. Aus der in Spalte 10 enthaltenen Information, nach der der durchschnittliche Verkaufserlös pro Beschäftigtem weit unter dem in anderen Betriebsgrößenklassen erzielten Ergebnis liegt, kann jedoch nicht ohne weiteres geschlossen werden, daß die Effizienz der Verkaufstätigkeit in diesen Unternehmungen zu wünschen übrig lasse. Vielmehr spricht die Interpretation der in den Spalten 7 und 8 enthaltenen Angaben, nach denen etwa 80% der Beschäftigten nicht im Angestelltenverhältnis stehen, es sich also um Inhaber, Gesellschafter oder Familienangehörige handelt, dafür, daß in vielen Fällen keine Vollzeitbeschäftigung vorliegt und somit der pro Kopf ausgewiesene Verkaufsumsatz verfälscht dargestellt wird.

Mit zunehmender Betriebsgröße nimmt zwar, wie zu erwarten war, der Gesamtumsatz

Tabelle 31: Der Einzelhandel in Kolumbien nach Beschäftigtengrößenklassen

Zeile	Zahl der Beschäftigten	Zahl der Unternehmen (2)	in % (3)	Umsatz in tausend col.Pesos (4)	in % (5)	Durchschnittlicher Unternehmensumsatz (1000 col.P.) (6)	Beschäftigte insgesamt (7)	davon abhängig Beschäftigte (8)	Durchschnittliche Beschäftigtenzahl/Unt. (9)	Umsatz pro Beschäftigten (1000 col.P.) (10)
(1)	weniger als 5	142.621	96.6	23.993.216	54.9	168	239.702	49.264	1.7	100
(2)	weniger als 5)									
(3)	5 - 9	418	0.3		0.9	928	1.407	911	3.4	276
(4)	10 - 19	2.303	1.6		8.8	1.668	15.719	12.949	6.8	244
(5)	20 - 49	1.410	1.0		10.2	3.167	18.644	16.923	13.2	240
(6)	50 - 74	621	0.4		11.1	7.840	18.102	17.429	29.1	269
(7)	75 - 99	110	0.1		4.0	16.098	6.731	6.511	61.2	263
(8)	100 u. mehr	47	0.0		1.6	15.145	4.139	4.102	88.1	172
		97	0.1		8.4	30.088	22.624	22.000	233.2	163
(9)	Summe Zeile (2)-(8)	5.006	3.4	19.741.720	45.1	3.944	87.366	80.825	17.5	226
(10)	Insgesamt	147.627	100.0	43.734.936	100.0	296	327.068	130.089	2.2	134

1) Die Angaben dieser Zeile beziehen sich lediglich auf Unternehmen, die zwar im "Censo de Comercio Grande" erhoben wurden, aber zum Zeitpunkt der Erhebung weniger als fünf Beschäftigte aufwiesen.

Quellen: Für Zeile (1): DANE 1978
Für alle übrigen Angaben: DANE 1971, zitiert nach CASTRO et al. 1979, S.60

pro Betriebseinheit i.a. zu. Den höchsten Pro-Kopf-Umsatz erzielen jedoch die Einzelhandelsbetriebe mit einer gemittelten Beschäftigtenzahl von 3.4 Personen. Neben dem Einzelhandel mit knapp 150.000 Geschäften und über 300.000 Beschäftigten existiert der Großhandel ("Comercio al por mayor"), zu dem auf der Grundlage der oben zitierten Erhebungen 5.927 Unternehmungen mit zusammen 47.590 Beschäftigten zu zählen sind.

Der Großhandel in Kolumbien ist durch ähnliche Charakteristika wie der Einzelhandel geprägt: Ca. 70% aller Betriebe beschäftigten weniger als fünf Personen; auch in diesem Wirtschaftszweig überwog die Zahl der nicht im Angestelltenverhältnis stehenden Mitarbeiter.

Ihr Anteil am Gesamtumsatz der Branche lag bei lediglich 22,1%, alle anderen Größenklassen wiesen dagegen Umsatzanteile auf, die zum Teil deutlich über ihre zahlenmäßige Bedeutung, gemessen an der Summe aller Unternehmen, hinausgingen.

Die Tatsache, daß auf kleine und mittlere Betriebe mit weniger als 50 Beschäftigten das überwiegende Geschäftsvolumen des Großhandels entfällt, rechtfertigt jedoch nicht, einen hohen Konzentrationsgrad auszuschließen. Vielmehr wird in einzelnen, nach Produktgruppen und Regionen differenzierten Großhandelsbereichen der Markt von wenigen Händlern beherrscht.

So weisen CASTRO et al. darauf hin, daß es z.B. 1974 in Bogotá 150 Reis-Großhändler gab, von denen die größten vier 79% des Marktes beherrschten. In Medellín existierte eine vergleichbare Situation auf dem Markt für Kartoffeln: 80% aller Großhandelsgeschäfte wurden von den vier größten Händlern abgewickelt. Für andere Produkte wie Bananen, Yuca, Orangen etc. ergab sich ein ähnliches Bild (1979, S.70).

Einzel- und Großhandel tragen zusammen etwa zu einem Drittel zu dem Anteil bei, der der Erstellung von Dienstleistungen im Rahmen der Errechnung des Bruttoinlandsproduktes zukommt. Es folgen, in der Reihenfolge ihrer Bedeutung, "Persönliche Dienstleistungen", "Transport" und "Öffentliche Dienstleistungen". Die Steigerung des Dienstleistungsanteils von 40% im Jahre 1970 auf 42% im Jahre 1980 (Industrie 1960: 26%; 1980: 30%) erfolgte zu Lasten der Landwirtschaft, deren Anteil im gleichen Zeitraum von 34% auf 28% zurückging (Weltbank 1982, S.122).

Die Bedeutung des Handels innerhalb des Dienstleistungssektors ist im Zeitablauf dagegen eher konstant. Von 1960 bis 1975 wuchs der Beitrag, den Groß- und Einzelhandel zum Bruttoinlandsprodukt leisteten, auf der Basis von Marktpreisen um lediglich 1,3%, auf der Basis von Faktorpreisen waren es sogar nur 0,5%.

Die große Bedeutung, die dem Sektor Handel unter Beschäftigungsaspekten zukommt, wird durch die Feststellung relativiert, daß dieser Wirtschaftsbereich durch eine hypertrophe und ineffiziente Struktur gekennzeichnet ist, deren Ursache die hohe

Zahl kleiner und kleinster Betriebe ist und deren Inhaber häufig nur Einkommen
erzielen, die das Existenzminimum gerade zu decken vermögen. Überdies ist in den
amtlichen Angaben nicht die Gruppe der meist illegal tätigen Straßenhändler enthalten, die ebenfalls einen bedeutenden, häufig unterschätzten Anteil am Handel
haben.
Um eine stichhaltige Aussage über die Effizienz der Warenverteilung machen zu
können, bot sich ein internationaler Vergleich an.
Da in Kolumbien statistische Angaben über das Verhältnis von Kapital zu Arbeit im
Handelssektor fehlen, wurde eine Kennzahl ausgewählt, die die bewertete Summe
aller Handelsdienstleistungen ins Verhältnis zur Zahl der im Handel Beschäftigten
setzt. Es handelt sich dabei um die Kennzahl "VAPC" ("Valor agregado per cápi-
ta"), bei der der wertmäßige Beitrag des Handels zum Bruttoinlandsprodukt durch
die Zahl der Beschäftigten dividiert wird (CASTRO et al. 1979, S.37).
Aus Abb.32 ist zu erkennen, daß Kolumbien sowohl bezüglich der Kennzahl VAPC als
auch des Bruttoinlandsproduktes pro Kopf der Bevölkerung an hinterer Stelle der
vergleichenden internationalen Skala steht. Trotz der Meinung der Autoren, das
Schaubild zeige, daß "der kolumbianische Sektor keinen ausgeprägten Ineffizienz-
Grad aufweist, der den gegenteiligen verallgemeinerten Glauben rechtfertigt"
(1979, S.97), deuten der viert- bzw. sechstletzte Rang Kolumbiens in der für beide Kennzahlen aufgestellten Länderhierarchie, in der zahlreiche Entwicklungsländer vertreter sind, auf eine schwache Stellung Kolumbiens im internationalen Vergleich hin.
Bedenklich stimmt eine Aussage des Präsidenten der Federación Nacional de Comerciantes (FENALCO), der darauf hinweist, daß "in den letzten vier Jahrzehnten sehr
wohl ein Wachstum des Handelssektoranteils am Bruttoinlandsprodukt und im Sinne
der Schaffung von Arbeitsplätzen stattfand, die Produktivität des Handels sich
aber im Verhältnis zur beschäftigten Personenzahl in den einzelnen Unternehmen
und im Vergleich zu anderen Wirtschaftssektoren nicht erhöhte, der Kapitalstock
sich nicht im Rhythmus anderer Produktivsektoren erweiterte und er sich schließlich, angesichts der Unfähigkeit, in allen Bereichen zu modernisieren und zu
technifizieren, speziell im Bereich des Einzelhandels, von einer exzessiven Atomisierung betroffen sah" (CAICEDO 1978, S.12).
Es bleibt abzuwarten, ob die kontinuierliche reale Steigerung des Bruttoinlandsproduktes , die in den letzten Jahren in Kolumbien zu verzeichnen war, weiter
anhält und von positiven Entwicklungen im Handelssektor mitgetragen wird, welche
wünschenswerterweise von Strukturveränderungen begleitet werden sollten.

Wertschöpfung im Handel und BIP in Kolumbien sowie in ausgewählten Vergleichsländern

Abb. 32

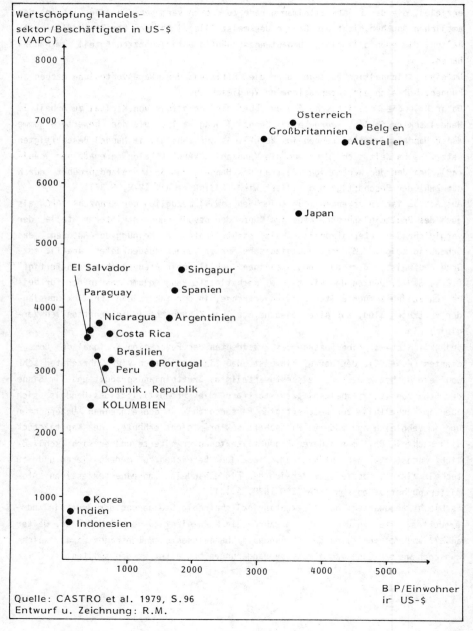

Wertschöpfung Handels-
sektor/Beschäftigten in US-$
(VAPC)

Quelle: CASTRO et al. 1979, S. 96
Entwurf u. Zeichnung: R.M.

B P/Einwohner
ir US-$

9.3.2. Charakteristika des Handels in Bogotá

Die Lokalisierung von Handelsgeschäften in Bogotá ist traditionell durch Konzentrationen in bestimmten Stadtteilen geprägt. Während ein Ende der 40er Jahre erschienener Stadtführer noch Auskunft über den Standort von Hunderten von Einzelhandelsläden zahlreicher Branchen gibt, die nahezu ohne Ausnahme im Zentrum der Stadt lagen ORDOÑEZ 1948), haben die politisch bedingten Unruhen des Jahres 1948, die Ausdehnung des Stadtgebietes und die Zunahme der Bevölkerung zur Herausbildung weiterer Sekundärzentren geführt. Fast immer war der Ausgangspunkt des späteren kommerziellen Wachstums dieser Zentren entweder eine Hauptverkehrsachse wie die Cra 7 in der City (so z.B. die Cra 13 für Chapinero oder die Cra 15 für El Lago/Chicó oder ein Marktplatz, wie dies z.B. für das südliche Barrio Restrepo oder das im N liegende Stadtviertel "Barrios Unidos" der Fall war.

In den letzten Jahren entstanden an verschiedenen Orten im Stadtgebiet (insbesondere im Zentrum und in den nördlichen Sekundärzentren) kleinere Einkaufs-"Zentren" in Gebäudekomplexen, die Platz für vier oder fünf bis zu dreißig Ladenlokalen in Einzelfällen boten und sich meist architektonisch von den umliegenden Geschäftsbauten abheben.

9.3.2.1. Die Marktstudie "Unicentro"

Ein erster echter Kontrast zu den kommerziell genutzten Stadtzonen wurde 1976 durch die Eröffnung des Einkaufszentrums ("Ciudadela Comercial") Unicentro geschaffen, das in seiner Größe und Ausstattung zum damaligen Zeitpunkt in Kolumbien einzigartig war.

Vor Baubeginn von Unicentro wurde eine aufwendige Marktstudie angefertigt, um den optimalen Standort, den zu erwartenden Verkaufsumsatz, andere wirtschaftliche, entscheidungsrelevante Daten und die Bedeutung konkurrierender kommerzieller Zonen zu bestimmen.

Bewußt verzichtete man darauf, die Ausprägungen des Handels sowie den Kundeneinzugsbereich der Innenstadt zu analysieren. Gemessen an der Zahl von Einzelhandelsgeschäften und dem sich aus allen Stadtteilen rekrutierenden Kundenpotential nimmt das Zentrum mit Abstand den ersten Rang ein. Zu einem nicht unerheblichen Teil ist dies auf die dort konzentrierte Arbeitsbevölkerung zurückzuführen (durchschnittlich mehr als 500 Beschäftigte/Hektar; vgl. DURAN 1982, S.128), die das Handelsgeschäft zusätzlich belebt.

Aufschluß über den Einzugsbereich konkurrierender Sekundärzentren erhoffte man sich von der Befragung von 720 Personen, in der die zurückgelegte Entfernung vom Wohn- zum Einkaufsort, die Art des benutzten Transportmittels und der Grad der Präferenz bestimmter Geschäfte zentrale Frageninhalte waren. Interviewt wurden ausnahmslos verheiratete Hausfrauen, die in einem Pretest als Meinungsführer erkannt worden waren.

Untersucht wurden nur Sekundärzentren in Stadtvierteln der Mittel- und Oberschicht. Im einzelnen handelte es sich um Chapinero, El Lago, Sears und Los Tres Elefantes (Compañía Colombiana de Datos 1973(a), S.34ff.), von denen auf die beiden zuerst genannten Barrios gesondert eingegangen werden soll.

Für El Lago ergab sich, daß rund drei Viertel der Befragten (72%) maximal acht Baublöcke vom Einkaufsgebiet entfernt wohnten. Der Einzugsbereich dieses Sekundärzentrums ist somit weitgehend mit dem Areal identisch, innerhalb dessen man die Geschäftszone noch bequem zu Fuß erreichen kann. Die übrigen Kunden stammten aus entfernteren Stadtvierteln, ohne daß ein räumlicher Schwerpunkt erkennbar gewesen wäre. Von ihnen mußte ein großer Teil zu den Gelegenheitskäufern gezählt werden, die sich nur auf dem Weg ins benachbarte Chapinero oder das Zentrum befanden.

Ein völlig anderes Bild ergibt die Analyse des Einzugsbereiches vom Chapinero: Hier stammten nur 10% der Kundinnen aus der zu Fuß erreichbaren näheren Umgebung, ein ähnlich geringer Prozentsatz kam aus den nordöstlichen, von der Oberschicht bewohnten Vierteln. Ein Viertel der befragten Personen nahm für den Einkauf in Chapinero eine Fahrt aus den südöstlichen Stadtteilen in Kauf, die große Mehrheit wohnte hingegen im W Bogotás (Compañía Colombiana de Datos 1973(a), S.38f.). Damit ist Chapinero eindeutig als bevorzugte Geschäftszone für Angehörige der Mittelschicht charakterisiert. Unter- und Oberschicht stellen nur einen geringen Teil des gesamten Käuferpotentials.

Weder private Marktforschungsinstitute noch mit dem Handel befaßte Organisationen wie die Cámara de Comercio de Bogotá, FENALCO, CONFECAMARAS oder andere Institute verfügten über detaillierte Studien des im Zentrum Bogotás konzentrierten Einzelhandels. Überdies war die Auswertung des vom DANE Ende 1981 durchgeführten Mini-Censo, der auch Charakteristika des Einzelhandels statistisch erfaßte, am Ende des Forschungsaufenthaltes noch nicht abgeschlossen. Deshalb sollen hier strukturelle Angaben über das zweitwichtigste Geschäftsgebiet Bogotás einen exemplarischen Eindruck von den Erscheinungsformen des Bogotaner Einzelhandels am Beispiel Chapineros verschaffen.

Der Untersuchungsraum wird durch die Av Caracas und Cra 7 im Bereich von Cl 53 bis Cl 63, also dem kommerziell am stärksten genutzten Bereich, begrenzt. Er

umfaßt ca. dreißig Baublöcke mit mehr als 750 Geschäften (Compañía Colombiana de Datos 1973(a), S.98).
Die Geschäftsgröße, gemessen an der Beschäftigtenzahl, liegt deutlich über dem Landesdurchschnitt. Während in Kolumbien über 90% aller Einzelhandelsgeschäfte weniger als fünf Beschäftigte aufwiesen (vgl. Kap.9.3.1.), ist der folgenden Tabelle 32 zu entnehmen, daß dieser Anteil in Chapinero bei lediglich 78,6% liegt und auch die Mehrzahl der Angestellten in mittleren und großen Läden beschäftigt ist:

Tabelle 32: Unternehmens- und Beschäftigtenzahlen des Einzelhandels in Chapinero nach Größenklassen

Zahl der Beschäftigten	Zahl der Unternehmen	in %	Beschäftigte insgesamt	in %
1 - 2	391	51.7	648	18.1
3 - 4	204	26.9	679	19.0
5 - 40	153	20.2	1.468	41.0
mehr als 40	9	1.2	786	21.9
Insgesamt	757	100.0	3.581	100.0

Quelle: Compañía Colombiana de Datos 1973 (a), S.99f.

Die Untersuchung enthält keine Angaben darüber, ob die hohe durchschnittliche Beschäftigtenzahl bei den Geschäften mit mehr als 40 Angestellten darauf zurückzuführen ist, daß bei Filialunternehmen (z.B. in einer Kette zusammengeschlossene Supermärkte) alle Angestellten, also auch die nicht in Chapinero eingesetzten, mitgezählt wurden.
Wird die Gesamtzahl der Beschäftigten nach Branchen und durchschnittlicher Personalstärke/Ladenlokal aufgeschlüsselt, ergibt sich eine klare Dominanz von Bekleidungs- und Textilgeschäften gegenüber anderen Branchen in Chapinero. Etwa ein Drittel aller Angestellten der in diesem Stadtteil ansässigen Ladenlokale widmete sich Anfang der 70er Jahre dem Verkauf von Bekleidung im weiteren Sinne, nämlich Schuhen (7,4%), Herrenbekleidung (8,6%), Damenbekleidung (5,1%), Kinderbekleidung (3,1%) und Textilien (10,0%).
Jeder sechste (16,2%) der im Einzelhandel in Chapinero Beschäftigte arbeitete in einem Haushaltsartikelgeschäft. Damit ist diese Branche, gemessen am Personalbestand, am stärksten vertreten, gefolgt von großen Warenhäusern (13,3%).

Während Schuhgeschäfte, Läden für Kinderbekleidung und, in eingeschränktem Maße auch Herrenbekleidung, mit meist geringer Personalbesetzung operieren, werden Damenbekleidung und Textilien überwiegend in Ladenlokalen angeboten, die mehr als vier Verkäufer beschäftigen (Compañía Colombiana de Datos 1973(a), S.104f.).

9.3.2.2. Verlagerungstendenzen des Einzelhandels

Nachdem die Verlagerung der "Bürobranchen" in Kap.9.1. ausführlich behandelt wurde, stellt sich nun die Frage, ob auch im Einzelhandel eine Wanderungsbewegung vom Zentrum in die nördlichen Stadtgebiete stattfindet oder bereits stattgefunden hat.

Die systematische Vorgehensweise verlief analog: Von allen Einzelhandelsbranchen, die das Bogotaner Branchenfernsprechbuch ausweist, wurden elf Einzelhandelszweige ausgewählt, die durch eine hinreichende Anzahl von Eintragungen gekennzeichnet waren und die Distribution von gängigen Waren des täglichen, periodischen und episodischen Bedarfs betrieben.

Bereits bei der Ermittlung der relativen Wanderungshäufigkeit war zu erkennen, daß das Verlagerungsinteresse im Einzelhandel deutlich schwächer ausgeprägt ist als bei Bürobetrieben. Von den elf untersuchten Branchen, für die auf der Basis der Zeitintervalle 1971-1976 und 1976-1981 Mobilitätsraten errechnet wurden, erreichten nur drei Branchen Quoten von mehr als 10% in wenigstens einer der beiden Untersuchungsperioden (was einer jährlichen Mobilität von 2%, bezogen auf alle Geschäfte einer Einzelhandelsbranche, gleichkommt), nämlich Schallplattenläden (10,3%), Eisenwarenhandlungen (10,6%) und der Autohandel (11,5%). Bei allen anderen Branchen lag die Mobilitätsrate zum Teil deutlich unter diesen Werten (vgl. Tab.6).

Auf die Errechnung weiterer Raten für weiter zurückliegende Zeitabschnitte wurde verzichtet, da kein allgemeiner Trend einer abnehmenden Mobilität zu erkennen war, der darauf hingedeutet hätte, daß die Verlagerungstätigkeit des Einzelhandels in den 60er Jahren wesentlich ausgeprägter gewesen wäre.

Auch die Analyse der Netto-Zu- und Abwanderungen ergab, nach Einzelhandelsbranchen aufgeschlüsselt, keine branchentypische Bevorzugung oder Ablehnung bestimmter Stadträume.

Werden die Wanderungen aller Einzelhandelszweige aggregiert betrachtet, so ergibt sich ein weiterer markanter Unterschied zum Standortverhalten der Bürobetriebe: Das traditionelle Zentrum Bogotás nebst der Altstadt (Teilräume 18, 21 und 24) weist einen ebenso hohen absoluten Netto-Verlust an Einzelhandelsbetrieben im zehn Jahre umfassenden Betrachtungszeitraum aus wie Chapinero (Teilraum 9). Gemessen an der Bedeutung des Zentrums als Standort für den Einzelhandel, die um ein Mehrfaches über derjenigen Chapineros liegt (vgl. Tab.6), ist auf eine hohe Standorttreue der Zentrumsbetriebe zu schließen. Dagegen sird die Inhaber der in Chapinero lokalisierten Läden - relativ gesehen - eher zu einer Dislozierung ihres Ladenlokals bereit, was entweder auf eine durchschnittliche Schlechterbewertung der eigenen Geschäftslage im Vergleich zur Stadtmitte oder auf eine größere Flexibilität in der betrieblichen Führung zurückzuführen ist. Da sich jedoch die generelle Bewertung der Standortalternative Zentrum-Chapinero im Handelsbereich nicht viel anders als im übrigen tertiären Sektor darstellen wird, dürfte die flexiblere Anpassung an geänderte Standortbedingungen die wahrscheinlichere Erklärung sein

Im Gegensatz zu den zuvor untersuchten Branchen des tertiären Sektors, in denen in einer Vielzahl von Fällen die Stammunternehmung verlagert wurde, nutzt der Einzelhandel allerdings durch die Eröffnung von Filialen die Möglichkeit, in mehreren Stadtteilen präsent zu sein. In manchen Fällen wird nach "Akklimatisierung" der Filiale an die neue Umgebung das Stammgeschäft geschlossen, was im Ergebnis einer Verlagerung entspricht.

Aus dem hohen Stellenwert, der dem Einzelhandel des Nordens für die Versorgung dort ansässiger Bevölkerungskreise zukommt und das Zentrum als ursprünglich primärem Einkaufsort aus dem Bewußtsein vieler Käufer verdrängt hat, ist abzulesen, daß dieser Bereich des Dienstleistungssektors von einer "Aktivitäts-Verlagerung" aus dem Zentrum heraus in die nördlichen Stadtteile hinein nicht verschont geblieben ist.

Das in dieser Arbeit angewandte Verfahren zur Messung der Umzugstätigkeit mußte im Falle des Einzelhandels zwangsläufig zu bedeutungsmindernden Ergebnissen führen, da bei einem Adressenvergleich Filialeröffnungen und Geschäftsneugründungen nicht berücksichtigt werden konnten.[41] Diese tragen jedoch in erheblichem Maße zu der Bedeutung bei, die dem Handel in den letzten Jahren in nördlichen Stadtteilen zugewachsen ist.

Um stichprobenartig Informationen über die Ursachen einer Standortverlagerung im Einzelhandelsbereich zu erhalten, wurden zwei Interviews durchgeführt, deren Ergebnisse keinesfalls als repräsentativ angesehen werden dürfen. Während es sich in einem Fall um die Verlagerung eines Schuhgeschäftes von Chapinero nach Unicentro handelte, wurde bei dem zweiten, mit Möbeln handelndem Geschäft nach den Motiven eines Standortwechsels vom Zentrum nach Chicó gefragt (der neue Geschäftssitz liegt dort in einer Querstraße der Cra 15).

In beiden Ladenlokalen waren zum Zeitpunkt der Verlagerung weniger als fünf Verkäufer beschäftigt. Als Hauptmotiv des Umzugs wurde der Wunsch nach Ausweitung des Geschäftsumsatzes (Schuhgeschäft) bzw. die Notwendigkeit eines repräsentativen Geschäftssitzes (Möbelgeschäft) genannt.

Bezüglich der weiteren im Fragebogen erwähnten Motive ergab sich keine einheitliche Beurteilung; einig waren sich beide Interviewpartner - unabhängig voneinander - in der hohen Bewertung von Parkplätzen, der geringerer Kriminalitätsgefahr und einer verminderten Belästigung durch Lärm, Luftverschmutzung etc. am neuen Standort, Faktoren, die wesentlich zur Umzugsentscheidung beitrugen.

Die Kunden des in Unicentro ansässigen Schuhgeschäftes wohnten nach Angaben des Inhabers überwiegend in nördlichen Stadtteilen, die des Möbelgeschäftes über das Stadtgebiet verteilt. Mit dieser Aussage deckt sich das nur im Falle des Schuhgeschäftes große Interesse des Inhabers, durch die Bereitschaft zur Mobilität die räumliche Entfernung zum Kundenstamm zu verringern.

Die Einholung einer Umzugsgenehmigung war nicht notwendig; die örtlichen Behörden wurden lediglich von der Adressenänderung in Kenntnis gesetzt.

Obwohl die Zufriedenheit mit dem neuen Standort in beiden Fällen als groß bezeichnet wurde, wies der befragte Eigentümer des Schuhgeschäftes darauf hin, daß die künstliche Beleuchtung und sterile Verkaufsatmosphäre, bedingt durch die in sich geschlossene architektonische Gestaltung Unicentros, zu einer übermäßig starken Fluktuation des Verkaufspersonals geführt hätte.

Trotz dieser negativen Begleiterscheinungen konstatierte man eine Belebung des Geschäftsumsatzes. Sie sei auf die geringere Konkurrenz zurückzuführen, da in Chapinero und im Zentrum Schuhgeschäfte in bestimmten Straßenzügen konzentriert sind.

9.3.2.3. Konzentrationen des Einzelhandels

Räumliche Konzentrationen bestimmter Einzelhandelsbranchen charakterisieren allgemein den Handelssektor in Bogotá. Wie aus Abb.28 zu ersehen ist, finden sich derartige Agglomerationen von identische Warengruppen anbietenden Ladenlokalen in erster Linie im Bereich des Zentrums, treten aber auch in Chapinero und im Bereich der Cra 15 auf.

Konzentrationen gleichartiger Unternehmen, die in Bogotá, wie Abb.28 ebenfalls zeigt, nicht nur auf den Einzelhandelsbereich beschränkt sind, lassen sich ökonomisch begründen.

Ist nämlich das "Gruppenabsatzpotential" bei Zunahme der Konkurrenz nicht konstant, sondern positiv-variabel, erhöht sich auch das durchschnittliche betriebsindividuelle Absatzpotential (BEHRENS 1971, S.78f.), allerdings nur innerhalb
einer gewissen "Konzentrationsbandbreite", die von den jeweils unterschiedlichen
Gegebenheiter des Einzelfalles (Branchenart, Lage im Stadtgebiet etc.) bestimmt
wird. Der angesprochene positive Effekt, von BEHRENS als "Absatzagglomeration"
bezeichnet, tritt nämlich nur zwischen der "Agglomerationsschwelle" und der "Ag-
glomerationscrenze" ein, ab welcher sich jede weitere Zunahme der Branchenkonzentration negativ auf das durchschnittliche Absatzvolumen auswirkt.
Zu beachten st jedoch, daß z.B. Konzentrationen von Einzelhandelsbetrieben einer
bestimmten Branche auch durch die Absatzpotentialfaktoren "Bedarf" und "Kaufkraft" entstehen können.
Es ist somit für jeden Einzelfall zu klären, ob die Existenz konkurrierender Unternehmen unter diesem Aspekt positiv (im Falle der Konkurrenzanziehung) oder
negativ (im Falle der Konkurrenzmeidung bei gleichzeitigem Vorhandensein anderer
Absatzpotentialfaktoren, die die Konzentration erklären) zu bewerten ist.[42]
An dieser Stelle sei darauf hingewiesen, daß in Bogotá häufig in City- und insbesondere Zentrums-Randlagen und den sich unmittelbar anschließenden Außenbezirken
eine Konzentration von Einzel- und Großhandelsbetrieben zu beobachten ist, die
eine Zulieferfunktion für den sekundären Sektor übernommen haben. Dies beruht auf
folgenden Gründen:

1. Das hohe Ladenmietenniveau von Citylagen setzt eine Umsatz/Quadratmeter-Rela-
tion voraus, die flächenextensive Betriebe (z.B. Geschäfte mit breitem Sortiment
und dadurch bedingtem hohem Lagerflächenbedarf wie etwa Metallwarengeschäfte bzw.
Geschäfte mit relativ hohem Raumbedarf pro Produkteinheit, z.B. Nähmaschinen-
oder Möbelgeschäfte) oder Geschäfte mit relativ niedrigem Umsatz nicht erzielen.

2. Für viele Einzelhandelsgeschäfte sind Betriebe des sekundären Sektors die
Hauptabnehmer des Warenangebotes. Da dieser Kundenkreis sich bevorzugt außerhalb
der City ansiedelt, ist ein Geschäftsstandort in City- oder anderen Zentrums-
Randlagen für die angesprochenen Einzelhandelsbranchen von Vorteil, da die Kundennähe sich umsatzfördernd auswirkt. Auch im Stadtkern ansässige Kunden werden
durch die Wahl eines derartigen Standortes nicht übermäßig benachteiligt.

KLÖPPER weist für die BRD darauf hin, daß Einzelhandelsgeschäfte, die durch Übernahme von Reparaturarbeiten bzw. Führung eines entsprechenden Warenangebotes Ver-
bindungen zum sekundären Sektor erkennen lassen, in Außenvierteln ansässig sind;

er erkennt eine Tendenz, derzufolge "die gewöhnliche einfache Reparatur-Handwer-
kerwerkstatt mit kleinem Verkaufsraum mehr und mehr abgelöst (wird) vom modern
hergerichteten Fachgeschäft mit zurücktretender Reparaturarbeit."
Als Beispiel nennt er Sattlereien mit Leder- und Tabakwarenangebot, Schlossereien
mit Eisenwarenhandlung etc. und sieht, hieran anknüpfend, "Anzeichen dafür, wie
das vorstädtische Handwerk die Zeichen der Zeit nutzen möchte, ohne jedoch wie im
Stadtkern zum reinen Spezialhandelsgeschäft werden zu können"(1961, S 551).
Diese Mischung von handwerklichen und einzelhändlerischen Tätigkeiten ist auch in
Bogotá weit verbreitet und kann auch hier besonders in den Außenvierteln des
Stadtkerns beobachtet werden. Ein Rückgang der handwerklichen zugunsten der Ver-
kaufsaktivitäten war jedoch nicht festzustellen.
Da das Zentrum Bogotás Thema der vorliegenden Arbeit ist, erschier es ratsam,
ergänzende Informationen über exmplarisch ausgewählte Ballungen vor Handelsbe-
trieben in der Stadtmitte zu erhalten. Unter Beachtung räumlicher Aspekte wurden
die Branchen "Schuhgeschäfte", "Juweliere" und "Optiker" herausgegriffen. Schuhgeschäfte dominieren in der südlichen Peripherie der Innenstadt, nämlich der
Cl 10, die zugleich als Grenze des Untersuchungsraumes angesehen wurde (vgl.
Kap.2.1.3.). Juwelierläden konzentrieren sich in der Altstadt, im Bereich von
Cra 6, Cl 12 und Cl 13. Optiker schließlich bevorzugen eindeutig die zentral ge-
legene Av 19 zwischen Cra 8 und Cra 13 sowie die angrenzenden Straßenzüge
(Abb.28).
Aus jeder der drei Branchen wurden stichprobenartig drei Ladenlokale ausgewählt
und deren Inhaber/Geschäftsführer nach den möglichen Ursachen der Häufung von
Konkurrenzbetrieben in der unmittelbaren Umgebung befragt. Darüber hinaus waren
betriebsspezifische Charakteristika, wie z.B. Warenbezugsorte, Kundenwohnsitze,
Beurteilung des eigenen Standortes, Mietpreisniveau etc. von Interesse
Die Lokalisation von Schuhgeschäften in Cl 10 ist historisch bedingt Noch vor
zwei bis drei Jahrzehnten wurden alle möglichen Schuharten aus Agavenfaser ("Fi-
que") oder Pitahanf ("Cabuya") hergestellt; alte Reifen wurden zur Herstellung
von Schuhsohlen verwendet. Die Standortwahl war daher in erster Linie von der
Nähe zu wichtigen Zulieferbetrieben, in diesem Fall Reifenhandlungen, beeinflußt,
die sich zur damaligen Zeit im Bereich der Cl 10 befanden. Diese Abhängigkeit von
der Nähe zu Zulieferbetrieben existiert heute nicht mehr. Die in Cl 10 ansässigen
Geschäfte beziehen ihr Warensortiment überwiegend aus Schuhfabriken im Süden der
Stadt (z.B. im Barrio Restrepo); die größte überregionale kolumbianische Schuh-
handelskette "Piel Roja" verkauft dagegen auch Produkte, die in Medellín, Cali
und Manizales hergestellt und von der zentralen Einkaufsabteilung dieser Unternehmung unter Ausnutzung von Mengenrabatten beschafft werden.

Ausländische Ware wird in Cl 10 nicht angeboten, sieht man einmal von geschmuggeltem Gut ab. Hohe Transportkosten, Zölle etc. würden den Marktpreis eines Schuhpaares m Vergleich zum inländisch erstellten Angebot derartig ansteigen lassen, daß qualitative Vorteile überkompensiert würden.

Die Kundschaft derjenigen Schuhgeschäfte, die im Rahmen des Interviews aufgesucht wurden, stammt aus südlichen und westlichen Stadtteilen sowie aus ländlichen Gebieten der näheren Umgebung Bogotás. Sie gehört der Unter- und Mittelschicht an.

Der hohe Konzentrationsgrad wurde von den befragten Personen übereinstimmend als Standortvorteil angesehen. Die Nachteile des verschärften Wettbewerbs werden durch die Attraktionskraft mehr als ausgeglichen, die eine Ballung von Einzelhandelsgeschäften des gleichen Geschäftszweiges mit der Möglichkeit des Warenvergleichs auf das Käuferverhalten ausübt.

In Bogotá besteht ein starkes Preisgefälle von Norden nach Süden: Für einen qualitativ vergleichbaren Damen- oder Herrenschuh, der in Cl 10 zwischen 700 und 800 Pesos kostet, sind in Chapinero bereits 1200 Pesos und in Unicentro sogar bis zu 1600 Pesos zu entrichten. Das gleiche Schuhpaar ist in dem bereits erwähnten Barrio Restrepo bisweilen noch billiger als in Cl 10 zu erstehen.

Abschließend wurde die Frage nach der Standortzufriedenheit gestellt. Alle Ladenlokale befanden sich seit mehr als fünfzehn Jahren an ihrem angestammten Standort. Kriminalität, Schmutz und Lärm der Zone wurden zwar beklagt, aber nicht als geschäftsbeeinträchtigend empfunden.

Eine Bereitschaft zur Mobilität ließ sich nicht erkennen: Das zur "Piel Roja"-Kette gehörende Ladenlokal ist eine von zwanzig Filialen, die in Bogotá flächendeckend operieren; die beiden anderen Geschäfte führen ein qualitativ anspruchsloses Sortiment, das auf die in Cl 10 verkehrende Kundschaft zugeschnitten ist. Die Rentabilität ist trotz niedriger Gewinnspannen durch hohen Geschäftsumsatz gesichert. Eine Verlagerung in kommerzielle Zonen mit kaufkräftigerem Kundenpotential hätte vermutlich einen Umsatzrückgang bei gleichzeitiger Ausweitung der Gewinnspanne zur Folge, was jedoch eine Umstellung der Sortimentspolitik voraussetzen würde. Insgesamt wird von einer Standortverschiebung keine durchgreifende Verbesserung der Gewinnlage erwartet.

Die Konzentration von Juwelierläden in Candelaria existiert seit mehr als dreißig Jahren. Als eine der Entstehungsursachen gelten die kommerziellen Aktivitäten von Smaragdhändlern ("Esmeralderos") in dieser und in benachbarten Zonen (z.B. in der Av Jiménez). Heute befinden sich in den oberen Stockwerken (über den im Erdgeschoß liegenden Juweliergeschäften) zahlreiche Werkstätten, die sich auf die Anfertigung und Reparatur von Schmuckwaren spezialisiert haben.

Eine vergleichbare Ballung von Unternehmungen dieses Geschäftszweiges sucht man in Bogotá vergeblich. Zwar sind gerade die exklusivsten Geschäfte im Centro Internacional und in Unicentro (z.B. die Galería Cano), aber auch in Chapinero und Chicó/El Lago lokalisiert, zahlenmäßig betrachtet sind sie allerdirgs den Geschäften in der Altstadt unterlegen. Dort wird die Ballung von Einzelhandelsläden der gleichen Branche, wie bereits bei den in Schuhgeschäften durchgeführten Interviews zu erkennen war, mit Hinweis auf den verstärkten Kundenstrom als positiv bewertet.

Interessant ist in diesem Zusammenhang der Hinweis, daß nahezu alle Papierwarengeschäfte, die noch vor drei bis vier Jahren neben den Schmuckwarengeschäften angesiedelt waren, von letzteren verdrängt wurden. Der Mietpreis dürfte das entscheidende regulative Element sein, der in dieser Zone La Candelarias 1981 bei ca. 1000 Pesos monatlich pro Quadratmeter lag.

Die Kundschaft setzt sich etwa zur Hälfte aus nationalen und internationalen Touristen einerseits und Bogotanern andererseits zusammen. Die der Hauptstadt des Landes zuzurechnenden Käufer gehören allen Einkommensschichten an; ihre Wohnsitze sind, nach Auskunft der befragten Personen, über das gesamte Stadtgebiet verteilt.

Das Warensortiment stammt überwiegend aus nationalen Bezugsquellen (Kolumbien nimmt weltweit, zusammen mit der UdSSR, einen führenden Rang in der Hierarchie der smaragdschürfenden Nationen ein); Uhren werden dagegen aus der Schweiz und Japan, aber auch aus der Sowjetunion und anderen Ländern eingeführt. Schmuckartikel wie Ringe, Ketten etc. werden aus Italien importiert, aber auch im eigenen Land hergestellt.

Die Konzentration von Optiker-Läden in der Av 19 beschränkt sich im wesentlichen auf den zwischen Cra 8 und Cra 13 befindlichen Abschnitt. In diesem Straßenzug befinden sich auf der südlichen und nördlichen Seite insgesamt mehr als dreißig Geschäfte dieses Typs. Daß der Abschnitt zwischen Cra 3 und Cra 7 von Optikern gemieden wird, ist durch das hohe Mietpreisniveau zu erklären, welches dort herrscht (Quadratmeterpreise von bis zu 1000 Pesos sind üblich) und erst ab Cra 7 in westlicher Richtung fortschreitend ein erkennbares Gefälle aufweist. Starke Preisschwankungen sind jedoch wie im gesamten übrigen Stadtgebiet möglich, da durch die vollständige Einfrierung der Mietpreise auf der Basis des bei Einzug geschlossenen Mietvertrages Alt-Mieter gegenüber Neu-Mietern bevorzugt sind.

Das Ladenlokal, welches zum Zwecke der Befragung aufgesucht wurde und den Namen "Optica Alemana" trägt, bestand 1981 seit 65 Jahren. Der ehemalige Geschäftssitz in Cl 12 mußte Ende der 60er Jahre aufgegeben werden, da an gleicher Stelle der Justizpalast errichtet wurde (vgl. Abb.8). Der zum damaligen Zeitpunkt durchgeführte Umzug in die Av 19 war gleichbedeutend mit der ersten Ansiedlung eines

Optikers in dieser Straße überhaupt. Der gute Ruf dieses Geschäftes, der von einem großen Kundenkreis mit Qualität gleichgesetzt wird, führte in der Folgezeit zur Neugründung bzw. Verlagerung zahlreicher mit optischen Artikeln handelnder Ladenlokale in die gleiche Hauptverkehrsstraße oder in die nähere Umgebung (z.B. in Cra 9 zwischen Cl 15 und Cl 18), was in erheblichem Maße dazu beitrug, daß heute mehr als die Hälfte aller in Bogotá vorhandenen Optiker einen Standort in der Stadtmitte bevorzugen.

Auch von Optikern wird eine Branchenkonzentration prinzipiell als vorteilhaft bewertet, da sie sich positiv auf die Käuferzahl auswirkt. Dabei ist zu unterscheiden zwischen denjenigen Optikern, die sich einen (in dieser Branche von großer Bedeutung) guten Namen verschafft haben und denen, die nur von der räumlichen Nähe zu ersteren profitieren. So überrascht es nicht, daß die Verantwortlichen von "Optica Alemana" den Markt als übersättigt ansehen und sich der Vorteil konkurrierender Betriebe in Av 19 durch die überhand genommene Anzahl in einen Nachteil verwandelt hat.

Der Bezug von Waren hat keinen nennenswerten Einfluß auf die Standortentscheidung, da Endprodukte, aber auch Rohmaterialen (zur inländischen Herstellung von Brillengestellen, harten Kontaktlinsen etc.) importiert werden.

Die Zentrumslage bewirkt jedoch, daß sich mit Ausnahme einkommensstarker Schichten des Nordens (Verkehrs- und Parkplatzprobleme !) der Kundenkreis aus allen Stadtteilen Bogotás und dem ländlichen Umland rekrutiert.

Keinen Einfluß auf das Käuferverhalten hat das Preisniveau von optischen Artikeln und Dienstleistungen, da es regional kaum differiert. Ein importiertes Brillengestell kostet sowohl in Unicentro als auch in der Av 19 durchschnittlich 2000 Pesos, ein in Kolumbien gefertigtes 600 bis 1000 Pesos.

Die Zufriedenheit mit dem derzeitigen Standort wurde von den interviewten Personen unterschiedlich beurteilt: Während man bei "Optica Alemana" damit rechnet, daß der Zuzugsprozeß von weiteren Konkurrenzgeschäften noch nicht abgeschlossen ist und man deshalb eine Verlagerung, z.B. ins Centro Internacional, erwägt, was eine Umstrukturierung des Kundenkreises zur Folge hätte (nämlich Hinwendung zur einkommensstarken Bevölkerung Bogotás und Touristen zu Lasten breiter Bevölkerungskreise), war man an anderer Stelle der Ansicht, daß sich eine Verlagerung nachteilig auswirken würde, da außerhalb nördlicher Zentrumslagen keine Konzentration von Optiker-Geschäften vorhanden sei, die regen Kundenzustrom garantiere. Übereinstimmend wurde die Unsicherheit im Zentrum beklagt, die aber nicht allein ausreichend für einen Standortwechsel sei.

9.3.3. Der Einzelhandel in Bogotá aus der Sicht eines ausgewählten Kurdenkreises

9.3.3.1. Die Methodik der Befragungen

Parallel zu der strukturellen Beschreibung des Handels in Bogotá sowie zu der stichprobenartigen Befragung von Einzelhändlern soll der Einzelhandel im folgenden auch auf Grundlage einer Kundenbefragung durch Verf. bewertet werden.

Die vorgesehene Zahl von Interviews, die aus Zeitgründen niedrig bleiben mußte, erlaubte ohnehin keine repräsentative Befragung verschiedener Einkommensschichten, sodaß sich die Befragungsaktion letztlich auf sieben Personen beschränkte, die folgende Kriterien erfüllen mußten:

1. Mindestaufenthaltsdauer in Kolumbien: ein Jahr innerhalb der letzten beiden Jahre.

2. Ausübung einer führenden Einkaufsfunktion im eigenen Haushalt.

3. Wohnort nördlich der Cl 80 im E der Autopista Paseo de Los Libertadores (Verlängerung der Cra 13).

4. Verfügbarkeit über einen Pkw.

Die Erfüllung des ersten Kriteriums gewährleistete, daß nur Personen mit hinreichend langem Kolumbienaufenthalt befragt wurden, sodaß fundierte Aussagen über Unterschiede im Einzelhandelsangebot erwartet werden konnten, sofern auch die zweite Voraussetzung erfüllt war. Die Einhaltung der an dritter Stelle genannten Bedingung verhinderte, daß disperse Wohnorte der Interviewpersonen das Befragungsergebnis a priori verzerren konnten. In Verbindung mit dem zuletzt genannten Kriterium war des weiteren die Forderung nach Zugehörigkeit zur oberen Mittel- bzw. Oberschicht erfüllt.[43] Die freie Verfügbarkeit über einen Wagen garantierte überdies hohe räumliche Mobilität der befragten Personen, was erwarten ließ, daß attraktive Einkaufsgebiete auch dann aufgesucht werden konnten, wenn die Distanz zum Wohnort einen Fußanmarsch verbot.
Der vollständige Text des Interviews findet sich im Anhang dieser Arbeit (Fragebogen II).
Nach der Bitte um Aufzählung von Vor- und Nachteilen aller relevanter Einkaufszonen, die zwischen dem Zentrum und Unicentro lokalisiert sind sowie der Beschreibung ihres Warenangebotes (differenziert nach Angebotsbreite, -tiefe und -qualität) folgte die Frage, welche Waren nicht im N Bogotás (als Grenze wurde die Av de Chile angesehen) bezogen werden.

Fragen nach importabhängigen Branchen, Branchenkonzentrationen im Stadtgebiet, qualitative und quantitative Veränderungen im Einzelhandelsbereich, historischen Entwicklungen, aber auch nach anderen Dienstleistungsbetrieben wie Arztpraxen, Kliniken, Theatern und Kinos schlossen sich an den Vergleich eines ausgewählten Warensortiments in Kolumbien mit dem in den USA bzw. in der Bundesrepublik Deutschland erhältlichen Angebot an.

9.3.3.2. Differenzierungen der Einkaufszonen

9.3.3.2.1. Zentral gelegene Einkaufsgebiete

Zu den zentralen Einkaufsbereichen zählen das traditionelle Zentrum, die Altstadt und das Centro Internacional.

Die Beurteilung dieser Einkaufsbereiche durch die befragten Personen differiert stark. So ist das Centro Internacional als exklusive Geschäftszone bekannt, in der zahlreiche Juweliere neben anderen Einzelhandelsbranchen ansässig sind, die sich insbesondere auf die Einkaufswünsche von Touristen eingestellt haben. Abgesehen von gelegentlichen Veranstaltungsbesuchen im Hotel Tequendama suchten die Interviewpersonen diesen Stadtteil nur dann auf, wenn auswärtige Besucher eine Besichtigung wünschten.

Die Einstellung zum Zentrum war einheitlich, wenn auch in mehr oder minder ausgeprägter Form, negativer Natur. An erster Stelle der Kritik stand die Straßenkriminalität, die auch bei Einhaltung notwendiger Vorsichtsmaßnahmen (vgl. Kap.6.4.3.), besonders von Frauen, als permanente Bedrohung empfunden wurde. Daneben beklagte man die besonders in der für Einkäufe prädestinierten Tageszeit von 10^{00} Uhr bis 15^{00} Uhr auftretende akute Parkplatznot und die große Distanz, die überwunden werden muß, um von den nördlichen Wohngebieten ins Zentrum zu gelangen. Die Innenstadt wird daher entweder völlig gemieden oder nur für Zwecke aufgesucht, die in anderen Stadtteilen nicht erreicht werden können, so z.B. der Besuch bestimmter Museen, Galerien, Kinos und Theater, Behörden, Hauptverwaltungen von Banken oder im Rahmen von Stadtbesichtigungen.

9.3.3.2.2. Nördlich gelegene Einkaufsgebiete

Zu den nördlich des Zentrums gelegenen Einkaufsgebieten zählen Chapinero, Chicó und El Lago. Berücksichtigt wurde darüber hinaus auch das Einkaufszentrum

Unicentro, das zwar nicht unter dem Begriff "Sekundärzentrum" zu subsumieren ist, dessen Stellenwert als Einkaufsort im Urteil der befragten Personen jedoch ermittelt werden sollte.

Chapinero wurde, ebenso übereinstimmend wie zuvor das Zentrum, negativ beurteilt. Häufig genannte Kritikpunkte waren der starke Kraftfahrzeug- (vor allem Bus-) und Fußgängerverkehr, die Belastung der Luft durch Abgase, sowie ein hohes Maß an Unsicherheit.

Eine weitere Hemmschwelle, Chapinero aufzusuchen, liegt in der Parkplatzsituation begründet. Parken in den Hauptstraßen ist überhaupt nicht, in den Seitenstraßen nur bedingt möglich. Eine Ausweichmöglichkeit stellen bewachte Parkplätze dar, die jedoch den Einkauf verteuern und überdies meist dazu zwingen, einen längeren Fußweg in Kauf zu nehmen.

Den in Chapinero ansässigen Geschäften bescheinigte man ein nahezu alle Konsumgüter umfassendes Sortiment, beurteilte aber die Warenqualität als überwiegend mittelmäßig. Das Image derjenigen Geschäfte, die Waren überdurchschnittlicher Qualität und Auswahl anbieten, leidet unter den von der Käuferschicht kritisierten Charakteristika Chapineros. Ihre Gesamtattraktivität liegt damit unter der vergleichbarer Geschäfte in Chicó oder Unicentro.

Eine differenzierte Beschreibung erfuhr das von der Hauptverkehrsachse Cra 15 geprägte Sekundärzentrum Chicó/El Lago durch die interviewten Personen. Obwohl keiner der Befragten mehr als fünf Kilometer Luftlinie von El Lago entfernt wohnte, erwies sich die vergleichsweise geringere Entfernung zu Chicó und die weitaus größere Zahl dort lokalisierter Geschäfte als ausreichend, um El Lago als Einkaufszone zu meiden.

Neben der guten Erreichbarkeit wurde die große Auswahl des Warenangebotes gelobt. Kriminalität, Verkehrslärm und Parkplatzprobleme beurteilte man in Chicó als weniger gravierend, verglichen mit der Situation in Chapinero. Eine Möglichkeit zum Einkaufsbummel sah man in dieser - abgesehen von Unicentro - exklusivsten Geschäftszone Bogotás jedoch nicht: Als Ursache wurden nicht durchgängig begehbare Bürgersteige, die teilweise erhebliche räumliche Distanz attraktiver Geschäfte und die Schwierigkeiten beim Überqueren der stark befahrenen, vierspurigen Cra 15 angeführt.

Übereinstimmend wurden für Unicentro das große Dienstleistungsangebot (300 Ladenlokale), die leichte Erreichbarkeit, die hohe Sicherheit sowohl für Kunden als auch für abgestellte Fahrzeuge, das ausreichende Parkplatzangebot sowie die Sauberkeit des eingezäunten, bewachten Geländes als die größten Vorteile herausgestellt. Man beklagte dagegen sowohl den Ghetto-Charakter des 1976 eröffneten Einkaufszentrums[44], der durch die bewußte Abriegelung entstand, als auch die als

unnatürlich empfundene, sterile Atmosphäre im Inneren des mehrarmigen Gebäudes.
Das durchgängig hohe Preisniveau, die Unübersichtlichkeit der Anlage und eine
häufig fehlende, geschäftszeitenabhängige Vitalität, hervorgerufen durch einen zu
schwachen Kundenstrom, sind weitere Kritikpunkte.
Mittels weiterer Fragen, die sich auf Auswahl, Preis und Qualität des Warenangebotes bezogen, sollte geklärt werden, ob nur die äußeren Rahmenbedingungen von
Geschäftszonen oder auch andere Kriterien über das Auftreten kaufkräftiger Bevölkerungskreise entscheiden.

9.3.3.3. Räumlich differenzierte Betrachtung des Bogotaner Warenangebotes

Eine nahezu allen Interviewpersonen persönlich bekannte Geschäftszone ist "San
Andresito".
Dieser im Barrio Los Ejidos im SW der Stadt gelegene, an einen orientalischen
Basar erinnernde Markt verdankt seinen Namen der kolumbianischen Karibikinsel San
Andrés (bekannt als Ferien- und zollfreies Einkaufsziel der Kolumbianer), denn
dort werden vornehmlich Waren aus San Andrés und Schmuggelgut (USA, Japan und
Europa) verkauft. Das Angebot ist vielfältig und reicht von Konservenbüchsen über
Bekleidung bis hin zu einer großen Auswahl modernster Elektrogeräte.
Gerade letztere bieten dem Käufer die Möglichkeit, gegenüber anderen Bezugsquel-
len einen beträchtlichen Teil des "normalen" Kaufpreises zu sparen. Diese Art des
Einkaufs beinhaltet jedoch in hohem Maße die Gefahr, bei Schadensfällen Garan-
tieansprüche nicht durchsetzen zu können.
Da San Andresito sich in bezug auf die Entfernung zu nördlichen Stadtteilen, Kriminalität, Schmutz, Lärm etc. kaum von einer typischen Straße des Bogotaner Zentrums unterscheidet, lohnt der Besuch nur beim Kauf hochwertiger Elektroartikel
wie Fernsehern, Waschmaschinen etc., nicht dagegen beim Kauf weitaus billigerer
Konsumgüter des täglichen und periodischen Bedarfs. Für die Beschaffung dieser
Waren werden bevorzugt Supermärkte aufgesucht, die zum Teil weiter entfernt, aber
in als "sicher" geltenden Stadtvierteln lokalisiert sind. Günstig gelegene Wo-
chenmärkte wurden dagegen weitgehend gemieden. Obwohl Obst, Gemüse, Eier und andere Waren frisch und zu niedrigen Preisen angeboten werden, halten die unhygie-
nische Marktatmosphäre, Feilschen etc. einkommensstarke Käuferschichten von einem
Einkauf ab.
Bei allen Interviewpersonen existierte eine klare Vorstellung über das in Chapinero und im Zentrum anzutreffende Warenangebot. Da die Mehrzahl der Befragten

jedoch erklärte, nur in seltenen Ausnahmefällen Geschäfte in diesen beiden Stadtteilen aufzusuchen, fehlte es meist an detaillierten Kenntnissen über die Charakteristika des Warensortimentes der einzelnen Branchen und den im Vergleich zum im
N der Stadt lokalisierten Handel auftretenden Unterschieden.
Buchläden in der Innenstadt wurde zugute gehalten, daß insbesondere das Sachbuch-
angebot deutlich besser als im N sei. Die größte Auswahl von Büchern ausländischer Autoren findet sich in der "Librería Central" und "Librería Buchholz", während in den im N ansässigen Buchhandlungen fast nur Ausgaben kolumbianischer Autoren gehandelt werden.
Auch die Auswahl wertvoller Antiquitäten ist im Zentrum groß, obwohl zahlreiche
Geschäfte in den Stadtvierteln der Ober- und oberen Mittelschicht um Käufer konkurrieren. Gleiches gilt für die Kunstgewerbebranche ("Artesanías de Colombia").
Für viele Geschäftszweige des Zentrums und Chapineros läßt sich sagen, daß das
Angebot insgesamt umfangreicher, vergleichsweise preiswerter, aber hinsichtlich
exklusiver Artikel aller Art schlechter sortiert ist, was nicht ohne Auswirkung
auf die durchschnittliche Qualität des Sortiments bleibt. Dies gilt z.B. für
Oberbekleidung, Wäsche, Schuhe und Taschen (in Chapinero in konzentrierter Form
in Cra 13 und Cl 60 anzutreffen), aber auch für Autoersatzteile, Farben, Plastik-
waren und für in der Landwirtschaft benötigte Artikel (Av Caracas). Letztere, für
gewerbliche Zwecke prädestinierte Güter, werden auch in Sekundärzentren, die für
mittlere und untere Einkommensschichten attraktiv sind, wie z.B. die Barrios Siete de Agosto, Doce de Octubre, Restrepo etc., angeboten.
Übereinstimmung herrschte in der Auffassung, daß in Chicó und Unicentro das brei-
teste Angebot exklusiver Waren nahezu aller im Stadtgebiet vertretener Branchen,
insbesondere des mit Textilien handelnden Wirtschaftszweiges, anzutreffen ist.
Gerade für die kaufkraftstarke Bevölkerung entfällt somit ein gewichtiger Grund,
das Zentrum Bogotás aufzusuchen. Während in vielen anderen Städten (z.B. in der
BRD) der Einzelhandel in der Innenstadt das am besten sortierte und hochwertigste
Warenangebot bereithält, bieten die in Cra 7 oder in der Av Jiménez ansässigen
Ladenlokale in bezug auf exklusive Artikel ein allenfalls gleichwertiges, meist
jedoch gegenüber Geschäften in Chicó oder Unicentro abfallendes Warenangebot.
Trifft man im Stadtkern schon nicht auf ein ansprechenderes Warenangebot als in
nördlichen Sekundärzentren, vermag besonders das Preisniveau Attraktion auf die
entfernter wohnende Kundschaft auszuüben. Allerdings ist das Preisgefälle im Einzelhandel vom N zum Zentrum nicht groß genug, um in letzterem die gravierenden
Standortnachteile kompensieren zu können: dies sind vor allem Entfernung, Kriminalität und Parkplatzprobleme.
Der Spezialisierungsgrad mittlerer und größerer Geschäfte ist in Bogotá nicht

sehr hoch. Häufig ist zu beobachten, daß z.B. auf Haushaltwaren spezialisierte Einzelhändler auch Spielwaren im Sortiment führen, in Bekleidungsgeschäften werden nebenbei Schuhe angeboten etc.; es würde zu weit führen, auch nur annähernd alle Warenkombinationen, die i.a. in einem nachvollziehbaren Zusammenhang stehen (die Zielgruppe von Haushaltsartikelläden mit Spielwaren sind z.B. Mütter mit Kindern), aufzuzählen.

Nur vereinzelt finden sich meist kleinere, auf eine Warengruppe spezialisierte Geschäfte, die z.B. ausschließlich Gebäck, Schokolade oder Eier führen und vornehmlich einen nördlichen Standort bevorzugen.

Ohne eine eingehende Analyse vorgenommen zu haben, steht zu vermuten, daß der Spezialisierungsgrad des Einzelhandels in Bogotá sowohl im Zentrum als auch in den Außenbezirken niedriger als in vergleichbaren Lagen von Großstädten der Bundesrepublik Deutschland ist.

Abschließend bleibt zu bemerken, daß die Angebotsbreite des Einzelhandels kleiner als in den USA oder in West-Deutschland ist. Ursache ist zum einen die geringere Leistungsfähigkeit der kolumbianischen Industrie, zum anderen Zollrestriktionen zum Schutze eben dieser Industrie, durch die die Nachfrage nach Importwaren über das Instrument des Preises verknappt wird, was nicht ohne Auswirkung auf das vom Ausland bereitgestellte Güterangebot bleibt. Erst eine nachhaltige Steigerung der Kaufkraft der Bevölkerung und, interdependent dazu, der industriellen Produktion wird langfristig zu einer Angleichung des kolumbianischen Einzelhandelangebotes an das entsprechende Niveau hochindustrialisierter Länder führen.

9.3.4. Einzelhandelskartierungen in Hauptgeschäftsstraßen

Nach KLÖPPER ist der Rang eines Stadtkerns unter zwei Aspekten zu sehen. Zum einen handelt es sich um die Höhe des Bedarfs, der dort gedeckt werden kann und der dem Grad der Zentralität entspricht, welche die betreffende Stadt in bezug auf ihr Umland aufweist.

Hinzu tritt ein "innerer" Rang des Kerns, der nur für die jeweiligen Stadtbewohner bemerkbar ist, und der sich danach richtet, "wie weit die zentralen Einrichtungen des Kerns über denjenigen stehen, die man in der betreffenden Stadt normalerweise auch in den Aussenvierteln findet, wieweit sich also der Stadtkern an innerfunktionaler Bedeutung über andere Stadtteile hinaushebt." (KLÖPPER 1961, S.547)

Gerade die Bestimmung dieses "inneren" Ranges erscheint für Bogotá unabdingbar, da die durchgeführte Befragung deutlich hervortreten ließ, daß gerade Angehörige oberer Gesellschaftsschichten den zentralen Stadtbereich soweit als möglich meiden.

Ziel war es, ein Kartierungsverfahren zu entwickeln, auf dessen Grundlage wertende Aussagen über das Angebot an Einzelhandels- und Dienstleistungseinrichtungen in Außenvierteln einerseits und im Zentrum andererseits getroffen werden können.

Der Versuch, Dienstleistungsfunktionen nach qualitativen Kriterien hierarchisch zu ordnen und, darauf aufbauend, den "inneren" Rang des Zentrums im Vergleich zu peripheren Stadtgebieten zu bestimmen, war von vornherein zum Scheitern verurteilt, da durchgängige Bewertungskriterien fehlten. So läßt sich zwar eine Bankfiliale ihrer Hauptverwaltung unterordnen, doch wie ist eine große Handelsgesellschaft im Vergleich zu einer kleinen Anwaltskanzlei zu bewerten, wenn beide filiallos operieren und keine weiteren Angaben zur Verfügung stehen ?

Demgegenüber dienten der unterschiedliche Spezialisierungsgrad im Einzelhandel, das nach Fristigkeit, Qualität und Preislage unterteilbare Warenangebot und die Bildung von Konsumgruppen als anwendbare Gliederungskriterien.

Die Bildung von nach Konsumgruppen differenzierenden Verkaufsstättenreihen, wie sie KLÖPPER vorschlägt (er unterscheidet z.B. in der Branche "Fahrzeuge" nach Geschäften mit folgendem Angebot: 1. nur eine Fahrzeugart; 2. verschiedene Fahrzeugarten; 3. kleinere Fahrzeugarten, z.B. Motor- oder Fahrräder; 1961, S.547 ff.), trägt zwar dem unterschiedlichen Spezialisierungsgrad im Einzelhandel Rechnung, das von ihm entwickelte Schema konnte aber für Bogotá nur unter erheblicher Erweiterung und Modifizierung übernommen werden.

Darüber hinaus wurde das von KREMER (1961) entwickelte und von TOEFFER (1968) weitgehend übernommene Instrumentarium zur Einteilung von Einzelhandelsbranchen in Bedarfsstufen hinzugezogen, das im wesentlichen auf der Beziehung von Konsumwertigkeit und Konsumhäufigkeit aufbaut, welche im allgemeinen in umgekehrt proportionalem Verhältnis zueinander stehen.

Ähnlich der von HEINEBERG durchgeführten Abgrenzung (1977, S.99) ergaben sich somit folgende Bedarfsstufen, nach denen der Einzelhandel in Bogotá kartiert wurde:

Bedarfsstufe I: Geschäfte mit überwiegend episodisch nachgefragtem und preislich/qualitativ überdurchschnittlichem Warenangebot

Bedarfsstufe II: Geschäfte mit überwiegend periodisch nachgefragtem und preislich/qualitativ mittlerem Warenangebot

Bedarfsstufe III: Geschäfte mit überwiegend täglich nachgefragtem und
preislich/qualitativ auf unterem Niveau stehendem Warenangebot

Die exakte Bedarfsstufeneinteilung der Einzelhandelsbranchen innerhalb zehn aus-
gewählter Konsumgruppen ergibt sich aus Tabelle 33, die auch zeigt, welche
Dienstleistungsbetriebe und sonstigen Einrichtungen sich in den untersuchten
Hauptstraßenabschnitten befinden.
Im einzelnen wurden Erdgeschoßkartierungen im Zentrum, und zwar in Carrera 7 und
Carrera 10 (jeweils im Abschnitt zwischen Cl 10 und Cl 26), Avenida Jiménez
(Cra 4 bis Cra 14) und Avenida 19 (Cra 3A bis Cra 14) durchgeführt; in Chapinero
wurden Carrera 13 (Cl 50 bis Cl 67) und Avenida Caracas (Cl 55 bis Cl 67), im N
Bogotás Carrera 15 (Cl 72 bis Cl 99) erfaßt (vgl. Abb.33). Nutzungskartierungen
höherer Geschosse erwiesen sich als zu zeitaufwendig, da Türschilder, Werbetafeln
etc. häufig fehlten und somit ein Betreten zahlreicher Gebäude erforderlich gewe-
sen wäre.
Die folgende Aufstellung verdeutlicht in aggregierter Form, welchen Anteil der
Einzelhandel (getrennt nach Bedarfsstufen), Dienstleistungsbetriebe und sonstige
Einrichtungen (leerstehende Geschäfte, Läger, Industriebetriebe etc.) in den einzelnen Stadtteilen haben:

Tabelle 34: Die zahlenmäßige Verteilung von Einzelhandels- (gegliedert nach Bedarfsstufen), Dienstleistungsbetrieben und sonstigen Einrichtungen in
kartierten Hauptverkehrsstraßen des Zentrums, Chapineros und im Norden Bogotás

	ZENTRUM		CHAPINERO		NORDEN	
	abs.	in %	abs.	in %	abs.	in %
Bedarfsstufe I	74	7.7	88	12.4	67	10.1
Bedarfsstufe II	494	51.2	373	52.8	354	53.3
Bedarfsstufe III	52	5.4	41	5.8	37	5.6
Sonstige Dienst- leistungsbetriebe	296	30.7	138	19.5	107	16.1
Sonstiges	48	5.0	67	9.5	99	14.9
Insgesamt	964	100.0	707	100.0	664	100.0

Quelle: Erhebungen des Verf. in Bogotá, 1981.

Tabelle 33: Erdgeschoßkartierung ausgewählter Hauptgeschäftsstraßen im Zentrum, Chapinero und im Norden Bogotás (Einzelhandelsbetriebe)

Teil I

ZAHL DER EINRICHTUNGEN

Bedarfs-stufe[1])	Kate-gorie[2])	Konsumgruppe	Cra 7 Cl 10–Cl 19	Cra 7 Cl 19–Cl 26	Cra 10 Cl 10–Cl 19	Cra 10 Cl 19–Cl 26	Av Jim Cra 4–Cra 9	Av Jim Cra 9–Cra 14	Av 19 Cra 3A–Cra 9	Av 19 Cra 9–Cra 14	Cra 13 Cl 50–Cl 57	Cra 13 Cl 57–Cl 63	Cra 13 Cl 63–Cl 67	Cra 14 Cl 55–Cl 63	Cra 14 Cl 63–Cl 67	Cra 14 Cl 67–Cl 72	Cra 15 Cl 78–Cl 85	Cra 15 Cl 85–Cl 92	Cra 15 Cl 92–Cl 99
		A. Kaufhäuser																	
I	1	Großkaufhaus mit allen Waren						1											
III	2	Kleinpreiswarenhaus	5	2	4														
III	3	Supermarkt						3	1										
		Zwischensumme	5	2	4	–	–	4	1	–									
		B. Fahrzeuge																	
I	1	Pkw, Lkw (eine Marke)																	
I	1	Pkw, Lkw (mehrere Marken)																	
II	2	Autozubehör											1		3	2			5
II	2	Mopeds, Motorradzubehör												3					2
II	2	Fahrräder und Zubehör												2				1	
		Zwischensumme	–	–	–	–	–	–	–	–	–	–	1	5	3	2	–	1	7
		C. Arbeits- und Betriebsmittel																	
I	1	Büromaschinen und gehobene Büroausstattung			1	1				1					5				
I	1	Hochwertige Maschinen, Apparate und Zubehör				2		2		2						1			
II	2	Metallwaren, Werkzeuge u.						8		3				15	3			2	
II	1	Handwerkerbedarf			1			1											
II	1	Papier- u. Schreibwaren Zeichen-/Malbedarf für gewerbliche Zwecke			1			1									1		
II	2	Schlösser, Schlüssel				1		1		1				8	11				
II	2	Chemische Produkte																	1
		Zwischensumme	–	–	3	4	–	13	–	7	–	–	–	23	19	1	1	2	1
		D. Wohnungseinrichtungsbedarf																	
I	1	Exklusive Möbel									30	1		1	4			1	9
I	1	Teppiche									2				1	1		1	1
I	1	Küchen- u. Badezimmereinrichtungen			1							1			2	1			2
II	2	Einfache Möbel									12	1		3		2	2		3
II	2	Gardinen u. Dekorationen			11						4	15		1	3	3	5	3	2
II	2	Bettwaren			1							1			1	1			1

Tabelle 33, Teil II

ZAHL DER EINRICHTUNGEN

Spaltenköpfe (Abschnitte, s. Abb. 33):

- A: Cra 7 im Abschnitt Cl 10–Cl 19
- B: Cra 7 im Abschnitt Cl 19–Cl 26
- C: Cra 10 im Abschnitt Cl 10–Cl 19
- D: Cra 10 im Abschnitt Cl 19–Cl 26
- E: Av Jlm im Abschnitt Cra 4–Cra 9
- F: Av Jlm im Abschnitt Cra 9–Cra 14
- G: Av 19 im Abschnitt Cra 3A–Cra 9
- H: Av 19 im Abschnitt Cra 9–Cra 14
- J: Cra 13 im Abschnitt Cl 50–Cl 57
- K: Cra 13 im Abschnitt Cl 57–Cl 63
- L: Cra 13 im Abschnitt Cl 63–Cl 67
- M: Cra 14 im Abschnitt Cl 55–Cl 63
- N: Cra 14 im Abschnitt Cl 63–Cl 67
- O: Cra 14 im Abschnitt Cl 67–Cl 72
- P: Cra 14 im Abschnitt Cl 72–Cl 78
- Q: Cra 15 im Abschnitt Cl 78–Cl 85
- R: Cra 15 im Abschnitt Cl 85–Cl 92
- S: Cra 15 im Abschnitt Cl 92–Cl 99

KONSUMGRUPPE	Bedarfsstufe	Kat.	A	B	C	D	E	F	G	H	J	K	L	M	N	O	P	Q	R	S
noch D. Wohnungseinrichtungsbedarf																				
Tapeten, Bodenbeläge, Fliesen, Billigteppiche	II	2	1	2	11	2	–	–	1	2	53	17	2	8	13	16	14	6	9	22
Zwischensumme			1	2	11	2	–	–	1	2	53	17	2	8	13	16	14	6	9	22
E. Gesundheits- und Körperpflege																				
nur Kosmetik, Parfum	II	1	1				1													
nur orthopädische Artikel	II	1								18										
Optiker	II	2	1		1	1	2		10		1	1		1	1		1			
Drogerie (breites Angebot)	III	2		3	1	1		1			1	1			1		1			
Apotheke mit Drogerie	III	3	1	1	5	2	1	3		1			2	3		3	2	4	4	6
Zwischensumme			3	4	7	4	4	4	10	19	1	1	2	4	4	4	4	4	4	6
F. Schmuck, Optik, Feinwaren																				
Foto- und optische Art.	I	1	1			1	1		1										2	1
Exklusiver Schmuck u. Uhren	I	1	8	3					12	2	1		1					2	4	
Exklusive Souvenirs, Kunsthandwerk	I	1	1			1	2		2				1	1				1		1
Einfache Fotoartikel	II	2			1	1	1		1		1		2	1	1		2	2	2	1
Mode-, Steinschmuck, einfache Uhren u. Schmuckwaren	II	2	3	1	5	5	1	4	1	1	1	1	1	1	1		1	3	2	1
Vereinsartikel	II								1				1							
Teure Blumen	II	2									1							1	1	
Reiseandenken	II	2		1			1								1		1		2	2
Geschenkartikel	III	2		1	1		1								1		1	1		
Billige Blumen	III	3				2					1	1								
Zwischensumme			13	7	6	9	7	4	18	4	5	2	5	3	3		8	12	13	6
G. Bekleidung, Textilien																				
Damenmoden, Herrenkonf.	II	1	38	24	11	5	1	1	2	2	15	29	4	1	2	6	2	19	4	11
Damen- u. Herrenwäsche	III	2	4	2	4	1		1	1	1	2	7						4	1	1
Hüte	III	1	1		3		1	1					3					1	5	
Kinderbekleidung	II	2	2	6	29	14	3	3	4		5	8	1	6	3	5	5	6	11	10
Schuhe	III	2	2	2	1						1	1	1		1		4		4	3
Krawatten	III	1	3	2	1		1	1	1	1	6	20	8	4		22		23	31	30
Boutiquen	II	1	3	5		5	1	1	8		1	1	1	1	3	3	3	3	3	1
Sportbekleidung	II	1									1							2		
Kleintextilien/Kurzwaren	III	2				2		1	1		1	1	1		1				3	1

Tabelle 33, Teil III   ZAHL DER EINRICHTUNGEN

BE-DARFS-STUFE[1]	KA-TEGO-RIE[2]	KONSUMGRUPPE im Abschnitt (s.Abb.33)	Cra 7 Cl 10-Cl 19 (A)	Cl 19-Cl 26 (B)	Cra 10 Cl 10-Cl 19 (C)	Cl 19-Cl 26 (D)	Av J1m Cra 4-Cra 9 (E)	Cra 9-Cra 14 (F)	Av 19 Cra 3A-Cra 9 (G)	Cra 9-Cra 14 (H)	Cra 13 Cl 50-Cl 57 (J)	Cl 57-Cl 63 (K)	Cl 63-Cl 67 (L)	Cra 14 Cl 55-Cl 63 (M)	Cl 63-Cl 67 (N)	Cl 67-Cl 72 (P)	Cra 15 Cl 78-Cl 85 (Q)	Cl 85-Cl 92 (R)	Cl 92-Cl 99 (S)
noch II	2	**G. Bekleidung, Textilien**																	
		Sonstige Bekleidungsart.	14	8	12	5	3	3	6	9	1	2		1	1	2	1		1
		Zwischensumme	65	49	61	33	7	10	24	15	33	74	18	13	9	44	67	49	57
		H. Nahrungs- u. Genuß- mittel																	
II	1	nur Spirituosen	1	1			2					1		1		1	1	2	
II	1	nur Süßwaren	1	1	4								6	1				1	
II	2	nur teures Obst und Gemüse			1	3	2							2				1	
III	1	Fisch u. Fischkonserven							2								1		
III	2	Tabakwaren, Pfeifen			1									1					
III	2	Delikatessen			1			2		1				2					
III	3	Fleischwaren												1		1			1
III	3	Milchprodukte					1		1	1	1		1	1	1		1		
III	3	billiges Obst u. Gemüse					1	1	3	1	1	1	2	2	2	2	2	1	
III	3	Back- u. Konditoreiwaren		2	3	3	1	1		1		3	5	3	2	2	2	1	1
III	3	Feinkost, Lebensmittel			1	1	1	4		3									1
		Zwischensumme	2	2	8	7	5	6	6	6	2	4	13	12	6	9	7	5	3
		J. Bildung, Kunst und Unterhaltung																	
I	1	Fernseher, Radios	1	1	5	3	1	3	1	1	1	1	2	2	1	1	1	1	
I	1	Kunstgegenstände, An- tiquitäten														1		2	
I	1	Galerie, Bilder	1	1		1					2					1	2		1
II	2	Lederwaren	1	1	17	6	1	1	6	1	1		1	12	1	4	2	2	2
III	2	Sportinstrumente,-anlagen	5	10	1	1		3		1	1		2	1	1	1	2	3	
III	2	nur Schallplatten		2	1	1	1					3							
III	1	Musikalien		2							1								
III	1	Spielwaren			1		1			1		1	3	3	2	2	3	4	
III	1	Zoologische Artikel												2	3	1			
III	2	Samenhandlung, Gartenbed.							1	1								2	
III	2	Bücher	4	4	4	2	6	1	1	1	1	2	1	3	2	1	4	2	2
III	3	Schreibwaren		3	3	1	2	2	1	2	2		1	2	3	6	5	1	
III	3	Zeitungen, Zeitschriften							1	1	1		1		1	2	1	1	1
III	3	Gemischtwarenladen		1	2				1				1	2		2			
III	3	Fotokopien			2														
		Zwischensumme	11	18	33	14	9	12	8	6	7	6	12	23	9	23	13	17	7

Tabelle 33, Teil IV

ZAHL DER EINRICHTUNGEN

BE-DARFS-STUFE	KA-TEGO-RIE(2)	KONSUMGRUPPE	Cra 7 im Abschnitt Cl 10-Cl 19 (A)	Cl 19-Cl 26 (B)	Cra 10 im Abschnitt Cl 10-Cl 19 (C)	Cl 19-Cl 26 (D)	Av Jim im Abschnitt Cra 4-Cra 9 (E)	Av Jim Cra 9-Cra 14 (F)	Av 19 im Abschnitt Cra 3A-Cra 9 (G)	Av 19 Cra 9-Cra 14 (H)	Cra 13 im Abschnitt Cl 50-Cl 57 (J)	Cl 57-Cl 63 (K)	Cl 63-Cl 67 (L)	Cra 14 im Abschnitt Cl 55-Cl 63 (M)	Cl 63-Cl 67 (N)	Cl 67-Cl 72 / Cl 72-Cl 78 (P)	Cra 15 im Abschnitt Cl 78-Cl 85 (Q)	Cl 85-Cl 92 (R)	Cl 92-Cl 99 (S)
		K. Hausrat, Lampen																	
I	I	nur Lampen																	
I	I	Kühlschränke, Herde, Spezialhaushaltsma-schinen, Zubehör	1	1	2	2			1	2	1	1	1	2 / 11	4	1	1 / 1	2 / 3	2
I		Nähmaschinen		1									1						
I		Sanitäre Einrichtungen										2		1	1	1	1	1	2
I	II	nur Porzellan, Silber etc. Glas, Töpfereiartikel, Korbwaren etc.	1		1							2		2 / 3	1	5	1	3 / 2	5
II		Haushaltswaren			1					2	2			3 / 1	2	1	1	2	1
II		Heimwerkerbedarf												1 / 15	1 / 11		1		
II		Elektroartikel				2		2		4	1		4	15	11		1	2	1
		Zwischensumme	1	3	4	4	–	2	1	6	4	5	6	38	23	8	5	12	10

Tabelle 33: Erdgeschoßkartierung ausgewählter Hauptgeschäftsstraßen im Zentrum, Chapinero und im Norden Bogotas (Dienstleistungsbetriebe und sonstige Einrichtungen)

Teil V

ZAHL DER EINRICHTUNGEN

BEZEICHNUNG DER EINRICHTUNG im Abschnitt (s.Abb.33)	Cra 7 im Abschnitt Cl 10-Cl 19	Cra 7 Cl 19-Cl 26	Cra 10 im Abschnitt Cl 10-Cl 19	Cra 10 Cl 19-Cl 26	Av Jim im Abschnitt Cra 4-Cra 9	Av Jim Cra 9-Cra 14	Av 19 im Abschnitt Cra 9-Cra 3A	Av 19 Cra 3A-Cra 9, Cra 14	Cra 13 im Abschnitt Cl 50-Cl 57	Cra 13 Cl 57-Cl 63	Cra 13 Cl 63-Cl 67	Cra 14 im Abschnitt Cl 55-Cl 63	Cra 14 Cl 63-Cl 67	Cra 15 im Abschnitt Cl 72-Cl 78	Cra 15 Cl 78-Cl 85	Cra 15 Cl 85-Cl 92	Cra 15 Cl 92-Cl 99
	A	B	C	D	E	F	G	H	J	K	L	M	N	P	Q	R	S
L. Sonstige Dienstleistungsbetriebe																	
Geld- und Kreditwesen	11	9	22	5	11	7	7	2	8	7	8	2	2	7	6	13	5
Versicherungen					1						1						
Handelsbüros											1						
Bauwirtschaft	1		1				1							2		1	
Rechtsberatung																	
Wirtschaftsdienste u. Verlage	1			1	1	1						1	1		1	1	1
Post	1																
Reisebüros			1	1	3		6		2		2			1			
Verbände	2		1	1	3				3		1		1			1	
Öffentliche Verwaltung	1			1	2				1				1	2	3	1	
Kirchliche Einrichtungen			1						1								
Gesundheitsdienste		5						1	1	2		4	2	2	1	1	3
Restaurants	5	17	21	32	4		7	12	14	12	1	2	16	13	14	8	20
Imbißbuden, Cafeterias, Eisdielen etc. 14	17	1	21	1	14	18	21	1				30					
Hotels	1		1	1	3		2				3						
Pensionen, "Residencias"											1						
Lehranstalten			1	3	1		1					1					
Fluggesellschaftsbüros				1	1			1									
Spielsalons				1	1			1									
Fotostudios								1									
Lotteriebüros								3									
Kinos	4		1						2	3							
Sonstige Büroeinrichtungen	1										1	1					
Zwischensumme	30	38	46	48	44	25	44	21	31	24	19	41	23	26	25	27	29
M. Sonstige Einrichtungen																	
Druckereien																	
Wäschereien				1	1												
Lager	2						1				1						
Industriebetriebe		1	2	1		1		1	6			2	3	5	1	5	12
Handwerksbetriebe	4		2	2		1	4	2	3		5	4		1	4		1
Wohnungen	1						1		1	2	1	2	2		2		1
Praxisräume		1	1							1		9					5
Rohbauten		4	1	2	3	3			12	6	2		1	2			
Unbebaute Grundstücke	4	1	1								4			16			
Tankstellen																	
Leerstehende Räume		11	7	6	4	5	6	5	22	9	14	17	5	24	7	15	22
Zwischensumme	4	11	7	6	4	5	6	5	22	9	14	17	5	24	14	20	41
Insgesamt	135	136	190	131	82	85	114	91	160	147	92	192	116	163	154	158	189

1) vgl. Kap 2.4

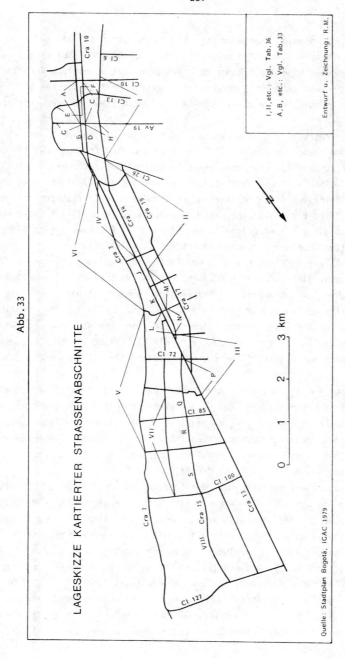

Abb. 33

LAGESKIZZE KARTIERTER STRASSENABSCHNITTE

I, II, etc.: Vgl. Tab. 36
A, B, etc.: Vgl. Tab. 33

Entwurf u. Zeichnung: R.M.

Quelle: Stadtplan Bogotá, ICAC 1979

Es fällt auf, daß die in Chapinero (Cra 13 und Av Caracas) und im N Bogotás (Cra 15) ermittelten Prozentzahlen nur geringfügig voneinander abweichen. Demgegenüber zeichnet sich die Präsenz des tertiären Sektors entlang der Hauptgeschäftsstraßen im Zentrum durch einen relativ hohen Anteil an sonstigen Dienstleistungsbetrieben aus, der u.a. zu Lasten von Geschäften der Bedarfsstufe I geht.

Entgegen jeder Erwartung ist das Zentrum in Relation zu anderen Stadtgebieten durch einen etwa gleich hohen Anteil von Einzelhandelsbetrieben des täglichen Bedarfs (Bedarfsstufe III) charakterisiert. Dabei bleibt festzuhalten, daß die Stadtmitte der kolumbianischen Hauptstadt einen Bestand an Ladenlokalen aufweist, der sich im Hinblick auf die anteilsmäßige Besetzung der Bedarfsstufen insgesamt nur unwesentlich vom Einzelhandelsbesatz in Außenvierteln der Stadt unterscheidet. Dies deutet auf einen niedrigen "inneren" Rang des Zentrums hin im Sinne der zuvor angestellten Überlegungen, bezogen auf den Einzelhandel.

Zum Vergleich sei auf eine Untersuchung von Fach- und Spezialgeschäften in West-Berlin hingewiesen, die 1971 von HEINEBERG durchgeführt wurde und aus der sich die "Trennfähigkeit" des angewandten Bedarfsstufenschemas in bezug auf die City und Nebengeschäftszentren klar ergibt. Allerdings sind die in Tab.35 enthaltenen Zahlen mit Vorbehalten zu interpretieren, da Dienstleistungs- und sonstige Betriebe nicht berücksichtigt wurden und die Einteilung der Konsumgruppen in Bedarfsstufen nach anderen Prämissen als dem in dieser Arbeit verwendeten Schema erfolgten.

Das Ergebnis der in Kolumbien durchgeführten Kartierungsarbeiten ist somit in zweierlei Hinsicht bemerkenswert. Zum einen konnte, soweit dies auf wissenschaftlicher Basis überhaupt möglich ist, nachgewiesen werden, daß der Einzelhandel des Zentrums in Bogotá entsprechend der in den Interviews geäußerten Ansichten keinen nennenswerten "Spezialisierungsvorsprung" vor Chapinero oder Chicó aufweist, allerdings ist auch das Gegenteil nicht der Fall.

Die Vielfalt des Warenangebotes im N der Stadt, die den Besuch des Stadtkerns tatsächlich nur in Einzelfällen erforderlich macht, ergibt sich eindrucksvoll durch Interpretation der bereits angesprochenen Tabellen 33 und 34 (vgl.a. Abb.33). Dabei fällt auf, daß zahlreiche Abschnitte von Hauptverkehrsstraßen besonders stark von bestimmten Einzelhandelsbranchen geprägt sind, so z.B. Av Jiménez (im Abschnitt von Cra 9 bis Cra 14) und Cra 14 im gesamten Untersuchungsabschnitt durch Geschäfte für Arbeits- und Betriebsmittel, Cra 13 (Cl 50/Cl 57) durch auf Wohnungseinrichtungsbedarf spezialisierte Ladenlokale und Nahrungs- und Genußmittel (Cl 63/Cl 67). In zahlreichen Straßen erreicht überdies die Bekleidungsbranche einen Anteil von einem Drittel oder mehr an der Gesamtzahl der

Tabelle 35: Der Einzelhandel in der City und in ausgewählten Nebengeschäftszentren in West-Berlin nach Bedarfsstufen

BEDARFS-STUFE[1)	Kurfür-stendamm-Bereich		Zoorand-gebiet		Schloss-straße		Wilmers-dorfer Straße		Badstraße und Brunnen-straße	
	abs.	in %	abs.	in %	abs.	in %	abs.	in %	abs.	in %
Stufe 1	92	34.8	69	32.1	53	20.0	22	15.2	29	9.1
Stufe 2	155	58.7	127	59.1	184	69.4	104	71.7	198	62.5
Stufe 3	17	6.4	19	8.8	28	10.6	19	13.1	90	28.4
Insg.	264		215		265		145		317	

1) Stufe 1: Geschäfte mit ausschließlich oder größtenteils langlebigen, hoch-
wertigen und selten verlangten Warenangeboten
Stufe 2: Geschäfte mit mittelwertigen und/oder mittelfristig nachgefragten
Warenangeboten
Stufe 3: Geschäfte mit niederen, kurzfristig oder täglich verlangten Waren-
angeboten

Quelle: HEIMEBERG 1977, (Auszug aus Tab.20, S.185 u. S.99)

Einrichtungen des tertiären Sektors; dies ist in Cra 7, Cra 10, Cra 13 und Cra 15
in den relevanten Abschnitten deutlich zu erkennen.
Zum anderen bestätigt sich eine in vielen Städten Lateinamerikas zu beobachtende
Verlagerung funktionaler Schwerpunkte des Einzelhandels von der Stadtmitte zur
Peripherie. So weist GORMSEN darauf hin, daß in Mexiko, Caracas oder Maracaibo
die Stadtzentren trotz hoher Geschäftsdichte schon seit längerer Zeit keine An-
ziehungspunkte mehr für die Oberschicht seien (1981, S.294).
Bevor im folgenden auf den Kundeneinzugsbereich des Einkaufszentrums Unicentro
eingegangen wird, soll abschließend auf ergänzende Erdgeschoß-Nutzungstabellen
(vgl. Tab.36 u.Abb.33) von Hauptverkehrsstraßenabschnitten hingewiesen werden,
die nicht im Mittelpunkt des Forschungsinteresses standen und auf die daher nicht
näher eingegangen werden soll. Für den interessierten Leser vermögen sie jedoch
Auskunft über funktionale Schwerpunkte zu geben. Im einzelnen handelt es sich um
folgende kartierte Straßenabschnitte:

Tabelle 36: Erdgeschoßnutzung ausgewählter Hauptverkehrsstraßen[1]

Teil I

im Abschnitt	Av Caracas			Cra 13		Carrera 7	K 11	K 15
	IM ABSCHNITT							
	Cl 9-Cl 26	Cl 26-Cl 55	Cl 67-Cl 80	Cl 30-Cl 50	Cl 63-Cl 92	Cl 29-Cl 63	Cl 80-Cl 100	Cl100-Cl127
	I	II	III	IV	V	VI	VII	VIII

I. Einzelhandel

im Abschnitt	I	II	III	IV	V	VI	VII	VIII
Air-Condition-Anlagen								
Alarmanlagen						1		
Andenken							1	1
Antiquitäten					1			1
An-/Verkauf	1					2		
Arbeitskleidung		3		7	1			
Arztpraxenbedarf	3		10				1	
Autozubehör	126	7					1	2
Baustoffe							1	3
Bekleidung	2	2	1	3	3	1	2	5
Blumenhandel	1	6	2	6	2	5	3	2
Boutique			3	1	2	4	12	
Buchhandlung				1		3	4	
Computer	2	3	3			2		3
Delikatessen	1		3	8	7	6		5
Drogerie	3	1	3				4	
Eisenwaren	8		8	2	1	3	2	
Elektroartikel	2							
Elektronikar-tikel								
Fahrräder/Zubehör	5						1	
Farben, Lacke			1		1		1	
Faschingsartikel			2	3			1	2
Fische								
Fotoartikel	1			3	1			
Fotokopien	1		1	1	1			
Gardinen						7		
Gashandlung	2	2		1				
Geschäfts-einrichtungen								
Glashandlung	1		2			2		
Großküchenbedarf	1	4		1				
Haushaltswaren	4			2				1
Hosen			1				1	
Kacheln, Fliesen	3		2					
Klempnereibedarf	11	6	1	16	6	22	4	9
Kraftfahrzeuge	1		2					
Kugellager	1							
Küchen								
Kühlschrank-zubehör								

Av Caracas / Cra 13 / Carrera 7 / K 11 / K 15

im Abschnitt	I	II	III	IV	V	VI	VII	VIII
Kunsthandwerk	1							1
Landwirtschaftl. Artikel			9					
Lebensmittel		1	2	3	4	6	6	5
Lederwaren	1	1	1	2	2	3	1	2
Lkw-Zubehör	1			1				
Maschinen	1			1	1	1		
Matrazen								
Möbel	2	11	6	11	4	7	6	6
Motoren/Zubehör	4	1	3	2		3	1	2
Motorräder u. Zubehör	8	1						
Musikinstrumente					2		1	
Nähmaschinen	2	2	5	6			1	
Oberbekleidung	1	1	1	1	2	2	1	1
Obst, Früchte	2	4	1	7	4	4	1	1
Papierwaren		2		1	2	2	1	
Parfumerie	2	1						
Plastikartikel	10	2						
Rechen- u. Schreibmaschinen								
Schallplatten	9							
Schirme			1	1				1
Schlösser und Schlüssel	3	1	2					1
Schmuckwaren			2		1			2
Schreibwaren	1		5	4				1
Schuhe	1		6	1	1	1		
Spanfedern			1					
Spielwaren	2	2		1	1	5		2
Spirituosen		1						1
Stoffe								
Süßwaren, Eis	3	3	7	4	6	4	2	2
Tabakwaren		5		2	2	6	3	1
Tapeten und Bodenbeläge								
Teppiche	4	4		5	2			
Textilien	2		1	1			1	
Tresore u. Sicherheitstüren	1							
Uhren	3				1			
Werkzeuge	1							
Wolle			1					
Wohnmung	1	11	2				1	
Sonstiges						1	1	

II. Sonstige Dienstl.- Handwerksbetriebe und sonstige Einrichtungen

im Abschnitt	I	II	III	IV	V	VI	VII	VIII
Ärzte		8	2	1	1	5		1
Architekten	4	7	3	1	2	1		2
Autoreparatur								

Teil II

Erster Teil

im Abschnitt	Av Caracas I M Cl 9-Cl 26 (I)	Cl 26-Cl 55 (II)	Cl 67-Cl 80 (III)	Cra 13 A B S C H N I T T Cl 30-Cl 50 (IV)	Carrera 7 Cl 63-Cl 92 (V)	Cl 29-Cl 63 (VI)	K 11 Cl 80-Cl 100 (VII)	K 15 Cl100-Cl127 (VIII)
Autovermietung								
Bank	6	4	2	26	13	16	7	6
Bäckerei	2	1	3	1	4	5	5	2
Beerdigungsinst.		1		2		1		
Benennungsstelle	1	1			1	1		
Bodybuilding								
Botschaft				1	1			
Büros	31	33	6	46	7	17	3	
Cafeterias, Bars, Schnellimbiß			23					
Diskothek		2		2		3		
Druckerei		3		3		3		
Fabrik	1			1				
Fahrschule		1	1	1		5		
Finanzierungsge- sellschaft/Geld- wechsel							1	
Fluggesellschaft	1							
Fotograf		2		2	1	2		1
Fotostudio		2		3	3	8		1
Friseur					4	4	2	
Galerie	1	1		1	2			
Genossenschaft								
Grundstück (un- bebaut)				17				17
Handwerk				1		1		
Hotel	1	1		1		3	3	
Immobilienges.					1			
Ingeneurbüro	1	7		1	2	5	1	
Kaserne					2	1		
Kino		7			2	1		
Kirchl. Einr.		1				2		
Klinik					1	1		
Kulturelle Einr.			1			3		2
Labor					1	1	2	6
Lager	3	10	12	17	7	45	11	
Leerstehener Raum	1	1					2	
Massageinstitut				1				
Museum		1		1		2	2	
Notar	1	2		7				
Öff. Verwaltung	6	6	1	5		1	2	
Optiker	2	1				1	1	
Parkplatz	1							
Pension		2		1	2	6		2
Polizei	1			1	2	14	3	
Polsterei		10	6	15	7	2	11	
Reisebüro								
Reparaturen						2		
Restaurant								
Sauna	1							
Schlosserei	3	1		1				2
Schneider								

Zweiter Teil

im Abschnitt	Av Caracas I M Cl 9-Cl 26 (I)	Cl 26-Cl 55 (II)	Cl 67-Cl 80 (III)	Cra 13 A B S C H N I T T Cl 30-Cl 50 (IV)	Carrera 7 Cl 63-Cl 92 (V)	Cl 29-Cl 63 (VI)	K 11 Cl 80-Cl 100 (VII)	K 15 Cl100-Cl127 (VIII)
Schönheitspflege								
Schule	2	5	2	1	1	4	1	
Schuster				2		2		
Smoking-Vermiet.			3	1		1	1	
Spielsalon/Nacht-		1						
Steinmetz								
Steuerberatung		1						
Stiftung		2						
Tankstelle		4	5	1	4	3	1	
Tanzschule			1					
Tierarzt		1						
Transportuntern.		1						
Verbände/Vereine		5		1	1	4		2
Versicherungen		3		1	1	2		
Verwaltungseinr.		9		4		3		
Video-Verleih						1		
Wäscherei		2			7	5	1	2
Werbeagentur					1			
Zahnarzt	2	4						
Sonstige Einr.		2		2	3	1	1	2
Insgesamt	**289**	**272**	**188**	**260**	**128**	**310**	**130**	**98**

1) K = Cra = Carrera

Quelle: Erhebungen des Verf., 1981

Hauptverkehrsstraße	Straßenabschnitt
1. Avenida Caracas	Cl 9 bis Cl 26
	Cl 26 bis Cl 55
	Cl 67 bis Cl 80
2. Carrera 7	Cl 29 bis Cl 63
	Cl 63 bis Cl 92
3. Carrera 11	Cl 80 bis Cl 100
4. Carrera 13	Cl 30 bis Cl 50
5. Carrera 15	Cl 100 bis Cl 127

9.4. Sonstige Einrichtungen des tertiären Sektors

Neben Bürobetrieben und Einzelhandelsgeschäften gibt es eine Vielzahl weiterer Einrichtungen des tertiären Sektors. Ihre räumliche Verteilung hat ebenfalls Einfluß darauf, welche Stadtteile in ihrer funktionalen Bedeutung auch auf weiter entfernt lebende Bevölkerungskreise Anziehungskraft ausüben. Exemplarisch sollen daher kurz einige Dienstleistungsbereiche betrachtet werden, die bisher noch nicht angesprochen wurden.

Eine nach wie vor unangefochtene Spitzenstellung nehmen das traditionelle Zentrum und Candelaria in kultureller Hinsicht ein. Im bedeutendsten Theater Bogotás, dem in der Altstadt (Cl 10 No.5-32; vgl. a. Abb.8) gelegenen "Teatro Colón", werden neben klassischen und modernen Theaterstücken, Ballettvorführungen, Opern und Operetten auch Konzerte aufgeführt. Ein eigenes Opern- bzw. Operettenhaus existiert in Bogotá dagegen nicht. Neben einem eigenen Repertoire werden häufig Gastspiele gegeben.

Ebenfalls in Candelaria befindet sich das "Teatro Popular de Bogotá" (Cra 5 No.14-71) und die Kulturräume der Bibliothek "Luis Angel Arango", in denen Konzerte und Ausstellungen nationaler und internationaler Künstler geboten werden. Darüber hinaus sind in diesem Stadtteil zahlreiche Museen, so z.B. das "Museo Arqueológico Casa del Marqués de San Jorge", das "Museo de Arte Colonial", das "Museo 20 de Julio" und das "Museo del Desarrollo Urbano de Bogotá" lokalisiert, um nur einige aufzuzählen.

Die wichtigsten im traditionellen Zentrum lokalisierten Museen sind das weltberühmte Goldmuseum "Museo del Oro" und das "Museo Nacional". Außerhalb des Zentrums existiert eine Reihe weiterer, weniger bedeutender Theater und Museen, so z.B. das "Teatro Colsubsidio" (Aufführungen klassischer Konzerte, auch Theater), das "Teatro Nacional" (Laientheater) sowie die "Gata Caliente", "El Globo" und

"Petunia" (Kabaretts bzw. "Cafés Concierto") und das "Museo El Chicó".
Kinos müssen in Bogotá als ubiquitäre Einrichtung mit Schwerpunkt im Zentrum und
in Chapinero angesehen werden. Da die Eintrittspreise deutlich unter den hierzu-
lande üblichen Preisen liegen (1981 kostete der Besuch eines Kinos maximal
50 Pesos), wird dieses Freizeitvergnügen von einem relativ großen Teil der einkommensschwachen Bevölkerung genutzt. Es werden überwiegend unterhaltende Filme
ausländischer Produktion mit spanischen Untertiteln gezeigt. Kunstfilme werden im
Zentrum ("Cinema Distrital") präsentiert.

Private Universitäten bevorzugen Randlagen des Zentrums und Chapineros, während
die staatliche "Universidad Nacional" wegen ihres hohen Raumbedarfes auf einem
großen Campus im Westen der Stadt (Cra 30/Cl 26; vgl. z.B. Abb.31) liegt. Der
Plan, eine staatliche Universität im S Bogotás zu eröffnen - die "Universidad del
Sur" - scheiterte bislang an der Bereitstellung von Haushaltsmitteln, obwohl der
Bau bereits gesetzlich beschlossen war.

Es muß jedoch darauf hingewiesen werden, daß zahlreiche "Universitäten" in Bogotá
nicht mit deutschen Institutionen, die unter diesem Begriff subsumiert werden,
gleichgesetzt werden dürfen, da sie sowohl in quantitativer als auch in qualitativer Hinsicht deutlich unterlegen sind. Dies gilt nicht für die großen Universitäten Bogotás, die Universidad Nacional, Universidad Javeriana und Universidad de
Los Andes.

Schulen aller Bildungsstufen sind über das gesamte Stadtgebiet verteilt. Auf eine
Analyse von Wanderungen wurde verzichtet; es sei jedoch der Hinweis gestattet,
daß AMATO für den Zeitraum von 1931 bis 1964 einen zahlenmäßigen Anstieg privater
Lehranstalten ("Colegios") mit Standortpräferenz für nördliche Stadtteile nach-
weisen konnte. Gleichzeitig stellte er fest, daß "a positive spatial relationship
exists between the number of private schools in an area and its socioeconomic
ranking." Neben Neugründungen fand eine eindeutige Verlagerung von Schulen statt,
die das Zentrum verließen, um sich im N Bogotás anzusiedeln (1968, S.157). Von 21
privaten Colegios, die 1938 existierten, befanden sich nur zwei nördlich der
Cl 25; 1966 waren es bereits zwölf, also mehr als die Hälfte der untersuchten
Bildungseinrichtungen.

Dieser Trend ist bis heute ungebrochen, obwohl sich über seine Stärke ohne eine
ausführlichere Analyse nichts sagen läßt. Jüngstes Beispiel ist die 1981 abgeschlossene Verlagerung des deutschen Gymnasiums "Colegio Andino" aus dem Barrio
El Retiro (Cra 11/Cl 82) in die nördliche Peripherie der Stadt an der Autopista
del Norte, etwa in Höhe der Cl 225. Entscheidendes Umzugsmotiv waren Kapazitäts-
engpässe am alten Standort.

Als ausgesprochen zentrumstypisch muß das Hotelwesen Bogotás bezeichnet werden.

Von den acht Hotels, die im vom Verkehrsverein, der Corporación Nacional de Turismo, herausgegebenen Hotelführer erscheinen und zur Spitzenklasse (vier oder fünf Sterne) gerechnet werden, befinden sich sieben im traditionellen Zentrum der Stadt bzw. im oder nahe des Centro Internacional (so die beiden einzigen Fünf-Sterne-Herbergen, das Hotel Tequendama mit 708 Zimmern und das Hotel Bogotá Hilton mit 199 Zimmern; letzteres wird z.Zt. erweitert). Nur das vergleichsweise kleine "Apartahotel Bogotá Plaza" (29 Zimmer) liegt im N der Stadt.

Von den übrigen aufgeführten Hotels befinden sich 24 weitere in zentraler Stadtlage, nur acht sind außerhalb des Zentrums angesiedelt. Die Mehrzahl der "Residencias", die mit Pensionen verglichen werden können, weisen dagegen nördliche Standorte auf. Dies ist jedoch darauf zurückzuführen, daß nur ausgewählte Residencias in den Hotelführer aufgenommen werden. Viele kleine, oft einfachst ausgestattete Pensionen bieten, zum Teil auf wenige Straßenzüge konzentriert, in Chapinero und im Zentrum Unterkunftsmöglichkeiten an.

Ein völlig anderes Bild weist die Standortverteilung von Botschaften in Bogotá auf. Während in einer Randlage des Zentrums nur eine einzige Botschaft, nämlich die Belgiens, ansässig ist, konzentriert sich ein Drittel aller staatlichen Vertretungen auf das Gebiet um die Av de Chile (Raum 7), darunter auch die der Bundesrepublik Deutschland, weitere 40% auf den Korridor und Chicó (Raum 12 und 3). Die für diese Institutionen ermittelten Mobilitätsraten sind die höchsten, die überhaupt festgestellt wurden: sie liegen bei 55,1% für den Zeitraum von 1976-1981 bzw. bei 57,9% in der Periode von 1971-1976 (vgl. Tab.6). Anders ausgedrückt wechselten durchschnittlich im Betrachtungszeitraum jährlich mehr als 10% aller in Bogotá vertretenen Botschaften ihren Standort.

Bedingt durch die ohnehin geringe Präsenz dieser Institutionen im Zentrum Bogotás spielt dieser Stadtteil eine untergeordnete Rolle als Zu- bzw. Abwanderungsgebiet. Vergleicht man die beiden Untersuchungsperioden miteinander, ist eine Verschiebung der Standortpräferenzen zu erkennen: Während von 1971-1976 El Lago (Teilraum 6), das Gebiet nördlich der Av de Chile (Raum 7) und der W Chicós sowie das Barrio Antiguo Country (Raum 3) bevorzugt wurden, verwandelte sich Teilraum 6 von 1976-1981 vom Netto-Zu- in ein Netto-Abwanderungsgebiet. An seine Stelle trat, neben Raum 3 und Raum 7, die weiterhin in der Standortgunst an vorderster Stelle standen (insbesondere die zuerst genannte Zone), die im N von CI 100 gelegene Region (Raum 1).

Abwanderungen von Botschaften verzeichneten von 1971-1976 vornehmlich das Centro Internacional und der E Chapineros (Teilräume 15 und 10); Raum 15 wurde in der zweiten Untersuchungsperiode von Raum 12 (Korridor) als bedeutende Netto-Abwanderungs-Region abgelöst.

Diese kurze Betrachtung zeigt, daß Botschaften nicht dazu gezwungen sind, im Zentrum präsent zu sein, da "Kundennähe" - anders als bei gewinnorientierten Dienstleistungsunternehmen - nicht eine der obersten Geschäftsmaximen darstellt. Vielmehr verfügen Botschaften, ähnlich wie andere öffentliche Institutionen, über den Vorteil, daß Besucher wegen der monopolartigen Stellung dieser Einrichtung gezwungen sind, auch einen entfernter gelegenen Standort in Ermangelung jedweder Alternative aufsuchen zu müssen. Hinzu kommt, daß Botschaften - als Vertretung eines ausländischen Staates - in hohem Maße der Repräsentationspflicht zu genügen haben, was nur durch Wahl eines angesehenen Geschäftssitzes erfüllt werden kann. Hierzu bieten sich, insbesondere bei personalstarken Vertretungen, größere Villen an, die in Bogotá fast ausnahmslos im N der Stadt lokalisiert sind und häufig einer entsprechenden Funktionswandlung unterworfen wurden. Die Nähe zum Privatwohnsitz des Botschafters dürfte in vielen Fällen eine nicht unerhebliche Rolle gespielt haben.

9.5. Computergestützte Auswertung disaggregierter Daten der kolumbianischen Sozialversicherung

Nachdem bereits ein auf der Auswertung von Telefonbüchern bzw. Dateien der kolumbianischen Sozialversicherung beruhender Vergleich der Gesamtmobilität des Dienstleistungssektors durchgeführt wurde, sollen nun ebenfalls vergleichende branchenbezogene Aussagen getroffen werden. Den Tab.37 und 38 sind überblickartig Kennzahlen wie z.B. die Zahl der untersuchten Firmen und Angestellten, die auf den Zeitraum von 1978 bis 1981 bezogene Gesamtmobilitätsrate, Umfang und Richtung der Verlagerungstätigkeit sowie andere Größen zu entnehmen.

Aus ihnen läßt sich für die Branchen Banken, Versicherungen, Immobilienbüros, Transportbetriebe, Ärzte und Rechtsanwälte erkennen, inwieweit Unterschiede bzw. Gemeinsamketen zu den mittels der Branchenfernsprechbuchauswertung gewonnenen Daten (vgl. Tab.6) bestehen.

Die Tabellen enthalten auch Zahlenangaben für Einzelhandelsbetriebe und Dienstleistungsunternehmen des Handelswesens; unter letzteren subsumiert das ICSS alle mit Handelstätigkeiten befaßten Unternehmen, die nicht dem Einzelhandel zuzurechnen sind, also z.B. Speditionen, Außenhandelsunternehmen oder auch Handelsverbände. Darüber hinaus sind zahlreiche weitere Dienstleistungsbranchen aufgeführt, aus denen sich ergänzende Rückschlüsse auf das Mobilitätsverhalten des tertiären Sektors ziehen lassen, auf die aber nicht näher eingegangen werden soll.

Tabelle 37: Daten zur Mobilität des tertiären Sektors in Bogotá (Unternehmen) im Zeitraum von 1978 bis 1981

Branche	Zahl der untersuchten Fälle	Gesamt-mobilität in %	Zahl der Zentrumszugänge[1] insgesamt	Zahl der Zentrumsabgänge insgesamt
Einzelhandelsunternehmen	10.981	9.76	68	185
Banken	780	10.21	14	28
Versicherungen	489	21.45	3	28
Immobilienbüros	2.070	11.85	6	86
Transportgesellschaften	1.781	4.56	3	31
Lagergesellschaften	75	7.14	–	2
Kommunik.gesellschaften	50	3.33	–	1
Öff. Lehranstalten	1.324	13.09	5	57
Gesundheitsdienste	1.469	9.09	2	9
Religiöse Organis.	91	13.24	–	3
Sozialfürsorgeinstitute	175	13.48	–	4
Dienstl.unternehmen des				
-Rechtswesens	1.142	9.77	4	29
-Handelswesens	4.773	17.45	38	174
Handelsvereinigungen u.				
Arbeiterorganisationen	574	16.26	5	23
Andere Dienstl.untern.	887	10.34	1	8
Filmprod. u.-vertr.ges.	101	7.14	–	2
Theater- u.Kinobetr.	160	14.41	3	11
Vergnügungsbetriebe	214	10.87	1	6
Restaurants, Cafés etc.	3.024	5.30	11	19
Hotels und Pensionen	259	3.37	1	4
Wäschereien	421	6.38	1	1
Friseure	499	4.17	1	–
Fotoateliers	161	12.77	–	4
Sonst. persönl. Dienstl.	221	11.72	1	2
Sunstiges	595	12.45	2	34
Insgesamt	32.316	11.09	170	751

1) Zentrum = Teilräume 15, 18, 21, 24 (vgl. Abb.1)

Quelle: ICSS-Computerdateien 1978 und 1981

Tabelle 38: Daten zur Mobilität des tertiären Sektors in Bogotá (Beschäftigte) im Zeitraum von 1978 bis 1981

Branche	Zahl der untersuchten Fälle	Gesamtmobilität in %	Zahl der Zentrumszugänge[1] insgesamt	Zahl der Zentrumsabgänge insgesamt	DAVON IN NÖRDL. RICHTUNG NACH TEILRAUM								DURCHSCHNITTL. BESCHÄFTIGTENZAHL aller Unt. 1978	verlagerter Unt. 1978/1981
					1	3	4	6	7	9	10	12		
Einzelhandelsunternehmen	81.665	11.65	1.179	3.351	19	109	–	9	358	194	153	157	11.6	13.9
Banken	34.846	8.18	64	372	3	4	–	1	38	6	–	92	53.2	42.6
Versicherungen	15.065	8.37	9	697	12	52	5	30	261	2	300	93	45.5	16.4
Immobilienbüros	8.950	26.56	14	859	–	–	10	–	235	147	16	278	5.3	11.8
Transportgesellschaften	24.878	8.63	14	1.033	–	2	5	–	40	6	5	36	22.7	27.0
Lagergesellschaften	2.261	48.70	–	970	–	–	–	–	–	–	–	–	40.4	275.3
Kommunik.gesellschaften	3.914	3.76	–	4	–	1	–	–	4	–	–	–	130.5	147.0
Öff. Lehranstalten	23.378	14.52	33	2.147	–	1	–	1	125	3	53	22	24.5	27.2
Gesundheitsdienste	8.125	8.92	4	379	–	–	–	–	5	4	1	14	7.9	7.8
Religiöse Organis.	430	24.41	–	11	–	–	–	–	–	–	–	–	6.3	11.7
Sozialfürsorgeinstitute	2.514	3.58	–	13	–	–	–	–	5	–	3	2	17.8	4.7
Dienstl.unternehmen des														
-Rechtswesens	2.354	21.88	62	137	3	2	–	39	26	24	9	45	3.4	7.6
-Handelswesens	32.512	19.64	235	2652	13	64	18	–	328	125	300	1026	11.0	12.4
Handelsvereinigungen u. Arbeiterorganisationen	5.971	15.49	20	480	–	–	–	3	3	9	2	418	14.7	14.0
Andere Dienstl.untern.	12.270	17.21	4	294	–	–	–	–	–	9	48	3	34.3	57.1
Filmprod. u.-vertr.ges.	472	15.25	–	53	–	–	–	–	–	–	–	–	11.2	24.0
Theater- u. Kinobetr.	2.634	19.06	27	441	–	–	–	–	–	–	20	239	23.7	31.4
Vergnügungsbetriebe	3.674	18.73	92	39	–	–	–	–	–	22	2	–	26.6	45.9
Restaurants, Cafés etc.	14.024	11.79	207	210	–	7	–	–	4	19	5	–	8.4	18.6
Hotels und Pensionen	3.286	0.94	8	11	–	–	–	–	–	–	5	–	18.5	5.2
Wäschereien	1.986	4.22	14	4	–	–	–	–	–	–	–	–	8.4	5.5
Friseure	1.042	5.37	9	–	–	–	–	–	–	–	–	–	3.3	4.3
Fotoateliers	673	12.93	–	31	–	–	–	–	–	–	–	–	7.2	7.3
Sonst. persönl. Dienstl.	4.593	8.14	5	10	–	–	–	–	–	17	–	–	35.9	24.9
Sonstiges	9.955	13.53	541	393	–	–	–	–	185	–	10	–	19.7	21.4
Insgesamt	301.472	13.10	2541	14.591	50	241	35	80	1576	600	947	2440	14.4	17.0

1) Zentrum = Teilräume 15, 18, 21, 24 (vgl. Abb.1)

Quelle: ICSS-Computerdateien 1978 und 1981

Zusammenfassend bleibt festzuhalten, daß auch die branchenbezogene Mobilitätsanalyse nur graduelle Unterschiede der auf Sozialversicherungs- bzw. Branchenfern-
sprechbuchdaten beruhenden Resultate offenbarte. Geringfügige Abweichungen waren
jedoch wegen der unterschiedlichen Zusammensetzung der Grundgesamtheit der statistischen Daten und der differierenden Länge des Betrachtungszeitraumes zu erwarten.
Mit Ausnahme des Bankensektors differierten z.B. die durchschnittlichen jährlichen Mobilitätsraten nur unbeträchtlich. Die Abweichung der Verlagerungsrate bei
Banken (ICSS: 3,4% p.a., Auswertung der Branchenfernsprechbücher: 6,9% p.a.)
dürfte im wesentlichen auf die Einbeziehung von Genossenschaften ("Cooperativas")
durch das ICSS, welche in der Vergangenheit eine schwächere Verlagerungstätigkeit
als herkömmliche Banken erkennen ließen, zurückzuführen sein. Hingegen erwies
sich die Mobilität von Einzelhandelsbetrieben, die in der ICSS-Datei des tertiären Sektors mit knapp 11.000 Betrieben und mehr als 80.000 Beschäftigten die zahlenmäßig stärkste Dienstleistungsaktivität darstellen, in beiden Auswertungen als
schwach. Übereinstimmend konnte für den Einzelhandel nachgewiesen werden, daß ein
großer Teil der durchgeführten Verlagerungen weder Bereiche des Nordens noch des
Zentrums berührte, der Verlust von Betrieben und Angestellten sich somit in der
Innenstadt, angesichts der hohen Zahl dort lokalisierter Unternehmen, noch in
tolerablen Grenzen hielt.
Auch für die übrigen Branchen ergaben sich keine nennenswerten Abweichungen im
Rahmen der Analyse der Verlagerungsrichtungen: Während z.B. Banken den Korridor
bevorzugen und sich neben ausgeprägten Zentrumsabgängen eine starke intrazentrale, von Teilraum 21 nach Teilraum 18 gerichtete Mobilität zeigte, zeichnete Transportgesellschaften eine auffällige Standortpräferenz für westliche Stadtteile
aus, auf die an anderer Stelle (vgl. Kap.9.1.4.1.) bereits näher eingegangen wurde.
Die für Versicherungen bereits konstatierte Bevorzugung nördlicher Stadtgebiete
(insbesondere Teilraum 7) zu Lasten des traditionellen Zentrums konnte durch die
Auswertung der ICSS-Daten bestätigt werden. Ähnliches gilt für Immobilien-Büros,
die überdies von einer auffälligen Mobilität innerhalb nördlicher Teilräume charakterisiert waren, was u.a. auf den Informationsvorteil zurückzuführen sein
dürfte, den diese mit Immobilien befaßte Branche hinsichtlich der für sie in Frage kommenden Gebäudeobjekte gegenüber anderen Wirtschaftszweigen genießt.
Das Zentrum Bogotás erfuhr im Betrachtungszeitraum beider unabhängig voneinander
durchgeführten Analysen einen nur geringen Netto-Abgang von Arztpraxen, ein Sach-
verhalt,der durch eine generell schwache Mobilität dieser Dienstleistungsbranche
als auch durch die Tatsache, daß nur ein geringer Teil der Ärzte in der

Innenstadt praktiziert, begründet wird. Demgegenüber präferieren Rechtsanwälte in hohem Maße d e Zentrumslage, entschieden sich jedoch im Falle von relativ selten durchgeführten Verlagerungen meist für nördlich des Zentrums gelegene Stadtteile. Die insgesamt zu konstatierende hohe inhaltliche Übereinstimmung beider Dateiauswertungen hi sichtlich des Versuchs einer numerischen Mobilitätsbeschreibung des Dienstleistungssektors rechtfertigt abschließend die Ansicht, daß die in dieser Arbeit getroffenen Aussagen über das Standortverhalten ausgewählter Branchen des Dienstleistungssektors in Bogotá auf der Basis größtmöglicher Objektivität erfolgten und die gewonnenen Erkenntnisse als realistische Deskription tatsächlicher Gegebenheiten gewertet werden müssen.

9.6. Der sekundäre Sektor

9.6.1. Allgemeine Charakteristika des Standortverhaltens

Der Vollständigkeit halber soll abschließend das Standortverhalten des sekundären Sektors umrissen werden. Auf der Basis einer Weltbank-Untersuchung über die innerstädtische Lokalisierung von Industriebeschäftigten (vgl. Abb.34) lassen sich die Zahl der in den verschiedenen Radialsektoren beschäftigten Arbeiter für die Jahre 1970 und 1975 erkennen. Als Quelle diente der Weltbank das "Archivo del Directorio Industrial del DANE" (nach SIK LEE o.J., S.11), aus dem nur Unternehmungen mit mehr als zehn Beschäftigten ausgewählt wurden. Die hohe Konzentration von Industrieunternehmen und -arbeitern in der im W liegenden Industriezone Bogotás tritt besonders hervor.

Darüber hinaus wurden von der Weltbank auch Unternehmensverlagerungen untersucht. Aus Tab.39 geht hervor, wieviele Unternehmen mit zehn oder mehr Beschäftigten ihren Standort aufgaben, um sich im gleichen oder einem der anderen aufgeführten Stadtteile anzusiedeln.

Zur Erläuterung ein Beispiel: Wie von dem Autor der Studie erwartet wurde, erfuhr das Zentrum einen Netto-Abgang an Industrieunternehmen im Untersuchungszeitraum von 1970 bis 1975. Von 42 Unternehmen, die ihren ursprünglichen Standort im Zentrum Bogotás aufgaben, siedelten sich 30 außerhalb, nur 12 erneut innerhalb der Innenstadt an. Vier Firmen zogen hinzu (davon zwei aus dem Norden, zwei weitere Betriebe aus dem W von Ring 2), sodaß sich ein Netto-Verlust von 26 Unternehmen ergibt. Analog sind die übrigen Zahlen zu interpretieren.

Von hohem Interesse ist auch die räumliche Verteilung von Industriebeschäftigten,

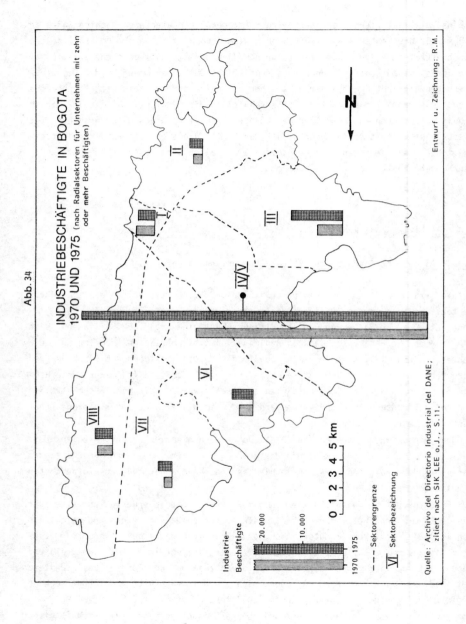

Abb. 34

INDUSTRIEBESCHÄFTIGTE IN BOGOTA
1970 UND 1975 (nach Radialsektoren für Unternehmen mit zehn
oder mehr Beschäftigten)

II

I

III

IV/V

VI

VIII

VII

N

Industrie-
Beschäftigte

20.000

10.000

0 1 2 3 4 5 km

1970 1975

– – – Sektorengrenze

VI   Sektorbezeichnung

Quelle: Archivo del Directorio Industrial del DANE;
zitiert nach SIK LEE o.J., S. 11.

Entwurf u. Zeichnung: R.M.

Tabelle 39: Herkunfts- und Zielzonen verlagerter Industrieunternehmen in Bogotá
mit zehn oder mehr Beschäftigten im Zeitraum von 1970 bis 1975[1]

ZIELZONE

HERKUNFTSZONE	Zentrum	2-4[2] 2-5	3-4 3-5	4-4,4-5 5-4,5-5	Norden	Süden	Insg.
Zentrum	12	7	10	3	6	4	42
2-4,2-5[2]	2	11	18	5	3	6	45
3-4,3-5	0	12	37	26	6	7	88
4-4,4-5 5-4,5-5	0	2	6	10	4	2	24
Norden	2	2	7	13	29	4	57
Süden	0	3	4	5	3	10	25
Insgesamt	16	37	82	62	51	33	281

1) Die Zahlenangaben entsprechen der Anzahl verlagerter Unternehmen
2) Die Bezeichnungen 2-4, 2-5 etc. weisen auf die jeweiligen Ringe und Sektoren
hin, in die das Stadtgebiet eingeteilt wurde. Vgl. hierzu Abb.13.

Quelle: DANE, Directorio Industrial; zitiert nach SIK LEE o.J., S.16

aufgeschlüsselt nach Branchen. Dabei zeigte sich, daß von zwölf untersuchten In-
dustriezweigen lediglich die Bekleidungs- (1975: 9,5%) und Druckindustrie (1975:
23,6%) einen relativ hohen Beschäftigungsanteil im CBD Bogotás aufwiesen. Alle
übrigen Branchen erreichten die 3%-Grenze nicht.
Während der zuletzt genannte Industriezweig wegen der nicht ausreichend tiefen
Gliederung des Branchenfernsprechbuches nicht näher betrachtet werden konnte,
sollen hier nur die Standortpräferenzen im Druck- und Verlagswesen behandelt werden.

9.6.2. Das Druck- und Verlagswesen

Entgegen den Angaben in der Weltbank-Untersuchung erschien die Zahl der im Branchenfernsprechbuch ausgewiesenen Druckereien ("Imprentas") als zu gering, sodaß Verlage ("Editores", "Editoriales") in die Betrachtung miteinbezogen werden mußten.

Dabei darf jedoch nicht übersehen werden, daß Verlagerungen von Produktionsstätten im allgemeinen einen wesentlich höheren Aufwand erfordern als Büroverlagerungen.

Rund ein Drittel aller untersuchten Firmen war 1981 im Zentrum Bogotás angesiedelt, ca. 50% befand sich in peripheren Stadtgebieten, die im Rahmen dieser Arbeit nicht näher analysiert werden konnten. Die übrigen Betriebe verteilten sich auf definierte Teilräume Bogotás mit leichten Schwerpunkten in Chapinero und Raum 14.

Verlage waren weniger dispers verteilt als Druckereien und bevorzugten in stärkerem Maße einen Standort im Zentrum. So erklärt sich aus der aggregierten Betrachtung beider Branchen die Abweichung des Anteils der Innenstadt-Unternehmen auf der Grundlage der Telefonbuchauswertung einerseits und der von der Weltbank verwendeten Quelle andererseits.

Werden ausschließlich Druckereien betrachtet, sind 18.5% aller Firmen in der Innenstadt konzentriert.

Die Mobilität von Druck- und Verlagsunternehmen ist, verglichen mit anderen Branchen, mittelstark ausgeprägt. Zwischen 1971 und 1976 wies der Korridor zwischen Chapinero und dem Centro Internacional, abgesehen vom Zentrum, die höchste Netto-Verlustquote auf; im zweiten Fünfjahreszeitraum verwandelte sich der Korridor in ein wenn auch unbedeutendes Netto-Zuwanderungsgebiet, während sich d e Abwanderungen aus der Stadtmitte verstärkten. Zugänge verzeichneten besonderes die Teilräume 14 (1971/76) und 20 (1976/81).

Um die Hintergründe der Aufgabe des Zentrumsstandortes zu erfahren, wurden vier Verlage aufgesucht, die aus der Innenstadt heraus in Raum 14 (drei Verlage) bzw. Raum 9 (ein Verlag) verlagert wurden. In drei Fällen wurde als entscheidendes Umzugsmotiv ein erhöhter Raumbedarf angegeben. Bei diesen Firmen stieg dementsprechend die gesamte durchschnittliche Beschäftigtenzahl von neun auf siebzehn Personen an. Im vierten Fall trugen die allgemeinen negativen Begleiterscheinungen einer Präsenz im Zentrum zusammen mit einer drohenden Mieterhöhung zur Umzugsentscheidung bei.

Interessant erscheint auch die anschließende Nutzung der aufgegebenen Standorte: Sie reichte von der Einrichtung eines Lagers über die Eröffnung eines

Schuhgeschäftes, einer Nachtbar bis zum Verkauf der leerstehenden Räume.
Außer der Betriebsflächenerweiterung (4.0)[37] waren die Reduzierung der Kriminalitätsgefahr (4.0), die abnehmende Belästigung durch Lärm, Luftverschmutzung etc.
(3.6), die Wahl eines repräsentativeren Domizils (3.4) und die Verbesserung der
Transportsituation für Kunden (3.4) verlagerungsentscheidend. Bodenspekulation
schied als Motiv aus, da in allen Unternehmen sowohl vor als auch nach der Verlagerung in gemieteten Räumen produziert wurde.
Die Zufriedenheit mit der neuen Produktionsstätte war außerordentlich hoch (4.9),
in erster Linie bedingt durch eine Umsatzsteigerung, die in drei der vier untersuchten Fälle auf den neuen Standort zurückgeführt wurde.
Nach dem zukünftigen Geschäftssitz von Konkurrenzfirmen befragt, wurde übereinstimmend erklärt, daß sich die Präferenz für den durch Cl 35, Cl 60, Cra 5 und
Cra 30 begrenzten Raum noch erhöhen wird. Die Entwicklung des Mobilitätsverhaltens steht jedoch in engem Zusammenhang mit dem Geschehen auf dem Bogotaner Buch-
markt: Sollte sich die Tendenz fortsetzen, daß wertvollere und aufwendiger ge-
staltete (Fach-)Bücher verstärkt in nördlichen Stadtteilen gedruckt werden, im
Zentrum dagegen drucktechnisch auf niedrigem Niveau stehende Erzeugnisse (z.B.
Romane, Novellen etc.) produziert werden, ist anzunehmen, daß Verlage mit gehobenem Produktionsprogramm, die derzeit noch im Zentrum lokalisiert sind, in absehbarer Zeit auch abwandern werden. Derzeit entspricht die City-Präferenz der
Druck- und Bekleidungsindustrie allerdings noch einem allgemeingültigen stadtgeographischen Charakteristikum. So weist HOFMEISTER darauf hin, daß es "einzelne am
Citystandort interessierte Zweige der Produktion (gebe), z.B. das Verlagswesen
und die Damenoberbekleidung, vornehmlich die Herstellung von Modellklei-
dern"(1976, S.67).
Die Ursachen dieser Standortpräferenz liegen auf der Hand: Beide Industriezweige
sind untrennbar funktional mit dem tertiären Sektor verbunden. So unterhält das
Druckgewerbe enge Kontakte zum Verlagswesen, zur Presse sowie zu vielen anderen
Auftraggebern, die der Dienstleistungswirtschaft zuzurechnen sind und einen Stand-
ort im Innenstadtbereich bevorzugen. Die Bekleidungsindustrie kommuniziert mit
Modehäusern, Designern etc., die ebenfalls häufig zentrale Standorte einnehmen.
Aus der Standortverteilung der beiden angesprochenen Industriezweige läßt sich
folglich der Schluß ziehen, daß die City Bogotás in der Tat hochentwickelt sein
muß, wenn lediglich typische "Cityindustrien" im Zentrum verbleiben, der übrige
Stadtsektor dagegen weitestgehend in anderen Stadtteilen produziert.

10. ZUKUNFTSPERSPEKTIVEN DER STADT

10.1. Die Funktion der Stadtplanung in Bogotá

10.1.1. Geschichtliche Entwicklung der Planung

Bereits im Jahre 1928 existierte die "Junta Municipal de Obras Públicas", deren Aufgabe es war, die Abgrenzungen zukünftiger Bauvorhaben zu bestimmen und ihre Zustimmung zu entsprechenden Plänen zu erteilen" (DAPD o.J., S.2; Alcaldía Mayor, DAPD 1973, S.32). Im selben Jahr wurde die "Sección del Plano de Bogotá" gegründet mit dem Auftrag, einen Stadtplan zu erstellen und sämtliche Grundstücke katastermäßig zu erfassen.

Erst im Jahre 1948 wurde das Organ "Oficina del Plan Regulador de Bogotá" ins Leben gerufen und mit der Aufgabe betraut, einen Entwicklungsplan für Bogotá zu entwerfen, der eine erste fundierte zukunftsorientierte Stadtplanungskonzeption erkennen ließ. Nach den gescheiterten Bemühungen der ausländischen Architekten Sert und Wienner, die eigens für diesen Auftrag kontraktiert wurden, entwickelte schließlich der bekannte französische Architekt Le Corbusier in den Jahren 1950/51 einen Plan, in dem der Plaza de Bolívar eine grundlegende Schlüsselfunktion zugedacht war. Le Corbusier beabsichtigte damals, von dieser zentralen Manzana aus eine industrielle Achse in westlicher Richtung anzulegen, entlang der eine hohe Beschäftigungsdichte entstehen sollte, und die die Stadt in zwei Teile zerlegte.

Auch in der heutigen Zeit sieht man diesen Planungsgedanken in Verbindung mit späteren planerischen Entscheidungen noch als Fortschreibung einer unerwünschten Bevölkerungssegregation an, die zu hohem Einkommen bei geringer Wohnbevölkerungsdichte im N und niedrigem Einkommen bei hoher Wohnbevölkerungsdichte im S Bogotás geführt hat (República de Colombia et al. 1974(a), S.10). Diese Segregation war damals wesentlich ausgeprägter als heutzutage. Schon sehr frühzeitig wurde der S Bogotás, nur wenige Schritte hinter der Plaza de Bolívar einsetzend, zur traditionellen Wohngegend der ärmeren Bevölkerung, während die Wohlhabenden den N bevorzugten (BRÜCHER 1969, S.181).

Der starke Bevölkerungszuwachs in Bogotá führte zu einer raschen und unkontrollierten Ausdehnung des Stadtgebietes, sodaß man sich Anfang der 70er Jahre gezwungen sah, dieser Entwicklung durch das "Programa Integrado de Desarrollo Urbano de la Zona Oriental de Bogotá (PIDUZOB)" entgegenzuwirken, welches mit finanzieller Unterstützung des Banco Interamericano de Desarrollo (BID) erstellt wurde.

Ziel war es, insbesondere diejenigen Barrios östlich der Av Caracas bzw. der Av
Paseo de Los Libertadores zu fördern, die infrastrukturell ein niedriges Entwick-
lungsstadium aufwiesen (Alcaldía Mayor, DAPD 1973, S.20).
Ebenfalls Anfang der 70er Jahre entstand im Auftrag der kolumbianischen Regierung
und in finanzieller Zusammenarbeit mit den Vereinten Nationen sowie der Weltbank
eine Studie[5], mit deren Hilfe Wachstumskomponenten Bogotás bis zum Jahre 1990
prognostiziert und in der zukünftigen Stadtplanung berücksichtigt werden sollten.
Grundlage aller Überlegungen war ein auf Dezentralisation aufbauendes Konzept
("Nuevas Ciudades dentro de la ciudad"), demzufolge das traditionelle Zentrum der
Stadt mit der mit Abstand höchsten Konzentration von Arbeitsplätzen in Bogotá
durch die Schaffung weiterer Zentren innerhalb des Stadtgebietes entlastet werden
sollte. Man dachte dabei weder an den Aufbau von Satellitenstädten, noch wollte
man ein weiteres städtisches Wachstum nach N zulassen. Vielmehr ließ man sich von
der Überlegung leiten, daß eine Verdichtung der Wohn- und Arbeitsbevölkerung innerhalb des definierten Stadtgebietes Schlüssel für die Lösung der größten Pla-
nungsprobleme der Hauptstadt sein würde. Es bedeutete also Abkehr von einer mono-
zentralen und Hinwendung zu einer polyzentralen Stadtstruktur. Von dieser Politik
versprach man sich eine gleichmäßigere und rationellere Versorgung der Stadtviertel aller sozialer Schichten mit städtischen Dienstleistungen (República de Colombia et al. 1974(b), S.26f.). Nach Auffassung von Planungsexperten kam es weder
zur Anwendung der in "Fase II" noch zu der in der ergänzenden Studie "Fase II-B"
ausgearbeiteten Vorschläge.[46]
Wie sich die Planung derzeit in Bogotá darstellt, soll im folgenden untersucht
werden.

10.1.2. Die juristische und organisatorische Struktur der Stadtplanung und die Aufgaben des DAPD

Innerhalb des politischen und administrativen Behördenwesens des "Distrito Especial" von Bogotá kommt dem "Departamento Administrativo de Planeación Distrital"
(DAPD) u.a. die Aufgabe zu, "Pläne, Programme und Politiken im Bereich der baulichen, ökonomischen und sozialen Entwicklung des Distrito" zu definieren. Weiterhin hat diese Behörde die Entwicklung innerhalb des Stadtgebietes auf der Basis
der vom Stadtrat ("Concejo") und der Junta de Planeación erlassenen Normen zu
reglementieren und zu kontrollieren sowie die Tätigkeit aller staatlichen Behörden zu koordinieren, die sich der lokalen, regionalen und nationalen Planung

widmen, soweit das Stadtgebiet von Bogotá betroffen ist (Concejo 1975, S.1). Bei diesen Behörden handelt es sich in erster Linie um das Instituto de Desarrollo Urbano, das schwerpunktmäßig mit Bauausführungen (z.B. Brückenbau) betraut ist, daneben aber auch Planungsaufgaben wahrnimmt (IDU o.J., S.3; 1972, S.23), und die Secretaría de Obras Públicas, der u.a. die Kontrolle der Einhaltung von Baunormen im gesamten Stadtgebiet obliegt, hierbei aber wegen chronischen Personalmangels völlig überfordert ist.

Ein Ministerium, daß sich eigens mit Wohnungsbau und Stadtplanung beschäftigt, existiert nicht. Dieser Aufgabenbereich fällt in die Zuständigkeit des Wirtschaftsministeriums, des "Ministerio de Desarrollo Económico", wird aber nicht seiner Bedeutung entsprechend behandelt.

Die Stadtplanung basiert auf dem sogenannten "Plan General de Desarrollo Integrado", der von der Planeación Distrital auf Veranlassung der Alcaldía Mayor erstellt und vom Stadtrat ("Concejo") gebilligt wurde. Die Rechtsgültigkeit dieses "Planes" reicht bis 1985, aber die durch ihn bestimmte Stadtplanungspolitik soll auch in der Zeit danach noch wirksam sein.

Der Charakter dieses Planes ist kurzfristiger, auf der Basis aktueller Probleme entwickelter Natur; sein "wesentliches Ziel ist es, die Stadtentwicklung unter Ausräumung einer Reihe bürokratischer Hemmnisse zu ordnen, welche das Produkt eines fehlerhaften Verständnisses der sich in der Realität vollziehenden Prozesse im städtischen Raum sind, sowie mit Sachverstand die Aktivitäten des Baugewerbes in diejenigen Gebiete zu lenken, die das dynamischste Wachstum aufweisen, in der Form, daß sich eine harmonischere Gesamtentwicklung einstellt" (Alcaldía Mayor, Secretaria de Obras Públicas 1981, S.52).

Inhaltliche Ausfüllung erfährt er durch Einzelverordnungen wie etwa den "Plan Vial", an dem sich die zuständigen Behörden hinsichtlich der Verkehrswegeplanung orientieren (Alcaldía Mayor, Concejo 1980(b), S.5) oder den "Acuerdo 7 de 1979", der die Bodennutzung im Bereich des Distrito Especial festlegt (Alcaldía Mayor, Concejo 1980(a), S.5ff.).

Die Planungsbehörde DAPD untersteht direkt der Alcaldía Mayor. Auf Wunsch des Oberbürgermeisters, der seinerseits direkt dem Präsidenten des Landes unterstellt ist, kann der Direktor dieses Institutes jederzeit abberufen werden, was in den letzten Jahren auch regelmäßig dann geschah, wenn ein neuer Oberbürgermeister gewählt wurde. Es sei darauf hingewiesen, daß Bogotá von Mitte der 60er bis Mitte der 70er Jahre von sieben Bürgermeistern regiert wurde, die in ihrer Mehrheit bestrebt waren, ihren Namen unauslöschlich mit der Stadtentwicklung zu verbinden. So sind die Amtszeiten von Fernando Mazuera durch Brückenbau, Virgilio Barco durch Parkanlagen und Straßennetzerweiterungen, Carlos Alban Holguín und Anibal

Fernández de Soto durch PIDUZOB sowie des 1981 amtierenden Hernando Durán Dussán durch den geplanten Metro-Bau gekennzeichnet (GILBERT 1981, S.15ff.).

Folge dieser kurzatmigen Ämterrotation ist, daß eine langfristig orientierte Stadtplanung immer wieder von politisch bedingten Konzeptionsänderungen zunichte gemacht wird.

Der Vielzahl der Aufgabenstellungen war DAPD in der Vergangenheit personell nicht gewachsen, was dazu führte, daß größere Planungsprojekte wie z.B. "Fase II" oder die Metro-Studie von ausländischen Fachleuten durchgeführt wurden.

Die von DAPD betriebene Stadtplanung artikuliert sich im wesentlichen durch die Einteilung der Stadt in Zonen und der Aufstellung von Normen, die regional differieren und die Nutzung der Flächen, Baukörperhöhen, Straßenbreiten etc. vorschreiben ("Zonificación"). Abb.10 zeigt den Flächennutzungsplan für das gesamte Stadtgebiet, wie es die Planung bis 1985 vorsieht.

Eine 1975 von der Unterabteilung "Unidad de Estudios e Investigaciones" durchgeführte Studie sollte klären, inwieweit die aufgestellten Normen in der Realität eingehalten wurden. Eine stichprobenartige Überprüfung von Geschäftsführungslizenzen, die kommerziellen Betrieben mit der Aufforderung, sich an bestimmte Auflagen zu halten, verliehen wurden, ergab, daß in 77% aller untersuchter Fälle bestehendes Recht verletzt wurde. So wurde z.B. festgestellt, daß in der Cra 15 im N Bogotás nur 10% der Geschäftsinhaber um eine Betriebserlaubnis nachgesucht hatten, alle übrigen jedoch vom Kontrollmechanismus der Planungsbehörde nicht erfaßt worden waren. Dies hatte zu einem desorganisierten Wachstum in dieser Hauptverkehrsstraße und der nicht genehmigten Verdrängung von Wohn- durch Geschäftsfunktionen in den Seitenstraßen geführt (DAPD 1975, S.4ff.).

Aber nicht nur in diesem, sondern auch in anderen Stadtteilen Bogotas, wie z.B. in der Av de Chile oder den ohne behördliche Erlaubnis errichteten Elendsvierteln in der Stadtperipherie zeigte sich wiederholt, daß die Planung und die ihr zugrunde gelegten Normen von der tatsächlichen Entwicklung überholt und mißachtet werden. Daraus wurde wiederum eine nachträgliche Anpassung der Gesetze an die veränderten Bedingungen erforderlich. Überdies erteilt die "Junta directiva del DAPD" häufig Sondergenehmigungen für Bauvorhaben, die im Widerspruch zu den eigenen Zielvorstellungen eines kontrollierten Wachstums stehen. Beispielhaft seien hier das Centro Comercial 93 in der Cra 15, Appartementhäuser in Chicó, Wohnhochhäuser in der Cra 7 oder auch die Bebauung der Av de Chile durch mehrstöckige Büropaläste erwähnt; in allen Fällen wurde die zulässige Bauhöhe zum Teil erheblich überschritten.

Inwieweit politische Beziehungen, Bestechungen etc. Bauherren und Verantwortliche in den Entscheidungsinstanzen miteinander verbinden, läßt sich nur vermuten und aufgrund der in Bogotá geführten Gespräche für wahrscheinlich erklären. Negativ wirkt sich darüber hinaus der Umstand aus, daß abschreckende Maßnahmen - wie z.B. hohe Geldstrafen im Falle der Nichtbeachtung erlassener Normen bzw. Abriß illegal erstellter Bauten - nur in Einzelfällen ergriffen werden; daher bewerten illegale private Bauträger das Investitionsrisiko als gering.

Da Baugenehmigungen häufig erst nach Monaten erteilt werden, beginnt man zunächst illegal, Rohbauten zu errichten, um sich anschließend für eine nachträgliche behördliche Erlaubnis einzusetzen.

WOLFF erkennt weitere Gründe, die das Planungsdefizit in Bogotá erklären und sich in technisch und politisch bedingte Ursachen einteilen lassen (1980, S.134ff.). Zu bemängeln seien neben den bereits erwähnten Kritikpunkten die hohe Personalaustauschrate, die Vermischung planerischer und exekutiver Aufgabenstellungen, komplizierte Regelungen von Routine-Tätigkeiten, die übertrieben starke Zentralisierung und dadurch verhinderte Delegation von Entscheidungsgewalt, beschränkte Fähigkeiten des Kontrollapparates auf der untersten Ebene sowie fehlende Koordination der großen Zahl der an der Stadtplanung teilhabenden Instanzen auf lokaler, regionaler und nationaler Ebene, was wiederum auf eine ineffiziente Organisationsstruktur hindeute.

Stärker noch als technische werden auf dem politischen System basierende Unzulänglichkeiten für Planungsversäumnisse verantwortlich gemacht.

Der hohe Politisierungsgrad, der allgemein für die öffentliche Verwaltung Kolumbiens charakteristisch ist, bewirkt, daß auf allen Planungsebenen Angestellte entlassen oder neu verpflichtet werden, je nachdem, welche politischen Kräfte das Sagen haben.

Einzige Ausnahme scheint das Departamento de Planeación Nacional (DNP) zu sein, eine öffentliche Institution, deren Einfluß jedoch auf die Entwicklung im Stadtgebiet trotz der hohen fachlichen Kompetenz wegen anderer Aufgabenstellungen gering blieb.

Für die Zukunft ist zu hoffen, daß bestehende Gesetze schärfer angewendet werden und sich die "ex-post-Reglementierung" in eine "ex-ante-Planung", wie sie eigentlich beabsichtigt ist, verwandelt.

Weiterhin ist zu wünschen, daß neben der bisher fast ausschließlichen Betrachtung physischer Elemente, also des Baukörperbestandes, in Zukunft auch verstärkt soziale Elemente wie z.B. die nicht mehr auf Segregation bedachte Ansiedlung verschiedener Bevölkerungsschichten in den betreffenden Stadtteilen in den Planungsprozeß integriert werden. Erste Anzeichen dafür sind bereits zu erkennen (nach Aussage eines Mitarbeiters vom DAPD, der Verf. allerdings skeptisch gegenübersteht). Schließlich sollte zukünftig der politische Einfluß zugunsten des rein

sachlich begründeten Planungskalküls zurückgedrängt werden. Nur so kann sichergestellt werden, daß die Kontinuität der Planung zu einem kontrollierten Wachstum
Bogotás verhilft.
Gleichzeitig muß dafür gesorgt werden, daß Kontrollkompetenzen dort verstärkt
werden, wo sie nötig sind. Andernfalls ist nicht auszuschließen, daß gesell-
schaftliche Gruppen mit hohem politischen Einfluß und starkem Eigeninteresse an
Bodenpreissteigerungen das Flächenwachstum der Stadt in die von ihnen gewünschten
Richtungen drängen, wie in der Vergangenheit mit dem Bau der Pferderennbahn an
der nördlichen Ausfallstraße nach Tunja bereits geschehen.
Wenn eine Ausdehnung der bebauten Fläche nach N, W und S wegen des starken jährlichen Bevölkerungszuwachses nicht verhindert werden kann, so sollte dieses Wachstum doch nach den von den Planungsinstanzen abgestimmten Normen verlaufen. Es
fragt sich nämlich, ob die Folgekosten eines disharmonischen Wachstums nicht weitaus teurer zu stehen kommen als ein beizeiten mit ausreichenden Kapazitäten und
Kompetenzen ausgestatteter Planungsapparat. Dieser Einsicht zeigten sich viele
der mit der Planung befaßten Personen in Bogotá offen; es bleibt abzuwarten, ob
die Verantwortlichen die sich hieraus ergebenden Konsequenzen erkennen und entsprechend handeln werden.

10.2. Der Bau der Untergrundbahn als Ergänzung zum derzeitigen Verkehrssystem

Seit mehr als vier Jahrzehnten werden in Bogotá Überlegungen angestellt, der pro-
blematischen Verkehrssituation durch den Bau einer Untergrundbahn zu begegnen.
Die ersten Pläne zielten darauf ab, eine parallel zu den Cerros verlaufende
Nord-Süd-Linie mit einer Abzweigung in die westliche Stadtperipherie einzurichten
(SANZ 1980, S.298).
Im Jahre 1954, als in Bogotá weniger als 800.000 Einwohner lebten und der Fahr-
zeugbestand die Marke von 40.000 noch nicht überschritten hatte, wurde eine von
drei Architekten ausgearbeitete Studie veröffentlicht, die erneut den Bau zweier
Linien (Nord-Süd- und Ost-West-Richtung) vorsah (ORTEGA et al. 1954, S.11).
In der Folgezeit wurden immer wieder Überlegungen angestellt, die die Verbesserung des Transportsystems zum Ziel hatten, jedoch nie über die Planungsphase hin-
ausreichten. Im Jahre 1981 erreichte die öffentliche Diskussion um den geplanten
Metro-Bau einen vorläufigen Höhepunkt, als eine von der Stadtverwaltung in Auftrag gegebene Studie über Durchführbarkeit und Realisierung eines derartigen Projektes veröffentlicht wurde.

Gegner und Befürworter der U-Bahn stimmen grundsätzlich darin übereir, daß die gegenwärtige Verkehrssituation der Landeshauptstadt als überlastet angesehen werden muß und dringend Eingriffe geboten erscheinen, die den Verkehrsfluß insbesondere in den Spitzenzeiten ("Horas Pico") beschleunigen, zumal für die Zukunft mit einem weiteren Anstieg des Verkehrsaufkommens gerechnet werden muß.
Die Diskussion dreht sich prinzipiell um zwei Alternativen:

1. Verbesserung des bestehenden ebenerdigen Transportwegnetzes oder

2. Bau eines entlastenden unterirdischen Transportwegnetzes (Metro).

Die Grundzüge beider Alternativen sollen im folgenden dargestellt werden.
Ausgehend von den positiven Erfahrungen, die in der brasilianischen Millionenstadt São Paulo mit der Einführung des Systems COMONOR (Comboios de Onibus Ordenados) gemacht wurden, schlagen die Verfechter der ersten Alternative vor, zunächst versuchsweise ein ähnliches System in der Cra 10 im Zentrum Bogotás einzuführen. Diese mehrspurige Hauptverkehrsstraße ist seit 1977 auf ca. zwei Kilometer Länge (zwischen Cl 6 und Cl 24) für den Individualverkehr gesperrt und stellt zugleich den am stärksten durch öffentliche Verkehrsmittel frequentierten Straßenabschnitt im Stadtgebiet dar (in Cra 10 passieren z.B. 81 Buslinien die Kreuzung mit Av Jiménez in N-S-Richtung, in der Gegenrichtung sind es sogar 94; URRUTIA et al. 1981, S.58ff.). Das System COMONOR basiert auf dem Gedanken, daß sich die mittlere Geschwindigkeit verkehrender Busse dadurch erhöhen läßt, daß sie zu Konvois von sechs oder sieben Fahrzeugen zusammengeschlossen werden, die simultan Haltestellen anlaufen. Dadurch werden Wartezeiten von Bussen, die weiterfahren könnten, aber auf vor ihnen stehende, Passagiere ein- und ausladende Fahrzeuge warten müssen, weitgehend verhindert. In São Paulo gelang es, auf diese Weise die durchschnittliche Fahrzeit auf einer vier Kilometer langen Strecke in der "Hora Pico" von 24 auf 13 Minuten zu senken, was einer Steigerung der Durchschnittsgeschwindigkeit von 10 auf 18,5 Km/h (85%) entspricht.
Aus der tabellarischen Gegenüberstellung (Tab.40) läßt sich erkennen, daß sich bei Anwendung des in São Paulo praktizierten Systems hinsichtlich der Transportkapazität keine nennenswerten Unterschiede zwischen der (Gelenk-) Bus- und der Metro-Lösung ergeben.
Bei der Einführung eines COMONOR-ähnlichen Systems ergäben sich jedoch folgende Nachteile:

Tabelle 40: Vergleich ausgewählter Charakteristika von Bus-, Buskonvoi- und Untergrundbahn-Systemen

TRANSPORTKAPAZITÄT	Einführung von Buskonvois in zehn radial verlaufenden Hauptverkehrsachsen	Einführung der Untergrundbahn mit Großraumwagen ("Metro Gran Gálibo")	Beibehaltung des herkömmlichen Bussystems in zehn radial verlaufenden Hauptverkehrsstraßen
Busse bzw. Züge/h (Intervall)	300 Busse in Konvois mit je 6 Fahrzeugen (72 sec.)	30 (120 sec.)	150 (24 sec.)
Reisende/h pro Verkehrsachse	21.600[1] / 36.000[2]	61.500	18.000
Gesamte Angebotskapazität/h	216.000[1] / 360.000[2]	369.000	180.000
Reservekapazität	keine[1] / befriedigend[2]	befriedigend	keine
BEFÖRDERUNGSQUALITÄT			
Abstand der Haltestellen in m	500 - 600[3] / 800 - 1000[4]	700 - 1000[3] / 1200 - 1500[4]	600[3], 800[3]) / 1000[4]
Durchschnittsgeschwindigkeit in km/h	20	30	20 - 25
Pünktlichkeit der Bedienung	schlecht[1] / mittelmäßig[2]	exzellent	mittelmäßig
RAUMBEDARF			
Zahl der Hauptverkehrsachsen	10	6	10
Benötigte Straßenbreite in m	80 (zuzügl. übriges Straßennetz)	66	130

1) Standardfahrzeuge
2) Gelenkbusse
3) Zentrum
4) Peripherie

Quelle: Alcaldía Mayor, Secretaría de Obras Públicas 1981, S.107

- 70% der 14 wichtigsten Hauptverkehrsstraßen Bogotás müßten vorrangig für den Busverkehr zur Verfügung stehen, was zwangsläufig zu Lasten des Individualverkehrs ginge.

- In vielen Fällen würde eine Erweiterung der Straßenbreite für die Einrichtung mehrspuriger Fahrbahnen, überlanger Haltestellen für die Konvois, exklusiver Busspuren etc. zur Enteignung und zum Abriß im Wege stehender Gebäude führen, für die hohe Entschädigungen zu zahlen wären. Verzichtete man auf diese Erweiterungsmaßnahmen, müßte eine Reduzierung der theoretisch möglichen Transportkapazität des gesamten Verkehrssystems in Kauf genommen werden.

- Die Durchschnittsgeschwindigkeit der Busse bliebe trotz der Verbesserungen weit hinter der der Metro-Züge zurück, was besonders bei längeren Fahrtstrecken zu hohen Zeitverlusten der Passagiere führen würde.

- Der Erfolg dieser Alternative hinge in hohem Maße von der Verbesserung der Disziplin der Verkehrsteilnehmer ab - Optimismus ist hier jedoch fehl am Platze....

In Kenntnis dieser Nachteile soll nun die zweite Alternative, der Bau der Metro, auf ihre Vorteilhaftigkeit hin untersucht werden.
Die Autoren der Studie sprechen sich dafür aus, eine vorrangige Metro-Linie ("Línea prioritaria") bis zum Jahr 1986 fertigzustellen, die eine Gesamtlänge von 23,6 Kilometern aufweisen soll und von der zukünftigen Verlängerung der Avenida 1º de Mayo (zwischen den Barrios Roma und Bosa) über das traditionelle Zentrum und Centro Internacional bis zur Cl 72 (Av de Chile) führen soll (Alcaldía Mayor, Secretaría de Obras Públicas 1981, S.137).
Bis zum Jahre 2000 wird eine Erweiterung des Schienennetzes auf drei "zentrale" Linien angestrebt, die die Barrios Kennedy-Los Alamos (Verlängerung der "Línea prioritaria"), Kennedy-Fontibón und Usaquén-Tunjuelito verbinden sollen. Außerdem ist geplant, zwei "periphere" Linien nach Soacha und La Victoria anzuschließen, was zu einer Gesamtlänge des Schienennetzes von 92,8 Km führen würde.
In die geplante Streckenführung der "Línea prioritaria" wurde auch ein Teil des nur äußerst schwach genutzten, im Stadtgebiet auf 65 Km beschränkten Gleiskörpers (RODRIGUEZ 1980, S.13) der staatlichen Eisenbahngesellschaft "Ferrocarriles Nacionales de Colombia" integriert, nämlich der Abschnitt zwischen Av 68 und Dg 7, was sich kostenmindernd auswirken wird.
Die Gesamtstrecke der "Línea prioritaria", die über 23 Stationen verfügen wird,

soll über e ne Tunnellänge von insgesamt 3,0 Km (12,7%), einen grabenähnlichen künstlichen Geländeeinschnitt ("Trinchera cubierta")[47] mit einer Gesamtlänge von 13,0 Km (55,1%) und eine Streckenführung an der Erdoberfläche von 7,6 Km (32,2%) verfügen (Alcaldía Mayor, Secretaría de Obras Públicas 1981, S.137).

Befürchtungen, die Bodenbeschaffenheit könnte den beabsichtigten Tunnelbau der Metro in Bogotá erschweren oder gar verhindern, wurden mit Hinweis darauf, daß im Zentrum der Stadt weder felsiger (wie z.B. in New York) noch sumpfiger (wie z.B. in Ciudad de México) Untergrund vorherrsche, ausgeräumt (El Tiempo, 25.4.1981). Gefahr droht allerdings von Erdbeben, die in der Sabana Bogotás häufig auftreten. Im Rahmen der Planung für die "Línea prioritaria" wurde auch daran gedacht, das städtische Bussystem als Zubringer zu den am stärksten frequentierten Stationen einzusetzen. 21 verschiedene Linien sind dafür vorgesehen, Passagiere aus allen Teilen der Stadt an Metro-Stationen heranzuführen (El Tiempo, 11.11.1981). Die kombinierte Nutzung beider Verkehrssysteme soll durch eine entsprechende Tarifpolitik gefördert werden. Vorgesehen ist die Einführung eines "Tiquete común unimodal", eines Fahrscheines, der die einmalige Benutzung eines Busses, einer Buseta (oder Trolley-Busses) bzw. der Metro erlaubt und eines "Tiquete multimodal", das zum Übergang von einem auf ein anderes Verkehrsmittel berechtigt und eine Gültigkeitsdauer von zwei Stunden besitzen soll (Alcaldía Mayor, Secretaría de Obras Públicas 1981, S.155).

In konstanten Preisen von Januar 1981 ist mit einem Fahrpreis von 7,10 Pesos zu rechnen, der nicht nur Operations- und Verwaltungskosten decken soll, sondern auch zur Amortisation des Fuhrparks sowie aller anderen Investitionen (Tunnels, Gleiskörper etc.) beiträgt. Die 1981 gesamte errechnete Investitionssumme für den Bau der "Línea prioritaria" beträgt knapp 800 Millionen US-Dollar (El Tiempo, 6.2.1981).

Hinsichtlich der Finanzierung dieses Projektes existiert noch kein endgültiges Konzept. Prinzipiell muß zwischen Ausgaben in ausländischer (Devisen) und lokaler (Peso-)Währung unterschieden werden. Für die Bezahlung importierter Güter bietet es sich an, ausländische Lieferantenkredite, unter Umständen mit Beteiligung der Regierungen der betreffenden Länder (z.B. durch die Übernahme von Exportbürgschaften) und internationaler Bankenkonsortien, in Anspruch zu nehmen. Für Ausgaben in lokaler Währung wird eine gemischte Finanzierung vorgeschlagen; zum einen sollen Mittel an den nationalen und internationalen Kapitalmärkten in Form von Anleihen aufgenommen werden, zum anderen können die Haushalte im Regierungsbezirk des Distrito Especial von Bogotá herangezogen werden (Alcaldía Mayor, Secretaría de Obras Públicas 1981, S.174).

In ersten Planungen geht man davon aus, daß die Stadt Bogotá 30% - 40% des benötigten Kapitals, die kolumbianische Nation den Restbetrag aufbringen wird (El Tiempo, 4.7.1981). Eine Erhöhung des Benzinpreises um zwei Pesos pro Gallone wurde bereits ebenso ins Auge gefaßt wie die Besteuerung von Preissteigerungen, die Grundstücke und Gebäude im Einflußbereich der Stationen durch den Bau der geplanten Metro-Linie erfahren werden.

Kritiker des Metro-Baus halten die geplanten Kosten für zu niedrig angesetzt. So kommt eine von der Organisation FEDESARROLLO durchgeführte Studie zu dem Schluß, daß mit einer Gesamt-Investitionssumme, die zwischen 1100 und 1500 Millionen US-Dollar liegt, gerechnet werden muß, je nachdem, welche von zwei alternativen Streckenführungen gebaut würde. Beide Strecken sind jedoch wesentlich länger als die von Sofretu, Ineco und der kolumbianischen Beratungsgesellschaft vorgeschlagene Alternative. Während bei letzterer pro Kilometer mit Kosten in Höhe von knapp 34 Millionen US-Dollar zu rechnen ist, lauten die entsprechenden Zahlen für die von FEDESARROLLO gemachten Vorschläge 33,9 bzw. 37,4 Millionen US-Dollar. Die Kostenunterschiede sind also im wesentlichen auf die differierende Länge des Schienensystems zurückzuführen. Da die Metro in allen untersuchten Fällen für ca. ein Viertel der Bogotaner Bevölkerung als Transportmittel in Frage kommt, ist ein kürzeres und damit kostengünstigeres Schienennetz unter dem Gesichtspunkt der Effizienz durchaus vertretbar.

Hinsichtlich des kalkulierten, späteren Fahrpreises gehen die Kritiker des geplanten Baus von 27 bis 34 Pesos (in konstanten Preisen von 1981) aus; dieser Tarif liegt vier- bis fünfmal höher als der in der von der Stadt in Auftrag gegebenen Studie ermittelte Fahrpreis. Diese hohe Abweichung ist auf weit höhere Operations- und Amortisationskosten zurückzuführen, die von FEDESARROLLO unterstellt werden, nicht dagegen auf abweichende Schätzungen des zu erwartenden Passagieraufkommens '(URRUTIA, ACEVEDO u. BUITRAGO 1981, S.23).

An dieser Stelle kann nicht geklärt werden, welcher Fahrpreis realitätsfremder ist. Zu vermuten steht, daß sowohl Befürworter als auch Kritiker subjektive Elemente in die Berechnungen haben einfließen lassen.

Ein weiterer, berechtigter Kritikpunkt richtet sich gegen die zu erwartende Kriminalitätsgefahr in den unterirdischen Anlagen der Metro. Zwar soll dem durch Installation einer lückenlosen TV-Überwachungsanlage begegnet werden (El Tiempo, 25.4.1981), betrachtet man jedoch die sich in den letzten Jahren rapide verschlimmernde Situation in der Pariser Metro bei der ansonsten weit geringeren Stadtkriminalität, dann ist erhebliche Skepsis angebracht.

Schließlich erscheint gerade im Hinblick auf das Zentrum Bogotás der Hinweis notwendig, daß Verbesserungen, die im städtischen Transportsektor anderer Metropolen erreicht wurden, i.a. zu einem vereinfachten Zugang zu den Arbeitsplatzzentren führten und dadurch Dezentralisationsbestrebungen der Wirtschaftssektoren eher förderten als bremsten (VILLAMIZAR 1980, S.41).

Die Vorteile einer Durchführung des geplanten Projektes erstrecken sich nicht nur auf den Verkehrsbereich, sondern haben weitreichendere Auswirkungen: Neben der zweifelsfrei zu erwartenden Entlastung des Straßensystems und dem hohen volkswirtschaftlichen Nutzen verminderter Fahrzeiten der Bevölkerung wird die Umweltbelastung durch Abgase merklich verringert, die Einfuhr von Erdölderivaten wird reduziert, und es tritt ein positiver Beschäftigungseffekt ein, der angesichts der hohen Arbeitslosigkeit nicht unterschätzt werden darf.

Gleichzeitig wird die starke Abhängigkeit der Bevölkerung von privaten Fuhrunternehmern gemindert, die ihr Transportmonopol zu häufigen, von der Regierungsgenehmigung abhängigen Fahrpreiserhöhungen ausnutzen und ihren Forderungen durch Streiks, die fast den gesamten innerstädtischen Verkehr zum Erliegen bringen, Nachdruck verleihen.

Zwischen der städtischen Planung und dem Metro-Vorhaben bestehen ebenfalls Interdependenzen. Nicht nur in unmittelbarer Umgebung der vorgesehenen U-Bahn-Stationen gelegene Zonen werden durch den Verkehrslagevorteil von Wohn- und kommerziellen Funktionen, insbesondere des tertiären Sektors, stärker genutzt. Vielmehr ist beabsichtigt, durch planvoll gelenktes Wachstum der Stadt in westlicher Richtung u.a. zu einer ausgeglicheneren Agglomerationsstruktur in bezug auf das derzeitige Stadtzentrum, zu einer maximalen Protektion der Sabana von Bogotá vor illegalen Ansiedlungen und zur Wiederherstellung des soziologischen Gleichgewichts der Stadt durch Anziehung von Teilen der Mittelschicht in die Sektoren Kennedy-Occidental und La Victoria zu gelangen. La Victoria ist ein westlich des Flughafens, bei Funza und Mosquera gelegenes Gebiet, das der Studie zufolge im Jahr 2000 eine Zahl von 800.000 Einwohnern aufweisen soll und direkten Anschluß an das Metro-System bieten wird (Alcaldía Mayor, Secretaría de Obras Públicas 1981, S.87).

Dazu heißt es: "Diese Strategie wird es erlauben, ein Massenbeförderungsmittel zu planen und zu bauen, das nicht nur als Grundlage der städtischen Beförderung, sondern gleichzeitig auch als Instrument für die Einführung eines Stadtwachstums in Richtung derjenigen Gebiete dient, die am besten dafür geeignet sind" (El Tiempo, 1.2.1982).

Die Frage, ob für Bogotá der Bau einer Metro, die eine nachhaltige Verbesserung der aktuellen Verkehrssituation gewährleistet, unerläßlich ist, läßt sich nach Abwägung aller Vor- und Nachteile bejahen. Eine echte Alternative mit vergleichbar hohem Wirkungsgrad existiert nicht; eine Verbesserung des gegenwärtigen Bus-Systems nach dem brasilianischen Vorbild COMONOR würde zu einer starken Beeinträchtigung des Individualverkehrs führen und garantierte, solange die Nachfrage

nach Transportleistungen und der Kraftfahrzeugbestand in Bogotá weiterhin kontinuierlich ansteigen, allenfalls eine Denkpause. Überdies lassen sich derartige
verkehrsentlastende Maßnahmen wie etwa die Einführung von Bus-Konvois auch nach
der Entscheidung für eine Untergrundbahn einführen, sofern sie sich noch als nötig erweisen.

Die prinzipielle Bejahung des Metro-Baus kann aber nicht ohne weiteres mit der
Empfehlung gleichgesetzt werden, mit dem Ausschreibungsverfahren unverzüglich zu
beginnen. Vielmehr ist zunächst die Frage zu stellen, inwieweit Opportunitätsko-
sten, also Nutzenentgang durch Verzicht auf alternative Investitionsmöglichkei-
ten, durch die Einleitung von Baumaßnahmen in Kauf genommen werden müssen.

Für die Beantwortung dieser Frage ist es jedoch notwendig, eine Aufstellung derjenigen Projekte zu veranlassen, die im Zielsystem der Verwaltung des Distrito
Especial auf städtischer und der kolumbianischen Regierung auf nationaler Ebene
prioritären Anspruch genießen. So ist es durchaus vorstellbar, daß andere die
Infrastruktur des Landes verbessernde Einrichtungen wie Krankenhäuser, Schulen,
Straßen etc. einen größeren Nutzen verkörpern als der Bau eines modernen Massentransportmittels, so wichtig er auch erscheinen mag.

Ein rein quantitativer Vergleich der in Frage kommenden Alternativen scheidet
allerdings wegen der mathematisch nicht bewertbaren Investitionswirkungen (z.B.
bessere Krankenversorgung, Hebung des allgemeinen Bildungsniveaus etc.) aus. Ohne
genaue Kenntnis anderer Investitionsvorhaben, die, soweit möglich, gründlichst
auf ihren Beitrag zum Nutzen der gesamten Volkswirtschaft analysiert werden müßten, ist eine eindeutige Stellungnahme für oder gegen die Einführung des Metro-
Systems in Bogotá nicht möglich.

Der Vergleich mit anderen lateinamerikanischen Hauptstädten zeigt, daß bereits in
mehreren Fällen Metro-Systeme eingeführt worden sind bzw. sich in der Planungsphase befinden.

Die erste Linie in Lateinamerika überhaupt wurde bereits 1913, nach zweijähriger
Bauzeit, in Buenos Aires ihrer Bestimmung übergeben. Nur zehn andere Weltstädte
(London, Athen, Budapest, Glasgow, Wien, Paris, Berlin, New York, Philadelphia
und Hamburg) verfügten eher als die argentinische Hauptstadt, die damals ca.
600.000 Einwohner zählte, über ein derartiges Verkehrssystem.

Bis 1981 war das nur unterirdisch verlaufende Netz in Buenos Aires auf eine Gesamtlänge von 35 Km mit 58 Stationen angewachsen, der Fahrpreis betrug umgerechnet sechs kolumbianische Pesos.

Erst 1975 wurde dagegen in Santiago de Chile die erste Linie eingeweiht, der eine
weitere folgte, sodaß 1981 insgesamt 25,5 Km mit 35 Stationen in Betrieb waren.

Trotz der in weltweitem Vergleich extrem niedrigen Baukosten von 27,6 Millionen

US-Dollar pro Kilometer lag der Fahrpreis bei umgerechnet elf kolumbianischen Pesos.
Weitere lateinamerikanische Städte, die Untergrundbahnen in ihr Massentransportsystem integriert haben, sind Ciudad de México (seit 1976) und São Paulo. In Caracas wurde mit dem Bau einer ersten Linie inzwischen begonnen, in Lima scheiterte der bereits genehmigte Konstruktionsbeginn bislang an der ungelösten Finanzierungsfrage (El Tiempo, 25.4.1981). Die Verantwortlichen in Quito tragen sich mit dem Gedanken, das verkehrsmäßig völlig überlastete historische Zentrum der Stadt, welches von der Mehrzahl der Busrouten durchquert wird, zu untertunneln und durch eine Schnellbahn zu entlasten.

Diese Beispiele verdeutlichen, daß mit hoher Wahrscheinlichkeit auch in Bogotá mit einer teils unterirdisch, teils ebenerdig verlaufenden Schnellbahn gerechnet werden muß. Anfang 1981 wurde die "Empresa Distrital de Transporte Colectivo Metropolitano S.A.", eine gemischtwirtschaftliche Gesellschaft (d.h. Beteiligung der öffentlichen Hand an einem Privatunternehmen) gegründet, die sowohl für die Erstellung als auch für den späteren Betrieb aller Metro-Anlagen zuständig ist. Zudem ist beabsichtigt, nach Baubeginn eine weitere Gesellschaft, nämlich die "Autoridad Unica de Transporte de Bogotá" (AUTB) ins Leben zu rufen, in der alle wichtiger, mit dem städtischen Schienen- und Straßenverkehr befaßten Institutionen (z.B INTRA, DATT, C.F.T. u.a.) zusammengefaßt werden (Alcaldía Mayor, Secretaría de Obras Públicas 1981, S.141ff.).

Zu Beginn des Jahres 1982 wurde von der Planungsbehörde DAPD dekretiert, daß keine weiteren Genehmigungen für Neu- oder Umbauten in den von der zukünftigen Metro betroffenen Stadtgebieten erteilt werden, um spätere Enteignungen nicht unnötig zu erschweren (El Tiempo, 19.2.1982).

Nach Annahme des Metro-Projektes durch den "Concejo Nacional de Política Económica y Social", der über diese Frage zu entscheiden hat, ist mit einer öffentlichen nationalen und internationalen Ausschreibung aller anfallenden Aufträge zu rechnen. Nach bisherigen Erfahrungen wird eine endgültige positive Entscheidung dieser finanziellen und politischen Tragweite jedoch noch längere Zeit auf sich warten lassen.

Die Auswirkungen eines Metro-Baus auf die im Rahmen dieser Arbeit eingehender behandelten Aspekte der Stadtentwicklung Bogotás lassen sich nur schwer abschätzen. Unbestritten ist wohl, daß dieses Beförderungssystem - anders als z.B. in Paris oder London - von oberen Bevölkerungsschichten nicht oder kaum akzeptiert werden dürfte, da dem privaten Kraftfahrzeug ein hoher Symbolwert zukommt, auf den viele Benutzer nur ungern verzichten, zumal es ihnen Schutz vor zu engem Kontakt mit dem Elend, mit Straßenverkäufertum, Kriminalität etc. zu bieten vermag.

Für Bogotá ließe sich in diesem Fall voraussagen, daß die Mobilitätswelle des tertiären Sektors nahezu ungebremst bliebe; das Zentrum würde somit als Ort spezialisierter Dienstleistungen weiterhin an Bedeutung verlieren. Demgegenüber steht die voraussehbare und vorbehaltlose Annahme der U-Bahn durch weniger wohlhabende Bevölkerungsschichten, die ja die Masse bilden. Höchstens ein zu hoher Fahrpreis könnte verhindern, daß Tausende von Fahrgästen statt der unbequemen Busse eine moderne Metro akzeptieren. Mit der gegenüber herkömmlichen Transportsystemen ungleich höheren Durchschnittsgeschwindigkeit läßt der Bau der Metro Entfernungen zusammenschmelzen. Voraussichtlich wird sich daher die kommerzielle Nutzung in bislang noch schwach genutzten Stadtteilen erhöhen, sofern sie an die Linienführung angeschlossen sind. Es bleibt jedoch abzuwarten, ob das Zentrum der Stadt von dieser Entwicklung profitieren kann oder ob sich ein zusätzlicher Abwanderungseffekt des tertiären Sektors einstellen wird. Diese Frage ist im voraus schwer zu entscheiden: Denkbar ist, daß zahlreiche Büros nach N abwandern, weil das Zentrum dann im Bedarfsfall per Metro schneller erreicht werden kann als derzeit. Möglich ist aber auch, daß die verbesserte Erreichbarkeit nördlicher Stadtgebiete Verlagerungen aus dem Zentrum heraus in vielen Fällen überflüssig macht. Da der N jedoch allgemein eine weitaus höhere Standortqualität als der Innenstadtbereich aufweist, dürfte der zuerst genannten Vermutung eine höhere Eintrittswahrscheinlichkeit zukommen.

11. SCHLUSSBETRACHTUNG

Die bisherigen Ausführungen haben gezeigt, daß das Zentrum Bogotás, insbesondere der südliche Teil, in den letzten Jahren funktionale Bedeutungsverluste durch Abwanderungen von Dienstleistungsbetrieben hinnehmen mußte. Hierfür sind in erster Linie Bürobetriebe bestimmter Branchen, weit weniger dagegen Einzelhandelsunternehmen verantwortlich.

Die Ergebnisse von über 50 Interviews, die in standortverlagerten Betrieben durchgeführt wurden, ließen deutlich erkennen, daß außer firmeninternen Gründen eine Reihe von Umweltfaktoren Verlagerungsentscheidungen zu Lasten des Zentrums herbeiführten, ohne daß die herausragende Dominanz eines bestimmten Faktors erkennbar gewesen wäre. Im einzelnen wurden die Kriminalität, das Ambiente (Belästigung durch Luftverschmutzung, Lärm und Straßenverkäufer) sowie die Verkehrslage im Zentrum als Hauptmotive herausgestellt.

Bei den Führungsorganen der meist nach N "abgedrifteten" Wirtschaftsunternehmen ist hinsichtlich des neuen Standortes hohe Zufriedenheit zu spüren. Sie spiegelt einerseits das große Gefälle der Standortqualität von den nördlichen Stadtteilen zum Zentrum wider. Andererseits erklärt sie im voraus die in nächster Zeit aller Wahrscheinlichkeit nach anhaltende Mobilität bestimmter tertiärer Branchen, die die positiven Erfahrungen der "Vorreiterbetriebe" in ihre eigene Standortpolitik einfließen lassen werden. Die Mobilitätswelle des tertiären Sektors ist keinesfalls durch eine einmalige Verlagerung insbesondere von Bürobetrieben aus dem Zentrum heraus charakterisiert, sondern es sind erneute Standortveränderungen abzusehen, sobald die Umweltbedingungen des nach dem ersten Umzug eingenommenen Geschäftssitzes sich über ein erträgliches Maß hinaus verschlechtern. Von dieser sekundären Entwicklung ist bislang nahezu ausschließlich das Stadtgebiet zwischen dem Centro Internacional und Chapinero betroffen, wohin viele Unternehmen bereits in den 60er und Anfang der 70er Jahre abwanderten. Ohne Zweifel unterscheiden sich die Ursachen der anhaltenden Mobilität, die zum allmählichen Funktionsverlust des Zentrums führt und die nun auch auf die sich anschließenden nördlichen Teilräume übergreift, nur wenig voneinander. In beiden Fällen wird die Standortqualität durch hinlänglich bekannte Negativ-Faktoren belastet; diese Aussage gilt insbesondere für das Sekundärzentrum Chapinero, das in dieser Hinsicht den Bedingungen, die in der Innenstadt herrschen, stark ähnelt.

Befürchtungen, daß das Zentrum Bogotás oder Chapinero in absehbarer Zeit einen absoluten Rückgang tertiärer Betriebe erfahren, müssen jedoch zurückgewiesen werden. Der Niedergang stellt sich vielmehr durch die Abwanderung hochqualifizierter Dienstleistungsfunktionen ein, deren Standorte häufig durch geringwertige

tertiäre Dienste oder andere bedeutungsmindernde Einrichtungen (wie z.B. Lager-
räume, Werkstätten etc.) übernommen werden. Einschneidende Lenkungsmaßnahmen der
zuständigen Behörden, allen voran der Planungsbehörde DAPD, sind diesbezüglich
bislang allerdings nicht erfolgt. Das läßt darauf schließen, daß die Schädlich-
keit der konzentrierten Abwanderung überhaupt noch nicht erkannt worden ist und
sich die Aktivitäten der öffentlichen Hand anderen Problembereichen zuwenden.
Statt dessen begnügt man sich an oberster Stelle mit der Hoffnung, bereits in
wenigen Jahren kehre sich der Mobilitätsprozeß zugunsten des Zentrums um, da dann
die vergrößerte Distanz zu öffentlichen Institutionen, die im Zentrum verblieben,
als Nachteil empfunden würde.
Wie groß die Fehleinschätzung zukünftiger Entwicklungen ist, dokumentiert eindrucksvoll eine auf der rechtlichen Grundlage des Acuerdo 7 von 1979 erstellte
Analyse mit dem Titel "Zur Wiedererlangung des Zentrums von Bogotá", die sich
fast ausschließlich auf den Raum westlich der Av Caracas bzw. südlich der Cl 7
beschränkt (vgl. DAPD 1981,S.5), also einen großen Teil der City und des im N von
Av Jiménez lokalisierten zentralen Stadtbereiches, in denen die überwiegende
Mehrheit zentrumstypischer Institutionen ansässig ist, unbeachtet läßt. Zwar sind
die Auseinandersetzung mit zum Teil stark degenerierten Zonen sowie die beabsichtigten Restrukturierungs- und Erhaltungsmaßnahmen in den angrenzenden Bereichen
des Zentrums grundsätzlich zu begrüßen. Sie sind jedoch zur Erfolglosigkeit verurteilt, solange der funktionale und physiognomische, sich wechselseitig beein-
flussende Niedergang des Zentrums an sich nicht bekämpft und aufgehalten wird.
Andernfalls ist damit zu rechnen, daß Sekundärzentren wie Chapinero und Chicó im
N, aber auch die Barrios Siete de Agosto im W, Restrepo im S und andere Stadtviertel Bogotás eine stetig wachsende wirtschaftliche Verdichtung erfahren und
der ehemals unangefochtene Bedeutungsüberschuß des Zentrums zusehends verblaßt.
Dabei darf nicht übersehen werden, daß ein ungezügeltes Wachstum des Stadtkerns
für das umliegende Stadtgebiet ebenso schädlich wäre wie wasserkopfartige Hauptstädte auf nationaler Ebene, beispielsweise Paris, Montevideo, Lima oder Buenos
Aires . In beiden Fällen führt eine disproportionale Konzentration von privaten
bzw. öffentlichen Unternehmen zu einer nur mit überhöhtem finanziellen Aufwand zu
bewältigenden, einseitigen Belastung von Infrastruktureinrichtungen.
Dezentralisationsbestrebungen bieten sich daher grundsätzlich an. Tatsächlich
ließen sich durch eine städtische Planungspolitik Entlastungen im Bereich des
Zentrums von Bogotá bewirken, so z.B. im Transportsektor und der damit verbundenen Umweltbelastung. Das Beispiel vieler monozentrischer Ballungen, so z.B. der
französischen Metropole, zeigt, daß eine planvolle Dezentralisation von kommerziellen Einrichtungen in der Tat zu einem Rückgang der problembehafteten

Verdichtungserscheinungen im Zentrum geführt hat. Werden gezielt Anreize, z.B. in Form von Steuererleichterungen, an eine Verlagerung gekoppelte Subventionen oder standortgebundene Existenzgründungsbeihilfen gewährt, läßt sich die Anlage und das Wachstum von Sekundärzentren staatlicherseits steuern. Das Standortverhalten von Unternehmen ordnet sich dann dem Zielsystem der städtischen Planungsbehörden unter und übt - ein Gelingen vorausgesetzt - zudem positive Effekte auf den Wohn- und Arbeitsmarkt aus. Dabei ist zu beachten, daß nicht alle Unternehmen gleichermaßen für eine Verlagerung in Frage kommen. In Kap.5.1.2. wurde bereits darauf hingewiesen, daß in Bogotá die räumliche Standortflexibilität in bezug auf die Citygebundenheit entgegen Erfahrungen in anderen Städten mit zunehmender Zahl der Beschäftigten eher steigt als fällt. Diese Aussage dürfte jedoch, ohne daß sie weiter überprüft werden konnte, nur für mittlere Größenklassen gelten, in denen die finanziellen Voraussetzungen für eine Verlagerung zwar gegeben sind, die Mobilität aber noch nicht durch eine zu große Zahl von Beschäftigten eingeengt wird. Neben dieser Frage müßte auch der Grad der Kontaktabhängigkeit von Dienstleistungsfunktionen und seine Auswirkung auf die Mobilitätsbereitschaft untersucht werden. Gerade diese Thematik wurde aber bereits öfter von Autoren herausgegriffen, die sich mit dem Standortverhalten von Bürobetrieben beschäftigt haben (vgl. z.E. DANIELS 1975, S.133ff., GODDARD 1973, S.153ff., GAD 1968, S.280ff., SCHOOF 1971, S.24ff.).

Es wäre daher wünschenswert, auf der Grundlage dieser Arbeiten zu überprüfen, inwieweit der Faktor "Kommunikationsbeziehungen" das Standortverhalten des tertiären Sektors in Bogotá beeinflußt hat. Eine derartige Analyse könnte dazu beitragen, die Kontaktbedürfnisse verschiedener Branchen richtig einzuschätzen und in Planungsüberlegungen miteinzubeziehen.

Bei allen die Dezentralisation betreffenden Überlegungen ist jedoch konsequent auf die Einhaltung von Planungszielen zu achten, die Sorge dafür tragen, daß der Dezentralisationsprozeß in vorbestimmten Kanälen verläuft, verlagerungswillige Unternehmen in ihrer Standortwahl eingeschränkt sind und der Stadtplanung zuwiderlaufende Unternehmensansiedlungen, wie sie derzeit in Bogotá zu beobachten sind, alsbald verhindert werden. Unabdingbar ist es in diesem Zusammenhang, daß die zur Zeit betriebene "Zonificación", d.h. die kleinräumige Festlegung von unterschiedlichen Nutzungsvorschriften für das gesamte Stadtgebiet, weitaus strenger gehandhabt wird und die reale Stadtentwicklung selbständig und aktiv beeinflußt, anstatt von dieser, wie bisher immer wieder geschehen, überholt zu werden, was eine nachträgliche Modifikation der "Zonificación" erforderlich macht. Nur durch diese Vorgehensweise läßt sich erreichen, daß die in der vorliegenden Arbeit konstatierten, die Zentrumsstandorte belastenden Faktoren nicht in verstärktem Maße auf andere Sekundärzentren, wie in Einzelfällen bereits geschehen (z.B. in Chapinero), übergreifen.

Erste Ansätze einer derartigen, die weitere Stadtentwicklung in gehörigem Maße beeinflussenden Planungspolitik sind in Bogotá mit der Errichtung des CAN (vgl. Kap.9.2.) verwirklicht worden. Die Anstrengungen der zuständigen Behörden dürfen sich jedoch nicht nur auf die Standortverteilung öffentlicher Einrichtungen beschränken, sondern müssen sich auf die bislang vernachlässigten Unternehmen der Privatwirtschaft ausdehnen. Sie beeinflussen in weitaus stärkerem Maße das funktionale Gefüge einer Stadt und verdienen daher besondere stadtplanerische Beachtung. Ergreift man in absehbarer Zeit keine geeigneten Gegenmaßnahmen, werden sich die negativen Standortbedingungen, die derzeit noch in erster Linie das Zentrum Bogotás charakterisieren, in zunehmendem Maße auf andere Stadtteile übertragen. Unkontrollierte Unternehmensverlagerungen führen zu einem Funktionsverlust in der Stadtmitte und bewirken eine kommerzielle Verdichtung in der Zielzone. Die Summierung gleichgerichteter Verlagerungen verringert den Umzugsvorteil der einzelnen Unternehmung; dieser Prozeß mündet schließlich in einem klassischen Konkurrenzparadoxon: Werden alle Unternehmen in dieselbe Zielzone verlagert, hebt sich jeglicher Vorteil auf, ähnlich einem Theatersaal, in dem der einzelne Besucher hofft, durch Aufstehen sein eigenes Blickfeld zu vergrößern, bis es ihm alle anderen nachtun....

Unweigerliche Folge wird sein, daß es zu einer erneuten, etappenhaften Verlagerungswelle kommt, die heute bereits für Chapinero in Ansätzen erkennbar ist, wie die Analyse der Mobilitätsdaten ergab.

Parallel zu einer erfolgreichen Dezentralisierung ist der Degeneration des Baubestandes, Engpässen im Verkehrswesen, der Kriminalität und den Auswüchsen des Straßenverkäufertums entgegenzuwirken, um nur einige der bevorstehenden Aufgaben zu nennen.

Die Lösung dieser Probleme, die nur durch planvolles Zusammenwirken aller Beteiligten möglich erscheint, verspricht eine Erhaltung des Bogotaner Zentrums in seiner traditionell dominanten, für den Charakter des übrigen Stadtgebietes extrem wichtigen funktionalen Stellung, da die Haupterklärungsfaktoren der Mobilität des Dienstleistungssektors dadurch eliminiert werden.

Die Durchführung der beschriebenen Planungspolitik könnte wesentlich durch die Tatsache erleichtert werden, daß der "Pull"-Effekt, den die nach Norden ziehende kaufkraftstarke Wohnbevölkerung auf den nachfolgenden tertiären Sektor ausübte, vorerst zum Erliegen gekommen sein dürfte: Im N der Cl 127 begrenzt das ökologisch wertvolle Terrain des Country Clubs die Fortsetzung des Wanderungsprozesses. Ein zusätzliches Argument für die sofortige Inangriffnahme der

angesprochenen Maßnahmen stellt jedoch die denkbare Verlagerung dieses Clubs an einen Ort niedrigerer Bodenpreise und die Erteilung von Baugenehmigungen für das dann zur Verfügung stehende Gelände dar. Zwar ist eine derartige Verlagerung derzeit noch nicht absehbar, böte dem Club jedoch bei Verkauf des wertvollen Geländes große finanzielle Vorteile, sodaß langfristig mit einer Fortsetzung des nach Norden gerichteten Wachstums über Cl 127 hinaus gerechnet werden muß. Der Einwand, daß die nördlich von Cl 127 lokalisierten Elendsviertel den Trend nach N aufhalten könnten, dürfte wenig stichhaltig sein. Zum einen konzentrieren sich viele dieser Viertel an den Berghängen, die in der Ansiedlungspolitik der Oberschicht bisher nie eine dominante Rolle gespielt haben, zum anderen dürfte es den großen Urbanisationsgesellschaften, finanzkräftigen Bodenspekulanten und anderen wohlhabenden, am Erwerb von Grundbesitz interessierten Personen nicht an den notwendigen Mitteln fehlen, die Unterschicht "auszukaufen". Noch stehen allerdings große Flächen unbebauten Grünlandes zur Verfügung, auf die sich das Bebauungsinteresse primär richten wird. Wie jedoch die in den Cerros, zwischen Chapinero und Unicentro errichteten Luxus-Appartementhochhäuser beweisen, ist der Oberschicht nach wie vor an einem Wohnort gelegen, der neben der Nähe zu den Einkaufsbezirken des Nordens eine günstige Verkehrsverbindung zum Zentrum (durch Cra 7) anbietet. Dieser die "Bodenständigkeit" der Bevölkerung fördernde Umstand sollte von den für die Geschicke der Stadt Verantwortlichen erkannt und genutzt werden. Selbst wenn eine allmähliche Verbesserung der Bedingungen im Zentrum einträte, würde sich am Einkaufsverhalten der oberen Sozialschichten in absehbarer Zeit voraussichtlich nichts ändern. Der lange Weg von den Wohngebieten zur City, bedingt durch die Gebirgserhebungen im E der Stadt, die eine konzentrische Entwicklung um den Stadtkern verhinderten und statt dessen die etappenweise Verlagerung der Oberschicht nach N begünstigten (vgl. Abb.4), wirkt im Gegensatz zu den dicht benachbarten exklusive Geschäfte beherbergenden Einkaufsgebieten abschreckend. Neben drohender Kriminalität, dem Kontakt mit verelendeten Bevölkerungsschichten, überfüllten Bürgersteigen und anderen Belastungsfaktoren verhindern insbesondere Verkehrsprobleme, daß die City von wohlhabenden Bevölkerungskreisen für Einkaufszwecke aufgesucht wird. Die Benutzung des eigenen Wagens wird durch fehlende Parkplätze erschwert, Busse und Busetas sind insbesondere in den Hauptverkehrszeiten zu langsam, überfüllt, unsicher und obendrein häufig verdreckt. Auch Taxis scheiden als Alternative aus: Zur Rush-hour und während der nachmittäglichen Regengüsse, von denen das Zentrum wegen seiner Gebirgsnähe besonders oft betroffen ist, wartet man meist vergeblich auf dieses Verkehrsmittel.
Auch der geplante Bau der Metro wird vermutlich keine Änderung des Einkaufsverhaltens bewirken. Gerade Frauen, die innerhalb der Familie für den "Mercado", den

Einkauf, zuständig sind, werden weiterhin die Nähe ihnen bestens vertrauter und reichhaltig sortierter Geschäfte im reichen N einer Fahrt in das belebte Zentrum Bogotás vorziehen, auch wenn es per Untergrundbahn zeitlich näher an ihren Wohnort heranrücken würde.

Die Frage, ob der Stadtkern jemals wieder die unangefochtene Spitzenstellung als Ort der spezialisiertesten und hochwertigsten Einzelhandelsgeschäfte erringen wird, muß für die nächsten Jahrzehnte negiert werden. Die Bestrebungen der kommenden Jahre müssen vielmehr darauf gerichtet sein, einen weiteren Qualitätsverlust des in der City konzentrierten Einzelhandels und sonstiger tertiärer Funktionen zu verhindern, um dadurch dem allgemeinen Niedergang des Zentrums entgegenzuwirken. Das Ziel dieser Arbeit wäre erfüllt, wenn den Verantwortlichen in Bogotá die Ursachen und Folgen der Entwicklung im Zentrum bewußt gemacht und erste Handlungsanweisungen für eine erfolgreiche Bekämpfung der aufgezeigten Mißstände gegeben werden konnten.

Fußnoten

1.) Erwähnenswert ist, daß im kolumbianischen Sprachgebrauch das "Zentrum", aber auch, trotz des begrifflichen Unterschiedes, die "City" fast ausschließlich als "Centro" bezeichnet werden; Synonyme wie "Casco urbano" (Stadtkern) oder "Zona Central" werden dagegen weitgehend gemieden.

2.) Auf Veranlassung des Autors Kyu SIK LEE erfolgt an dieser Stelle der Hinweis, daß das von ihm verfaßte Dokument noch nicht endgültig überarbeitet wurde und alle Ausführungen unter diesem Vorbehalt gewertet werden müssen.

3.) Nach Hochrechnungen einer anderen städtischen Behörde auf der Basis der Wachstumsraten im Zeitraum zwischen den großen Bevölkerungszensi der Jahre 1964 und 1973 beläuft sich die Zahl der Einwohner Kolumbiens 1982 auf knapp 29 Millionen, die der Hauptstadt Bogotás auf rund 4,8 Millionen oder 16,7% der Gesamtbevölkerung (DANE 1980, S.56f.). Derartige Schätzungen sind zwar mit Vorsicht zu behandeln (die Schätzung der Bevölkerungszahl Bogotás für das Jahr 1980 durch DAPD liegt, wie aus Abb.3 ersichtlich ist, bei ca. 3,8 Millionen, was den hohen Unsicherheitsgrad bezüglich des Wissens um den tatsächlichen Bevölkerungsbestand eindrucksvoll dokumentiert), geben aber zumindest eine angenähert richtige Vorstellung von der relativen Bevölkerungsverteilung in Kolumbien. Die Ungenauigkeiten der Schätzungen resultieren aus unterschiedlichen Annahmen des variierenden jährlichen Bevölkerungswachstums, das z.B. von der Weltbank für Kolumbien im Zeitraum von 1960-1970 mit durchschnittlich 3,0% und von 1970-1978 mit durchschnittlich 2,3% angegeben wird (WELTBANK 1982, S.150).

4.) PINEDA weist in diesem Zusammenhang nach, daß in Bogotá steigendes Haushaltseinkommen und eine steigende Anzahl von Familienmitgliedern wegen des damit verbundenen erhöhten Raumbedarfes zur Präferenz peripherer Wohnstandorte führt; dies gilt besonders für diejenigen Haushalte, in denen das Einkommen von einer einzigen Person erzielt wird; Haushalte, in denen zwei oder mehr Familienmitglieder erwerbstätig sind, neigen aus Gründen der Transportkostenminimierung eher zu einem Wohnort in Zentrumsnähe; es wird jedoch darauf hingewiesen, daß das dezentralisierte Arbeitsplatzangebot in Bogotá dieser Tendenz entgegenwirkt (1981, S.240).

5.) Diese und alle folgenden Aussagen über die Intensität des Passantenverkehrs beziehen sich auf normale Geschäftszeiten.

6.) Auch im N der Stadt gibt es, der Logik der aufsteigenden Straßennumerierung folgend, eine "Cra 10"; sie hat jedoch nur untergeordnete Bedeutung im Vergleich zur "Décima", mit der im allgemeinen Sprachgebrauch unmißverständlich der im folgenden zu beschreibende Straßenabschnitt im Zentrum Bogotás gemeint ist.

7.) An dieser Stelle sei auf die gesonderte Analyse der nur in ausgewählten Hochhäusern Bogotás angesiedelten Tertiärfunktionen hingewiesen, die auch die Büronutzung der beiden genannten Wolkenkratzer berücksichtigt (vgl. Kap.9.1.12.).

8.) Dieser Service schließt häufige Podiumsdiskussionen und andere Veranstaltungen mit ein, in denen man sich nicht nur mit streng wirtschaftlichen Tatbeständen auseinandersetzt, sondern auch Probleme der Stadt- und Verkehrsplanung, Bevölkerungsentwicklung u.a. mehr behandelt.

9.) Da man in Kolumbien den Begriff des Erdgeschosses nicht kennt, spricht man dort vom ersten eben Stock ("primer piso"); der erste Stock im deutscher Sprachgebrauch entspricht in Kolumbien dem zweiten Stock ("segundo piso") etc.. Um Mißverständnissen vorzubeugen, soll in dieser Arbeit die deutsche Terminologie beibehalten werden.

10.) Frdl. Auskunft eines Mitarbeiters der Policía Nacional, Bogotá.

11.) Als Beispiel, wie man der in Bogotá latent vorhandenen Diebstahlsgefahr begegnet, mag das Schild zum Eingang eines bewachten und umzäunten Parkplatzes in dieser Straße dienen, das nur den Zugang des Fahrers gestattet, nicht aber den anderer Personen ("Unicamente entra el conductor").

12.) Diese Zahl beruht auf Hochrechnungen der Corporación Nacional de Turismo, die für 1982 mit dem Besuch von ca. 1,45 Millionen ausländischen Touristen rechnete, von denen ein knappes Drittel auch die Landeshauptstadt aufsucht (o.J., S.50ff.).

13.) Hierzu war es erforderlich, ein geeignetes COBOL-Programm zu entwickeln, das anschließend auf dem Siemens-Rechner 7.760 (Betriebssystem 2000) ablief.

14.) Aus Gründen einer vereinfachten Vergleichbarkeit der Ergebnisse wurde das Teilraumschema (vgl. Kap.2.1.3.und Abb.1) beibehalten. Das in Bogotá gebräuchliche Straßenbenennungssystem erlaubte es, nahezu alle in der Datei enthaltenen Firmen mittels Codierung ihrer Adressen einem der 25 zuvor definierten Teilräume zuzuordnen.

15.) Weitere, auf ICSS-Daten beruhende Aussagen, welche das branchenspezifische Präferenzverhalten von Dienstleistungsbetrieben behandeln, folgen in Kap.9.

16.) Als "Pretest" wird in der Marketing-Literatur die "Messung der Wirkung von Kommunikationsmitteln vor ihrem Einsatz auf dem Markt" bezeichnet (KROEBER-RIEL 1980, S.266). Üblicherweise handelt es sich bei den Kommunikationsmitteln um Werbemittel, Verpackungen etc., die als erste Entwürfe gelten. Da das durchzuführende Interview ebenfalls als "Kommunikationsmittel" zwischen dem Verf. und dem zu befragenden Personenkreis anzusehen war und die Wirkung des ersten Entwurfes auf dem "Markt", d.h. in einer Feldstudie überprüft werden sollte, um anschließend notwendige inhaltliche Korrekturen zu erfahren, erschien dieser Begriff als geeignete Umschreibung für die im Rahmen von sechs Interviews durchgeführte Erprobung und Modifizierung des aufgestellten Fragenkatalogs.

17.) In dieser Zahl sind zwei Befragungen nicht enthalten. Dabei handelt es sich um die Deutsch-Kolumbianische Handelskammer, die 1974 einen Standortwechsel vornahm, und die Bogotaner Börse, die eine Verlagerung für das Jahr 1984 anstrebt. Da in beiden Fällen der Zeitpunkt des (durchgeführten bzw. geplanten) Standortwechsels nicht mit den strengen Auswahlkriterien der Interviewaktion übereinstimmte, werden die Ergebnisse dieser Befragungen im folgenden nicht berücksichtigt.

18.) Auf Veranlassung des Autors Kyu SIK LEE erfolgt an dieser Stelle der Hinweis, daß das von ihm verfaßte Dokument noch nicht endgültig überarbeitet wurde und alle Ausführungen unter diesem Vorbehalt gewertet werden müssen.

19.) Da bei der Errechnung der Kennzahlen lediglich auf die vom DANE durchgeführte Haushaltsbefragung 1978, die auf 3.000 Stichproben basierte, zurückgegriffen wurde, stellte sich das Problem der veränderten CBD-Abgrenzung nicht.

20.) Folgende Kriterien wurden zu Abgrenzungen der Cities westdeutscher Städte herangezogen: Entvölkerung der City, Konzentration wirtschaftlicher und kulturel- ler Funktionen, Arbeitsplatzdichte, Verkehrsdichte, Bodenpreise, Flächennutzung und Gebäudenutzung (INFAS 1966, S.11).

21.) Eine Studie der Weltbank, die sich mit den Auswirkungen von Steuern und Sub- ventionen auf das Transportwesen befaßt hat, kommt zu dem Ergebnis, daß die Be- steuerung beim Kauf von Kraftfahrzeugen, die Tarifgestaltung im öffentlichen Per- sonenverkehr und die Erhebung von Steuern auf Kraftstoffe in Kolumbien redistri- butive Vermögenseffekte in der Weise bewirken, daß einkommensschwache Bevölke- rungsschichten, die auf Busse als Transportmittel angewiesen sind, von einkom- mensstärkeren Schichten, die über ein eigenes Kraftfahrzeug verfügen, alimentiert werden (PACHON 1981(c), S.38).

22.) Andere, ohne eingehende Überprüfung der Realität aufgestellte und in der Tagespresse veröffentlichte Schätzungen gehen von nur ca. 10.000 Fahrzeugen aus, unterstellen aber auf ebenso oberflächliche Weise ein Parkplatzangebot von rund 5000 Plätzen im traditionellen Zentrum Bogotás. Die dergestalt errechnete Ange- botslücke von 5000 Parkplätzen ist ebenso realitätsfremd wie die beiden Einzel- schätzungen, was im folgenden durch Analyse der Angebotsseite nachvollzogen wer- den kann.

23.) Ende 1981 kostete die Benutzung eines Parkplatzes auf unbebauten Grundstük- ken zehn Pesos in der ersten Stunde, jede weitere Stunde vier Pesos. Die Monats- miete wurde auf 900 Pesos festgesetzt. Für Parkplätze in Tiefgaragen und Parkhäu- sern lauteten die entsprechenden Preise vierzehn, vier und 1300 Pesos (El Tiempo, 20.8.1981). Diese Gebühren sind, verglichen mit den Anschaffungskosten für Kraft- fahrzeuge, unverhältnismäßig niedrig. Angesichts des bestehenden Nachfrageüber- hangs sollte daher versucht werden, ihn durch eine geänderte Preispolitik an das Angebot anzupassen und einen Teil der Mehreinnahmen zweckgebunden für den Bau weiterer Parkplätze einzusetzen.

24.) Folgende Strecken waren im März 1981 bereits mit der "Grünen Welle" ausgerü- stet:
1. Cra 7 im Abschnitt Cl 12 - Cl 94
2. Cra 13 im Abschnitt Cl 13 - Cl 67
3. Cl 19 im Abschnitt Cra 3 - Cra 27
4. Av Caracas im Abschnitt Cl 1 - Cl 76
5. Cl 13 im Abschnitt Cra 3 - Cra 14
6. Cra 10 im Abschnitt Cl 1 - Cl 24

Im Planungsstadium befanden sich die folgenden Straßenabschnitte:

1. Cra 17 im Abschnitt Cl 26 - Cl 72
2. Cra 19 im Abschnitt Cl 26 - Cl 72
3. Cra 24 im Abschnitt Cl 57 - Cl 78
4. Cra 30 im Abschnitt Cl 72 - Cl 8Sur
5. Cl 13 im Abschnitt Cra 14 - Cra 32

Quelle: Fdl.Auskunft Dr.Suarez, DATT

25.) Dem Verf. wurde während des zehnmonatigen Forschungsaufenthaltes mehrmals im Zentrum Rauschgift, meistens Marihuana, angeboten.

- 328 -

26.) Im Unterschied hierzu steht der Diebstahl, bei dem keine Gewalt gegen Personen ausgeübt wird. Auf eine exakte juristische Abgrenzung der in dieser Arbeit angeführten Delikte soll jedoch verzichtet werden, da die Rechtsbegriffe des kolumbianischen Strafrechtes vom deutschen Strafrecht in wesentlichen Punkten abweichen. Die in der kolumbianischen Rechtsprechung verwendeten Begriffe wurden bestmöglich durch deutsche Termini substituiert.

27.) Folgende Beispielwerte für die Lärmmessung können gegeben werden:

70 Dezibel = Außenmessung lebhaft befahrene Bundesstraße
55 Dezibel (permanent) = Nähe größerer Industriebetrieb
55 Dezibel (Tag) und 40 Dezibel (Nacht) = Richtwert in
allgemeinen Wohngebieten in der BRD.

28.) Studien, die sich mit der Entwicklung der kolumbianischen Architektur befassen, beschränken sich im wesentlichen auf die Beschreibung architektonischer Beispiele und epochale Stilanalysen. Hierbei steht das koloniale Zeitalter im Vordergrund, während die republikanische und ihr nachfolgende Epochen nur sekundäres Interesse genießen. Resümierende Studien über zeitgenössische Architekturströmungen in Kolumbien liegen nach Kenntnis des Verf. nicht vor (vgl. a. Centro Colombo-Americano 1977, S.211).

29.) Folgende Banken ließen Altbauten sanieren, die meist dem eigenen Personal als Begegnungsstätte dienen und bei kulturellen Veranstaltungen auch der Öffentlichkeit zugänglich sind: Banco de la República, Banco Cafetero, Banco Popular, Banco Ganadero, Banco Central Hipotecario, Banco Santander, Banco de Bogotá. Nutznießer der Erhaltungsinvestitionen waren jedoch fast immer nur einzelne Objekte, selten der Gebäudebestand einer ganzen Straßenzeile oder eines Baublockes; eine beispielhafte großräumige Flächensanierung fand bislang noch nicht statt.

30.) Dieser inhaltlich abgewandelte Begriff ("Inquilinato" bedeutet eigentlich "Mietzins") wird wie folgt definiert: Es handelt sich um eine Wohnungs- oder Unterkunftsart, die sich im Verfallstadium befindet und mehr als drei Haushalte beherbergt, die in jeweils ein bis zwei Zimmern untergebracht sind. Sanitäre Einrichtungen, falls vorhanden, unterliegen der gemeinschaftlichen Nutzung, ebenso die Küche (DANE 1981, S.2A). Als "Inquilinos" werden die Bewohner dieser Unterkunftsart bezeichnet.

31.) Zur grundsätzlichen Problematik des Einzelhandels, der damit verbundenen Abgrenzungen und Definitionen sowie zur Erläuterung des Funktionskatalogs vgl. Kap.9.3.2.. Die jeweilige Einordnung der in der Altstadt vorhandenen Einzelhandelsgeschäfte in die definierten Kategorie-Klassen ergibt sich aus Tab.33.

32.) Es sei noch einmal daran erinnert, daß Filialen, die über eine wesentlich andere Zusammensetzung ihres Kundenkreises verfügen als Hauptverwaltungen (bzw. Niederlassungen) und Repräsentanzen, von der Befragung ausgeschlossen waren.

33.) Die Zentralbank (Banco de la República) mit Sitz an der Kreuzung von Av Jiménez und Cra 7, dem Kern des Zentrums, hat Clearing-Funktion für die am Ort befindlichen Banken. Darunter wird eine Vereinfachung des Verrechnungsverkehrs zwischen Kreditinstituten verstanden, wobei die Zentralbank als zentrale Stelle im Wege der Skontration Gut- und Lastschriften gegenseitig austauscht und verrechnet (HAGENMÜLLER 1976, S.277).

34.) Nur Botschaften weisen eine deutlich größere Mobilitätsbereitschaft auf. Wegen ihrer besonderen Aufgabenstellung sind sie allerdings nicht mit ertragswirtschaftlich orientierten Unternehmungen vergleichbar.

35.) Mit den für die Standortwahl des Bus-Bahnhofes relevanten Entscheidungskriterien setzt sich eine Veröffentlichung des IDU ausführlich auseinander (1978(a)).

36.) Im Verlauf der Suche nach einer kostengünstigen Rückführung des wissenschaftlichen Materials von Kolumbien nach Deutschland ergab sich die Gelegenheit, ein Interview mit einem Gesellschafter von Navemar/Transaéreo Ltda. zu führen, einer Spedition, die die City zugunsten eines Standortes im Hochhaus des Banco Cafetero im Centro Internacional (CI 28 No.13A-15) verlassen hat und bereits über eigene Büroräume in der Av de Chile verfügt, eine erneute Verlagerung aber erst zu einem späteren Termin plant.

37.) Die in Klammern gesetzten Zahlen geben die durchschnittliche Gewichtung der einzelnen Motive durch die befragten Personen auf der Rating-Skala an.

38.) Unter einem Gericht sind in Bogotá, im Gegensatz zu bundesrepublikanischen Verhältnissen, auch mit nur einem einzigen Richter ("Juez") besetzte Einrichtungen des Justizwesens zu verstehen. Dies erklärt die hohe Zahl derartiger rechtsprechender Institutionen.

39.) Hier zeigt sich deutlich der Nachteil schriftlich durchgeführter Interviews: Neben der Gefahr einer geringen Rücklaufquote ist damit zu rechnen, daß Fragen ungenau oder überhaupt nicht beantwortet werden; in dem angesprochenen Fall hätte eine Zusatzfrage das Hauptmotiv der Verlagerung näher spezifizieren können.

40.) Das in der zitierten Untersuchung als Zentrum ausgewiesene Gebiet ist nicht mit der in dieser Arbeit definierten Zone kongruent, sondern erheblich größer; vgl. hierzu Abb.31.

41.) Bei dem durchgeführten Adressenvergleich konnten nur diejenigen Einzelhandelsgeschäfte berücksichtigt werden, die zu Beginn und am Ende eines jeweils fünf Jahre umfassenden Betrachtungszeitraumes einen Eintrag im Branchenfernsprechbuch aufwiesen. Filialeröffnungen und Geschäftsneugründungen, die zeitlich in die Betrachtungsperiode fielen, konnten wegen fehlender Adressenvergleichsmöglichkeit nicht in die Untersuchung miteinbezogen werden. Die Entwicklung der Gesamtzahl der Eintragungen der einzelnen Branchen gibt jedoch in Verbindung mit der räumlichen Verteilung des Einzelhandels im Jahre 1981 Aufschluß über die Dynamik des Wachstums dieses Dienstleistungsbereiches (vgl. Tab.6).

42.) Hier zeigt sich, daß das Standortverhalten von Unternehmungen, die auf der Grundlage des ökonomischen Prinzips geführt werden, branchenverschiedene Betriebe wie Kreditinstitute und Einzelhandelsgeschäfte miteinander verbindet.

43.) Auf die Überprüfung der vom DANE angewandten Abgrenzung der Bevölkerungsschichten nach der Höhe des monatlichen Einkommens wurde wegen der Gefahr der Indiskretion bewußt verzichtet. Es stand jedoch zu vermuten, daß auch dieses Kriterium von allen beteiligten Interviewpersonen erfüllt worden wäre.

44.) Eine ausführlichere Beschreibung dieser Einkaufsstätte findet sich in Kap.4.4.

45). Der Name der Studie lautet "Plan de Estructura para Bogotá - Informe Técnico sobre el estudio de desarrollo urbano de Bogotá Fase II". Der Studie "Fase I", die 1973 veröffentlicht wurde und die zukünftige Stadtentwicklungsmöglichkeiten unter besonderer Berücksichtigung des Transportsektors behandelte, kam nur untergeordneter Stellenwert zu.

46.) Frdl. Auskunft des ehemaligen Direktors von Planeación Nacional, Dr. Lauchlin Currie, sowie Dr. Diego Yepes, DAPD.

47.) Im Gegensatz zum Tunnelbau wirken sich bei dieser Konstruktionsart folgende Faktoren nachteilig aus: Grundstückseigentümer müssen enteignet, Bauten abgerissen, Versorgungsleitungen neu gelegt werden; dies führt zu Störungen des Verkehrsablaufes, Lärmbelästigungen und zur Beeinträchtigung des Stadtbildes (El Tiempo, 20.3.1982).

Fragebogen I: Firmenverlagerungen

Cuestionario TRASLADO

Fecha:

1. Nombre de la empresa:
2. Actividad principal (ramo):
3. Se trata de la Principal _____ No. sucursales _____ sin sucursal _____ Dirección(es) sucursal(es): a) _____
                                                                                   b) _____
                                                                                   c) _____

      Sucursal _____ Dirección Principal: _____

                                               " otras " :

4. Nombre del entrevistado:
5. Dirección de emplazamiento(s) antiguo(s):
6. Dirección de emplazamiento(s) nuevo(s):
7. Fueron trasladados _____ a un nuevo emplazamiento _____ a varios nuevos emplazamientos _____
   a) todos los departamentos de la empresa
   b) los siguientes departamentos de la empresa:

   En caso b), por qué no fueron trasladados todos los departamentos de la empresa ?

8. Datos referente al traslado
   a) Con cuántos emplazamientos ubicados en diferentes direcciones contaba la empresa antes del traslado ? _____
      Cantidad total de empleados antes del traslado: _____
   b) Cantidad de dependencias que han sido trasladadas: _____
      Cantidad de empleados que han sido trasladados: _____
   c) Cantidad de oficinas o dependencias ubicadas en diferentes direcciones después del traslado: _____
      Cantidad total de empleados después del traslado: _____

d) Cual fue la causa principal del traslado ?

e) Cuándo se adoptó la decisión de efectuar un traslado (mes/año) ?

f) Cuándo se terminó el proceso de traslado (mes/año) ?

g) Que función se le ha dado a las dependencias abandonadas ?

9. Motivos del traslado (favor marcar con una cruz según el grado de importancia)

	de gran importancia		de mediana importancia		sin importancia
a) Crecimiento					
I. Cobertura de necesidad de superficie adicional	5 -------	4 --------	3 --------	2 -------	1
II. Ampliación del área de venta de servicios o productos	5 -------	4 --------	3 --------	2 -------	1
b) Racionalización					
I. Mejoramiento de las condiciones de trabajo de los empleados	5 -------	4 --------	3 --------	2 -------	1
II. Supresión de la dispersión de emplazamientos	5 -------	4 --------	3 --------	2 -------	1
III. Reducción de los costos de operación	5 -------	4 --------	3 --------	2 -------	1
c) Transporte y Medio Ambiente					
I. Mejores condiciones de transporte					
1) para los empleados	5 -------	4 --------	3 --------	2 -------	1
2) para los clientes	5 -------	4 --------	3 --------	2 -------	1

II. Mejores posibilidades de aparcamiento

   1) para los empleados   5 ------- 4 ------- 3 ------- 2 ------- 1

   2) para los clientes   5 ------- 4 ------- 3 ------- 2 ------- 1

III. Menor peligro de criminalidad e inseguridad

   1) para los empleados y clientes 5 ------- 4 ------- 3 ------- 2 ------- 1

   2) para el establecimiento   5 ------- 4 ------- 3 ------- 2 ------- 1

IV. Menores molestias por ruido/inconvenientes por con-

   taminación del aire/ vendedores ambulantes 5 ------- 4 ------- 3 ------- 2 ------- 1

d) Edificios y Terrenos

   I. Antes del traslado, Vds. eran propietarios ____ o arrendatarios ____

   En la actualidad son propietarios ____ o arrendatarios ____

   Disfrutar de la valorización de la propiedad 5 ------- 4 ------- 3 ------- 2 ------- 1

   Disfrutar de un precio de arriendo favorable 5 ------- 4 ------- 3 ------- 2 ------- 1

  II. Oferta de mejores recintos (no respecto a superf.) 5 ------- 4 ------- 3 ------- 2 ------- 1

e) Influencia estatal

   I. Aprovechamiento de fomentos estatales en nuevo em-

   plazamiento 5 ------- 4 ------- 3 ------- 2 ------- 1

  II. Evitar imposiciones estatales en antiguo emplaza-

   miento 5 ------- 4 ------- 3 ------- 2 ------- 1

f) Influencia de Empresas Competidoras

   I. Aumentar distancia con respecto a la competencia 5 ------ 4 -------- 3 ------- 2 ------- 1

II. Impedir que mano de obra sea absorbida por empresas
competidoras   5 ------- 4 -------- 3 -------- 2 ------- 1

g) Otros Objetivos

I. Elección de un domicilio más representativo   5 ------- 4 ------- 3 -------- 2 -------- 1

II. Elección de un barrio más representativo   5 ------- 4 ------- 3 -------- 2 -------- 1

III. Evitar dificultades económicas en emplazamiento
antiguo que, a larga vista, podrían hacer peligrar
la existencia de la empresa   5 -------- 4 -------- 3 -------- 2 -------- 1

IV. Cercanía de la empresa referente a la ubicación de

1) los empleados   5 ------- 4 ------- 3 -------- 2 -------- 1

2) los clientes   5 ------- 4 ------- 3 -------- 2 -------- 1

10. Dónde vive la mayoría de los empleados: Norte ____ Centro ____ Occidente ____ Sur ____ distribuido ____

Dónde vive la mayoría de los clientes: Norte ____ Centro ____ Occidente ____ Sur ____ distribuido ____

11. Contactos con otras instituciones

a) Han sido Vds. requeridos de traslado por entidades oficiales ?   SI/NO
En caso afirmativo, bajo qué razones ?

b) Han consultado Vds. por iniciativa propia autoridades u otras instituciones antes del traslado (bancos,
empresas de estudios del mercado etc.) ?
En caso afirmativo, cúales y con que objeto ?

c) Cómo juzgan Vds. la cooperación con las instituciones competentes para los problemas relacionados con
"Traslados" ?

d) Qué es lo que debería mejorarse referente a los contactos entre empresas con necesidad de traslado e instituciones asesoras o financiadoras ?

12. Cómo se siente con la <u>nueva</u> ubicación ?

| muy contento | simplemente contento | descontento |

5 ------ 4 ------ 3 ------ 2 ------ 1

13. a) Vd. elegiría otra vez esta ubicación ? SI/NO

b) Que expectativas se han cumplido con respecto a la nueva ubicación ?

c) Que expectativas <u>no</u> se han cumplido ?

d) Se han incrementado las ventas de sus servicios o productos ? SI/NO

14. Suponiendo que Vd. tuviera la posibilidad de mudarse sin aumento de costo en lo que actualmente paga que barrio escogería ?
Por qué ?

15. En su opinión, por qué la mayoría de las actividades de su ramo se encuentran ubicadas en _____ ?
Y Vd., por qué no ?

16. Cómo se comportara, con respecto a la ubicación, su tipo de actividad en el futuro ?

Fragebogen II: Einzelhandel

Datum: Name: in Kolumbien seit: Adresse:

1. Allgemeine Bewertung der Einkaufszonen : Bitte charakterisieren Sie aus Ihrer Sicht die folgenden Einkaufszonen hinsichtlich Parkplatzangebot, Erreichbarkeit, Kriminali-
tätsgefahr, Ambiente (Lärm, Luftverschmutzung, ambulante Händler,
etc.) sowie weitere Vor- oder Nachteile, die Ihnen aufgefallen
sind:

Unicentro: Chapinero:

Chicó/ El Lago: Centro Internacional:

Carrera 11:   Centro:

Sonstige Zonen:

2. Beurteilung der Einkaufszonen hinsichtlich des Warenangebots:

a) Welche Einkaufszonen zeichnen sich durch ihre Warenangebotsbreite aus ? Welche Warengruppen werden in besonders vielfältiger Form angeboten ?

b) In welchen Einkaufszonen sind die spezialisiertesten Geschäfte anzutreffen ? In welchen Warengruppen
besonders ?

c) Wo besteht Ihrer Meinung nach die höchste Angebotsqualität ? Ist das Preisniveau dieser Zonen dementsprechend ?

3. a) Welche Waren kaufen Sie oder andere im Haushalt lebende Personen nicht im Norden Bogotás ein ?
   (ab Calle 72 bis Unicentro)
   b) <u>Wo</u> kaufen Sie diese Waren ein und weshalb ?

4. Wo, glauben Sie, besteht in Bogotá das qualitativ <u>hochwertigste</u> Angebot der folgenden Waren, und wodurch unterscheiden sich die hier genannten Waren von dem in den USA bzw. in der BRD anzutreffenden Angebot ?

   a) Möbel _____

   b) Teppiche _____

   c) Gardinen- und Dekorationsstoffe _____

   d) Kosmetikartikel _____

   e) Schmuck und Uhren _____

   f) Antiquitäten _____

   g) Damenbekleidung _____

   h) Kinderbekleidung _____

   i) Herrenbekleidung _____

   j) Pelzbekleidung _____

   k) Lederwaren _____

   l) Schuhe _____

   m) Delikatessen _____

   n) Elektroartikel (Küchengeräte, Fernseher etc.) _____

5. a) Welche Branchen sind besonders importabhängig ?

   b) Welche Branchen bieten überwiegend inländische, aber qualitativ <u>minderwertige</u> Waren an ?

6. Tätigen Sie auch Markteinkäufe ? Wenn nein, warum nicht ?

7. Welche Branchen treten ihres Wissens in Bogotá räumlich besonders konzentriert auf (Konzentration in einem Straßenzug oder einem bestimmten Barrio) ? Wo ?

8. Ist Ihnen in den letzten Jahren eine der folgenden Veränderungen aufgefallen :

   a) Umzug von Geschäften

   b) Verbesserung der Einkaufsmöglichkeiten in einer oder mehrerer der genannten Einkaufszonen ?

   c) Verschlechterung der Einkaufsmöglichkeiten in einer oder mehrerer der genannten Einkaufszonen ?

   d) Andere Veränderungen

9. Beschreiben Sie bitte, soweit möglich, die geschichtliche Entwicklung der Einkaufszonen in Bogotá (Entstehung Chapineros etc.)!

10. Wo liegen die Arztpraxen, die Sie im Bedarfsfalle aufsuchen ?

11. Welche fachlich als gut anzusehenden Kliniken sind Ihnen in Bogotá bekannt ?

12. Wenn Sie eine der folgenden Kulturstätten besuchen möchten, wohin gehen Sie ?

    a) Theater
    b) Oper, Operette
    c) Kino
    d) Sonstige

R. Mittendorff   Bogotá, 21.5.1981

Calle 125 No. 9 B-59
Bogotá/Colombia

Estimado Doctor,

por medio de esta carta solicito de la manera más atenta posible
su apreciada colaboración.
Como estudiante de la geografía urbana, de la Universidad del
"Saarland", Saarbruecken, Alemania Occidental, estoy investigando
el movimiento, es decir el cambio de la ubicación, del sector
comercial y de los servicios de zonas centrales de Bogotá
(Centro, Chapinero etc.) hacía mas al norte de la ciudad.
Se trata de un trabajo post-grado para esta universidad.
Para conocer las razones de este movimiento he preparado un
cuestionario con el que he visitado y entrevistado varias
oficinas de seguros, bancos, agencias de viaje, Finca Raíz etc.
en Bogotá.
En el caso de médicos y almacenes resultaron dificultades en el
sentido de que normalmente los médicos y propietarios de los
almacenes estaban muy preocupadas atendiendo a sus clienteles y
me pareció inoportuno molestarles con unas preguntas.
Esta es la razón de mi carta a Vd.. Comparando la dirección de
hace unos años de su consultorio o almacén con la dirección de
hoy por medio de las páginas amarillas me di cuenta de su
traslado.
Para conocer las razones por las cuales Vd. se trasladó le
agradecería mucho contestar a mis preguntas, enviando después el
cuestionario a la dirección mencionada arriba lo más pronto
posible.
Yo le aseguro que sus respuestas se utilizarán solamente con
fines científicos para mi tesis de post-grado.
Espero que Vd. encuentre el tiempo para contestar a mis preguntas
y comprenda la razón por la cual yo no me presento personalmente
en su consultorio o almacén, con el fin de no interrumpirle en su
trabajo y actividades.
Insisto en que para mi es indispensable esta información.
Muchas gracias por la colaboración !

Atentamente

(R. Mittendorff)

Literaturverzeichnis

ACEVEDO,J. u. AZUERO,J.: El desarrollo urbano y el transporte en Bogotá. Resumen de los estudios principales (1936-1978). Instituto SER de Investigación, Bogotá 1979.

Alcaldía Mayor de Bogotá, Concejo de Bogotá: Acuerdo 7 de 1979. Bogotá 1980 (a).

Alcaldía Mayor de Bogotá, Concejo de Bogotá: Acuerdo Numero 2 de 1980 - Plan Vial. Bogotá 1980 (b).

Alcaldía Mayor de Bogotá, DAPD (Departamento Administrativo de Planeación Distrital): Programa Integrado de Desarrollo Urbano Zona Oriental de Bogotá D.E. (PIDUZOB). Bogotá 1973.

Alcaldía Mayor de Bogotá, DAPD, SISE, DANE: Recuento de Viviendas - Resumen por Manzanas. Bogotá 1981.

Alcaldía Mayor de Bogotá, DATT (Departamento Administrativo de Tránsito y Transporte), División Programación y Sistemas: Boletín Estadístico, I Semestre de 1980. Bogotá 1980.

Alcaldía Mayor de Bogotá, Secretaría de Obras Públicas (Hrsg.): Estudio de factibilidad y realización de un sistema de transporte masivo para Bogotá. Bogotá 1981.

AMATO,P.W.: An analysis of the changing patterns of elite residential areas in Bogotá, Colombia. Cornell University. O.O. 1968, 273 S.

ARANGO,J., RITTER,H. u. SERRANO,G.: Reconstrucción de Bogotá. In: Revista "Proa", 13, 1948.

ARANGO,S.: A propósito de "Unicentro": una perspectiva semiológica. In: CASTILLO,C.: Urbanismo y vida urbana. Instituto Colombiana de Cultura; Bogotá 1977, S.335-357.

ARDILA,A. de: Selected characteristics of Bogotá. Bogotá 1979.

AUST,B.: Stadtgeographie ausgewählter Sekundärzentren in Berlin (West); In: Abhandlungen des 1.Geographischen Instituts der Freien Universität Berlin, Bd.16, 1970.

BADE,F.J.: Die Mobilität von Industriebetrieben. Veröffentlichungen des internationalen Instituts für Management und Verwaltung. Berlin 1978.

BÄHR,J.: Neuere Entwicklungstendenzen lateinamerikanischer Großstädte. In: Geographische Rundschau, 28, Braunschweig 1976, S.125-133.

BÄHR,J.: Santiago de Chile. Eine faktorenanalytische Untersuchung zur inneren Differenzierung einer lateinamerikanischen Milionenstadt. In: Mannheimer Geogr. Arbeiten, Heft 4, 1978.

BÄHR,J. u. MERTINS,G.: Idealschema der sozialräumlichen Differenzierung lateinamerikanischer Großstädte. Geographische Zeitschrift, 69, 1981, S.1-33.

BCH (Banco Central Hipotecario): Esquema preliminar de renovación urbana zona centro-sur Bogotá. Bogotá 1978.

BEHRENS,K.C.: Allgemeine Standortbestimmungslehre. Köln/Opladen 1961.

BEHRENS,K.C.: Allgemeine Standortbestimmungslehre. Opladen 1971.

BIRKBECK,C.: Delinquencia y pobreza en Cali, Colombia. Centre for Development Studies - University College of Swansea o.J., wahrscheinl. 1980.

BM (Bundesministerium) für Raumordnung, Bauwesen und Städtebau: Verlagerung von Dienstleistungsbetrieben in städtischen Randzonen zur Entlastung der Kernstadt. In: Schriftenreihe "Städtebauliche Forschung" des Bundesministers für Raumordnung, Bauwesen und Städtebau, Heft 03.057 1977.

BOESCH,H.: Weltwirtschaftsgeographie. Braunschweig 1969.

BOHNERT,J.E. u. MATTINGLY,P.E.: Delimitation of the CBD Through the Time.
    In: Econ. Geogr., 40, 1964, S.337-347.
BORRERO OCHOA,O.A. u. DURAN de GOMEZ,E.: El valor del suelo urbano y sus
    implicaciones en el desarrollo de la ciudad: análisis del
    caso de Bogotá. Bogotá 1980.
Botschaft der Bundesrepublik Deutschland in Kolumbien: Erhebung von Ver-
    braucherpreisen für die Berechnung von Teuerungsziffern für
    Zwecke der Auslandsbesoldung entsprechend Gutachterauftrag
    vom 21.Oktober 1963. Unveröffentlichte Unterlagen. Bogotá
    1981.
BRÜCHER,W :   Die moderne Entwicklung von Bogotá. Geogr. Rundschau, 21,
    1969, S.181-189.
BRÜCHER,W.:   Mobilität von Industriearbeitern in Bogotá. Verh. Dt. Geo-
    graphentag Kassel 1973, Tagungsberichte u. wiss. Abhandlun-
    gen. Wiesbaden 1974, S.284-293.
BRÜCHER,W.:   Probleme der Industrialisierung in Kolumbien unter beson-
    derer Berücksichtigung von Bogotá und Medellín. Tübinger
    Geographische Studien, 61 (Sonderband 10), Tübingen 1975.
BRÜCHER,W.:   Bogotá und Medellín als Industriezentren. Geogr. Rundschau,
    28, 1976, S.134-143.
BRÜCHER,W.:   Einflüsse räumlicher Strukturen auf den Industrialisie-
    rungsprozeß in Kolumbien. Erdkunde, 31, Bonn 1977, S.130-
    137.
BRÜCHER,W.:   Der innenpolitische Zentralismus in Kolumbien und seine
    Auswirkungen auf das Wachstum der Hauptstadt Bogotá. In:
    Hauptstädte - Entstehung, Struktur und Funktion. Schriften-
    reihe des Zentralinstituts für fränkische Landeskunde und
    allgemeine Regionalforschung an der Universität Erlangen-
    Nürnberg, 18, 1979, S.123-135.
BRÜCHER,W.:   Industriegeographie. Braunschweig 1982.
BRÜCHER,W. u. MERTINS,G.: Intraurbane Mobilität unterer sozialer Schich-
    ten, randstädtische Elendsviertel und sozialer Wohnungsbau
    in Bogotá/Kolumbien. In: MERTINS (Hrsg.), Zum Verstäd-
    terungsprozeß im nördlichen Südamerika. Marburger Geogr.
    Schriften, Sonderdruck aus Heft 77, Marburg 1978.
BUENO,E. u. OBREGON,E.: Una visión desprevenida sobre el crecimiento de
    Bogotá. FEDESARROLLO, Bogotá 1981.
CAICEDO FERRER,J.M.: En busca de una política comercial. 33o Congreso de
    la Federación Nacional de Comerciantes, FENALCO. Ibagué
    1978.
CAMACHO ARBOLEDA,J.J. u. DURAN GARCIA,E.: El peatón como elemento del trá-
    fico urbano. Bogotá D.E.; Universidad Nacional de Colombia,
    Facultad de Ingenería Civil. Bogotá 1974.
CAMACOL: Seminario sobre vivienda de bajo costo. El problema del
    suelo urbano, causas y alternativas para resolverlo. Paipa
    1977.
CASTRO,D.:   Arquitectura hasta los anos treinta. In: Historia del arte
    colombiano, Tomo VI. Bogotá, o.J., S.1321-1340.
CASTRO,Y., ECHAVARRIA,J.J. u. URRUTIA,M.: El sector comercio en Colombia -
    estructura actual y perspectivas. Bogotá 1979.
CENAC: s. BORRERO OCHOA,O.A. u. DURAN de GOMEZ,E. 1980.
Centro Colombo-Americano (Hrsg.): Aspectos de la arquitectura comtemporá-
    nea en Colombia. Bogotá 1977.
CIFUENTES,J.I.: El transporte urbano en Bogotá. Bogotá o.J.
CLARE,C.:   The conditions of economic progress. 3. ed. London, New
    York 1957.

Compañía Colombiana de Datos: Estudio de mercado de Unicentro; Fascículo
        I. Bogotá 1973 (a)
Compañía Colombiana de Datos: Estudio de mercado de Unicentro; Fascículo
        II. Bogotá 1973 (b).
Compañía Colombiana de Datos: Estudio de mercado de Unicentro; Fascículo
        III. Bogotá 1973 (c).
Concejo del Distrito Especial de Bogotá: Acuerdo Número 1 de 1975. Estruc-
        tura orgánica del DAPD. Bogotá 1975.
Concejo Distrital: Un concejo futurista - como se proyectó a Bogotá hacia
        el año 2000. Bogotá 1980.
CONFECAMARAS (Confederación Colombiana de Cámaras de Comercio): Las 100
        empresas colombianas más grandes. In: Síntesis mensual,
        119, 1981, S.1-16.
Corporación Nacional de Turismo: Análisis turístico - Barrio La Candela-
        ria. Bogotá, o.J., wahrscheinl. 1979.
Corporación Nacional de Turismo: Guía del manual turístico colombiano. Bo-
        gotá 1981.
DANE (Departamento Administrativo Nacional de Estadística): Censo de Co-
        mercio Interior 1970. Bogotá 1971.
DANE: XIV Censo Nacional de Población y III de Vivienda: muestra
                de avance, población. Bogotá 1975.
DANE: Directorio de organismos del sector justicia 1977. Bogotá
                1977.
DANE: Censos económicos 1970. Muestra de establecimientos con me-
                nos de cinco (5) personas ocupadas. Cuadro 2.4. Bogotá
                1978.
DANE: Encuesta Nacional de Hogares. Fuerza de Trabajo - EH-4-79-
                Nov.26 a Dic.7 de 1979. Bogotá 1979.
DANE: Colombia Estadística 1979. Bogotá 1980.
DANE: Recuento de viviendas y de establecimientos educativos en
                el Distrito Especial de Bogotá. Bogotá 1981.
DANIELS,P.W.:   Office location. An urban and regional study. London 1975.
DAPD (Departamento Administrativo de Planeación Distrital): Evaluación del
        cumplimiento de las normas en Bogotá. Bogotá 1975.
DAPD: Consideraciones para un sistema de transporte masivo. Bogo-
                tá 1979.
DAPD: Crecimiento de Bogotá D.E. Colombia 1890-1980. Bogotá 1980.
DAPD: Hacia la recuperación del centro de Bogotá - base informa-
                tiva para la concertación de las áreas de redesarrollo. Bo-
                gotá 1981.
DAPD: Historia, estructura administrativa y funciones. Bogotá o.
                J., wahrscheinl. 1973.
DAVIES,D.H.:   Boundary study as a tool in CBD analysis. In: Econ. Geogr.,
                35, 1959, S.322-345.
DAVIES,D.H.:   The hard core of Cape Town›s Central Business District: an
                attempt of delimitation. In: Econ. Geogr., 36, 1960, S.53-
                69.
Departamento Administrativo de Planeación y Servicios Técnicos: Medellín
        1980 - Anuario estadístico. Medellín 1981.
DIPEC (División de Información Policía Judicial y Estadística Criminal):
        Investigación para la recuperación de la Carrera 10. Bogotá
        1980.
DIX,R.H.:   Colombia: The Political Dimensions of Change. New Haven,
                London 1967.

DOEBELE,W.A.: The private Market and low Income Urbanization in Develop-
ping Countries: The "pirate" Subdivisions of Bogotá. Cam-
bridge/Mass. 1975.
DSB (Deutsch-Südamerikanische Bank): Devisenkurstabellen. Hamburg, ver-
schiedene Jahrgänge.
DURAN DUSSAN,H.: La transformación de Bogotá. O.O. (Spanien) 1982.
DURAN DUSSAN,H. u. VERSWYVEL VILLAMIZAR,R.: Ordenamiento y administración
del espacio urbano en Bogotá. Bogotá 1981.
Escala: Anatomía de Bogotá. Bogotá o.J.
FENALCO (Federación Nacional de Comerciantes): Ventas callejeras - 33o
Congreso Federación Nacional de Comerciantes Nov.2 al 4 de
1978. O.O. 1978.
FISCHER,E.: Die Bedeutung der Genossenschaften in der wirtschaftlichen
und sozialen Entwicklung in Kolumbien. Köln 1972.
FONSECA MARTINEZ,L. u. SALDARRIAGA ROA,A.: Aspectos de la arquitectura co-
lombiana en el siglo XX, S.11-45. In: CASTILLO,C.: Urbanis-
mo y vida urbana. Instituto Colombiano de Cultura, Bogotá
1977.
FONSECA MARTINEZ,L. u. SALDARRIAGA ROA,A.: Un sector, una ciudad, dos dé-
cadas - guía arquitectónica de Bogotá 1964-1980. Bogotá
1980.
FOURASTIE,J.: Die große Hoffnung des 20.Jahrhunderts. Köln 1954.
GAD,G.: Büros im Stadtzentrum von Nürnberg. In: Mitt. Fränk. Geogr.
Ges. 1966/67; Erlangen 1968.
GARCIA,I.M.: Evaluación de la concentración de monóxido de carbono pro-
veniente de automotores en Bogotá. Universidad Nacional de
Colombia, Facultad de Ingeniería Civil. Bogotá 1979.
GILBERT,A.: Bogotá; política, planeación y la cruzis de oportunidades
perdidas. Bogotá 1981.
GIRALDO,J.L.V.: Santiago de Cali - los años de historia. Dirección de Co-
municaciones, Alcaldía de Santiago de Cali (Hrsg.). Cali
1981.
GODDARD,J.: Office linkages and location. A study of communications and
spatial patterns in central London. In: Progress in
planning, Vol.1, Teil 2. Oxford 1973.
GOMEZ BARRERO,P.: Renovación urbana y empresas de desarrollo urbano. Bogotá 1980.
GORMSEN,E.: Barquisimeto - Eine Handelsstadt in Venezuela. In: Heidel-
berger Geographische Arbeiten, 12, Heidelberg 1963.
GORMSEN,E.: Die Städte im spanischen Amerika. Ein zeit-räumliches Ent-
wicklungsmodell der letzten hundert Jahre. In: Erdkunde,
Bd. 35, 1981, S.290-304.
GUHL,E.: Qué y cómo es la Sabana de Bogotá y su ciudad capital? In:
Revista Cámara de Comercio de Bogotá, Año 9, 34, Bogotá
1979, S.61-93.
GUTIERREZ TOVAR,G.: Consideraciones sobre criminalidad. In: Revista Cámara
de Comercio de Bogotá, Año 7, 26, Bogotá 1977, S.79-92.
HAGENMÜLLER,K.F.: Der Bankbetrieb. Band I: Strukturlehre - Kapitalbeschaf-
fung der Kreditinstitute. Wiesbaden 1976.
HEINEBERG,H.: Zentren in West- und Ost-Berlin. Untersuchungen zum Problem
der Erfassung und Bewertung großstädtischer funktionaler
Zentrenausstattungen in beiden Wirtschafts- und Gesell-
schaftssystemen Deutschlands. Bochumer Geographische Arbeiten, Sonderband 9. Paderborn 1977.

HELLMER,J.:   Kriminalitätsatlas der Bundesrepublik Deutschland und West-Berlins - Ein Beitrag zur Kriminalgeographie. Schriftenreihe des Bundeskriminalamtes, Wiesbaden 1972.

HETTNER,A.:   Reisen in den kolumbianischen Anden. Leipzig 1888.

HOFMEISTER,B.: Stadtgeographie. Braunschweig 1976.

ICSS (Instituto Colombiano de Seguros Sociales): Cuenta Patronal de Bogotá. Magnetbandgespeicherte Daten aus den Jahren 1978 und 1981.

IDU (Instituto de Desarrollo Urbano): Acuerdo No. 19 de 1972. Bogotá 1972.

IDU: Estudio de talleres automotores en Bogotá. Bogotá 1976.

IDU: Síntesis del estudio de talleres automotores y propuesta ce renovación urbana en el sector Mártires. Noticiero IDU, Nos. 18-19. Bogotá 1977/78.

IDU: Comentarios sobre la localización de la terminal de buses interurbanos de Bogotá. Noticiero IDU, No.25. Bogotá 1978(a).

IDU: Los estacionamientos - instrumento para la coordinación del transporte urbano. Noticiero IDU, No.26. Bogotá 1978(b).

IDU: Informe de actividades 1979. Bogotá o.J., wahrscheinl. 1980.

IMF (International Monetary Fund): International Financial Statistics Yearbook 1982, Vol. XXXV 1982, Washington.

INFAS (Institut für Angewandte Sozialwissenschaft) (Hrsg.): Vergleichende City-Studie. Bad Godesberg 1966.

INFAS: Standortwahl und Flächenbedarf des tertiären Sektors in der Stadtmitte; Vorstudie Teil A: Städtebauliche und soziologische Bestandsaufnahmen und Analysen. In: Schriftenreihe "Städtebauliche Forschung" des MBBau, Heft Nr.03.024. Bonn 1974.

Institut für Iberoamerika-Kunde im Verbund der Stiftung Deutsches Übersee-Institut, Dokumentations-Leitstelle Lateinamerika: Handbuch der deutschen Lateinamerika-Forschung. Institutionen, Wissenschaftler und Experten in der Bundesrepublik Deutschland und Berlin (West). Neuere Veröffentlichungen. Hamburg, Bonn 1980.

Instituto Geografico "Agustín Codazzi": Diccionario de Colombia. Bogotá 1981.

INTRA (Instituto Nacional de Transporte): Parque Automotor en Colombia 1977; Oficina de Planeación, Noviembre 1978.

KANT,E.:   Zur Frage der inneren Gliederung der Stadt. In: Proceedings of the IGU Symposion of Urban Geography. Lund 1960.

KERLINGER,F.N.: Grundlagen der Sozialwissenschaften. Bd.1, Weinheim, Basel 1978. Bd. 2, Weinheim, Basel 1979.

KLÖPPER,R.:   Der Stadtkern als Stadtteil. In: Berichte zur deutschen Landeskunde, 1961.

KÜSTER,G.:   Santa Luz de la Sierra (Bolivien). Entwicklung, Struktur und Funktion einer tropischen Tieflandstadt. In: Aachener Geographische Arbeiten, 12, 1978.

KREMER,A: Die Lokalisation des Einzelhandels in Köln und seinen Nachbarorten. Schriften zur Handelsforschung Nr.21, Köln/Opladen 1961.

KROEBER-RIEL,W.: Konsumentenverhalten. München 1980.

Librería C•lombiana Camacho Roldan (Hrsg.): Lo mejor del urbanismo y de la arquitectura en Colombia. Bogotá o.J.
LICHTENBER3ER, E.: Die Geschäftsstraßen Wiens. Eine statistisch-physiognomische Analyse. In: Mitt. der Österr. Geographisch. Gesellschaft, Bd.105, 1963, S.463-504.
LICHTENBEFGER,E.: Die städtische Explosion in Lateinamerika. In: Zeitschrift für Lateinamerika, 4, 1972(a), S.1-23.
LICHTENBEIGER,E.: Die Wiener City. Bauplan und jüngste Entwicklungstendenzen. In: Mitt. der Österr. Geographisch. Gesellschaft, Bd. 114, H.I/II, 1972(b).
LOPEZ,J.:   Está seguro de que su puerta lo protege? In: Revista Diners, Año 17, No.130, o.O.,1981, S.52-55.
LUBELL,H. u. McCALLUM,D.: Bogotá: urban development and employment. International Labour Org.; Genf 1978.
MARTINEZ.C.:   Medio siglo de arquitectura en Bogotá. In: Revista "Proa", No.117, 1958.
MARTINEZ C.:   Las nomenclaturas bogotanas. In: Revista "Proa", No.200, 1969, S.26-28.
MARTINEZ C.:   Apuntes para la historia de Chapinero - primer barrio suburbano de Bogotá. In: Revista "Proa", No.228, 1972.
MARTINEZ C.:   Bogotá - sinopsis sobre su evolución urbana. Bogotá o.J.
MEJIA PALACIO,J.: Discurso al clausurar la XIX Asamblea anual en Cartagena; Bogotá 1981, unveröffentlicht.
MEYER,G.:   Junge Wandlungen im Erlanger Geschäftsviertel. Ein Beitrag zur sozialgeographischen Stadtforschung unter besonderer Berücksichtigung der Erlanger Bevölkerung. In: Mitteilungen der Fränkischen Geographischen Gesellschaft, Bd. 23/24 für 1976 und 1977, Erlangen 1978, S.71-281.
MOHAN,R.:   Población, ingresos y empleo en una metrópoli en desarrollo: un análisis espacial de Bogotá, Colombia. In: Revista Cámara de Comercio de Bogotá, Año 11, 41/42, Bogotá 1981, S.9-116.
MONTEALEGRE B.,J.E.: Análisis estadístico de algunos parámetros meteorológicos en Bogotá. Bogotá 1979.
MOURE RASO,E. u. TELLEZ,G.: Estudio de la expresión urbanística y arquitectónica de la época de la república 1840-1910. Bogotá o.J.
Municiɔio de Cali: Anuario estadístico de Cali 1978-1979. Cali 1980.
MURPHY,R.E. u. VANCE,J.E. jr.: Central Business District Studies. Worcester 1955.
NARANJO D.,J. u. FERNANDEZ,J.: Notas sobre la economía del sector terciario. In: Revista de Planeación y Desarrollo, 9(2), 1977, S.7-48.
NOHLE,D. u. NUSCHELER,F. (Hrsg.): Handbuch der Dritten Welt. Bd.3: Unterentwicklung und Entwicklung in Lateinamerika. Hamburg 1976.
NOURSE,H.O.:   Regional Economics - a study in the economic structure, stability and growth of regions. New York 1968.
OBREGON, VALENZUELA Y CIA. LTDA.: Programa Renovación Urbana - Proyecto BCH. Tomo I: Centro histórico y gubernamental de Bogotá - recomendaciones para una política de renovación urbana. Tomo II: Estudio socio-económico de la población residente. Bogotá 1977.
OLAYA REYES,G.: Evaluación de la concentración de monóxido de carbono en el area central de Bogotá. Bogotá 1981.
ORDOÑEZ,R.S.M.: 4 siglos de arquitectura y urbanismo. In: Guía de Bogotá 1948. Bogotá 1948.

ORGEIG,H.D.:   Der Einzelhandel in den Cities von Duisburg, Düsseldorf,
                Köln und Bonn. Wiesbaden 1972. (Kölner Forschungen zur
                Wirtschafts- und Sozialgeographie, Bd.17, 1972).
ORTEGA TORRES,J.: Código de Comercio. Bogotá 1975.
ORTEGA,A., MARTINEZ,C. u. ORTEGA,E.: Cómo podrá ser el ferrocarril subte-
                ráneo de Bogotá. In: Revista "Proa", No.85, 1954, S.10-17
PACHON,A.:   Estructura urbana, medio de transporte y propiedad de auto-
                móviles en Bogotá, 1972. División de Economía Urbana y Re-
                gional. Departamento de Desarrollo Económico Banco Mundial.
                Washington D.C. 1979.
PACHON,A.:   El automóvil en dos metrópolis del tercer mundo. CCRP, La
                ciudad, 17, Bogotá 1981(a).
PACHON,A.:   Situación de transporte en Cali y Bogotá. Década de los se-
                tenta. CCRP, La Ciudad, 18, Bogotá 1981(b).
PACHON,A.:   El impacto redistributivo de la intervención del gobierno
                en el transporte urbano. CCRP, La Ciudad, 19, Bogotá
                1981(c).
PEÑA DE MELO,G.: Directorio de despachos públicos 1975. Bogotá 1975.
PEÑA PENA,J.:   Despachos públicos. Directorio. Informaciones sobre entida-
                des oficiales e instituciones privadas. Bogotá 1980.
PERALTA MAHECHA,G. u. VERGARA VIVERO,A.J.: Control estatal sobre el suelo
                urbano en Bogotá D.E. Centro de Investigación y Desarrollo
                Pedro Gómez y Cia. S.A. Bogotá 1979.
PFEIL,E.:   Großstadtforschung. Entwicklung und gegenwärtiger Stand.
                Hannover 1972, 410 S. (Veröffentlichungen der Akademie für
                Raumforschung und Landesplanung, Abhandlungen Bd.65).
PINEDA,J.F.:   Residential location decisions of multiple worker
                households in Bogotá - Colombia. University of California;
                Berkeley, California 1981.
Planeación Municipal Cali: Cali - estudio del centro - 1978. Diagnóstico.
                Cali 1979.
Policía Nacional: Estadística de Criminalidad 1977. Bogotá 1977.
Policía Nacional: Boletín Criminológico, No.4, 1979, S.60-127. Bogotá
                1979(a).
Policía Nacional: Boletín Criminológico, No.5, 1979. Bogotá 1979(b).
Policía Nacional: Estadística de Criminalidad 1979. Bogotá 1979(c).
República de Colombia, Banco Internacional de Reconstrucción y Fomento u.
                Programa de las Naciones Unidas para el Desarrollo: Estudio
                de desarrollo urbano, Fase II. Localización y descentrali-
                zación de empleo. Apéndice técnico. Bogotá 1973(a).
República de Colombia, Banco Internacional de Reconstrucción y Fomento u.
                Programa de las Naciones Unidas para el Desarrollo: Estudio
                de desarrollo urbano, Fase II. Operaciones de transporte.
                Apéndice técnico. Bogotá 1973(b).
República de Colombia, Banco Internacional de Reconstrucción y Fomento u.
                Programa de las Naciones Unidas para el Desarrollo: Plan de
                estructura para Bogotá. Informe técnico sobre el estudio de
                desarrollo urbano de Bogotá, Fase 2. Bogotá 1974(a).
República de Colombia, Banco Internacional de Reconstrucción y Fomento u.
                Programa de las Naciones Unidas para el Desarrollo: El fu-
                turo de Bogotá. Bogotá 1974(b).
RESTREPO URIBE,J: Medellín, su origen, progreso y desarrollo. Medellín
                1981.
REYES E.,A.:   Criminología. Bogotá 1980.
RODRIGUEZ LAMUS,L.R.: Bogotá; criterios sobre su desarrollo y algunos as-
                pectos específicos. Bogotá 1980.

v. ROHR,H.G.:   Die Tertiärisierung citynaher Gewerbegebiete - Verdrängung
                  sekundärer Funktionen aus der inneren Stadt Hamburgs. In:
                  Berichte zur deutschen Landeskunde, Bd.46, 1972, S.29-48.
RUEDA,J. u. TOVAR,F.G.: La casa colonial. In: Historia del arte colombia-
                  no, Salvat, Tomo IV. Bogotá, o.J., wahrscheinl. 1977, S.
                  881-899.
SACHS,L.:   Angewandte Statistik. 4. neubearb. Auflage. Berlin, Heidel-
                  berg, New York 1974.
SANABRIA,T.J.:   Escrutinio crítico sobre la arquitectura y el urbanismo en
                  Bogotá. In: Revista "Proa", No.215, 1970, S.28-29.
SANCHEZ MENDEZ,M: Investigación criminal en Colombia. In: Revista Cámara
                  de Comercio de Bogotá, Ano 7, 26, Bogotá 1977.
SANDNER,G.:   Die Hauptstädte Zentralamerikas. Wachstumsprobleme, Ge-
                  staltwandel, Sozialgefüge. Heidelberg 1969.
SANDNER,G. u. STEGER,H.-A.: Lateinamerika. Fischer Länderkunde Bd.7.
                  Frankfurt/M. 1973.
SANZ DE SANTAMARIA,C.: Bogotá. Estructura y principales servicios públi-
                  cos. Una publicación de la Cámara de Comercio de Bogotá con
                  motivo de su primer centenario. Bogotá 1980.
SAUVY,A.   General theory of population. Cambridge Group for the His-
                  tory of Population and social Structure. Publication num-
                  ber 2. London 1974.
SCHOOF,H.:   Das Büro als Element der Zentrenbildung. Bonn 1971, 42 S.
                  (Kleine Schriften des Deutschen Verbandes für Wohnungswe-
                  sen, Städtebau und Raumplanung, Nr.45).
SCHÜTT,K.-P., SELLIN,H. u. TÖPPER,B.: Kolumbien. In: Nohlen,D. u. Nusche-
                  ler,F. (Hrsg.): Handbuch der Dritten Welt. Bd.3: Unterent-
                  wicklung und Entwicklung in Lateinamerika. Hamburg 1976.
SCOTT,P :   The australian CBD. In: Econ. Geogr., 35, 1959, S.290-314.
Secretaría de Obras Públicas: Puentes para el progreso. Bogotá 1980.
SIEPMANN,J.D.: Die Standortfrage bei Kreditinstituten. Berlin 1968.
SIK LEE,K.:   Pàtrones y determinantes de la ubicación del empleo en Bo-
                  gotá y Cali. Resumen de resultados seleccionados. Bogotá
                  1980.
SIK LEE,K.:   Evaluating the effects of employment location policies for
                  urban deconcentration. The World Bank (Hrsg.). Washington
                  D.C. 1982.
SIK LEE,K.:   Localización intra-urbana del empleo manufacturero en Co-
                  lombia. CCRP, La ciudad, 9, Bogotá o.J., wahrscheinl. 1979.
SOJO,J.R.:   El comercio en la historia de Colombia. Bogotá 1970.
STIRNIMANN,F.X.: Die Rolle des Aktienmarktes in der langfristigen wirt-
                  schaftlichen Entwicklung Kolumbiens. Veröffentlichung des
                  Lateinamerikanischen Instituts an der Hochschule St. Gallen
                  für Wirtschafts- und Sozialwissenschaften, Bd.8 Bern,
                  Stuttgart 1974.
Super ntendencia Bancaria: Circular No.33, Julio 15 de 1968. Bogotá 1968.
Super ntendencia Bancaria: Oficinas bancarias e instituciones financieras.
                  Bogotá 1980
Super intendencia Bancaria: Revista Superintendencia Bancaria No.422, Bogo-
                  tá 1981.
TELLEZ,G.:   La arquitectura y el urbanismo en la época republicana
                  1830-40/1930-35. In: Manual de historia de Colombia. In-
                  stituto Colombiano de Cultura, Tomo III, Bogotá 1978/79,
                  S.466-539.
TOEPFER,H.:   Die Bonner Geschäftsstraßen. Räumliche Anordnung, Entwick-
                  lung und Typisierung der Geschäftskonzentrationen. Bonn
                  1968, 81 S. Arbeiten zur Rheinischen Landeskunde Nr.26.

TROMMSDORFF,V.: Die Messung von Produktimages für das Marketing. Köln,
        Berlin, Bonn, München 1975.
URRUTIA,M. (Hrsg.), ACEVEDO,J., BOTERO,A.M., BUITRAGO,J. u. DE MUÑOZ,M.C.:
        Buses y busetas, una evaluación del transporte urbano de
        Bogotá. FEDESARROLLO, Bogotá 1981.
URRUTIA,M, ACEVEDO,J. u. BUITRAGO,J.: Estimativos de costos para cinco al-
        ternativas de metro para Bogotá. FEDESARROLLO, Bogotá 1981.
VALENCIA DUQUE,C. u. CADAVID LOPEZ,J.: Estudio del centro de la ciudad
        1968. Medellín 1969.
VILLAMIZAR,R.: Las dificultades de planificar coherente y consistentemente
        el caso del plan de desarrollo en Cali. O.O. 1980.
VILLAMIZAR,R.: Los precios de la tierra en Bogotá (1955-1978). In: Revista
        Cámara de Comercio de Bogotá, Año 11, 41/42, Bogotá
        1981(a), S.117-169.
VILLAMIZAR,R.: El comportamiento de los precios de la tierra, sus determi-
        nantes y sus efectos sobre la estructura urbana. CCRP, La
        Ciudad, 20, Bogotá 1981(b).
Weltbank (Hrsg.): Weltentwicklungsbericht 1979. Washington D.C. 1979.
Weltbank (Hrsg.): Weltentwicklungsbericht 1982. Washington D.C. 1982.
WIEBE,D.: Zur angewandten Kriminalgeographie der Ballungsgebiete -
        stadtgeographische Analyse struktureller Phänomene. In:
        Verhandlungen des Deutschen Geographentages 1977, Mainz,
        S.207-227.
WIESNER ROZO,G.: The history of land prices in Bogotá between 1878 and
        1978 and the principal factors that caused them to in-
        crease. Unveröffentlicht; Bogotá 1978.
WIESNER ROZO,G.: Cien años de desarrollo histórico de los precios de la
        tierra en Bogotá. In: Revista Cámara de Comercio de Bogotá,
        Año 11, 41/42, Bogotá 1981, S.171-207.
WILHELMY,H.: Südamerika im Spiegel seiner Städte. Hamburg 1952.
WILHELMY,H.: Probleme der Großstadtentwicklung in Südamerika. In: Geogr.
        Rundschau 1958, S.288-294.
WILLIG,R.: Illegaler Drogenexport in Kolumbien als sozioökonomisches
        Problem. In: Konrad-Adenauer-Stiftung (Hrsg.), Auslandsin-
        formationen 14/81, S.8-24.
WÖHE,G.: Einführung in die Allgemeine Betriebswirtschaftslehre. 11.
        Auflage, München 1973, 1975.
WOLFF,J.H. Physical planning in Bogotá, Colombia. In: Sonderdruck aus
        "Jahrbuch für Regionalwissenschaft", hrsgg. vom Vorstand
        der Gesellschaft für Regionalforschung e.V. (deutschspra-
        chige Gruppe der Regional Science Association). 1.Jg.1980,
        Göttingen.
World Bank: Office Memorandum. Documentation of tape. File name: Rou-
        tes. Unveröffentlicht, Washington D.C. 1980.
YEPES,D. u. ARIAS,J.: Immigración a Bogotá 1922-1972. In: Revista de Pla-
        neación y Desarrollo, VIII/8, Bogotá 1976, S.207-213.
o.V.: Origen y evolución de unas vias bogotanas. In Revista
        "Proa", No.152, 1962, S.8-11.

Periodica

Banco de la República, Boletín Mensual, Bogotá, monatlich.
El Colombiano, Medellín, täglich.
Die Welt, Bonn, täglich.
DANE, Boletín mensual de estadística, Bogotá, monatlich.
DSB, Kurzbericht über Lateinamerika, Hamburg, vierteljährlich.
El Espectador, Bogotá, täglich.
ETB, Directorio clasificado, Tomo I u. II, Bogotá, jährlich.
Frankfurter Allgemeine Zeitung, Frankfurt, täglich.
IMF, Monatshefte, Washington, monatlich.
Lonja de Propiedad Raíz S.A., Boletín semanal de arrendamientos, Bogotá,
        wöchentlich.
El Mundo, Medellín, täglich.
Saarbrücker Zeitung, Saarbrücken, täglich.
El Tiempo, Bogotá, täglich.

Karten

"Plano de la Ciudad de Bogotá", 1:25.000, u. "Ciudad de Bogotá - Zona del
        Centro", 1:10.000; 1979. Hrsg.: Ministerio de Hacienda y
        Crédito Público, Instituto Geográfico "Agustín Codazzi",
        Bogotá.
"Plano de la Ciudad de Medellín", 1:25.000, u. "Medellín - Zona central",
        1:10.000; 1979. Hrsg.: Ministerio de Hacienda y Crédito
        Público, Instituto Geográfico "Agustín Codazzi", Bogotá.
"Cali 1981 - Plano de la ciudad", 1:20.000, u. "Zona céntrica de la ciu-
        dad", ohne Maßstabsangabe, 1981. Hrsg.: Departamento Admi-
        nistrativo de Planeación Municipal u. Cámara de Comercio,
        Cali.

Sozialwissenschaftliche Studien zu internationalen Problemen / Social Science Studies on International Problems (ISSN 0584-603 X)

Herausgegeben von / Edited by
Prof. Dr. Diether Breitenbach

Verlag **breitenbach** Publishers
Memeler Straße 50, 6600 Saarbrücken, Germany
P.O.B. 16243 Fort Lauderdale/Plantation, Fla 33318, USA

Sozialwissenschaftliche Studien zu internationalen Problemen / Social Science Studies on International Problems (ISSN 0584-603 X)

Herausgegeben von / Edited by
Prof. Dr. Diether Breitenbach

Verlag **breitenbach** Publishers
Memeler Straße 50, 6600 Saarbrücken, Germany
P.O.B. 16243 Fort Lauderdale/Plantation, Fla 33318, USA

Sozialwissenschaftliche Studien zu internationalen Problemen / Social Science Studies on International Problems (ISSN 0584-603 X)

Herausgegeben von / Edited by
Prof. Dr. Diether Breitenbach

35 Chen — Ein makroökonometrisches Modell für Taiwan. 1978. 401 S. DM 40,–. ISBN 3-88156-093-9.

36 Fohrbeck — Eine neue Weltwirtschaftsordnung? Grenzen und Möglichkeiten. 1978. 149 S. DM 16,–. ISBN 3-88156-094-7.

37 Heuwinkel — Autozentrierte Entwicklung und die neue Weltwirtschaftsordnung. 1978. 160 S. DM 16,–. ISBN 3-88156-095-5.

38 Kolodzig — Das Erziehungswesen in Tanzania. 1978. 230 S. DM 23,–. ISBN 3-88156-096-3.

39 Wöll — Die Slums von Lissabon. 1978. 350 S. DM 36,–. ISBN 3-88156-100-5.

40 Schepers — Beratung in der entwicklungspolitischen Zusammenarbeit. 1978. 360 S. DM 36,–. ISBN 3-88156-104-8.

41 Pfleiderer-Becker — Tunesische Arbeitnehmer in Deutschland. 1978. 142 S. DM 14,–. ISBN 3-88156-105-6.

42 Bauer — Kind und Familie in Schwarzafrika. 1979. 313 S. DM 32,–. ISBN 3-88156-123-4.

43 Kushwaha — Kommunikationsaspekte der Familienplanung im ländlichen Indien. Eine Fallstudie in Nordindien. 1979. 356 S. DM 35,–. ISBN 3-88156-124-2.

44 Leber, G. — Agrarstrukturen und Landflucht im Senegal. Historische Entwicklung und sozio-ökonomische Konsequenzen. 1979. 142 S. DM 15,–. ISBN 3-88156-125-0.

45 Leber, B. — Entwicklungsplanung und Partizipation im Senegal. Aspekte der Planungsbeteiligung in peripheren Ländern Afrikas. 1979. 294 S. DM 29,–. ISBN 3-88156-126-9.

46 Matzdorf — Wissenschaft, Technologie und die Überwindung von Unterentwicklung. Zur Kritik herrschender Entwicklungs- und Technologiekonzepte und zur Problematik eines autonomen sozialistischen Weges. 1979. 322 S. DM 32,–. ISBN 3-88156-127-7.

47 Römpczyk — Internationale Umweltpolitik und Nord-Süd-Beziehungen. 1979. 303 S. DM 30,-. ISBN 3-88156-129-3.

48 Rauls — Schulische Bildung und Unterentwicklung in Paraguay. 1979. 185 S. DM 19,50. ISBN 3-88156-137-4.

49 Dabisch — Pädagogische Auslandsarbeit der Bundesrepublik Deutschland in der Dritten Welt. 1979. 258 S. DM 25,–. ISBN 3-88156-138-2.

50 Hoffmann — Vom Kolonialexperten zum Experten der Entwicklungszusammenarbeit. Acht Fallstudien zur Geschichte der Ausbildung von Fachkräften für Übersee in Deutschland und in der Schweiz. Mit einem Vorwort von Winfried Böll. 1980. 337 S. DM 20,–. ISBN 3-88156-142-0.

Verlag **breitenbach** Publishers
Memeler Straße 50, 6600 Saarbrücken, Germany
P.O.B. 16243 Fort Lauderdale/Plantation, Fla 33318, USA

Sozialwissenschaftliche Studien zu internationalen Problemen / Social Science Studies on International Problems (ISSN 0584-603 X)

Herausgegeben von / Edited by
Prof. Dr. Diether Breitenbach

Verlag **breitenbach** Publishers
Memeler Straße 50, 6600 Saarbrücken, Germany
P.O.B. 16243 Fort Lauderdale/Plantation, Fla 33318, USA

Sozialwissenschaftliche Studien zu internationalen Problemen / Social Science Studies on International Problems (ISSN 0584-603 X)

Herausgegeben von / Edited by
Prof. Dr. Diether Breitenbach

Verlag **breitenbach** Publishers
Memeler Straße 50, 6600 Saarbrücken, Germany
P.O.B. 16243 Fort Lauderdale/Plantation, Fla 33318, USA

Sozialwissenschaftliche Studien zu internationalen Problemen / Social Science Studies on International Problems (ISSN 0584-603 X)

Herausgegeben von / Edited by
Prof. Dr. Diether Breitenbach

Verlag **breitenbach** Publishers
Memeler Straße 50, 6600 Saarbrücken, Germany
P.O.B. 16243 Fort Lauderdale/Plantation, Fla 33318, USA

Sozialwissenschaftliche Studien zu internationalen Problemen / Social Science Studies on International Problems (ISSN 0584-603 X)

Herausgegeben von / Edited by
Prof. Dr. Diether Breitenbach

Verlag **breitenbach** Publishers
Memeler Straße 50, 6600 Saarbrücken, Germany
P.O.B. 16243 Fort Lauderdale/Plantation, Fla 33318, USA